Anette Scharla-Dey
Franz Peter Tschauner

MIT DEM WOHNMOBIL NACH HESSEN

Teil 1: Norden & Osten

Nordhessisches Bergland · Kassel · Marburg
Nördlicher Vogelsberg · Rhön

Die Anleitung für einen Erlebnisurlaub

DER WOHNMOBIL-VERLAG
D-98634 Mittelsdorf/Rhön

Bibliografische Information der Deutschen Bibliothek

Die Deutsche Bibliothek verzeichnet diese Publikation in der Deutschen Nationalbibliografie.
Detaillierte bibliografische Daten sind im Internet über <http://dnb.ddb.de> abrufbar.

Titelbild:
Der Marktplatz von Alsfeld

1. Auflage 2014

Druck:
www.schreckhase.de

Vertrieb:
GeoCenter ILH, 70565 Stuttgart

Herausgeber:
WOMO-Verlag, 98634 Mittelsdorf/Rhön
GPS: N 50° 36' 38.2" E 10° 07' 55.6"

Fon: 0049(0)36946-20691
Fax: 0049(0)36946-20692
eMail: verlag@womo.de
Internet: www.womo.de

Autoren-eMail: afp@womo.de

ISBN 978-3-86903-811-7

EINLADUNG

Liebe Leserin, lieber Leser,

wir möchten Sie diesmal in einen Teil unserer hessischen Heimat mitnehmen und Ihr Interesse für einen mit eindrucksvollem Charme ausgezeichneten Landstrich wecken!

Im Herzen Deutschlands gelegen, bietet die Mittelgebirgslandschaft eine abwechslungsreiche Kulisse für Wanderungen und Radtouren entlang munter plätschernder Bäche, großer Flüsse und an Stauseen. Die typische leicht gewellte Hügellandschaft ist aber auch die Heimat der Brüder Grimm, die in den malerischen Fachwerkstädtchen und den dichten Wäldern mit romantischen Burgen ihre weltberühmten Kinder- und Hausmärchen sammelten. Im Schwälmer Rotkäppchenland, im Schneewittchendorf Bergfreiheit und am Frau-Holle-Teich auf dem Hohen Meißner wird die Welt der Märchen und Sagen lebendig. Nicht nur das Waldecker Land oder das Hinterland locken mit vielfältigen Attraktionen für große und kleine Urlauber. Mittendrin liegt Kassel, das neben einer großen Geschichte alte sowie moderne Kunst zeigt und dessen Bergpark Wilhelmshöhe dem sagenhaften Herkules zu Füßen liegt. Weiter südlich gelangen wir an der Lahn in die traditionsreiche Universitätsstadt Marburg mit der traumhaften Silhouette des Landgrafenschlosses. Wir reisen über einen Teil des nach Fläche und Masse größten Vulkan Europas, den Vogelsberg, der von weiten, baumbestandenen Wiesen und massigen Blocksteinfeldern und bizarren Basaltklippen geprägt ist. Die Barockstadt Fulda bildet das Tor ins Land der offenen Fernen, das uns in der Rhön mit unbewaldeten Kuppen, lieblichen Tälern und Mooren erwartet. Begleiten Sie uns in eine wohnmobilfreundliche Region, die mit der Verknüpfung von Unesco-Naturerbe im Kellerwald, dem Unesco-Dokumentenerbe der Märchen der Brüder Grimm und dem Unesco-Kulturerbe im Bergpark Wilhelmshöhe einen reichen Schatz von wunderbarer Natur und Kultur zu bieten hat!

Viele schöne Reiseerlebnisse und eine angenehme Urlaubszeit wünschen Ihnen

Ihre

Anette Scharla-Dey   Franz Peter Tschauner

Sehr geehrter Leser, lieber WOMO-Freund!

Reiseführer sind für einen gelungenen Urlaub unverzichtbar – das beweisen Sie mit dem Kauf dieses Buches. Aber aktuelle Informationen altern schnell, und ein veralteter Reiseführer macht wenig Freude.

Sie können helfen, Aktualität und Qualität dieses Buches zu verbessern, indem Sie uns nach Ihrer Reise mitteilen, welchen unserer Empfehlungen Sie gefolgt sind (freie Stellplätze, Campingplätze, Wanderungen, Gaststätten usw.) und uns darüber berichten (auch wenn sich gegenüber unseren Beschreibungen nichts geändert hat).

Bitte füllen Sie schon während Ihrer Reise das Info-Blatt am Buchende aus und schreiben Sie evtl. Korrekturen auch in unser Forum unter: www.forum.womoverlag.de

Dafür gewähren wir Ihnen bei Buchbestellungen direkt beim Verlag (mit beigefügtem, vollständig ausgefülltem Info-Blatt oder entsprechender eMail) ein Info-Honorar von 10%.

Aktuelle Korrekturen finden Sie unter: www.forum.womoverlag.de

Um die freien Übernachtungs- und Campingplätze auf einen Blick erfassen zu können, haben wir diese im Text in einem Kasten nochmals farbig hervorgehoben und, wie auf den Karten, fortlaufend durchnummeriert. Wir nennen dabei wichtige Ausstattungsmerkmale und geben Ihnen eine kurze Zufahrtsbeschreibung. "Max. WOMOs" soll dabei andeuten, wie viele WOMOs dieser Platz maximal verträgt und nicht, wie viele auf ihn passen würden (schließlich gibt es auch Einwohner und andere Urlauber)!

Übernachtungsplätze mit **B**ademöglichkeit sind mit hellblauer Farbe unterlegt. **W**anderparkplätze sind grün gekennzeichnet. **P**icknickplätze erkennen sie an der violetten Farbe. Auf Schlafplätzchen, denen die gerade genannten Merkmale fehlen – also auf einfache **S**tellplätze – weist die Farbe Gelb hin.

Empfehlenswerte **C**ampingplätze haben olivgrüne Kästchen. Wanderungen, die wir Ihnen besonders ans Herz legen möchten, haben wir hellgrün unterlegt.

Inhaltsverzeichnis

Zeichenerklärungen für die Tourenkarten

Touren / abseits der Touren

Autobahn
4-spurige Straße
Hauptstraße
Nebenstraße
Alternativroute
Schotterstraße
Rad-/Wanderweg

(**nicht** für freie Übernachtungen)
Ⓢ Ⓦ WOMO - Stell-, Wander-
Ⓟ Ⓑ Picknick-, Badeplatz

(**geeignet** für freie Übernachtungen)
⑪ ⑫ WOMO - Stell-, Wander-
⑬ ⑭ Picknick-, Badeplatz

Kirche, Kloster
Burg/Schloss, Ruine
878 m Berggipfel
Aussicht, Rundsicht
Aussichtsturm
Sehenswürdigkeiten
Bergwerk/Grube, Höhle
Ver-/Entsorgung, Strom
WC Wasser, Toilette
empf. Campingplatz/Campingplatz
GPS   N 50° 36' 03,8" E 10° 07' 12,0"

Alle übernachtungsgeeigneten Plätze sind im Text und auf den Tourenkarten fortlaufend nummeriert.

Einleitung

Als wir mit der Recherche zu diesem Buch begannen, waren wir davon überzeugt, unsere attraktive Heimat Nordhessen und auch Osthessen zu kennen. Weit gefehlt! Zwei Regionen, in denen wir zusammen mit einem kleinen Teil Mittelhessens zwar alt Bekanntes und Vertrautes wieder-, aber vor allen Dingen vieles neu entdeckt haben.

Die unverfälschte Naturlandschaft hat es uns besonders angetan. Endlos erscheinende Wälder wechseln sich mit sanften Hügeln und Tälern ab, in weiten Ebenen finden sich manchmal verschlafene, aber nichtsdestoweniger bezaubernde Fachwerkstädtchen und auf den Höhen wachen stimmungsvolle Burgen. Eine Gegend, die erst beim Wandern und Radfahren oder beim Paddeln auf den Flüssen ihren besonderen Reiz offenbart und ans Herz wächst. Für den Kulturgenuss sorgen kleine und große, aufschlussreiche Museen und Ausstellungen. Die Thermal- und Solebäder empfehlen sich für Badekuren und versprechen ein umfangreiches Wellness-Angebot.

Das Märchenland der Brüder Grimm ist auf Kinder eingestellt! Sport und Spiel im und am Wasser, Begegnungen mit Dornröschen und Schneewittchen gehören genauso zum Programm wie Lama-Trekking oder spannende Entdeckungen in alten Bergstollen oder beim Goldwaschen.

Bevor wir Sie auf unsere von ganz persönlichen Wahrnehmungen und Vorlieben geprägte Reise mitnehmen, gestatten Sie uns, Ihnen in dieser Einleitung und im Anhang am Ende des Buches, einige Empfehlungen mit auf den Weg zu geben. Alle Touren bereisten wir mit unserem Wohnmobil, einem Hymer B 528 SL mit einer Länge von 6,60 m, einer Breite von 2,30 m und einer Höhe von 3 m sowie einem zulässigen Gesamtgewicht von 3,85 t problemlos. Sollte es nach unseren Einschätzungen für größere Reisemobile auf den beschriebenen Strecken Einschränkungen geben können, weisen wir im Text gezielt darauf hin.

Für Ihre Anreise wählen Sie am besten die von Süden nach Norden verlaufende Autobahn A7, um mit unserer Tour 1 bei Hann. Münden zu beginnen. Sie erreichen diese von Westen über die A44 oder von Osten über die A38. Selbstverständlich können Sie auch über die A5 aus Richtung Frankfurt kommend bei Alsfeld bzw. im Vogelsberg oder über die A4 aus Richtung Dresden etwa bei Bad Hersfeld den Startpunkt Ihrer Hessen-Reise festlegen. Für eine unkomplizierte An- und Abreise ist bestens gesorgt und der Einstieg in unsere Touren an verschiedenen Punkten möglich. Da sich unsere Reiserouten an mehreren Stellen sehr nahe kommen, bietet sich nach Lust und Laune ein „Touren-Hopping" an. Sie können sich natürlich auch „sklavisch" an unsere Tourenvorschläge halten – wir empfehlen Ihnen jedoch, dieses Buch eher als Anleitung, als Gerüst zu betrachten! Gehen Sie zusätzlich auf Ihre eigene Erkundungsreise – Hessen hat so viel mehr Interessantes, Schönes und Geschichtliches zu bieten, als dass es genug Platz in diesem Büchlein finden könnte!

Wir haben uns gemäß dem Credo des WOMO-Verlags bemüht, freie Stell- und Übernachtungsplätze zu finden. Wohnmobil-Touristen sind in Hessen gern gesehen und so werden Sie auch viele offizielle Stellplätze vorfinden, die sich genau wie die von uns genannten örtlichen Campingplätze für einen längeren Aufenthalt besonders anbieten.

Hessen ist ein Reiseland für jede Jahreszeit. Entsprechend kann es sein, dass sich ein Stellplatz im Sommer anders darstellt als im Winter bei Schnee.

Eintrittsgelder, Stellplatzgebühren u. ä. sind einem steten Wandel unterworfen, sodass wir auf die genaue Angabe in der Regel verzichtet haben und lediglich darauf hinweisen, wenn sie anfallen. Natürlich müssen Sie nicht auf zentral an den Strecken liegende Campingplätze und Gasthäuser verzichten. Letztere bieten eine bunte Mischung vom noblen Restaurant bis zur einfachen Dorfgaststätte.

Mit sehr viel Freude und Spaß, aber auch mit Arbeit und Mühe haben wir für die vorliegenden Tourenvorschläge recherchiert. Wir testeten Sehenswürdigkeiten und Aktivitäten vor Ort und haben unsere Erlebnisse für Sie aufgeschrieben. Trotz aller Sorgfalt ist es möglich, dass sich die Gegebenheiten bereits bei Erscheinen dieses Buches verändert haben. Wenn Ihnen Derartiges auffällt, Sie etwas Neues entdecken oder Ihnen etwas besonders gut gefallen hat, würden wir uns über eine entsprechende Nachricht freuen! Auch wenn Ihnen etwas missfallen hat, lassen Sie es uns bitte wissen. Nur so können wir Ihren WOMO-Reiseführer bei der nächsten Auflage verbessern. Ihre Tipps und Anregungen sind uns immer willkommen! Hierzu können Sie das vorbereitete Infoblatt am Ende des Buches benutzen oder uns direkt kontaktieren. Wir danken Ihnen bereits heute im Voraus für Ihre Mithilfe!

> Anette Scharla-Dey und Franz Peter Tschauner
> E-mail: afp@womo.de

Nun aber genug der Vorrede – wir hoffen, Ihnen einige nützliche und anregende Vorschläge für Ihre nächste Urlaubsreise nach Hessen gemacht zu haben und wünschen Ihnen viel Freude beim Erleben!

Nordrhein-
Westfalen

5 km

Bad
Karlshafen

015 Ⓢ

016
017

Ⓢ
Ⓢ
Ⓢ

Helmars-
hausen

Ⓢ

013

Ⓟ

Trendel-
burg

Wülmersen

Weser

012

Ⓢ

018

Ⓢ

019

Stammen

010

011

Lippolds-
berg

Diemel

020

Gottsbüren

Ⓢ

009

Hof-
geismar

Urwald

006

Oedelsheim

021

Kelze

Ⓢ

008

007

023

022

Reinhards-

wald

Kloster
Bursfelde

Greben-
stein

Tour 2

Calden

005

Vecker-
hagen

Hemeln

Nieder-

472 m
Gahrenberg

Holz-
hausen

Termenei

Weser

004

002

Gimte

sachsen

Wilhelms-
hausen

Fulda

003

Hann.
Münden

001

Kassel

Fulda

7

Werra

7

TOUR 1

Wo Werra sich und Fulda küssen
Sie ihre Namen büssen müssen.
Und hier entsteht durch diesen Kuss
Deutsch bis zum Meer der Weser Fluss

Hann. Münden d. 31. Juli
1899

Hann. Münden - Holzhausen - Reinhardswald - Gottsbüren - Gieselwerder - Lippoldsberg - Bad Karlshafen - Helmarshausen - Trendelburg - Hofgeismar - Grebenstein

Stellplätze:	Hann. Münden, Wilhelmshausen, Reinhardswald, Gieselwerder, Gottsbüren, Bad Karlshafen, Helmarshausen, Stammen, Kelze, Grebenstein.
Campingplätze:	Hann. Münden *Grüne Insel Tanzwerder*, Bad Karlshafen *Campingplatz Bad Karlshafen*, Trendelburg *Campingplatz Trendelburg*.
Ver-/Entsorgung:	Hann. Münden, Lippoldsberg, Hofgeismar, Grebenstein.
Besichtigen:	Hann. Münden *Altstadt*, Reinhardswald *Sababurg*, *Urwald*, *Tierpark*, Gieselwerder *Freilichtmuseum*, *Mühlenplatz*, Lippoldsberg *Kloster*, *Schäferhaus*, Bad Karlshafen *Stadtbild*, *Dt. Hugenottenmuseum*, *Weser-SkyWalk*, Helmarshausen *Krukenburg*, Trendelburg *Stadtbild*, *Ritualbad*, Wülmersen *Wasserschloss*, Hofgeismar *Stadtbild*, *Apothekenmuseum*, Stadtmuseum, Grebenstein *Stadtbild*, *Burgruine*, *Ackerbürgermuseum*.
Wandern:	Termenei, Holzapetal.
Radfahren:	Diemel und Weser.
Baden:	Hann. Münden, Bad Karlshafen, Kelze, Grebenstein.
Essen:	Grebenstein *Deutsche Eiche*.

Unsere Reise durch das nördliche Hessen beginnen wir in HANN. MÜNDEN, das zugegebener Maßen in Niedersachsen liegt. Genauer müssen wir sagen, dass die Stadt direkt an der nordhessischen Grenze im südlichsten Zipfel des Nachbarbundeslandes zu finden ist. Das Fachwerkjuwel ist aber so schön, dass wir es nicht unbeachtet lassen können! Wir verlassen die Autobahn A7 an der Abfahrt Hann. Münden/Hedemünden und rollen entlang der Werra auf der B80 unserem ersten Ziel entgegen. Für jeden wohnmobilen Geschmack bietet die Drei-Flüsse-Stadt eine Übernachtungsmöglichkeit, während sich die reine Stadtbesichtigung am besten vom Stellplatz **(002)** bewerkstelligen lässt.

(001) WOMO-Campingplatztipp: Hann. Münden, Campingplatz Grüne Insel Tanzwerder

GPS: N 51°25'00.6" 9°38'53.1"; Tanzwerder 1
Öffnungszeiten: April - Okt.; Telefon: 05541/12257; www.busch-freizeit.de
Ausstattung/Lage: Separate WOMO-Stellplätze, Kanu- u. Fahrradverleih, Internet-Café, Biergarten, W-Lan, 2 Min. Fußweg in die Stadt, Gaststätten in der Nähe/Ortsrand, auf einer Flussinsel gelegen.
Zufahrt: Von der Autobahn/B80 kommend im Ort den Hinweisen zum Campingplatz links über die Werrabrücke und durch die Stadt folgen.

(002) WOMO-Stellplatz: Hann. Münden, Tanzwerder

GPS: N 51°25'11.3" E 9°38'55.9"; Tanzwerder   **max. WOMOs:** >10

Ausstattung/Lage: V/E, WC, Strom, Gebühr, 5 Min. Fußweg zur Stadt, Gaststätten in der Nähe, Fischlehrpfad/Ortsrand, auf einer Flussinsel gelegen.
Zufahrt: Wie **(001)** bzw. dem WOMO-Piktogramm folgen, jedoch direkt vor der Einfahrt zum Campingplatz rechts bis zum Parkplatz fahren.

(003) WOMO-Badeplatz: Hann. Münden, Freibad

GPS: N 51°24'25.2" E 9°38'46.9"; Auf dem Rattwerder
max. WOMOs: > 5
Ausstattung/Lage: Schwimmbad, direkt am Fulda-Radweg gelegen, ca. 1,7 km Fußweg zur Innenstadt/außerorts, an einer Wiese neben Schrebergärten gelegen.
Zufahrt: Wie **(001)** und **(002)**, jedoch dann der B496 über die Fuldabrücke folgen, dort links auf der B3 Richtung Kassel. Nach ca. 800 m links Richtung Freibad und ca. 300 m später rechts abbiegen und bis zum Parkplatz fahren.

Hann. Münden

„Wo Werra sich und Fulda küssen
Sie ihre Namen büßen müssen.
Und hier entsteht durch diesen Kuss
Deutsch bis zum Meer der Weser Fluss."

So dichtete der Fabrikant Carl Natermann und ließ den Vers 1899 in einen schweren Quarzitbrocken meißeln. Auf der kleinen Insel Tanzwerder markiert der **Weserstein** den Zusammenfluss von Fulda und Werra, deren Mündungsbereich der erstmals 1183 urkundlich erwähnten Stadt Münden ihren Namen gab. Wirklich glücklich wurde der Ort mit diesem Namen nicht, gab es doch immer wieder Verwechslungen mit der ebenfalls an der Weser liegenden Stadt Minden. Seit 1815 dem Königreich Hannover zugehörig, wurde Münden kurzerhand in Hannoversch Münden umbenannt. Viel zu viele Buchstaben dachten die Leute bei der Bahn und beließen den Namen auf Bahnhofsschildern sowie auf Fahrkarten bei

Münden. Besonders bei Frachtsendungen ging das Verwirrspiel munter weiter. Ein Kompromiss, der erst 1991 endgültig manifestiert wurde, lässt die Stadt heute den amtlichen Namen Hann. Münden tragen. Wesentlich schneller gelangte die Stadt zu Reichtum und Wohlstand, als ihr 1247 Herzog Otto I. von Braunschweig das Stapelrecht ausstellte. Besonders durch den Weserhandel entwickelte sich Münden zu einer wichtigen Handelsstadt zwischen Bremen und Thüringen. Das umfassende Handelsprivileg verpflichtete die durchreisenden Kaufleute, ihre Waren in der Stadt abzuladen, zu „stapeln" und für drei Tage den Bürgern zum Kauf anzubieten. Aus dieser Zeit und aus sechs Jahrhunderten stammen viele der über **700 reich verzierten Fachwerkhäuser**, die sich um den Marktplatz und das im Stil der Weserrenaissance erbaute **historische Rathaus** gruppieren. Dreimal täglich (12, 15 u. 17 Uhr) erklingt vom Giebel das

Spottlied auf Doktor Eisenbart. Der Wanderarzt zog während der Barockzeit durch deutsche Lande und lockte mit Hilfe von Komödianten das Volk und natürlich die Kranken an. Er soll sowohl genialer als auch umstrittener Heiler und Operateur gewesen sein. In großer Kostümierung rückt er touristisch aufgepeppt noch heute mit Narkosehammer und Schießeisen manchem Wehwehchen zu Leibe (öffentl. Sprechstunde: 1. Mai - 2. Okt. Sa 13.30 Uhr in der unteren Rathaushalle). Im **Wel-**

Rathausportal

fenschloss aus der 2. Hälfte des 16. Jh. sind bei einer Führung zwei Renaissancegemächer mit Wandmalereien zu sehen. Während das im Schloss befindliche **Museum** neben Fayencen der Mündener Manufaktur aus dem 18./19. Jh. auch die Stadtgeschichte zeigt (Nov. - April Mi - So 13 - 16 Uhr, Mai - Okt. Mi - So 11 - 16 Uhr, Eintritt). Vom Stellplatz auf dem Tanzwerder ist die Stadt über einen Seitenarm der Fulda und eine Fußgängerbrücke in wenigen Minuten schnell erreicht. Wir finden in der **Tourist-Info** im Rathaus (Mo - Do 9.30 - 16 Uhr, Fr 9.30 - 18 Uhr, Ende April - Anfang Okt. Mo - Fr 9.30 - 18 Uhr, Sa 10 - 15 Uhr, So 11 - 14 Uhr) weitere Angebote für eine erholsame und abwechslungsreiche Zeit in und um Hann. Münden. Als Knotenpunkt der **Radwege** entlang von Weser, Fulda und Werra ergibt sich ein fast unerschöpfliches Wegenetz für Radfahrer. Die Touren können gut mit einer Schifffahrt auf einem der Flüsse kombiniert werden und garantieren so einen beschaulichen Heimweg auf dem Wasser. Auch **Wanderer** kommen natürlich rund um die von den Mittelgebirgsketten Bramwald, Kaufunger Wald, Reinhardswald und Naturpark Münden umgebene Stadt voll auf ihre Kosten. Wer den ca. 30-minütigen Anstieg zur **Tillyschanze** nicht

Welfenschloss

scheut, wird mit einem herrlichen Blick auf die alten Stadtmauern und den von den Flüssen fast vollständig umgebenen Altstadtkern belohnt. Der im Dreißigjährigen Krieg dort lagernde Feldherr Tilly ließ sich von diesem Anblick jedoch nicht von der Belagerung der Stadt abhalten und die Bevölkerung musste bei der Erstürmung einen hohen Blutzoll zahlen. Mittlerweile werden bei entsprechendem Wetter nur noch die Restauranttische auf dem Marktplatz durch zahlreiche Gäste belagert. Wir gesellen uns an einem lauen Abend gern zu ihnen, bevor wir uns zwischen den Flüssen auf den Tanzwerder zurückziehen und eine ruhige Nacht verbringen (www.hann.muenden-tourismus.de).

Am Morgen wollen wir aber nach Hessen vordringen, überqueren die Fulda und verlassen die südlichste Stadt Niedersachsens auf der B3 Richtung Kassel. Träge windet sich neben der Straße der Fluss durch das von Wäldern gesäumte Wiesental und wir nähern uns WILHELMSHAUSEN. Im Ort biegen wir rechts Richtung WARBURG/HOFGEISMAR ab und notieren kurze Zeit danach die nach rechts ausgeschilderte **Museumsmühle** (Mai - Okt. jeden 1. Sonntag im Monat 14.30 - 17 Uhr, Eintritt). Die Arbeit eines Müllers und die Funktionsweise der Mühle können hier nachvollzogen werden und in der angrenzenden Museumsscheune werden Gegenstände aus der Vergangenheit der Fuldataler Dörfer gezeigt. Auf dem Weg nach HOLZHAUSEN kurven wir anschließend zum Wald hinauf und erreichen bald einen Wanderparkplatz. Wer es entspannt mag, ab und zu die Aussicht genießen möchte und dabei einen längeren Spaziergang nicht scheut, ist hier genau richtig.

(004) WOMO-Wanderparkplatz: Termenei

GPS: N 51°24'11.1" E 9°33'23.8" An der L3233 **max. WOMOs**: 1-2
Ausstattung/Lage: Infotafel, Wanderwege, Mülleimer/außerorts, durch Bäume von der naheliegenden Straße getrennt, einsam. Evtl. Lärm und

Unruhe durch naheliegende Grillhütte.

Zufahrt: Beim Verlassen des Waldes rechts zum ausgeschilderten Wanderparkplatz.

WOMO-Wandertipp: Durch die Termenei

Leichte, abwechslungsreiche Wanderung von ca. 4 km Länge.

Das 28 ha große Naturschutzgebiet der Termenei bietet drei

Rundwanderwege durch schöne und abwechslungsreiche Natur. Vom Parkplatz gehen wir ein Stück zurück zur Landstraße und vertrauen uns rechts mit guter Sicht über das Tal und die dahinter ansteigenden Wiesen der Markierung H9 in den Wald an. An einer Weggabelung halten wir uns links und wandern zwischen Bäumen und über Lichtungen auf Wald- bzw. Forstwegen bis zu einem Zaun leicht bergauf. Geradeaus geht es in das Wildschutzgebiet, während wir rechts der H9-Markierung weiter folgen. Bald führt uns der Hinweis „Heide" rechts zu den isoliert gelegenen Heideflächen am Rande des Reinhardswaldes. Ab August/September blühen die Eri-

ka-Pflanzen auf einer für diesen Naturraum ungewöhnlich großen Fläche und tauchen die Landschaft in eine rosarote Farbe. Eine Bank lädt zum Verweilen ein und die weite Sicht über die bewaldeten Bergketten und Felder ist immer wieder schön. Wenig später gehen wir bergab in einem Wäldchen mit der Markierung H/H9

links weiter, um bei Erreichen des nächsten Querwegs rechts die Richtung Rothwesten einzuschlagen. Bald gelangen wir an einen Strommast und danach schnell an den Ausgangspunkt dieser netten kleinen Runde.

Der weitere Verlauf der Landstraße führt nach HOLZHAUSEN und wir halten uns am Ende der Straße rechts Richtung REINHARDSHAGEN. Wir bewegen uns nun leicht, aber stetig ansteigend in das mehr als 200 km² umfassende Waldgebiet, das zu einem der größten in Hessen zählt.

Reinhardswald

Das waldreiche Mittelgebirge ist sehr weitläufig und aus den sanft gewellten Hochflächen steigt die höchste Erhebung, der Gahrenberg bis 472 m ü. NN an. Im Süden und Südosten begrenzen die Fulda, im Norden und Nordosten die Weser und im Nordwesten die Diemel eines der am wenigsten besiedelten Gebiete Deutschlands. Neben Buchen und Eichen ist es der allgegenwärtige Adlerfarn, der besonders an den lichten Wald-

stellen seine hochwachsenden Wedel der Sonne entgegenstreckt und im späten Herbst für eine Goldschimmerung des Bodens sorgt. Bereits aus der Eisenzeit finden sich erste Befestigungsanlagen, die von den frühmittelalterlichen überlagert wurden. Spuren von Köhler- und Glashütten, Grenzwälle und Schanzen, Eichelgärten und Hügelgräber sind Zeugen der Siedlungsgeschichte der vergangenen Jahrhunderte. Umfangreiche Eichen- und Hutewälder sowie lange Eichenalleen erinnern an die Vorzeit und das Mittelalter. Damals trieben die Bauern ihr Vieh zur Waldweide, das dort die jungen Bäume kurz hielt und mit Eicheln fett gemästet wurde. Ein eingezäuntes, etwa 100 km² ausgedehntes Wildschutzgebiet verweist auf die große jagdliche Tradition im Reinhardswald und dient nicht nur als ausgezeichnetes Wander-, sondern auch als Staatsjagdrevier. Inmitten des riesigen Areals befindet sich Deutschlands

erster Friedwald, in dem Begräbnisse am Fuße eines Baumes - eins mit der Natur und biologisch abbaubar - möglich sind. Wie nicht anders zu erwarten, ranken sich um einen verwunschen wirkenden Wald eine Menge Sagen, zu denen auch die Geschichte seiner Entstehung zählt: Graf Reinhard war ein leidenschaftlicher Spieler und verlor eines Tages seine gesamten Ländereien an den Bischof von Paderborn. Als Ausweg aus der misslichen Lage ersann er eine List und bat den Bischof, noch einmal sein Land bestellen zu dürfen. Die Bitte wurde ihm gewährt und so säte Reinhard Eicheln anstatt Getreide. Bis aus der Saat stattliche Eichen wurden, deren Früchte man ernten konnte, vergingen viele, viele Jahre. Der Bischof kapitulierte vor so viel Raffinesse, erließ dem Grafen seine Spielschulden und der Wald erhielt, wen wundert's noch, den Namen Reinhardswald.

Bereits beim Durchfahren kann man einen kleinen Eindruck des Reinhardswaldes erhalten, doch von den zahlreichen Wanderparkplätzen erforschen wir das stille Paradies für Wanderer und Spaziergänger auf gut markierten Wegen immer wieder gern. Die nachfolgend genannten Parkplätze erscheinen uns auch für eine Übernachtung geeignet.

(005) WOMO-Wanderparkplatz: Holzhausen, Roter Stock

GPS: N 51°26'28.2" E 9°32'27.2"
max. WOMOs: 1 - 2
Ausstattung/Lage: Infotafel, Wanderwege/außerorts.
Zufahrt: Ca. 1,4 km hinter dem Ortsausgang von Holzhausen auf den links (!) der Straße gelegenen Wanderparkplatz abbiegen. Hier kann man ca. 100 m entfernt der Straße das WOMO abstellen.

Die L3232 zieht sich fast schnurgerade zwischen den typischen Farngewächsen und den Bäumen entlang, bis wir nach gut 5 km links Richtung SABABURG abzweigen. Alte und neu angepflanzte Eichen wechseln sich mit den in Reih und Glied stehenden Huteeichen ab, an Lichtungen strahlt das satte Rot der Blutbuchen und galant bewegen sich Birkenäste im Wind. Bizarre, uralte, dicke Eichen erinnern an Spukgestalten und es würde nur noch fehlen, dass die Sieben Zwerge die verwunschenen Wege queren. Nachdem wir weitere 7 km zurückgelegt haben, verzeichnen wir den Wanderparkplatz Forstscheid.

(006) WOMO-Wanderparkplatz: Reinhardswald, Forstscheid

GPS: N 51°33'00.8" E 9°33'02.8"
max. WOMOs: 1 - 2
Ausstattung/Lage: Infotafel, Wanderwege/außerorts.
Zufahrt: Siehe Text.

Die Straße führt links weiter und kurz darauf liegt auf einer flachen Basaltkuppe tatsächlich ein Märchenschloss vor uns! Wen wundert's – befinden wir uns doch im Land der Brüder Grimm, die sich die **Sababurg** in ihren Kinder- und Hausmärchen als Vorbild für das **Dornröschenschloss** genommen haben. Das alte Jagdschloss soll, um die eigene Tierhaltung vor Wildtieren zu schützen im 16. Jh. von einer Dornenhecke umgeben gewesen sein. Was lag also näher, als das Märchen von Dornröschen hierher zu verlegen.

(007) WOMO-Stellplatz: Sababurg

GPS: N 51°32'46.2"
E 9°32'17.5"
max. WOMOs: 2 - 3
Ausstattung/Lage: Gaststätte/außerorts, Häuser in der Nähe.
Zufahrt: Im Verlauf der Streckenführung an der K56 links gelegen. Den Hinweisen zur Sababurg folgen.

(008) WOMO-Stellplatz: Sababurg, Tierpark

GPS: N 51°32'45.9"
E 9°31'44.6"
max. WOMOs: 3-5
Ausstattung/Lage: Tierpark, Infotafeln, Wanderwege/Ortsrand.
Zufahrt: Ca. 1,5 km hinter **(007)**. Den Hinweisen zum Tierpark folgen.

(009) WOMO-Picknickplatz: Sababurg, Drecktor

GPS: N 51°32'41.9" E 9°30'21.5"   **max. WOMOs:** 1
Ausstattung/Lage: Tisch u. Bänke, Wanderwege/gegenüber dem Urwald, außerorts.
Zufahrt: Ca. 1,6 km hinter **(008)**. Der Parkplatz liegt rechter Hand.

Sababurg mit Tierpark und Urwald

Während wir uns die Geschichte der nach hundert Jahren Schlaf wachge-
küssten Prinzessin in Erinnerung rufen, richten wir uns auf dem Parkplatz
für die Nacht ein und gehen die paar Meter zur im Jahr 1334 erbauten
Sababurg hinauf. In der Anlage befinden sich heute ein Hotel und ein
empfehlenswertes **Restaurant mit Café** (www.sababurg.de). Die Preise sind den Angeboten angemessen, die frischen Wildgerichte aus der
Region ein Gedicht und von der Terrasse kann man einen Blick über den
Reinhardswald werfen. Nach einem opulenten Mahl vertreiben wir ein
paar der gespeicherten Kalorien bei der Turmbesteigung, genießen in
der entsprechenden Jahreszeit den Spaziergang durch den Rosengarten und beobachten Kinder, die beim Märchenrundgang in die Ruinenro-
mantik voll eintauchen (April - Okt. 10 - 17 Uhr, Eintritt). Der ehemalige
Palas bietet im Sommer eine beeindruckende Kulisse als Freilichtbüh-
ne, während im mittelalterlichen Gewölbekeller kleinere, besuchenswerte Veranstaltungen in intimen Rahmen geboten werden. Unterhalb der
Sababurg schließt sich der gut ausgeschilderte **Tierpark** an. Die älteste
zoologische Anlage Europas wurde 1571 gegründet und es können ehe-

Im Urwald

mals heimische Tiere und andere Wildarten in großzügigen naturnahen
Gehegen bestaunt werden. Hier tummeln sich u. a. Wölfe, Luchse, Wi-
sente und die seltenen Przewalski-Pferde. Ein Streichelzoo sowie eine
Greifvogelanlage mit Flugvorführungen und das Forst- u. Jagdmuseum
runden den Parkbesuch ab. Der Aufenthalt kann locker einige Stunden
dauern und wer nicht laufen möchte, kann an einer 45-minütigen Rund-
fahrt mit der Parkbahn teilnehmen. Täglich finden Schaufütterungen bei
Pinguinen, Vielfraßen und Fischottern statt und viele Veranstaltungen
machen den Besuch des Tierparks immer wieder interessant (Okt. 9 -
18 Uhr, Nov. - Feb. 10 - 16 Uhr, März 9 - 17 Uhr, April - Sept. 8 - 19 Uhr,
Eintritt. www.tierpark-sababurg.de).
Entweder zu Fuß oder im Verlauf der Straße erreichen wir unmittelbar
an den Tierpark angrenzend den **Urwald**, der bereits 1907 als erstes
hessisches Naturschutzgebiet ausgewiesen wurde. Kein Urwald im eigentlichen Sinn verbirgt sich hinter der weitestgehend wilden und natürlich entwickelnden Vegetation, sondern ein mit einem ganz besonderen

Charme ausgestattetes Beispiel jahrhundertelanger Bewirtschaftung. Unterschiedlich lange Rundwege ziehen sich zwischen den Baumriesen hindurch und dort wo es sumpfig ist, führen sie über Holzbohlen. Jede Eiche hat eine einzigartige Form und manchmal scheint es, als ob sie sich gerade schlafen legen wollten oder sich mit ihren zum Boden reichenden Ästen abstützen. Wenn dann plötzlich auch noch Ritter Dietrich durch den Wald schreitet und über einzelne Bäume philosophiert, ist die märchenhafte Illusion fast perfekt (Führungen: www. ritter-dietrich.de, Gebühr). Die Wege sind selbstverständlich frei zugänglich, aber eine sachkundige, kostenfreie Führung bringt nicht nur Städtern ein ganz besonderes Stück Natur näher (Veranstalter: Forstamt Reinhardshagen, Telefon 05544/951028).

Die Straße führt noch einige Zeit durch den Wald und wenig später biegen wir zweimal rechts Richtung GOTTSBÜREN ab. Bevor wir den Ort erreicht haben, bietet sich linker Hand ein Parkplatz mit Picknickbänken nicht nur für eine kleine Rast, sondern auch als Ausgangspunkt für einen erbaulichen Fußmarsch an.

(010)
WOMO-Picknickplatz:
Gottsbüren, Holzapetal
GPS: N 51°34'24.7" E 9°28'55.5"
max. WOMOs: 1-2
Ausstattung/Lage: Tisch u. Bänke, Infotafel, Wanderwege/außerorts.
Zufahrt: Ca. 350 m hinter dem 2. Abzweig links zum Parkplatz.

WOMO-Wandertipp: Durch das Holzapetal
Leichte, abwechslungsreiche Wanderung von ca. 8 km Länge.
Der hier beginnende Wanderweg bedarf keiner besonderen Wegbeschreibung. Die Markierungen geben eindeutige Hinweise und der sicht- und hörbare Bachlauf der Holzape windet sich in Kurven naturbelassen und verschlungen durch Buchenbestände und Fichten. Wir wandern ca. 2 km entlang von Wiesen- und Sumpfflächen und folgen rechts der Zuwegung zum Weserbergland-Weg. Nachdem wir die Brücke über die Holzape überquert haben, halten wir uns links bis zu einer Weggabelung. Dort geht es links im spitzen Winkel zurück zum Parkplatz. Unterwegs können wir den Hutestein und die Überreste einer alten Wasserversorgung besichtigen. Mit etwas Glück begegnen uns Fischreiher oder vielleicht sogar einer der selten gewordenen Eisvögel. Für uns ist das Holzapetal eines der schöns-

ten Bachtäler unserer Heimat, das nicht umsonst zum Naturschutz- und Flora-Fauna-Habitat-Gebiet erklärt wurde. Zu jeder Jahreszeit eine kleine, aber feine Wanderlandschaft.

In Gottsbüren selbst fällt die ehemalige Wallfahrtskirche auf, die 1330/31 erbaut, ihre Entstehung dem Auffinden des sog. „Corpus Christi" in einem naheliegenden Waldstück verdankt. Der damals mit Wundmalen an Händen und Füßen versehene Leichnam wurde schnell zur Reliquie erklärt und Pilger auf dem Weg nach Santiago de Compostela zum Grab des Apostels Jakobus brachten einen unerwarteten Geldsegen in den kleinen Ort. Zum Schutz der Wallfahrer wurde wenige Jahre später die Sababurg errichtet. 1526 wird Hessen protestantisch und inzwischen weisen an der Kirche nur noch **Rundwanderwege** auf die alten Pilgerpfade hin. Die Durchgangsstraße führt uns Richtung OBERWESER und dann aus dem Ort hinaus und wieder in den Wald. Eine kleine Parkbucht [N 51°35'54.6" E 9°32'08.3"] nimmt unser WOMO auf und ein wenig entfernt treten wir den Beweis an, dass unsere Augen

schärfer als unser Gleichgewichtssinn sind. Das Phänomen des **bergauf fließenden Wassers** ist selbstverständlich physikalisch zu erklären, aber das eigentlich besondere ist unser Gehirn. Wir sehen einen von unten kommenden Bach, der durch Rohre unter der Straße hindurchgeleitet wird und anschließend zu einem Becken fließt, in dem es gesammelt wird. Wir würden wetten, dass das Wasser von der Straße aus gesehen bergauf fließt. Doch weit gefehlt! Die optische Täuschung wird deutlich, als wir ein Blatt ins Wasser werfen, das sich sofort der Fließrichtung nach unten anpasst und die erklärende Welt von Newton und Galilei wieder ins Gleichgewicht rückt. Noch ein paar Kürvchen weiter und schon locken die kleinen, klappernden Mühlen im Lumbachtal zum Anhalten [011: N 51°36'01.9" E 9°32'16.8"; Mühlenplatz]. In der liebevoll ge-

stalteten **Freilichtausstellung Mühlenplatz** werden im Maßstab 1:25 und 1:40 originalgetreu nachgebildete und handbemalte Wassermühlen, Burgen und Schlösser, Kirchen und Rathäuser aus Vollbeton gezeigt (April - Sept. 10 - 18 Uhr, 1. - 15. Okt. 10 - 17 Uhr, Eintritt). Schnell sind wir nach dem Besuch an der B80 gelandet, biegen dort kurzzeitig Richtung HANN. MÜNDEN und anschließend gleich wieder links Richtung OEDELSHEIM/WAHLSBURG ab. GIESELWERDER ist ein hübscher kleiner Ort mit blumengeschmückten und restaurierten Fachwerkhäusern. Im Zentrum kann das WOMO am Tanzeplatz in der Nähe des Haus des Gastes abgestellt werden. Mit wenigen Schritten sind das **Schiffermuseum** (Mai - Sept. So 14 - 17 Uhr) und das **Weberei-Museum Kircher** (So/Feiertage 14 - 17 Uhr) erreicht. Bevor wir die Weserbrücke überqueren, erhaschen wir noch einen Blick auf das rechter

Rathaus in Gieselwerder

Hand gelegene Rathaus, an dessen Standort früher eine alte Wasserburg stand und das fotogen die vorbeiziehenden Boote grüßt, bevor es links weiter nach WAHLSBURG/LIPPOLDSBERG geht.

(012) WOMO-Stellplatz: Lippoldsberg, Weserbergland
GPS: N 51°37'27.3" E 9°33'07.8"   **max WOMOs:** >10
Ausstattung/Lage: V/E, Strom, WC, Gebühr, Brötchenservice, Gaststätte, Rad- u. Wanderwege, Ortszentrum ca. 300 m/direkt an der Weser, Ortsrand.
Zufahrt: Im Ort dem WOMO-Piktogramm folgen.

Direct von dem schön am Fluss gelegenen Stellplatz lockt der **Weser-Radweg** R1 und ein kurzer Spaziergang in den reizvoll zwischen Weser- und Schwülmetal gelegenen Luftkurort sollte nicht fehlen. Ein Kaufmannsladen, alte Wohneinrichtungen und eine Schmiede

zeigen im **Museum und Werkstatt im Schäferhaus** (Mai - Okt. So 15 - 17 Uhr) wie die Menschen in früheren Jahren ihren Alltag verbracht haben. Viele Gegenstände dürfen angefasst und ausprobiert werden. Sehenswert ist die ehemalige **Klosterkirche Lippoldsberg** des 1093 gegründeten und ab 1100 von Benediktinerinnen geführten Klosters. Die mit Bunt-

sandstein erbaute Klosterkirche **St. Georg und Maria** besticht durch ihre Schlichtheit und zählt zu den bedeutendsten romanischen Bauten Deutschlands. 1569 erlischt der Konvent durch den Tod der letzten Äbtissin und der Klosterhof wurde zu einem Gutshof umgewandelt. Heute beherbergt die Klosterpforte eine Ausstellung zur mittelalterlichen und klösterlichen Lebensweise und zeigt Exponate der alten Klosteranlage (tägl. 9 - 18 Uhr, Führungen möglich). Den Abend verbringen wir in der zum Stellplatz gehörenden **Gaststätte Zum Anker** und lassen uns den Duft von frisch geräuchertem Wildlachs appetitanregend um die Nase wehen, um uns dann doch für eine deftige Brotzeit mit hausgemachten Wurstwaren zu entscheiden. Am nächsten Morgen gehen wir direkt vom Stellplatz

auf eine „Mini-Kreuzfahrt": Mit der **Gierseilfähre** (wochentags 7 - 18 Uhr, So/Feiertage 9 - 18 Uhr, Gebühr), die zur Fortbewegung nur die Strömung des Flusses nutzt, lassen wir uns samt WOMO auf die andere Seite übersetzen. Als Grenzfluss zwischen Hessen und Niedersachsen begleitet die Weser unseren Weg nach BAD KARLSHAFEN. Von einem Picknickplatz an der B80 [N 51°37'50.4" E 9°29'43.7"] lassen wir noch einmal den Blick über das Wasser und ins Weserbergland schweifen, bevor wir wenig später in die nördlichste Stadt Hessens gelangen. Für die reine Stadtbesichtigung bietet sich die Suche eines Parkplatzes am Straßenrand im Zentrum an, ansonsten empfiehlt sich die Übernachtung je nach Gusto wie folgt:

(013) WOMO-Stellplatz: Bad Karlshafen, Kurtherme

GPS: N 51°38'51.4" E 9°27'24.8"; Am Auland
max. WOMOs: >10
Ausstattung/Lage: Direkt an der Kurtherme und der Weser, ca. 1 km zur Ortsmitte, keine Wohnwagen/Ortsrand, Häuser in der Nähe.
Zufahrt: Von der B80 zum ausgewiesenen Parkplatz an der Kurtherme, dann vor dem Wasser rechts und wieder links fahren.

Bad Karlshafen

Die Stadt liegt an der Mündung der Diemel in die Weser und wurde 1699 durch Landgraf Carl von Hessen gegründet. Dieser wollte hiermit das Stapelrecht in Hann. Münden umgehen und den nördlichsten Teil seines Landes durch einen Kanal mit der Residenzstadt Kassel auf dem Wasserweg verbinden. Der hochfliegende Plan wurde jedoch nicht in die Tat umgesetzt und die Kanalarbeiten verliefen nach 17 km buchstäblich im Sande. Ab 1776 öffnete sich für Tausende von Soldaten von hier der Weg über die Weser nach Bremen und von dort über den großen Teich nach Amerika. Das hatten sie Landgraf Friedrich II. zu verdanken, der sie für den Amerikanischen Unabhängigkeitskrieg an seinen Schwager Georg III. von Großbritannien „vermietete". Der hessische Landgraf spielte so eine kleine Rolle in der großen Weltgeschichte und füllte mit dem damals schon umstrittenen Menschenhandel sein Staatssäckel nicht unbeträchtlich. Bis heute ist die sehenswerte kleine **Hafenanlage** geblieben, um die

sich die in schlichtem Barock angelegte Stadt gruppiert. Der vierflügelige Komplex des Invalidenhauses war das erste öffentliche Gebäude und wurde als Altersruhesitz für ehemalige Offiziere und Soldaten 1704 - 1710 errichtet. Das Rathaus mit dem vorgelagerten Laubengang wurde nur wenige Jahre später gebaut und diente als Packhaus. Im Glockenturm befindet sich ein Glockenspiel, das viermal täglich verschiedene Melodien spielt und im Untergeschoss hält die **Tourist-Info** (Mai - Sept. Mo - Fr 9 - 17 Uhr, Sa 9.30 - 12 Uhr, So 14.30 - 17 Uhr/Okt. - April Mo - Fr 9 - 12 Uhr, 14 - 16 Uhr, www.bad-karlshafen.de) ihre Türen geöffnet. Die ersten

Am Hafenbecken

Siedler der Planstadt waren die wegen ihres protestantischen Glaubens in ihrer französischen Heimat verfolgten Hugenotten. Die Flüchtlinge brachten bis dahin in Deutschland fast unbekannte Handwerksberufe mit und z. B. Strumpf-, Handschuh- und Hutmacher traten ihren Dienst an. Damit sie sich schneller einlebten, wurden die Häuser im Stil der calvinistischen Niederlande gebaut. Die Fassaden der zweistöckigen Häuser sind weiß und mit einem schmalen Giebel in der Mitte versehen. Mitten im barocken Stadtkern befindet sich das **Deutsche Hugenotten-Museum**

[N 51°38'32.8'' E 9°27'08.9''; Hafenplatz], das mit einer umfassenden Sammlung über die Verfolgung der reformierten Christen im katholischen Frankreich berichtet und ihr Leben im hessischen Exil sehr interessant wiedergibt (März - Okt. Di - Fr 10 - 17 Uhr, Sa/So/Feiertage 10 - 18 Uhr/Nov. - Dez. Mo - Fr Vormittag, Sa/So 14 - 17 Uhr/Jan. - 14. März Mo - Fr Vormittag, Eintritt. www.hugenotten-museum.de). 1730 war es dann auch ein hugenottischer Apotheker, der die Solequelle entdeckte und deren Bedeutung erkannte. Die Quelle wurde gefasst, 1763 eine Saline mit Pumpwerk und drei Gradierwerken erbaut und der Handel mit Salz begann. Um die norddeutschen Salzstädte zu stützen, trat Hessen 1835 dem Zollverein mit Preußen bei und die Salzgewinnung in Karlshafen kam zum Erliegen. Bereits drei Jahre später wurde das erste Badehaus errichtet und die Solequellen wurden bei Asthma, Rheuma und Bronchitis zu Heil- und Kurzwecken eingesetzt. 1955 folgte die Anerkennung

Pegelhaus

als Sole-Heilbad und seit 1977 darf sich die Stadt Kurbad nennen. Mittlerweile wird das Heilwasser im **Kurzentrum**, am **Gradierwerk** und in der **Weser-Therme** (9 - 22 Uhr, Fr/Sa 9 - 23 Uhr, Eintritt. www.wesertherme.de) genutzt. Der in streng geometrischen Formen angelegten Stadt können Besucher bei Führungen (Mai - Okt. So 15 Uhr ab Rathaus, Gebühr) näher kommen und wer im Juni dort ist, sollte sich die **Weserbeleuchtung** nicht entgehen lassen. Der Hafenbereich ist dann wunderschön illuminiert und ein großes Höhenfeuerwerk entlockt den Zuschauern so manches „Ah und Oh" (www.weserbeleuchtung.de). **Wander- und Radwege** sowie **Kanutouren** auf Weser und Diemel können für weitere abwechslungsreiche Tage rund um die nördlichste Stadt Hessens sorgen.

Nach einer ruhigen Nacht an der Kurtherme wollen wir morgens hoch hinaus und folgen der Zufahrt zum Campingplatz durch die Stadt, um uns dort den Hinweisen zum **Weser-**

Skywalk anzuvertrauen. Eine Weile geht es bergauf durch ein Wohngebiet, dann über eine öffentliche Forststraße und nach etwa 2 km haben wir schließlich einen Parkplatz erreicht [N 51°39'04.4" E 9°26'08.6"]. Die Parkbucht erscheint für unser WOMO zu kurz und so folgen wir der Straße weiter, um es problemlos auf einem Wanderparkplatz zu platzieren.

(015) WOMO-Wanderparkplatz: Bad Karlshafen, Weser-Skywalk

GPS: N 51°39'09.2" E 9°26'19.1"   **max. WOMOs:** 1
Ausstattung/Lage: Infotafel, Wanderwege, Mountainbike-Route, Gaststätte ca. 700 m der Straße folgend/außerorts.
Zufahrt: In Bad Karlshafen den Hinweisen zum Skywalk folgen. Ca. 300 m hinter dem Skywalk-Parkplatz auf der rechten Seite.

Im Dreiländereck Hessen/ Niedersachsen/Nordrhein-Westfalen gehen wir die wenigen Meter auf der Straße zurück und schwenken links über einen leicht bergab führenden Weg zu den rotbraunen Felsen der **Hannoverschen Klippen**. Die nächsten Schritte auf NRW-Territorium erfordern schon ein gewisses Maß an Schwindelfreiheit, aber dann stellt sich fast so etwas wie die Lust am Fliegen ein. Von der aus 25 t Stahl bestehenden **Aussichtsplattform** bietet sich aus 80 m Höhe ein grandioser Ausblick auf die durch das sanfte Hügelland schwingende Weser. Später, als sich die zahlreichen Besucher für den besten Blick drängeln, sitzen wir bereits wieder in unserem WOMO und schlängeln uns in Bad Karlshafen auf der B83 Richtung KASSEL an der Diemel entlang. Bereits 1,2 km nach dem Abzweig auf die Bundesstraße verlassen wir diese und folgen rechts dem Hinweis zur **Krukenburg**, deren Ruine

sich über dem Diemeltal erhebt.

(016) WOMO-Wanderparkplatz: Helmarshausen, Krukenburg I

GPS: N 51°37'57.4" E 9°27'25.0"; Graseweg **max. WOMOs:** 1
Ausstattung/Lage: siehe **(017)**/ außerorts, Häuser in der Nähe.
Zufahrt: Von der B83 rechts dem Hinweis zu Burg ca. 1 km folgen. Der Parkplatz liegt linker Hand.

(017) WOMO-Wanderparkplatz: Helmarshausen, Krukenburg II

GPS: N 51°37'54.7" E9°27'23.1"; Graseweg **max. WOMOs:** 1
Ausstattung/Lage: Wanderwege, Infotafel, Café, evtl. weitere Gaststätte vorhanden (zum Zeitpunkt der Recherche jedoch geschlossen)/außerorts, Häuser in der Nähe.
Zufahrt: Ca. 100 m hinter **(016)** auf der rechten Straßenseite.

Krukenburg und Kloster Helmarshausen

Aufgrund seines Alters war es dem Paderborner Bischof Heinrich II. nicht mehr möglich, eine Wallfahrt nach Jerusalem zu unternehmen. Um sein Gelübde trotzdem erfüllen zu können, ließ er um 1120 auf dem Berg eine Kirche zur Ehre Johannes des Täufers erbauen, die eine Nachbildung der Grabeskirche von Jerusalem darstellte. Der Krukenberg war als Standort ganz bewusst gewählt worden, um gleichzeitig die bereits von unseren heidnischen Vorfahren als Opfer- und Kultstätte genutzte Erhebung durch eine Kirche des Christentums abzulösen. Zusätzlich überragte die Kirche das ehemalige Benediktinerkloster in Helmarshausen, das 997

durch Kaiser Otto III. gegründet wurde und im 11. und 12. Jh. seine Blütezeit hatte. Um den Besitz von Kirche und Kloster stritten die Bistümer Paderborn, Köln und Mainz immer wieder und so wurde um die Kirche 1215 eine Befestigungsanlage aus Wehr- und Wohngebäuden errichtet. Nachdem das Kloster 1538 aufgelöst worden war, verlor die Krukenburg ihre Bedeutung und verfiel allmählich. Erhalten sind heute einige Mauerreste der Kirchenruine und des „Paderborner Hauses", die ein schöner Beweis für die damalige Baukunst sind. Vom Bergfried haben wir

Besucher einen Rundblick auf das Flusstal und den Reinhardswald. Die Burg ist ganzjährig zu besichtigen, der Bergfried von April - Okt. 10 - 18 Uhr geöffnet. Ein kleiner Spaziergang führt uns entlang des Waldes anschließend zum wenige Hundert Meter entfernten **Steinbruch am Carlsplatz**, der einen Einblick in die frühere Sandsteingewinnung, Verarbeitung und Verwendung gibt. Für einen längeren Rundweg bietet sich der ausgewiesene **Eco Pfad** Archäologie Helmarshausen von ca. 2 Std. Gehzeit an. Von den Terrassen des **Café zur Krukenburg** (Di/Mi Ruhetag) haben wir anschließend einen herrlichen Ausblick über das im Tal gelegene Helmarshausen und im Inneren erwartet uns eine kleine Ausstellung zur Geschichte der Burg und des Klosters.

Vom Krukenberg gelangen wir zurück zur B83 und nach HELMARSHAUSEN mit seinen teils gut erhaltenen Fachwerkhäusern. Vom Parkplatz des ehemaligen Klosters [N 51°37'49.9" E 9°27'09.8"; Poststraße], dessen Grundriss oberirdisch mit

Sandsteinplatten markiert ist, sind es nur wenige Minuten bis zum **Heimatmuseum** (April - Okt. Mi 10 - 12, Sa/So/Feiertage 15 - 17 Uhr, Eintritt) im Alten Rathaus. Hier wird über die Buchmalerei im Mittelalter informiert und eine Faksimile-Ausgabe des Evangeliars Heinrich des Löwen bereichert die Ausstellung. Das Original, einst als teuerstes Buch der Welt bei Sotheby's in London ersteigert, wird in Wolfenbüttel aufbewahrt. Als wir einige Kilometer später links die Abfahrt zum **Wasserschloss Wülmersen** einschlagen und uns der beeindruckenden Silhou-

ette des ehemaligen Rittergutes nähern, scheinen wir in eine lebendige Zeitreise zu geraten [N 51°36'24.7" E 9°25'45.1" und N 51°36'23.4" E 9°25'47.7"]. Die ältesten Gebäude des Hofgutes der Ritter von Stockhausen stammen aus dem 12. - 14. Jh. und waren früher auf der Südseite durch einen Wassergraben sowie von den Wasserläufen der Holzape und der Diemel geschützt. Prägnant ist der Glockenturm von 1610 mit einem rekonstruierten Fachwerkaufbau. In einem Stallgebäude des 19. Jh. ist das **LandMuseum** untergebracht, in dem thematische Ausstellungen zu Agrartechnik, ländlichem Leben, Landhandwerk und Regionalgeschichte besichtigt werden können (Mai - Okt. Mo - Fr 11 - 18 Uhr, Eintritt). Besonders im Sommer kehrt in das alte Gemäuer Leben ein, wenn sich auf dem Zeltplatz im Obstgarten oder in den zu Gruppenunterkünften umgebauten Stallgebäuden Kinder auf Klassenfahrt oder Seminaristen tummeln. Die B83 führt uns nun durch die leicht hügelige Landschaft des Hessischen Berglandes dem beschaulichen Fachwerkstädtchen TRENDELBURG entgegen. Zum längeren Verweilen empfiehlt sich dort der kleine Campingplatz, der idyllisch auf einer Insel zwischen Diemel und Mühlengraben gelegen ist.

(018) WOMO-Campingplatztipp: Trendelburg

GPS: N 51°34'22.2" E 9°25'26.1"; Alte Mühle; Telefon 05675/301
Öffnungszeiten: Ganzjährig; www.campingplatz-trendelburg.de
Ausstattung/Lage: Tischtennis, Tennis, eigener Bootssteg, natürlicher Wasserspielplatz, Baden im Fluss, Fischtreppe, kleines Wasserkraftwerk zu besichtigen, Kiosk/Ortsrand.
Zufahrt: Vor der Diemelbrücke rechts zum ausgeschilderten Campingplatz.

Trendelburg bietet sich z. B. auch als Standquartier für 1- oder 2-tägige **Kanutouren** auf der Diemel an. Der kleinste Wanderfluss Hessens liegt auf der ganzen Länge im Landschaftsschutzgebiet. Trockenrasen sowie Wacholderheiden erstrecken sich an steilen Hängen mit einer Vielzahl von Orchideen zu den Basaltkegeln hinauf, sodass teilweise ein fast mediterranes Flair entstehen könnte. Um diese besondere Vegetation zu schützen, gilt seit einigen Jahren eine Verordnung, die den Kanuverkehr regelt. Privatpersonen müssen sich vor Nutzung des Flusses anmelden. Die Kanuvermieter haben eingeschränkte Kontingente und wer die Ruhe des Flusses in einer intakten Landschaft im gemieteten Kanu genießen möchte, ist z. B. bei Kanu-Schuhmacher gut aufgehoben. Die Verleih-Station ist schräg gegenüber der Zufahrt des Campingplatzes zu finden (Domäne 6, Tel. 05675/725905, www.kanu-schumacher.de).
Für unsere Stadtbesichtigung wählen wir den Parkplatz an der Kirche [N 51°34'26.0" E 9°25'14.9"; Am Rathaus], den wir erreichen, indem wir am Ortseingang rechts dem Hinweis zur Burg folgen und dann die zweite Straße links abbiegen. Wir gönnen dem WOMO seine Ruhe neben der im 15. Jh. als Hallenkirche erbauten Pfarrkirche, die in ihrem Inneren mittelalterliche Fresken und die Grabplatten der Ritter von Stockhausen vorzuweisen hat.

Trendelburg und das Umland

Vorbei am Fachwerkbau des aus dem 15. Jh. stammenden Rathauses ist die **Tourist-Info** (tägl. geöffnet, Tel. 05675/749918, www.trendelburg. de) in der Straße „Am Brunnen" schnell erreicht. Freundlich und kompetent werden wir über die entdeckenswerte Gegend, die mit ihren ausgedehnten Waldgebieten in einem reizvollen Kontrast zu den Wiesen und Feldern am Ufer der Diemel steht, informiert. Viel umfassender, als wir

es hier tun können, wird auf **Rad- und Wanderwege** oder die umliegenden Naturschutzgebiete hingewiesen. So sollte ein Besuch des östlich gelegenen Naturdenkmals **Nasser Wolkenbruch** nicht fehlen [N 51°34'27.0" E 9°26'43.1"; An der L736]. Der rund 47 m tiefe Krater mit einem See und einem Umfang von 470 m entstand durch den Einsturz unterirdischer Hohlräume. Etwas weiter entfernt schließt sich ein zweiter Einsturztrichter an, der nicht mit Wasser gefüllt ist und somit folgerichtig **Trockener Wolkenbruch** genannt wird. Für die Liebhaber von Sagen sei die Geschichte der Riesin Trendula angeführt, die für anhaltende Unwetter verantwortlich gemacht wurde. Nachdem man sie festgekettet hatte, raffte sie ein Blitzschlag dahin und im Donnergrollen brach der Erdboden auf und verschlang Trendula. Die Bezeichnung „Wolkenbruch" war geboren. Südwestlich der Stadt wurde von 1558 bis 1736 eine leer stehende Kirche als Siechenkirche genutzt [N 51°33'59.7" E 9°24'07.9"; An der K67]. Danach verfiel die Anlage und

lediglich ein spätromanischer rechteckiger Turm kann noch besichtigt werden. Den Schlüssel erhält man in der Tourist-Info, in deren Räumlichkeiten ein kleines Juwel zu finden ist. Durch Zufall entdeckte man 2001 bei Bauarbeiten einen Zugang zu bis dahin verschlossenen Kellerräumen mit einem unversehrt erhaltenen, etwa 140 Jahre alten jüdischen Tauchbad. Den Kopf einziehend stehen wir in den niedrigen Gewölben und lassen uns erklären, wie das durch Regen- und Quellwasser gespeiste **Ritualbad Mikwe** insbesondere von Frauen genutzt wurde. Wir schlendern weiter bergan zur **Trendelburg**, die seit dem 13. Jh. trutzig auf einem Sandsteinfelsen thront und heute als Hotel mit Restaurant genutzt wird. Nachdem wir die ehemals aus Sicherheitsgründen im Winkel gebaute Eingangspforte, Demutspforte genannt, in gebückter Haltung passiert haben, führt der Weg über den gepflasterten Burghof zum 38 m hohen Bergfried. In der Vergangenheit ließen die Burgherren im Verteidigungsfall von weit oben Pech auf die Angreifer fließen und in den Grimmschen Märchen ließ gar Rapunzel von diesem Turm ihr geflochtenes Haar herunter. In der Sommersaison hält die bezopfte Maid sonntags um 15 Uhr Autogrammstunden ab und die Burg kann bei historischen Themenführungen besichtigt werden. Auskunft hierüber erteilt die Tourist-Info.

Entlang der teilweise erhaltenen Stadtmauer rollen wir zurück zur Bundesstraße und über die Diemel weiter nach STAMMEN. Unübersehbar ist der Hinweis rechts zum **Hofgut Stammen** [**019:** N 51°33'52.0" E 9°24'47.8"; Schlossstraße], wo nicht nur das WOMO einen **gebührenpflichtigen Stellplatz** finden kann, sondern Klein und Groß eine Menge Spaß und Unterhaltung geboten wird. Vom Bogenschießen über Kutschfahrten, Lagerfeuerromantik oder Wettmelken wird ziemlich viel für erlebnishungrige Kinder geboten. Wem das nicht genügen sollte, der kann sich bei Mountainbike-Touren, Kanufahrten oder Wanderungen richtig Hunger holen und anschließend in der angegliederten Gaststätte bei hofeigenem Bier den Abend ausklingen lassen (www.hofgut.de). Nur wenige Kilometer entfernt erreichen wir die im Tal der Esse am Westrand des Reinhardswaldes gelegene Kleinstadt HOFGEISMAR. Für einen Stadtrundgang empfehlen wir, das WOMO auf dem im Ort an einer Ampel ausgeschilderten Parkplatz Rathaus/Museum [N 51°29'43.5" E 9°23'10.0"; Am Anger] abzustellen oder den in unmittelbarer Nähe der Altstadt befindlichen gebührenfreien Stellplatz zu nutzen.

(020) WOMO-Stellplatz: Hofgeismar, Am Sälbertor

GPS: N 51°29'44.0" E 9°22'33.2"; Sälber Tor
max. WOMOs: >10
Ausstattung/Lage: V/E, Strom gegen Gebühr, Fußweg in die Stadt und zu diversen Gaststätten, Einkaufsmarkt ca. 300 m/im Ort. Ggf. Geräuschbelästigung durch naheliegende Straße.
Zufahrt: Auf der B83 durch den Ort bis zu einem Kreisverkehr fahren. Dort rechts Richtung Liebenau und später rechts den WOMO-Piktogrammen bis zum offiziellen Stellplatz folgen.

Hofgeismar

Das aus einem Hofgut hervorgegangene Hofgeismar erhielt seine Stadtrechte 1223 und in der Altstadt stehen noch heute viele behutsam restaurierte, schöne Fachwerkhäuser. Am Markt 19 befindet sich das wohl älteste Haus aus dem Jahr 1528. Im Untergeschoss leider durch Umbauten gestört, besticht es jedoch im oberen Teil mit einer Mischung aus Ständer- und Rähmbauweise. In der Nähe wartet in einem weiteren schön hergerichteten Haus die **Tourist-Info** (Mai - Okt. Mo - Fr 9 - 17 Uhr, Sa/So 10 - 13 Uhr, Nov. - April Mo - Fr 9 - 13/14 - 17 Uhr; Markt 5; www.hof-

Rathaus am Marktplatz

geismar.de). Rechts daneben verweisen die lateinischen, deutschen und französischen Hausinschriften auf die hugenottische Vergangenheit Hofgeismars, während in der **Neustädter Kirche** David Clémant, der erste Pfarrer der französisch-reformierten Gemeinde, wirkte und bestattet wurde. Das **Rathaus am Markt** wurde 1387 - 90 errichtet und täglich kann man um 12.15/15.15/18.15 Uhr den Klängen des Glockenspiels lauschen. Hier beginnen von Mai - Okt. jeweils am 1. Sa im Monat um 10 Uhr und am 1. Mi im Monat um 18 Uhr **geführte, kostenfreie Rundgänge** durch die Stadt. Die **Altstädter Kirche** aus dem 12. Jh., im romanischen Stil begonnen und um 1330 im Stil der Gotik umgebaut, zählt zu den bedeutendsten hessischen Hallenkirchen. Der neugotische Backsteinbau der katholischen **Kirche St. Peter** geht auf 1897/98 zurück und im Inneren ist die Kircheneinrichtung fast vollständig erhalten. Ganz in der Nähe verteilt sich in einem vierteiligen Gebäudekomplex aus dem 16. - 19. Jh. das **Stadtmuseum**, das mit seinen 14 Abteilungen eines der

Altstädter Kirche

größten Regionalmuseens Hessens ist. Ebenfalls besuchenswert ist das in einem hochmittelalterlichen Steinhaus beheimatete **Apothekenmuseum** (beide Museen: Mo/Di/Do 10 - 12 Uhr, Mi 15 - 18 Uhr, Fr 17 - 19, So/Feiertage 11 - 13 u. 15 - 18 Uhr, Ostern/Pfingsten/Weihnachten jeweils am 2. Feiertag, Eintritt). Mit der Stadtgeschichte ist auch die Geschichte des Bades **Gesundbrunnen** verbunden. 1639 entdeckte ein verwundeter Soldat eine Mineralquelle auf der östlichen Seite der Stadt. Bis 1866 existierte der Kurbetrieb, während seitdem nur noch der Brunnentempel und das von der Evangelischen Akademie genutzte Schlösschen Schönburg inmitten des schönen Brunnenparks erhalten geblieben sind. Bevor wir den Weg zum Stellplatz zurück antreten, kehren wir in der Gaststätte **Zum Alten Brauhaus** in der Marktstraße ein. Nicht nur der hier angebotene Würfelteller, sondern auch das dem Gasthaus gegenüberliegende **Würfelspiel-Denkmal** erinnert an eine Hofgeismarer Legende. Danach soll während einer Belagerung um die Herrschaft in der Stadt gewürfelt worden sein. Wer genau

hinschaut, wird nicht nur das erleichterte Grinsen des Gewinners erkennen, sondern auch die erzielte Augenzahl der Würfel ablesen können.

Am Morgen satteln wir unsere Räder und rollen vom Stellplatz **(020)** gemächlich quer durch die Stadt zum Bahnhof. Auch wenn die Fahrstrecke einige Punkte unserer bisherigen Reise mit dem WOMO tangiert, erscheint uns die Landschaft vom Fahrrad aus betrachtet ganz anders. Außerdem findet man von einigen unserer bereits genannten Stellplätze einen Einstieg in diese Route und kann beliebig sich und seinen Drahtesel in die eine oder andere Richtung bewegen. Um es vorwegzunehmen: Vor etlichen Jahren radelten wir die nachstehende Strecke ab. Diesmal, einige „Maimonate" älter und nicht mehr ganz so fit, haben wir nach ungefähr einem Drittel der Strecke aufgegeben – zu unserer Ehrenrettung sei erwähnt, dass wir wenigstens wieder zurückradelten und somit auch rund 40 km auf der Uhr hatten!

WOMO-Radwandertipp:
Entlang der Diemel und der Weser

Kombinierte Rad-/Bustour mit wenigen kurzen Anstiegen von ca. 70 km Länge. Durchgängig auf asphaltierten oder geschotterten Radwegen. Vor dem Bahnhofsgebäude in **Hofgeismar** fahren wir in die Straße „An der Esse", um links in den Kabelmühlenweg abzubiegen und dann rechts über die Schöneberger Straße bis zum Schwimmbad zu gelangen. Hier folgen wir links dem Radweg R4. Er wird uns durchgängig bis Bad Karlshafen führen. Doch zunächst geht es entlang der Esse über Hümme nach **Stammen (019)** und **Trendelburg (018)**. Am rechten Ufer der Diemel unterqueren wir die Brücke und radeln nach rechts hoch, halten uns links und folgen der Straße vorbei an Schule und Feuerwehr. Ab der Stadtgrenze geht es auf der Trasse der ehemaligen Kanonenbahn weiter. Nach ca. 2 km zweigt der Radweg scharf links ab und es wird ein Tunnel umfahren. Der anschließende asphaltierte Feldweg führt nach ca. 1 km an eine Kreuzung, an der wir im spitzen Winkel rechts abbiegen. Ordentlich in die Pedale tretend überwinden wir den ca. 500 m langen Anstieg bevor uns bei Auftauchen des Wegweisers bergab zur Bahntrasse der Wind ins Gesicht weht. Entspannt rollen wir auf schattigem Radweg **Wülmersen** und seinem Wasserschloss entgegen. Von hier ist flussabwärts **Helmarshausen** bald erreicht und rechts der Diemel kommen wir am Waldrand wieder auf die Bahntrasse, die in weitem Bogen nach **Bad Karlshafen (013/014)** führt. Dort angekommen fahren wir entlang des Kanals zum Hafenbecken und legen in einem der Eiscafés eine Verschnaufpause ein. Der Radweg R1 führt von Bad Karlshafen auf der linken Weserseite flussaufwärts und leider vorübergehend an der B80 entlang Richtung Gie-

Rast in Bad Karlshafen

selwerder. Nach ca. 8 km schwenken wir links nach **Wahmbeck** ab und unmittelbar vor der Weserfähre scharf rechts, um einen steilen Anstieg zu bewältigen. Unterhalb von **Gewissenruh** sehen wir auf der anderen Flussseite Bodenfelde liegen und erreichen nach 3 km die Gierseilfähre bei **Lippoldsberg (012)**. Nach dem Übersetzen halten wir uns auf dem Radweg weiter Richtung Gieselwerder, überqueren dort jedoch nicht die Weserbrücke, sondern fahren geradeaus weiter nach **Oedelsheim**, wo im **Fährhaus** (ab 11 Uhr) müde Biker ausruhen können und nach **Bursfelde**. Hier lohnt auf jeden Fall eine Pause, um einen Blick in die romanische **Klosterkirche** zu werfen. Die etwa 900 Jahre alte Kirche verfügt über sehenswerte mittelalterliche Fresken und ist Teil einer ehemaligen Klosteranlage, die mittlerweile als Tagungszentrum genutzt wird. Außerdem bietet sich die **Klostermühle** (12 - 21 Uhr) für eine Rast an. Leicht bergauf führt der Weg nun durch den Bramwald über Glashütte und rechts erst sehr steil hinunter und dann auf flachem Weg nach **Hemeln** und zum nächsten **Fährhaus** mit Erholungsqualität. Hier kann man sich zwischen zwei Wegführungen entscheiden: Entweder nimmt man die Fähre nach **Veckerhagen** und rollt über den Fahrradweg R1 wieder entlang der B80 nach Hann. Münden oder man folgt dem Weserradweg Richtung **Gimte**. In diesem Fall geht es bergauf, bevor wir mit einer schnellen Abfahrt belohnt werden. Durch den Ort erreichen wir oberhalb von **Hann. Münden** die B3. Über die Weserbrücke geht es Richtung Werra und schon bald ist der Stellplatz **(002)** am Weserstein und unser Ziel in Blickweite.

An der Klosterkirche in Lippoldsberg

Um zu unserem Ausgangspunkt nach Hofgeismar zu gelangen, hat sich der Nordhessische VerkehrsVerbund etwas sehr komfortables einfallen lassen. Mit dem Ausflugsbus 190 können wir vom Bahnhof Hann. Münden von April bis Oktober am Wochenende unsere Räder in einem Fahrradanhänger verstauen und uns bequem nach Hofgeismar chauffieren lassen. Montags bis freitags verkehren die Busse außer in den Ferien ohne Anhänger. **Eine genaue Planung der Fahrradtour sollte allerdings nicht fehlen, da die Busse nur bis zum späten Nachmittag durchgängig von Hann. Münden nach Hofgeismar fahren!** Am besten informiert man sich über den aktuellen Fahrplan auf der Homepage www.nvv.de oder telefonisch unter 05544/95030. Nach etwa 1 ½ Stunden Busfahrt ist dann unser Ausgangsbahnhof in Hofgeismar wieder erreicht und man kann vermutlich ermattet, aber um einen schönen, abwechslungsreichen Tag reicher, die letzten 2 km mit dem Rad zum WOMO zurücklegen. Kleiner Tipp für diejenigen, die die Radtour bereits vorzeitig beenden wollen: Der Bus 190 fährt über das o. g. Veckerhagen und ein Zustieg ist auch dort schon möglich.

Na, lieber Leser, haben Sie unseren Radwandertipp bis zum Ende durchgehalten? Alle Achtung, unser Respekt ist Ihnen sicher! Wir fahren dann mal nach unserer eher schlappen Radrunde weiter und verlassen Hofgeismar mit dem WOMO auf der B83 Richtung KASSEL. Bereits nach wenigen Kilometern können wir im Hugenottendorf KELZE einen Stellplatz am **Freibad** (Mai - Sept. 10 - 19 Uhr) vermelden.

(021) WOMO- Badeplatz: Kelze, Waldschwimmbad
GPS: N 51°27'53.2" E 9°21'56.7"; Zum Hahnenberg   **max. WOMOs**: 1-2
Ausstattung/Lage: Wanderwege, ca. 500 m zur Ortsmitte, Gaststätte/

außerorts. Evtl. Geräuschbelästigung durch nahe Grillhütte!
Zufahrt: Von der B83 rechts ca.
2 km nach Kelze abbiegen. Etwa
300 m hinter dem Ortseingang
rechts dem Hinweis zum Waldschwimmbad folgen.

Hugenotten
in Nordhessen

Um der Geschichte der Hugenotten auf die Spur zu kommen,
wollen wir stark vereinfacht
und verkürzt in die Geschichte
Frankreichs des 16. Jh. zurück-
gehen. Lange war nicht klar, ob Frankreichs Krone katholisch blieb oder
protestantisch werden würde. Die Auseinandersetzung gipfelte von 1562
- 1598 in den Hugenottenkriegen, deren zentrales Ereignis, das Massa-
ker der Bartholomäusnacht im Jahr 1572, den Tod tausender Protestan-
ten nach sich zog. Die sog. Hugenotten erlitten eine schwere Niederlage, verloren ihre Führer und Frankreich konnte letztendlich nicht für die
Reformation gewonnen werden. Weitere Auseinandersetzungen folgten

und erst 1598 wurde
den Hugenotten durch
den französischen Kö-
nig Heinrich IV. im Edikt
von Nantes Rechts-
sicherheit garantiert.
Der Absolutismus des
17. Jh. weichte die po-
litischen Sonderrechte
jedoch wieder auf und
verstärkte den Druck
auf die Hugenotten,
deren Religionsfrei-
heit durch Ludwig XIV.
1685 mit dem Edikt von
Fontainebleau endgül-
tig aufgehoben wurde.
Obwohl unter Strafe
verboten, flüchteten
etwa 200.000 Huge-
notten aus Frankreich
in die Nachbarländer
und auch Hessen öff-
nete seine Pforten.
Landgraf Carl I. von
Hessen-Kassel kam
die Flüchtlingswelle
gerade recht, denn der
Dreißigjährige Krieg
hatte sein Land arg gebeutelt, Menschenleben gekostet und der Wiederaufbau kam nur schleppend voran. Mit drei Erlassen, die er in den
„Flüchtlingssammellagern" u. a. in der Schweiz und in Frankfurt verkün-
den ließ, versprach der Landgraf den Hugenotten Steuerfreiheit, befreite
sie von Zollabgaben und sorgte dafür, dass französische Handwerker

und Meister nicht den deutschen Zunftzwängen unterlagen. Sie durften Manufakturen betreiben und andere notwendige Handwerke und Gewerbezweige erschließen. Als Erstes wurden die Neuankömmlinge in der damaligen Residenzstadt Kassel angesiedelt. Doch die Einwanderungswelle nahm solche Ausmaße an, dass sie bald auch andere Städte wie z. B. Hofgeismar erreichte. Die hohe Zahl an Todesopfern während des Dreißigjährigen Krieges waren rasch ausgeglichen und es mussten neue Ortschaften gegründet werden. Neben Carlsdorf und Mariendorf ließen sich auch 33 Gründerfamilien 1699 in Kelze nieder, legten den Grundstein für das Hugenottendorf und 1709 entstand der kleine Rechteckbau ihrer Kirche. Obwohl in ihrer Religion nicht mehr beschränkt, führten sie ein entbehrungsreiches und hartes Leben. Zumal sie wegen ihrer Privilegien im Wettstreit mit der alteingesessenen Bevölkerung standen. Im Laufe der Jahrhunderte fand jedoch eine Verschmelzung der Menschen statt, aber einige der hugenottischen Bräuche blieben erhalten. So wird alljährlich am

David Clémant

1. Sonntag im Mai das traditionsreiche Mayence-Fest gefeiert. Es findet nur in Kelze statt und man nimmt an, dass sich die Geschichte auf die Verfolgung im 17. Jh. bezieht. Auf der langen Flucht verlor eine Hugenottengruppe ein etwa 3-jähriges Mädchen und zog ohne es weiter nach Kelze. Ein anderer Flüchtlingstreck fand das Kind, und wie es der Zufall wollte, strandeten auch diese Menschen in Kelze. Es gab nicht nur eine große Wiedersehensfreude, sondern natürlich ein Fest, das auch über 300 Jahre später in dem 300-Seelen-Dorf immer noch stark verankert ist.

Bald haben wir das fast gänzlich von einer Stadtmauer umgebene GREBENSTEIN erreicht. Fünf der ehemals 13 Wehrtürme sind erhalten und der 40 m hohe **Jungfernturm** bietet eine schöne Aussicht (Mai - Okt. Sa/So/Feiertage 14 - 15 Uhr). Wir verlassen die B83 an der Ausfahrt Grebenstein Mitte und peilen den offiziellen WOMO-Stellplatz an. Er ist wirklich schön angelegt, allerdings haben wir in der Nacht das Gefühl, dass die Fahrzeuge auf der unmittelbar dahinter verlaufenden Bundesstraße direkt durch unser „Schlafzimmer" brummen. Abgelegener und ruhiger erscheint uns der Parkplatz am **Freibad** [**022:** N 51°26'51.9" E9°24'03.5"; Überm

Sauertal], der aber am Rande eines Wohngebietes liegt und somit nicht ganz unsere Sache ist. Uns zieht es also wieder auf den offiziellen Stellplatz zurück.

Direkt am **Diemel-Esse-Fulda-Radweg** und vor allen Dingen zentrumsnah gelegen, können wir dem Platz doch noch etwas abgewinnen. Von hier lassen sich herrliche Fahrradtouren in den Reinhardswald und die Umgegend unternehmen.

(023) WOMO-Stellplatz: Grebenstein

GPS: N 51°26'56.4" E 9°24'30.0"; Sauertal
max. WOMOs: 6
Ausstattung/Lage: V/E, Strom, Gebühr, Infotafel, Bänke, Mülleimer, ca. 5 Min. Fußweg in die Stadt, Bäcker u. Supermarkt ca. 300 m entfernt, Fahrradweg/Ortsrand. **Geräuschbelästigung unvermeidbar!**
Zufahrt: Von der B 83 links Richtung Zentrum, dann am Markt links ca. 800 m den WOMO-Piktogrammen folgen.

In der **Altstadt** begegnen uns zahlreiche historische Fachwerkhäuser im diemelsächsischen Stil, die aus dem 17./18. Jh. stammen. Erwähnenswert sind u. a. das Haxthausenhaus, ein dreigeschossiger Fachwerkbau oder das **Historische Rathaus** mit barockem Portal am hübschen Markt. Hier befindet sich auch die **Tourist-Info** (Mo - Fr 8.30 - 12.30 Uhr, Do auch 14 - 18 Uhr, www.stadt-grebenstein.de). Das **Ackerbürgermuseum** im Haus Leck [N 51°26'40.0" E 9°24'52.5"; Schachtener Stra-

ße] ist in einem imposanten Fachwerkbau von 1431 untergebracht. Das Gebäude zählt zu den ältesten Fachwerkhäusern Hessens und zeigt in seinem Inneren Ausstellungen zum Thema Wohnen und Arbeiten der Ackerbürger im 19. Jahrhundert. In der angeglie-

derten „Alten Meierei"
ganz in der Nähe sind
Ausstellungen zur Stadt-
geschichte zu sehen
(Haus Leck Mitte Mai
- Sept. So 15 - 17 Uhr,
Alte Meierei Mitte Nov.
- Mitte März So 15 - 17
Uhr). Über all dem thront
die Ruine der **Burg Gre-
benstein**, die 1265 er-
baut und im Dreißigjäh-
rigen Krieg weitgehend
zerstört wurde. Über ei-
nen der drei im Süden
beginnenden und schön
angelegten literarischen
Denklehrpfade mit verschiedenen Stationen
erreichen wir den Burg-
berg und können aus luf-

Aufgang zur Burg

tiger Höhe von der Aussichtsplattform auf die Altstadt blicken.
Dorthin zurückgekehrt, besuchen wir die **Gaststätte Deutsche
Eiche**, deren Küche von Wildkräutern und regionalen Zutaten
inspiriert ist und zudem mit zivilen Preise aufwartet (Schnur-
straße 3, Mo ab 18 Uhr, Di - So 12 - 14/18 - 22 Uhr).

Kassel - Calden - Dörnberg - Ehlen

Stellplätze: Kassel, Wilhelmsthal, Calden, Zierenberg, Dörnberg, Ehlen.
Campingplätze: Kassel *Campingplatz Fulda-Camp.*
Ver-/Entsorgung: Kassel.
Besichtigen: Kassel *Bergpark Wilhelmshöhe, Herkules, Wasserspiele, Schloss Wilhelmshöhe, Löwenburg, Karlsaue, Orangerie, Nekropole, div. Museen,* Calden *Schloss Wilhelmsthal,* Dörnberg *Naturparkzentrum.*
Wandern: Herkules/Hohes Gras, Dörnberg.
Baden: Kassel, Calden, Ehlen.
Essen: Calden *Landgasthof Koch,* Ehlen *Alte Poststuben.*

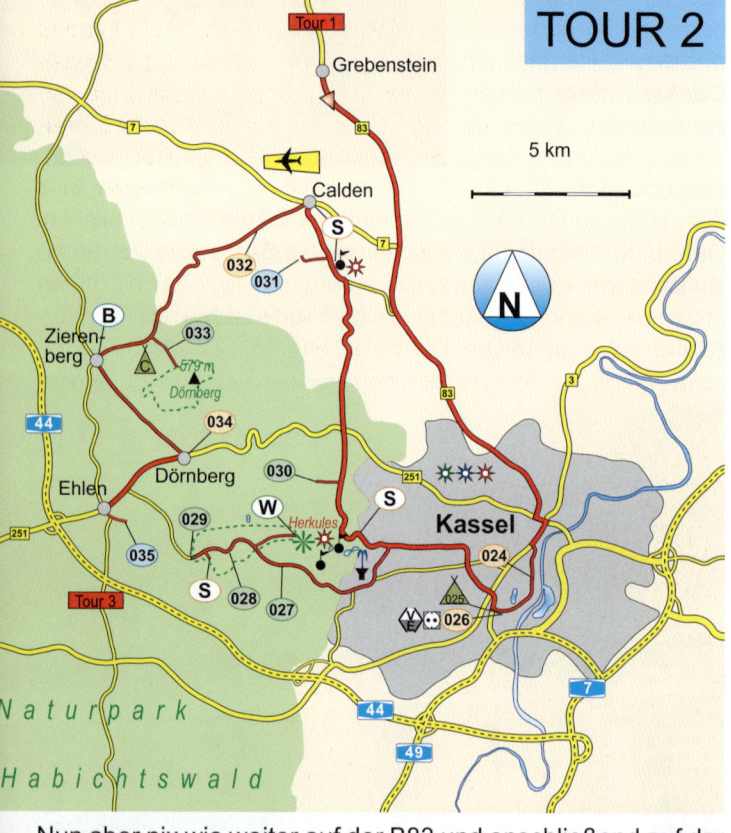

Nun aber nix wie weiter auf der B83 und anschließend auf der B7 **„Ab nach Kassel"**. Irrtümlich wird das Sprichwort mit dem Zusammenziehen der Söldner für den amerikanischen Unabhängigkeitskrieg in Verbindung gebracht. Richtig hingegen ist, dass der belegte Ursprung der Redensart dem Krieg zwischen Frankreich und Deutschland entstammt. Nach der Schlacht bei

Sedan trat der französische Kaiser Napoleon III. vom Aachener Bahnhof 1870 unter diesem Ruf die Reise in die Gefangenschaft nach Kassel-Wilhelmshöhe an. Wir reisen freiwillig und immer wieder gern nach Kassel, denn schließlich handelt es sich um unsere Heimatstadt. Und damit beginnt unser Problem! Wie beschreiben wir am besten eine Stadt, die über Jahre mit vielen eigenen Erinnerungen angefüllt ist? Wie skizzieren wir die Landschaft, Gebäude, Museen und Parks und nicht zuletzt die Menschen? Wie vermeiden wir zu viel Lokalpatriotismus und verlieren nicht gleichzeitig sehenswerte und erlebnisreiche Details, die uns wie selbstverständlich seit Jahrzehnten begleiten, aus den Augen? Wie können wir die Hoffnungen unserer Leser auf den ultimativen Geheimtipp vermeiden? Der Kasseler, derjenige von uns beiden, der zugezogen ist, und die Kasselanerin, nämlich die, die in Kassel geboren wurde … mmmh, oder ist sie nicht doch eher eine Kasseländerin? Ein Elternteil wurde nämlich auch schon hier geboren … Ach, ist doch egal! Machen wir uns einfach auf den Weg durch eine Stadt, die uns sehr am Herzen liegt! Oft kennt man sie nur vom Vorbeifahren auf der Autobahn und weiß, dass die **Kasseler Berge** z. B. dem schwach motorisierten WOMO einiges abverlangen. Den Kunstbeflissenen fällt noch die weltweit anerkannte und alle fünf Jahre stattfindende Ausstellung zeitgenössischer Kunst, die **documenta** (zuletzt 2012, www.documenta.de) ein. Kassel, unser Kassel, hat aber viel, sehr viel mehr zu bieten. Versuchen wir also, unsere Leser ein wenig mit der Stadt vertraut zu machen und sie ausdrücklich zu ermuntern, neben dem im

Schloss Wilhelmshöhe und Herkules

folgenden Beschriebenen zusätzlich ihren eigenen Neigungen und Vorzügen nachzugehen. Innerhalb der Stadt sind die Zufahrten z. B. zum Schloss Wilhelmshöhe oder zum Herkules natürlich ausgeschildert. Um jedoch eine Runde durch Kassel zu drehen, bieten wir eine durchgängige Streckenführung an, die in den Stell- und Parkplatzkästen beschrieben ist. Der Campingplatz und der offizielle Stellplatz sind für das WOMO versorgungstechnisch die erste Wahl. Die Karlsaue ist fußläufig zu erreichen und im Sommer sitzt man am Auedamm in der ersten Reihe auf den Terrassen der bewirtschafteten Bootshäuser am Fluss (für uns übrigens einer der schönsten und geruhsamsten Plätze der Stadt). Entlang der Fulda, in der

Nähe vom **Auebad** (Hallen- und Freibad 10 - 22 Uhr), gibt es auf ca. 2 km Länge einen Parkstreifen [**024:** N 51°18'28.9" E 9°30'07.3"; Am Auedamm]. Zufahrt siehe **025/026** und dann parallel zur Fulda Richtung Innenstadt. Die teils mit Parkscheibe zu nutzenden Parkplätze taugen zum Stadtbesuch allemal. Beim alljährlich am ersten Augustwochenende stattfindenden **Heimat- und Wasserfest Zissel** (www.zissel.de) wird es dort allerdings wenigstens vier Tage mit dem Parken unmöglich. Alle anderen Stell- und Wanderparkplätze im direkten Kasseler Umfeld fassen wir zusammen, da

Stadtwappen am Rathaus

sie uns zu den folgenden beschriebenen Sehenswürdigkeiten passend erscheinen. Die Stadt mit dem WOMO zu durchfahren stellt kein Problem dar, das Parken im Stadtgebiet schon. Insofern sollten die Besucher Kassels auf ihre Füße oder ihre Fahrräder vertrauen. Aber Achtung: Kassel liegt in einem Talkessel und teilweise steigen die Straßen recht ordentlich an! Da der ÖPNV gut ausgebaut ist, bietet sich alternativ die **Kassel-Card** an. Für ein bis drei Tage ist man mit Bus und Tram mobil, kommt nahe an die Sehenswürdigkeiten heran, hat Preisvorteile bei Stadtrundfahrten und -rundgängen, Eintritten und vielem anderen mehr. Weitere Infos hierzu und zum Erwerb gibt es bei den **Tourist-Informationen** in der Innenstadt oder im IC-Bahnhof Wilhelmshöhe. Auch zur allgemeinen Orientierung für den Kassel-Neuling ist hier die beste Anlaufstelle (Wilhelmsstraße 23 oder Wilhelmshöher Allee, Mo - Sa 9 - 18 Uhr, www.kassel-marketing.de). Ohne viel Planung und bequem kann man einen ersten Eindruck von unserer schönen Stadt erhalten, indem man ganz in der Nähe der Stellplätze **(024 - 026)** an den Bushaltestelle Siebenbergen oder vom Parkplatz Schloss jeweils eine 2,5-stündige **Stadtrundfahrt** antritt (Ende März - Okt. Mi - So 3x tägl., ansonsten variable Abfahrtszeiten. Genaue Informationen bei der Tourist-Info oder unter www.kasselstadtrundfahrt.de).

(025) WOMO-Campingplatztipp: Kassel, Fulda-Camp

GPS: N 51°17'30.3" E 9°29'14.3; Giesenallee 7; Telefon 0561/22433
Öffnungszeiten: April - Mitte Okt.; www.fulda-camp.de
Ausstattung/Lage: Kinderspielplatz, Waschmaschine, Trockner, Gasflaschenverkauf, Lebensmittelladen, Anlegestelle für Boote, Bademöglichkeit, Radweg, Bushaltestelle, Stadtmitte 3,5 km/Ortsrand, direkt an der Fulda.
Zufahrt: Von der B83/7 kommend ca. 3,5 km ab dem Ortseingang Kassel auf der Bundesstraße bleiben und an der Kreuzung Holländischer Platz auf dieser weitere ca. 500 m nach links fahren. Nun rechts auf die B3 wechseln und dem weiteren Verlauf ca. 2 km und dann am Sportzentrum links den Hinweisen zum CP folgen.

(026) WOMO-Stellplatz: Kassel

GPS: N 51°17'27.6" E 9°29'13.6"; Giesenallee   **max. WOMOs:** 14
Ausstattung/Lage: V/E, Strom, Gebühr beim CP zu zahlen, keine Sanitärnutzung, Müll, Radweg, Bushaltestelle, Stadtmitte 3,5 km, Erholungsgebiet Bugasee fußläufig zu erreichen/Ortsrand. Der Stellplatz liegt vor dem Campingplatz rechts.
Zufahrt: Siehe **(025)**.

WOMO-Tagesparkplatz: Kassel, Schloss

GPS: N 51°19'00.7" E 9°25'24.1"; Tulpenallee
Ausstattung/Lage: Besucherzentrum Wilhelmshöhe der Museumslandschaft Hessen Kassel (MHK) in der Nähe, Wanderwege, Kiosk, Gaststätten und Kurhessen Therme ca. 500 m Entfernung, Tramhaltestelle mit direkter Verbindung in die Stadt/Ortsrand.
Zufahrt: Von **(025/026)** zurück zur Hauptstraße, dort links und wieder rechts auf der B3 bis zur nächsten Kreuzung. Von dort geradeaus erst dem Hinweis zum DB-Bahnhof und dann Richtung Kongresspalais/Stadthalle der Straße ca. 2 km folgen. Bei Erreichen der Wilhelmshöher Allee links ca. 3 km direkt auf

Schloss und Herkules zufahren. Etwa 300 m hinter einer Rechtskurve liegt der große Parkplatz auf der rechten Seite. **Keine Übernachtung möglich!**

(027) WOMO-Wanderparkplatz: Kassel, Herbsthäuschen

GPS: N 51°18'27.5" E 9°22'40.8"; Ehlener Straße   **max. WOMOs:** 2-3
Ausstattung/Lage: Infotafel, Wanderwege/außerorts, leicht schräg.
Zufahrt: Wie vor, jedoch die Wilhelmshöher Allee bereits nach ca. 2,5 km links verlassen und den Hinweisen zum Herkules folgen. Nach ca. 5 km zweigt links der Hinweis zu einem Parkplatz ab, der 300 m von der Straße entfernt liegt.

WOMO-Tagesparkplatz: Kassel, Herkules

GPS: N 51°19'02.0" E 9°23'23.7"; Ehlener Straße
Ausstattung/Lage: Besucherzentrum, Wanderwege/außerorts.
Zufahrt: Wie vor, jedoch ca. 2 km weiter den Hinweisen zum Herkules folgen.
Keine Übernachtung möglich!

(028) WOMO-Wanderparkplatz: Kassel, Roter Stollen

GPS: N 51°18'40.6" E 9°21'39.8"; Ehlener Straße **max. WOMOs:** 2-3
Ausstattung/Lage: Infotafel, Wanderwege, Picknickbank/außerorts, schräg.
Zufahrt: Wie vor, jedoch ca. 1 km der Landstraße hinter der Zufahrt zum Herkules folgen. Der ausgeschilderte Parkplatz liegt ca. 200 m rechts der Straße.

(029) WOMO-Wanderparkplatz: Kassel, Essigberg

GPS: N 51°18'38.2" E 9°20'50.1"; Ehlener Straße **max. WOMOs:** 3-5
Ausstattung/Lage: Wanderwege, Infotafel, Sportpfad, Mülleimer/außerorts.
Zufahrt: Wie **(028)**, jedoch der Landstraße ca. 1 km folgen und rechts der Zufahrt zum ausgeschilderten Wanderparkplatz folgen.

Kassel und Bergpark Wilhelmshöhe

Die erste schriftliche Erwähnung findet „Chasalla" 913 in zwei von König Konrad I. unterzeichneten Pergamenturkunden und avanciert 1189 zur Stadt. Ab dem Jahr 1277 erfolgte der Ausbau zur Residenzstadt der Landgrafschaft Hessen, später der Landgrafschaft Hessen-Kassel und die Stadtgeschichte war über Jahrhunderte eng mit dem hessischen Herrscherhaus verflochten. Der von Kaiser Napoleon I. eingesetzte Kö-

nig Jérôme nutzte Anfang des 19. Jh. Schloss Wilhelmshöhe als Sommerresidenz. Nach dem Ende der Fremdherrschaft nahmen die hessischen Kurfürsten es wieder in Besitz und auch Kaiser Wilhelm II. verbrachte seine Sommer oft hier. Dem Kaiser gefiel es hier scheinbar so gut, dass er auf der Roseninsel unterhalb des Schlosses im Bergpark seinen Lieblingsdackel Erdmann beerdigte. Ende des 19. Jh. wuchs die Einwohnerzahl auf 100.000 Personen und das zur Großstadt gewordene Kassel entwickelte sich prächtig. In den Jahrhunderten wurden 1568 die erste Orangerie und ab 1603 das erste Theatergebäude Deutschlands errichtet. Einige Jahrzehnte bevor James Watt die Dampfmaschine erfand, entwickelte der Hugenotte Denis Papin bereits Ende des 17. Jh. in Kassel den Vorläufer. 1767 ließ Landgraf Friedrich II. die Mauern der ehemaligen Festung abtragen und gestaltete das architektonische Gesicht der Stadt zu einer der schönsten Residenzstädte Mitteleuropas. Dazu gehörte auch das Museum Fridericianum, das zum ersten öffentlich zugänglichen Museum des Kontinents wurde. Weitere prachtvolle Gebäude dokumentierten den Reichtum der Stadt und Industrien siedelten sich an. Unter den Unternehmern befand sich auch Carl Anton Henschel, der 1848 hier seine erste Lokomotive baute. Bereits vor dem Ausbruch des Ersten Weltkrieges befand sich rund ein Drittel der deutschen Lokomotivproduktion in Kassel. Glaubt man den alten Berichten und Fotografien, dann hatte Kassel zwar eine von Höhen und Tiefen geprägte, aber blühende Vita. Mit dem Zweiten Weltkrieg zog, wie in vielen Städten und Gemeinden Europas, ein Schatten über die nordhessische Metropole. Sie hatte sich inzwischen zum Zentrum der deutschen Rüstungsindustrie entwickelt und war somit wichtiges Ziel für die alliierten Luftangriffe. Der 22. Oktober 1943 wurde zum verheerendsten und schrecklichsten Tag in der Stadtgeschichte, als im Bombenhagel fast 10.000 Menschen starben und die Stadt zu über 80% in Schutt und Asche versank. Der Aufbau begann recht bald, aber es sollte Jahre dauern, bis sich die Baulücken nach und nach schlossen oder die wenigen, stark zerstörten historischen Gebäude rekonstruiert und saniert wurden. Man trauerte den malerischen Gässchen der Altstadt hinterher, aber wiederhaben wollte man sie nicht. Schließlich waren die 1950er Jahre angebrochen und dem Zeitgeist stand es nach modernen, schnörkellosen Bauten und breiten Straßen. So waren die Bewohner z. B. stolz auf innovative Wohnviertel und die **Treppenstra-**

ße, auf der man vom ehemaligen Hauptbahnhof (heute KulturBahnhof) in die Innenstadt flanieren konnte und die als erste offizielle Fußgängerzone Deutschlands 1953 eingeweiht wurde. Uns, die wir in diese Zeit hineingeboren wurden, erschien das Stadtbild in späteren Jahren nicht mehr en vogue – zu gesichtslos, zu provisorisch kam es uns vor und wir schielten in nach unserer Meinung schönere Städte. Mittlerweile gibt es einen erneuten Wandel und bei einer thematischen Stadtführung erkunden Architekturinteressierte die Bauten der Fünfziger zu Fuß. Überhaupt hat sich einiges getan – seitdem das mittlerweile fast 200.000 Einwohner zählende Kassel nach der Wende 1989 wieder im Herzen Deutschlands liegt. Die Stadt und wir Einwohner scheinen uns tatsächlich nicht nur zu documenta-Zeiten zu entfalten und zu öffnen. Wie schon in der Ära der Landgrafen kommen neue Menschen in die Stadt, die Universität quillt von Studenten über, wir haben eine tolle Museums- und Theaterlandschaft, Künstler eröffnen neue Ateliers, es gibt Restaurants und Kneipen für jeden Geschmack und herrliche Biergärten. Das Shoppen kommt nicht zu kurz und von allen Punkten der Stadt ist man schnell im Grünen. Wer sich nicht für die oben erwähnte Stadtrundfahrt entscheidet und sein WOMO an den Stellplätzen **(024-026)** abgestellt hat, kann uns gern in den leicht zu findenden und öffentlich zugänglichen **Staatspark Karlsaue** begleiten. Nur etwa 300 m entfernt und am südlichen Rand der Karlsaue erstrahlt die **Insel Siebenbergen** je nach Jahreszeit in einer bunten Blütenpracht (29. März - 3. Okt. Di - So 10 - 17 Uhr, Eintritt). Der Park selbst wurde 1568 durch Landgraf Wilhelm als Renaissancegarten angelegt und seine Nachfolger erweiterten und vervollkommneten die Gartenanlage. Der 125 ha große Park zeigt sich mit geometrischen Achsen, Wassergräben und einem Bassin, in dessen Mitte die tempelgekrönte Schwaneninsel zu finden ist. Skulpturen und Brücken begleiten die verschlungenen Wege unter alten Bäumen, die durch eine Mischung aus barockem und englischem Landschaftsgarten etwa 2 km bis zur **Orangerie** führen. Das strahlend gelbe Gebäude hat nichts mit der ersten Orangerie Deutschlands zu tun und wurde erst 1702 - 11 als Sommerresidenz und Gewächshaus von Landgraf Karl erbaut. Während des Zweiten Weltkriegs wurde sie zerstört und brannte völlig aus. Lediglich das **Marmorbad** blieb unversehrt und ist das letzte erhaltene spätbarocke Badegebäude Deutschlands. Nie als solches genutzt, stand es lediglich für Repräsentationszwecke zur Verfügung und glänzt in seinem Inneren mit Wandverkleidungen, Reliefs und Statuengruppen aus Marmor (April - 3. Okt. Di - So 10 - 17 Uhr, Eintritt). Während der Bundesgartenschau 1955 und 1959 anlässlich der documenta II noch als Ruine mit einbezogen, wurde die Orangerie 1975 - 1981 äußerlich original restauriert. In den umgestalteten Innenräumen befindet sich heute das **Astronomisch-Physikalische Kabinett mit Planetarium** (Di - So 10 - 17 Uhr, Do bis 20 Uhr, Eintritt), in dem ein breites Spektrum naturwissenschaftlicher und technischer Exponate präsentiert wird. Führungen oder interaktive Stationen machen die Vermessung des Sternenhimmels

im 16. Jh. durch Landgraf Wilhelm IV, die Entdeckung des leeren Raums durch Otto von Guericke oder die Entwicklung der ersten Hochdruckdampfmaschine durch Papin erlebbar. Im Planetarium kann nichts den Himmel trüben und in Sesseln liegend verfolgen wir entspannt, wie Sterne auf- und untergehen und lernen die Sternbilder kennen. Anschließend blinzeln wir bei einem Kaffee auf der Terrasse des **Restaurants in der**

Rahmenbau (d6)

Orangerie (ab 10 Uhr, Okt. - März Mo Ruhetag) in die Sonne, schauen den Joggern, Spaziergängern und Boulespielern zu und genießen den Blick in die Aue, wie wir den Staatspark liebevoll nennen. Am entgegengesetzten Fuldaufer locken das **Freizeit- und Erholungsgebiet Buga-See**, welches anlässlich der zweiten Bundesgartenschau in Kassel 1981 angelegt wurde oder die **Unterneustadt**, zur Expo 2000 neu aufgebaut, die wieder ein Leben am Fluss ermöglicht. Diesseitig der Fulda steht in Höhe der Orangerie eine übergroße Großplastik am Wasser. Die **Spitzhacke** ist, wie etliche andere Kunstwerke auch, ein Überbleibsel einer der vielen documenta-Ausstellungen der vergangenen Jahrzehnte und fest im Stadtbild verankert. Zu erwähnen sind u. a. auch der **Himmels-**

Orangerie in der Karlsaue

Himmelsstürmer (d9)

stürmer (d9), der **Rahmenbau (d6)** oder die Aktion der **7000 Eichen von Joseph Beuys (d7),** die Kassel noch grüner machte. Der Himmelsstürmer steht übrigens vor dem **KulturBahnhof,** in dem sich die Galerie für Komische Kunst, die **Caricatura** befindet. Wer sich für Komik, Cartoons und Karikaturen interessiert, sollte hier unbedingt vorbeischauen (Do/Fr 14 - 20 Uhr, Sa/So/Feiertage 12 - 20 Uhr, Eintritt). Wir waren bei unserem Stadtrundgang aber erstmal in der Unterneustadt gelandet und gehen nun über die Fußgängerbrücke in das „Alte Cassel" zurück. Von der ehemals mächtigen Befestigungsanlage des 16 Jh. ist nur noch das **Rondell** erhalten geblieben und dahinter erhebt sich die **Brüderkirche,** älteste Kirche der Stadt und heute Veranstaltungsraum. Auf der gegenüberliegenden Straßenseite erkennen wir den **Marstall.** Nach der Zerstörung wurden lediglich die Außenmauern im Stil der Weserrenaissance original wiederaufgebaut. Hier befinden sich jetzt die **Markthalle** (Do/Fr 7 - 18 Uhr/Sa bis 14 Uhr) und das **Stadtarchiv.** Wie schon beschrieben, ist nicht mehr viel von der Herrlichkeit des bis 1926 mit „C" geschriebenen alten Kassels übrig geblieben, aber wer sich auf die Suche begibt, wird ab und zu noch einige alte Mauern finden. Zu erwähnen ist z. B. das **Hospital St. Elisabeth,** das 1297 ursprünglich vor den Toren der Stadt errichtet wurde und heute verkehrsumflutet am Steinweg/Ecke Oberste Gasse liegt. Wir sind jetzt am **Friedrichsplatz** angekommen und vom **Zwehrenturm,** ei-

Fridericianum mit Zwehrenturm

nem der letzten beiden Türme der alten Stadtbefestigung, leuchtet seit 1977 immer samstags nach Einbruch der Dunkelheit eine **Laser-Licht-Skulptur** (d6) mit mehreren Strahlen über die Dächer weit in die Nacht. Gleich daneben öffnet zu documenta-Zeiten oder zu Einzelausstellungen das **Fridericianum** seine Pforten. Auf der anderen Straßenseite unterhalb des 1959 erbauten **Staatstheaters** ist das **Naturkundemuseum im Ottoneum** fast täglich geöffnet (Di - Sa 10 - 17 Uhr, Mi bis 20 Uhr, So bis 18 Uhr; Eintritt). Das ehemals erste feste Theatergebäude Deutschlands wurde 1696 unter Landgraf Karl zum Kunsthaus umgebaut. Wie zu Kinderzeiten, als wir mit großen Augen vor dem Elefantenskelett standen, macht der Besuch des Museums durch die mittlerweile deutlich entstaubte Ausstellung ungeheuer viel Spaß. Die übrigen Sammlungsbestände, wie z. B. die älteste systematisch zusammengestellte Pflanzensammlung Europas werden erstklassig präsentiert und die gut gemachte Dauerausstellung der regionalen Naturgeschichte der letzten 300 Mill. Jahre endet in einer Szenerie der Mammutsteppe aus der letzten Eiszeit. Klasse gemacht! Über den Theatervorplatz gelangen wir zur **Schönen Aussicht**, deren Name hält, was er verspricht, und dort zum barocken Palais Bellevue, in dem das **Brüder-Grimm-Museum** in chronologischer Reihenfolge das Leben und Wirken der Brüder Grimm beleuchtet (Di - So 10 - 17 Uhr, Mi bis 20 Uhr, Eintritt). Nur einen Katzensprung entfernt wartet die **Neue Galerie** auf kunstinteressierte Besucher und zeigt Malereien, Skulpturen und neue Medien vom 19. bis zum 21. Jahrhundert (Di - So 10 - 17 Uhr, Do bis 20 Uhr, Eintritt). Wer jetzt noch genug Mumm hat, gelangt über die große Kreuzung, vorbei am futuristisch anmutenden Bau des Ufa-Palastes zum **Rathaus**. Von der Seite der Fußgängerzone in der Oberen Königsstraße ist das Gebäude im Stil des Neubarocks am schönsten anzuschauen. Die goldenen Löwen links und rechts der großen Freitreppe sowie das in Silber und Tiefblau gehaltene Stadtwappen mit dreizehn Kleeblättern schmücken das Eingangsportal. Einige Schritte weiter zweigt die Wilhelmsstraße nach links ab, in der sich die **Tourist-Info** befindet. Wenn bisher noch nicht geschehen, sollte sich der Kassel-Besucher spätestens jetzt mit einem Stadtplan und weiterem Infomaterial für Museen sowie Sehenswürdigkeiten eindecken oder gleich eine der vielen thematischen

Naturkundemuseum im Ottoneum

Stadtführungen buchen. Mit unseren Anregungen ist ein erster Tag in Kassel mehr als ausgefüllt und es warten, ohne heimatverliebt zu übertreiben, weitere wirklich außergewöhnliche Museen, deren Beschreibung den Rahmen dieses Büchleins bei Weitem sprengen würde. Wo gibt es denn sonst noch ein **Museum für Sepulkralkultur**, das sich mit Gräbern, Beisetzungsstätten und dem Gedanken an Verstorbene auseinandersetzt?! Sehenswert sind auch das **Hessische Landesmuseum** und das **Stadtmuseum**, die grundlegend saniert und 2015 wiedereröffnet werden. Für die Brüder Grimm wird es sogar ein völlig neues Museumsgebäude geben, welches 2015 unter dem Namen **Brüder Grimm Welt** eröffnet werden soll.

Und dann gibt es noch den Bergpark Wilhelmshöhe, den wir, wie unter der Parkplatzzufahrt „Schloss" (S.43) beschrieben, mit dem WOMO ansteuern. Nach einiger Zeit erreichen wir die **Wilhelmshöher Allee**, die mit 4560 m eine der längsten Straßen Deutschlands ist und im Bereich des Landesmuseums beginnt. In einem der Gebäude der dortigen **Torwachen** wohnten 1814 - 1822 die **Brüder Grimm**, die dem einst herrschaftlichen Platz ihren Namen geben und heute von einem leicht zu übersehenden Denkmal auf den Verkehr schauen. Wir befahren die schnurgerade Hauptachse der Stadt nicht von Anfang an, aber die Sicht auf das Schloss und den über der Stadt wachenden Herkules bedeutet für uns nach jeder Reise, dass wir wieder zu Hause angekommen sind. Im weiteren Verlauf durchfahren wir den sich seit 2001 Kurort nennenden Ortsteil Wilhelmshöhe, der dieses Privileg vorwiegend dem Thermalsolewasser zu verdanken hat. In der **Kurhessen Therme** (9 - 23 Uhr, Eintritt. www.kurhessen-therme.de) kann man seine müden oder angeschlagenen Glieder baden oder in der ausgedehnten Saunawelt herrlich schwitzen. Wenig später parken wir das WOMO auf dem ausgeschilderten Parkplatz unterhalb des Schlosses. Von der naheliegenden Tram-Haltestelle können die Innenstadt und das Rathaus mit der Straßenbahn in etwa 25 Minuten erreicht werden. Der **Bergpark Wilhelmshöhe** lässt

Brüder Grimm-Denkmal an den Torwachen

sich in seiner gesamten Schönheit am besten erlaufen. 1701 begann Landgraf Karl mit der Gestaltung des Parks, der im Wesentlichen durch die Anlage des Herkules und der Kaskaden geprägt wurde. Das Gelände hieß damals noch Karlsberg und wurde erst 1798 nach dem Umbau des Schlosses durch Landgraf Wilhelm IX. in Wilhelmshöhe umbenannt. Gepflegte Parkwege und verwunschene Pfade führen durch die barocke Anlage, die mit den Einflüssen englischer Landschaftsparks und dem angrenzenden Habichtswald verschmilzt. Mehr als 500 verschiedene Baum- und Straucharten aus Nordamerika, Europa und Asien begleiten unseren Parkspaziergang. Und ehe wir uns versehen, wird daraus schnell eine ausgedehnte Wanderung, die uns an bunten Blumenbeeten rund um die Schlosswiese, an künstlich angelegten Grotten, Wasserläufen und -fällen, einem Aquädukt sowie Tempeln vorbeiführt. Mittendrin liegt das mächtige **Schloss Wilhelmshöhe**, das sich mit seinen leicht geschwungenen Seitenflügeln in die Konzeption des Parks nach englischem Vorbild einfügt. Im südlichen Teil, dem **Weißensteinflügel** sind Einblicke in die höfische Wohnkultur um 1800 möglich (16. Nov. - 28. Feb. Fr - So 10 - 16 Uhr, März - 15. Nov. Di - So 10 - 17 Uhr, geschlossen 24., 25., 31. Dez., Eintritt, Besichtigung jede volle Stunde nur im Rahmen einer Führung). In den übrigen Teilen des Schlosses begeistert ein musealer Rundgang von der Antike bis in die Moderne, die von der Museumslandschaft Hessen Kassel gekonnt in Szene gesetzt wird. Die **Antikensammlung** vermittelt anhand von über 500 Exponaten aus Italien, Griechenland und Ägypten einen Überblick über vergangene Kulturen im Mittelmeerraum und beleuchtet die Themen Archäologie, Skulptur, Mythos, Griechen, Römer und Herkules. In der **Gemäldegalerie Alte Meister** werden Werke von der Spätgotik bis zum beginnenden Klassizismus präsentiert. Ein Schwerpunkt liegt bei den niederländischen Malern wie Rubens, Van Dyke, Jordaens und Frans Hals und der Bestand an den Werken Rembrandts, darunter die berühmten Gemälde „Der Segen Jakobs" und das „Bildnis der Saskia", gehört zu den größten weltweit. Die

Schloss Wilhelmshöhe mit großer Fontäne

Graphische Sammlung verwahrt über 60.000 Handzeichnungen, druckgrafische Arbeiten, Plakate und illustrierte Bücher aus dem Spätmittelalter bis zur zeitgenössischen Kunst. Die Werke z. B. von Albrecht Dürer, Georg Baselitz oder der Künstlerfamilie Tischbein können nach vorheriger Vereinbarung (0561/316800) ohne Rahmen und Abstand im Lesesaal der Bibliothek zu den Öffnungszeiten des Schlosses eingesehen werden (Di - So 10 - 17 Uhr, Mi bis 20 Uhr, Eintritt. www.museum-kassel. de). Nördlich des Schlosses ließ Kurfürst Wilhelm II. von Hessen-Kassel 1822/23 das **Große Gewächshaus** zur Kultivierung kostbarer exotischer Pflanzen errichten. In der filigranen Eisen-Glas-Konstruktion wartet in den Wintermonaten ein Farbenmeer von Orchideen, Palmen, Bananen und Kamelien auf die Besucher, bevor die Pflanzen nach den Eisheiligen wieder an die Luft gesetzt werden (1. Advent bis 1. Mai Di - So 10 - 17 Uhr, 24., 25, 31, Dez. geschlossen, Eintritt). Das daneben befindliche **Ballhaus** wurde während der Regierungszeit von Napoleons Bruder, Jérôme Bonaparte 1808/1809 als Hoftheater erbaut und 20 Jahre später zu Kurfürst Wilhelms Zeiten mit einer prachtvollen Innenausstattung zum Ballhaus umfunktioniert. Das nach außen schlicht erscheinende, aber innen als wahres Kleinod herausgeputzte Gebäude kann in den wärmeren Monaten bei Führungen oder Veranstaltungen besichtigt werden (Info: www.museum-kassel.de). Südwestlich der Schlosswiese und oberhalb des Fontänenteiches erspäht man die malerisch im Bergpark gelegene **Löwenburg**. Von Weitem erscheint sie wie eine romantische Ritterburg des Mittelalters – doch weit gefehlt. Landgraf Wilhelm IX., der

spätere Kurfürst Wilhelm I. ließ sie zwischen 1793 und 1801 erbauen, um dort manch intimes Stündchen mit seiner Mätresse verbringen zu können. Im Inneren befinden sich kostbar eingerichtete fürstliche Wohnräume, eine Rüstkammer mit Waffen und Ritterrüstungen des 16./17. Jh. sowie eine Burgkapelle mit dem Rittergrabmal Wilhelms (16. Nov. - 28. Feb. Fr - So 10 - 16 Uhr, März - 15. Nov. Di - So 10 - 17 Uhr, geschlossen 24., 25., 31. Dez.Eintritt. Besichtigung jede volle Stunde nur im Rahmen einer Führung möglich). Um die Besichtigung des Bergparks komplett zu machen, fehlt nur noch der Herkules in unserer Aufzählung. Natürlich kann man ihn durch den Park mit einer wahren Herkulesleistung zu Fuß und stetig bergauf erreichen, das WOMO bemühen oder aber auf den ÖPNV umsteigen. Letztgenannte Möglichkeit ist anlässlich der Wasserspiele mitt-

wochs, sonntags und feiertags zu empfehlen, denn dann kann es auf den Parkplätzen am Herkules eng werden. Wir fahren also vom Parkplatz am Schloss mit der Tram (Linie 1) bis zum Bhf. Wilhelmshöhe, steigen dort in die nächste Tram (Linie 3) bis Endhaltestelle Druseltal um und lassen uns dann vom Bus Linie 22 auf die Höhe bringen. **Bitte unbedingt für den Besuch der Wasserspiele vom Herkules aus die Fahrzeit von ca. 50 Min. einkalkulieren!** Der **Herkules** ist ein etwa 70 m hohes Bauwerk und besteht aus drei Teilen. Den Unterbau bildet das sog. Riesenschloss mit dem knapp 33 m messenden **Oktogon**, ein achteckiger Grottenbau, der 1701 - 1713 im Auftrag Landgraf Karls erbaut wurde und auf diesem folgt die aufgesetzte, etwa 30 m hohe **Pyramide**. Diese wird wiederum von der 8,30 m großen **Herkulesfigur**, die 1713 - 1717 als eine der frühesten kupfergetriebenen Monumentalstatuen weltweit geschaffen wurde, gekrönt. Lässig steht der „bestaussehende" Mann Kassels in luftiger Höhe auf seine Keule gestützt und schaut entspannt oder vielleicht auch nachdenklich über die Stadt. Man kann es dem mythischen Held der griechischen Antike gleichtun und von der gebührenpflichtigen Aussichtsplattform des Oktogons oder noch höher aus der Pyramide den Blick über den Bergpark, die Wilhelmshöher Allee und die weite Umgebung schweifen lassen. Oder man stattet dem **Besucherzentrum am Herkules mit Museumsladen** (Di - So 10 - 17 Uhr, 24., 25.; 31. Dez. geschlossen, 1. Jan. 12 - 17 Uhr) einen Besuch ab und genießt anschließend den faszinierenden Blick von der freizugänglichen Terrasse über die Stadt. Wie auch immer, die Vorführung der **Wasserspiele** (1. Mai - 3. Okt. Mi/So/Feiertage ab 14.30 Uhr) sollte sich hingegen keiner entgehen lassen. Die barocken Wasserspiele sind einer Idee des rührigen Landgrafen Karl zu verdanken. Wie damals üblich, punkteten die Fürsten durch Monumentalbauten oder wertvolle Preziosensammlungen im absolutistisch geprägten Europa. Dazu passend sollte der antike Halbgott Herkules die weisen und gerechten Eigenschaften sowie die Allmacht Karls als Regent symbolisieren. Später ließ Wilhelm IX. das Szenario durch über den gesamten Park verteilte Wasserfälle und Teiche, Bäche und einem Aquädukt mit tosendem Wasserfall erweitern. Absolut faszinierend ist, dass die Inszenierung auch heute noch genauso funktioniert wie damals. Pro Vorstellung werden etwa 750 m³ Wasser benötigt, die in einem einige Hundert Me-

ter entfernten Becken aus Oberflächenwasser gesammelt und zu den
Kaskaden geleitet werden. Der durch den anschließenden Höhenunter-
schied von 225 Metern entstehende natürliche Wasserdruck treibt es
dann ohne technische Hilfsmittel durch alle Stationen. Sobald sich der
Druck des Wassers in den Statuen am Rande des nach der griechischen
Herkulessage benannten Riesenkopfbeckens erhöht, geben diese Töne
von sich und signalisieren den Beginn der Wasserspiele. Nun fließt das
Wasser über 1,9 km durch verschiedene Becken und die gewaltige Kas-

kadenanlage hinunter, passiert Stationen wie den Steinhöferwasserfall und die Teufelsbrücke. Den grandiosen Abschluss bildet eineinviertel Stunden später die große Fontäne, die ohne Pumpe das Wasser über 50 m in die Höhe steigen lässt. Von hier fließt das Wasser über künstlich angelegte, aber natürlich wirkende Wasserfälle zum Schlossteich, den sog. „Lac" und wird dann unterirdisch bis zur Fulda geleitet. Ein beeindruckendes Erlebnis, das besonders viel Laune macht, wenn man neben dem zu Tal rauschenden Wasser mitläuft und es über sämtliche Stationen „verfolgt". Von Juni bis September gipfelt das ganze Spektakel an jedem 1. Samstag im Monat in den **beleuchteten Wasserspielen**. Sie beginnen immer bei Anbruch der Dunkelheit und auf festes Schuhwerk und eine Taschenlampe sollte auf gar keinen Fall verzichtet werden, da die Wege nur rund um das Schloss beleuchtet sind. Das Gesamtkunstwerk „Bergpark" zieht Jahr für Jahr Tausende von Besuchern an und ist so einzigartig, dass ihm im Jahr 2013 der Titel eines Unesco-Welterbes verliehen wurde.

Natürlich haben wir bei unserer Sightseeing-Tour durch Kassel noch lange nicht alle sehenswerten und erlebnisreichen Dinge berücksichtigt. Unser Programm füllt je nach Intensität bereits drei bis vier Tage locker aus, sodass wir den vermutlich erschöpften Besuchern jetzt ein Ruhepäuschen gönnen und sie bei weiterem Tatendrang und je nach Interessenlage an die Tourist-Information verweisen möchten.

Wer nun doch mit dem WOMO zum Herkules hochgefahren ist, der sollte sich die Zeit für eine ausgiebige **Wanderung** von einem der genannten Parkplätze in einen Teil des schönen, 474 km² großen **Naturparks Habichtswald** nehmen. Höchste Erhebung ist das **Hohe Gras** mit 615 m ü. NN, an der bei günstigen Schneeverhältnissen **Skisport** möglich ist. Dann lockt der Skilift, die Piste wird beschneit oder die Langlaufloipen sind gespurt. Im Sommer bietet der **Kletterwald** eine alternative Abwechslung [N 51°18'22.9" E 9°21'13.2"] und in der naheliegenden Gaststätte ist sommers wie winters die Einkehr möglich (Di - So 11 - 18 Uhr).

WOMO-Wandertipp: Vom Herkules zum Hohen Gras

Leichte Wanderung von ca. 8 km Länge.

Vom Parkplatz am Herkules gehen wir Richtung Elfbuchen, folgen nach etwa 250 m links dem Hauptweg und 300 m später der fortlaufenden Markierung Weißer Kreis/Hohes Gras nochmals links. Die Markierung bringt uns erst zum Vorwerk Sichelbach. Hier wird in dem oberhalb des Gehöfts liegenden Becken das kühle Nass für die Wasserspiele gesammelt. Direkt dahinter weist die Markierung rechts in den Wald und zum Loipenhaus.

An der zweiten Weggabelung dahinter halten wir uns halb links und erklimmen den Gipfel des Großen Steinhaufens. Etwa 400 m später erreichen wir eine Fahrstraße, an der wir links bis zur Landstraße marschieren, diese überqueren und zum Hohen Gras gehen. Von hier weisen die Markierungen X7 und Weißer Kreis bis zum Skilift und davor links den Berg steil hinab. Im Tal folgen wir dem X-Weg zweimal links Richtung Herkules. Wir passieren eine Siedlung und das Haus des Golfclubs. Anschließend überqueren wir nochmals die Landstraße und gelangen geradeaus zwischen Straße und Golfplatz zurück zum Herkules. Mit einem fulminanten Blick über Kassel beschließen wir diese Wanderung im empfehlenswerten **Café und Restaurant Herkules Terrassen** (ab 11 Uhr, Okt. - Feb. Mo Ruhetag).

Jetzt aber noch einmal einen Sprung zurück, denn wir sind nach Beendigung der Wasserspiele wieder beim Schloss-Parkplatz gelandet und kurven nun leicht bergauf und bergab durch die Ausläufer des Bergparks und den angrenzenden Wald. Nach etwa 3 km erreichen wir die Bebauungsgrenze, haben rechts einen Blick ins Kasseler Becken und steuern am Stadtrand eine ungewöhnliche Begräbnisstätte an.

(030) WOMO-Wanderparkplatz: Kassel, Nekropole

GPS: N 51°20'15.1" E 9°24'37.7"; Ahnatalstraße **max. WOMOs**: 1-2
Ausstattung/Lage: Infotafel, Wanderwege, Häuser in der Nähe/Ortsrand. Enge Parkplatzzufahrt!
Zufahrt: Vom Parkplatz am Schloss auf der L3217/Rasenallee kommend bis zu einer kurzen Tempo-30-Zone. Der Blick fällt rechts auf die Stadt und ca. 300 m später ist links ein Wanderparkplatz ausgeschildert. Der Parkplatz liegt nach dem Abzweigen ca. 400 m später auf der linken Seite.

Der Fußweg zur **Künstler-Nekropole** rund um den Blauen See ist nicht zu verfehlen. Hier realisierten Künstler der documenta bereits zu Lebzeiten ihre eigenen Grabmäler und werden sich auch dort bestatten lassen. Der mittlerweile verstorbene Kunstprofessor und Initiator Harry Kramer verstand die Nekropole mit

40 geplanten Grabmälern als neue Ausdrucksform der Kunst im öffentlichen Raum. So stößt man bei einem Spaziergang auf die Fußsohlen eines Künstlers, der seinen Körperabguss aus Bronze kopfüber in den Waldboden versenkt hat und dessen Asche später dort aufgenommen werden soll. Oder ein weiterer Künstler wünscht sich ausdrücklich, dass seine abgesenkte Grabstätte als Ort des Festes und des Spiels genutzt wird. Bestimmt nicht jedermanns Sache, aber eine interessante Auseinandersetzung mit Leben und Tod. Äußerst lebendig rollen wir zurück zur Rasenallee und an der Peripherie Kassels weiter Richtung CALDEN/WILHELMSTHAL. Nachdem wir in einigen Kurven einen Berg erklommen haben, steuert das WOMO direkt auf den Park **eines der schönsten Rokokoschlösser Deutschlands** zu. Am Ende der Straße halten wir uns links, um kurz danach auf dem schlosseigenen Parkplatz einzulaufen [N 51°23'37.0" E 9°24'45.3"; An der K46/Rasenallee].

Schloss Wilhelmsthal

Die dreiflügelige Schlossanlage wurde zwischen 1747 und 1761 als Lust- und Jagdschloss im Auftrag des späteren Landgrafen Wilhelm VIII. erbaut. Sie orientiert sich an französischen Vorbildern und überrascht mit einer überaus gut erhaltenen und kostbaren Ausstattung. Erwähnenswert sind eine reichhaltige Sammlung ostasiatischer und europäischer Porzellane, französische Lackmöbel und andere Einrichtungsgegenstände. Der Maler Johann Heinrich Tischbein (1722 - 1789) trug mit seinen zahlreichen Ölgemälden zum Erscheinungsbild der Räumlichkeiten bei. Er bannte mit dem Pinsel gekonnt schöne Frauen aus dem Bekanntenkreis des Landgrafen auf Leinwand, die in der Schönheitengalerie von den Wänden blicken und zu den berühmtesten Werken Tischbeins zählen. Der Reiz des Schlosses liegt vor allem an der nahezu unveränderten historischen Raumaufteilung, die einen Einblick in das höfische Leben der Fürsten wie auch der Dienerschaft zulässt. Besonders schön ist der opulente Musensaal, in dem üppige Rocaille- und Blumenornamente

beeindrucken oder das Papageienkabinett mit lebendig dargestellten exotischen Vögeln. In der Hauptküche ist die funktionstüchtige „Bratenwendemaschine" eine beliebte Attraktion. Im Anschluss an die Schlossführung lädt der ca. 30 ha große Park zum Flanieren ein. Ursprünglich im Stil des Rokoko angelegt, wurde er um 1800 zum Landschaftspark mit lockerer Bewaldung weiterentwickelt. Symmetrisch angelegte, aber auch gewundene Wege gewähren überraschende Sichtachsen und vom neugotischen Wartturm blickt man auf die schön gegliederte Fassade der Gartenseite des Palais. Aus der Anfangsphase des Gartens ist nur noch eine Grotte und ein davor liegender Kanal mit Wasserspielen und goldenen Putten erhalten (16. Nov. - 28. Feb. Fr - So 10 - 16 Uhr, März - 15. Nov. Di - So 10 - 17 Uhr, geschlossen 24., 25., 31. Dez.Eintritt. Die Schlossbesichtigung ist nur im Rahmen von Führungen möglich, Eintritt. Der Schlosspark ist frei zugänglich und ganzjährig geöffnet. www.museum-kassel.de).

Schräg gegenüber dem Parkplatz und in gerader Verlängerung zum Schloss geleitet uns eine Alleenstraße zum **Waldschwimmbad**. Es liegt im ehemaligen Jagdgebiet der Landgrafen von Hessen - Kassel, dem Thiergarten. Obwohl unser Fahrzeug die 3,5 t Marke knackt, ignorieren wir das Durchfahrtsverbot für Lkw, denn wie sollen wir denn sonst zu dem für WOMOs ausgewiesenen Stellplatz gelangen.

(031) WOMO-Badeplatz: Calden, Waldschwimmbad

GPS: N 51°23'38.8" E 9°24'02.3", Zum Lindenrondell
max. WOMOs: 3
Ausstattung/Lage: Infotafeln und Schwimmbad ca. 250 m entfernt, Wanderwege, hübsche Aussicht, Müll/außerorts. Häuser in der Nähe.
Zufahrt: Dem Hinweis zum Schwimmbad ca. 700 m, dann rechts etwa 250 m bis zum ausgewiesenen Wiesen-Stellplatz für WOMOs auf der linken Seite folgen.

Zurück an der Kreisstraße setzen wir unsere Fahrt nach CALDEN fort und erreichen dort die B7. Eigentlich führt unsere Reise links weiter, aber wenige Meter nach rechts erwartet uns etwas, womit wir unsere nordhessische Heimat nicht nur verbinden, sondern wo wir sie so unverwechselbar schmecken können. Auf dem Parkstreifen stellen wir das WOMO ab und gehen einige Meter in die Mittelstraße [N 51°24'33.9" E 9°24'12.7"; Holländische Straße/B7].

Ahle Wurscht oder wie gut duftet es im Wurstehimmel!

Die Ahle Wurscht, eine nordhessische Wurstspezialität ist dem auswärtigen Besucher am ehesten als streichbare Mettwurst zu beschreiben und mit „Alte Wurst" ins Hochdeutsch zu übersetzen. Sie ist aber gar nicht

„alt", vielmehr lange gereift. Das war's aber schon mit der allgemeinen Beschreibung, denn „unsere Ahle Wurscht" ist fast schon so etwas wie ein Lebensgefühl. Sie ist ein traditionell hergestelltes Naturprodukt von mindestens einem Jahr alten Schweinen, die nur mit natürlicher Nahrung gefüttert werden und im Idealfall auf der Wiese groß geworden sind. Das leicht mit Pfeffer, Muskat, Kümmel und Knoblauch gewürzte Schweinegehacktes (Mett) wird schlachtwarm verarbeitet, dann in Natur- oder manchmal auch Kunstdärme gefüllt und anschließend geräuchert oder luftgetrocknet. Es gibt sie als Stracke (Gerade) und Dürre Runde oder in Keulenform. Zwei Dinge sind aber immer gleich: Die bis zu 11 Monate andauernde Reifezeit bei richtiger Luftfeuchtigkeit und Temperatur sowie die hauseigene Schlachtung. Ein dufte(nde)s Beispiel für

die Herstellung und die Lagerung bzw. den Reifeprozess können wir in der **Landfleischerei Koch** bei einer Führung durch den **Wurstehimmel** und der Besichtigung im **Wurstmuseum** erleben. Bis zu 30.000 Ahle Würschte baumeln in der Dachkammer der Fleischerei zwischen Lehmwänden von der Decke und das Wasser läuft uns im Mund zusammen (Terminabsprache unter 05674/6408 11 - 14 Uhr und 17 - 22 Uhr, www. landfleischerei-koch.de). Im angrenzenden **Landgasthaus Koch** wird nicht nur „Ahle Wurscht" serviert, sondern auch manch andere Leckerei. Selbstverständlich gibt es überall in Nordhessen Metzgereien und Gasthöfe, die ihre eigene, nicht minder gute Ahle Wurscht anbieten und deren Hausrezepte je nach Zutaten variieren.

Jetzt noch ein Stück frisches, kräftiges Landbrot und dann die Wurst nicht etwa dünn in Scheiben geschnitten, sondern am Stück „aus der Faust" dazu gegessen. Ein Genuss, der schon so manche Wanderung im wahrsten Sinne des Wortes schmackhaft gemacht hat und so herrlich nach Heimat schmeckt!

Mit reichlich Proviant versorgt, folgen wir der B7 Richtung WARBURG und biegen links Richtung ZIERENBERG/GEWERBEGEBIET ALTER FLUGPLATZ ab.

(032) WOMO-Stellplatz: Calden, Alter Flugplatz

GPS: N 51°24'02.6" E 9°22'28.0"; An der L3214 **max. WOMOs**: 1-2 **Ausstattung/Lage:** Bank, Aussicht/außerorts, Haus in der Nähe. **Zufahrt:** Ca. 500 m hinter der Zufahrt zum alten Flugplatz an der linken Straßenseite.

Als Nächstes sind wir in EHRSTEN und schwenken am Ende der Straße erst links und dann rechts weiter Richtung ZIERENBERG. In Kurven geht es nun bergauf zu einem unserer Lieblingsplätze und einer der auffälligsten Erhebungen in der Region, dem knapp 580 m ü. NN messenden **Hohen Dörnberg**, der meist nur Dörnberg genannt wird und nicht mit dem gleichnamigen Dorf verwechselt werden darf.

(033) WOMO-Wanderparkplatz: Zierenberg, Hoher Dörnberg

GPS: N 51°22'17.4" E 9°20'08.2"; An der K97   **max. WOMOs**: 2-3 **Ausstattung/Lage:** Wanderwege, Infotafeln, Naturparkzentrum, Gaststät-

te in der Nähe (Mi - So 11.30 - 18/21 Uhr)/außerorts. Bitte keine „WOMO-Ansammlungen"! **Zufahrt:** Bei Erreichen des Plateaus links zum „Hohen Dörnberg"/Naturparkzentrum abbiegen. Ca. 200 m hinter dem Abzweig liegen zwei große Parkplätze hintereinander an der linken Straßenseite.

Am Ende der Straße liegt das **Naturparkzentrum Habichtswald**, in dem über den Naturpark und dessen naturräumlichen, geschichtlichen und geologischen Voraussetzungen sowie über regionale Freizeitangebote informiert wird (März - Okt. Di - So 10 - 17 Uhr, Nov. - Febr. Di - Fr 12 - 16 Uhr, Sa/So 10 - 16 Uhr). Auf dem Hochplateau wird seit den 1920er Jahren Segelflug betrieben und bei Wanderungen und Spaziergängen ist unbedingt auf die Beschilderung zu achten und ihr Folge zu leisten! Das unter Naturschutz stehende Plateau zeigt eine typische Magerrasen-Vegetation, die durch jahrhundertelange Beweidung mit Schafen und Ziegen entstand. Mittlerweile sind es Kühe, die neben den Segelfliegern die Weiden bevölkern und auf deren Hinterlassenschaften Acht zu geben ist. Duftende Kräuter, grazile Orchideen und mannshohe Wacholderbüsche prägen das Landschaftsbild genauso, wie die eindrucksvollen Basaltfelsen. Was liegt also näher, als die Wanderschuhe zu schnüren und einen aussichtsreichen Lauf zu beginnen.

WOMO-Wandertipp: Eco Pfad Archäologie Dörnberg

Leichte bis mittelschwere Wanderung von bis zu ca. 14 km Länge mit einigen Anstiegen.

Wir beginnen unsere Wanderung am Parkplatz zwischen der Gaststätte und dem Naturparkzentrum. Der Weg ist gut mit der Markierung des Eco-Pfades zu finden und verläuft rund um das Dörnberg-Massiv. Parallel zur Straße marschieren wir über die Viehweide dem höchsten Berg entgegen. Bald ist die durch Erosion freigelegte Felsformation der **Helfensteine** erreicht und das Erklimmen der Basaltfelsen beschert eine wunderschöne Aussicht, die nur durch die „Besteigung" des **Hohen Dörnbergs** getoppt wird. Der Weg dorthin führt leicht ansteigend weiter über die Weide und dann steiler, aber gut zu gehen auf den nahezu dreieckig wirkenden, abgeflachten Gipfel, auf dem Spuren einer keltenzeitlichen Burganlage aus den 6. - 1. Jh. v. Chr. nachgewiesen wurden. Der gleiche Weg führt wieder bergab und wer möchte, kann vom Fuß des Gipfels rechts einen etwa 4 km langen Abstecher (Hin- und Rückweg) zum **Hohlestein** machen. Auf dem steil aufragenden Basaltfelsen lässt es sich für geübte Kletterer prima rumkraxeln und der Steinwall am Fuß des Felsens soll aus der Eisenzeit stammen. Wir aber halten uns links und nach ca. 150 m wieder links, um wenig später leicht ansteigend am Waldrand weiterzugehen. Immer wieder genießen wir die Sicht ins Tal und die gegenüberliegende Bergkette. Am Ende des Weges rechts weiter am Waldrand und nochmals rechts. Im **Bergcafé Friedrichsstein** (Mo - So 14 - 22 Uhr,

Di Ruhetag) wartet schon eine wohlverdiente Wanderunterbrechung in Form von selbst gebackenem Kuchen oder einem kräftigen Imbiss. Von nun an geht es erstmal der Straße folgend bergab und bei der zweiten Möglichkeit rechts bis kurz vor das Grundstück eines einzelnen Hauses

im Tal. Dort nochmals rechts zum Basaltfelsen, der eigentlich „Blumenstein" heißt, aber wegen seiner markanten Form seit Generationen **Wichtelkirche** genannt wird. In Kurven steigt der Pfad nach oben bis zu einem Rastplatz mit schöner Aussicht und von dort führt der Weg über die Viehweide zurück bis zum WOMO. Eine Alternative bietet der ausgeschilderte „Alpenpfad", der vom Rastplatz um den botanisch interessanten Kesselberg herum bis zum Wanderparkplatz führt. Außerdem kreuzt der Habichtswaldsteig unsere Bahn und bietet eine weitere Möglichkeit, um in die geheimnisvolle Bergwelt des Dörnbergs und seiner Umgebung zu wandern.

Manchmal pfeift der Wind hier oben recht kräftig und nicht

selten werden die Segelflugzeuge dann von bunten, flattern-
den Drachen abgelöst. Heute haben wir einen ruhigen Abend
erwischt und gehen noch einmal, bepackt mit Picknickdecke
und der obligatorischen Ahlen Wurscht zu den Helfensteinen.
Mit Blick zum Aussichtsturm auf dem Großen Bärenberg und
den flachen Hasunger Berg, auf dem einst eines der reichs-
ten und schönsten Klöster Hessens stand, genießen wir den
Sonnenuntergang. Immer wieder ein schöner Tagesabschluss!
Am nächsten Morgen fahren wir hinab nach ZIERENBERG,
passieren links die Zufahrt zu einem **Campingplatz**, notieren
rechts das **Freibad** [N 51°22'13.2" E 9°18'26.1"] und überqueren das Flüsschen Warme. Bei Erreichen der Landstraße halten wir uns links Richtung Dorf DÖRNBERG und vermerken
im Ort einen Stellplatz.

---

(034) WOMO-Stellplatz: Dörnberg, Festplatz

GPS: N 51°20'37.0" E 9°20'37.3"; Bergweg   **max. WOMOs**: 5
Ausstattung/Lage: Strom, WC - Schlüssel gegen Pfand (20€) an der
Tankstelle (an der B251), Gebühr, Gaststätte/Fleischerei/Bäcker in ca.
300 m Entfernung/im Ort.
Zufahrt: Von der Durchgangsstraße im Ort links dem WOMO-Piktogramm
zum Stellplatz folgen.

Die Bundesstraße B251 geleitet uns rechts in den nächsten
Ortsteil der Gemeinde Habichtswald nach EHLEN und das WO-
MO-Piktogramm an das schön gelegene **Freibad** am Ortsrand.

---

(035) WOMO-Badeplatz: Ehlen, Schwimmbad

GPS: N 51°19'22.8" E 9°19'11.8"; Hasenbreite   **max. WOMOs**: 6

Ausstattung/Lage:
Strom u. WC in naher
Grillhütte, Schlüssel im
Schwimmbad (April -
Sept.), Gebühr, Wander-
wege, Gaststätte/außer-
orts. Evtl. Geräuschbe-
lästigung durch BAB!
Zufahrt: Von der B251
links dem WOMO-Pikto-
gramm ca. 1 km bis zum
Schwimmbad folgen.

Nicht nur nach dem
Sprung ins Wasser
steht für uns ein Spa-
ziergang in den Ort auf dem Programm. Direkt an der Bundesstraße liegt nämlich der **Gasthof Ehlener Poststuben** (Mi - So
11.30 - 14.30 Uhr/17.30 - 24 Uhr), wo in gemütlichem Ambiente
und mit persönlichem Service die frischen, regionalen Gerichte
mit schwäbisch-badischem Einschlag besonders gut munden.
Die Weinkarte lässt sich ebenfalls sehen und der anschließende Weg zurück zum WOMO fällt meist sehr beschwingt aus.

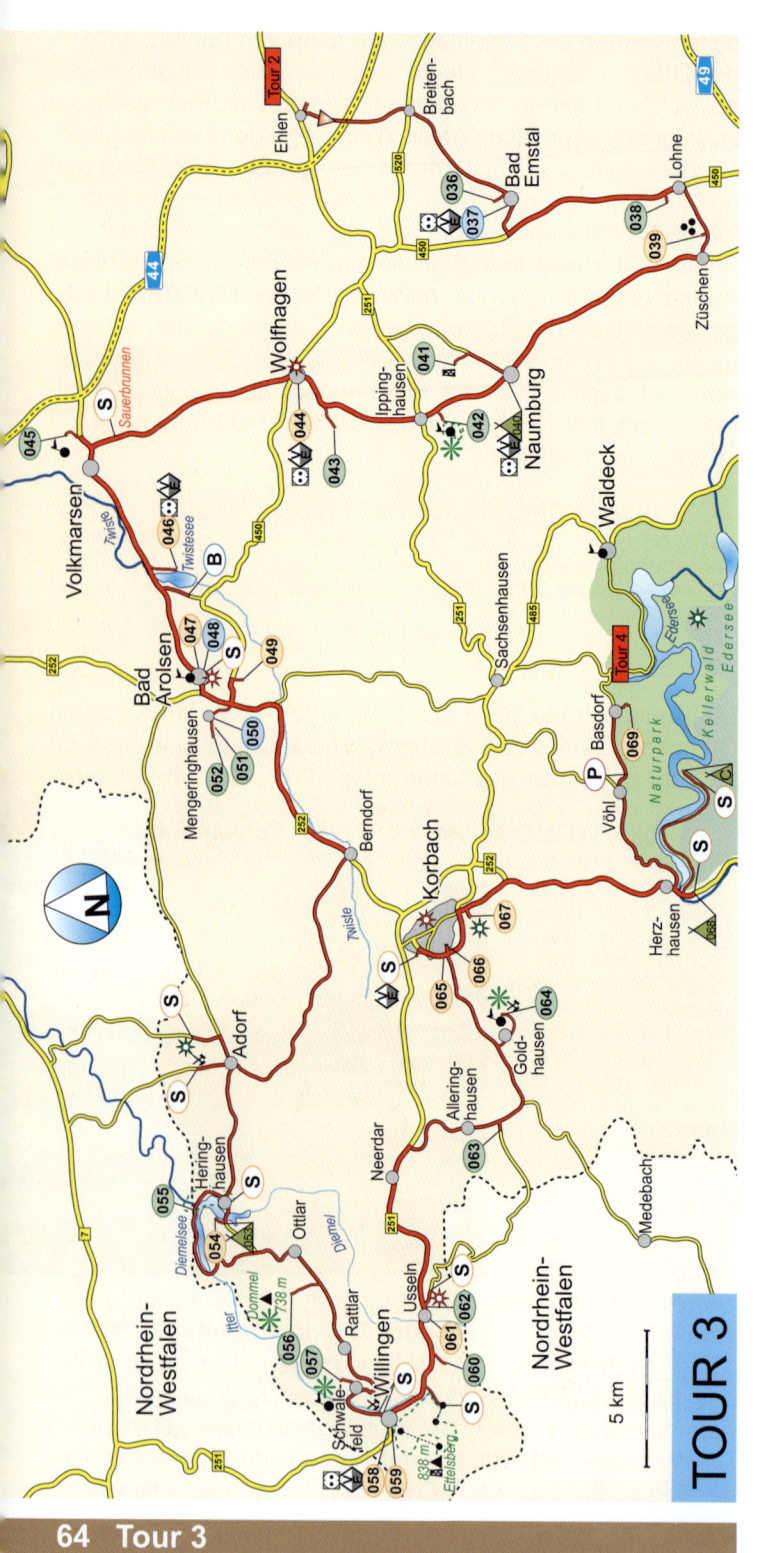

TOUR 3

Breitenbach - Bad Emstal - Züschen - Naumburg - Wolfhagen - Volkmarsen - Bad Arolsen - Twiste - Adorf - Heringhausen - Ottlar - Schwalefeld - Willingen - Usseln - Goldhausen - Korbach - Vöhl - Basdorf

Stellplätze:	Bad Emstal, Lohne, Züschen, Naumburg, Ippinghausen, Wolfhagen, Volkmarsen, Twistesee, Bad Arolsen, Mengeringhausen, Heringhausen, Helmighausen, Ottlar, Schwalefeld, Willingen, Usseln, Alleringhausen, Goldhausen, Korbach, Basdorf.
Campingplätze:	Naumburg *Camping in Naumburg*, Heringhausen *Campingpark Hohes Rad*, Herzhausen *Camping- und Ferienpark*.
Ver-/Entsorgung:	Bad Emstal, Wolfhagen, Twistesee, Willingen, Korbach.
Besichtigen:	Breitenbach *Märchenwache*, Naumburg *Stadtbild, Eisenbahnmuseum/Hessencourier*, Wolfhagen *Stadtbild*, Volkmarsen *Kugelsburg*, Bad Arolsen *Stadtbild, Residenzschloss, Museen*, Adorf *Besucherbergwerk, Martenbergklippe*, Schwalefeld *Schwaleburg*, Willingen *Besucherbergwerk, Mühlenkopfschanze*, Usseln *Milchmuhseum, Curioseum*, Goldhausen *Burgruine, Besucherbergwerk*, Korbach *Stadtbild, Bonhage-Museum, Korbacher Spalte*, Kirchlotheim *Nationlaparkmuseum*.
Wandern:	Ippinghausen, Diemelsee, Willingen.
Baden:	Twistesee, Bad Arolsen, Mengeringhausen, Diemelsee, Willingen.
Essen:	Bad Emstal *Der Grischäfer*, Korbach *Goldene Zeiten*.

Auf der B251 geht es Richtung FRITZLAR/EMSTAL und entlang des Flüsschens Warme erreichen wir BREITENBACH. Wie bereits erwähnt, bewegen wir uns in der Heimat der Brüder Grimm und so verwundert es nicht, dass wir während unserer Reise immer wieder auf die Geschwister und ihre Geschichten treffen werden. Im Ortskern Breitenbachs befindet sich die **Märchenwache** (Lange Straße; So 15 - 16 Uhr, www.maerchenwache.de). In der umgebauten ehemaligen Feuerwache beschäftigt sich eine kleine Ausstellung besonders mit dem Leben zweier Märchenzuträger der Grimms.

Es waren einmal …

… zwei Brüder Jacob (1785-1863) und Wilhelm (1786-1859) Grimm, die in Hanau das Licht der Welt erblickten und 1791 nach Steinau an der Straße umzogen, als der Vater dort eine Stelle als Amtmann annahm. Nach dem Tod des Vaters wurden sie von der Mutter 1798 zu einer Tante nach Kassel geschickt und besuchten der guten Erziehung wegen das Lyceum Fridericianum. Ab 1802 bzw. 1803 begannen Jacob und Wilhelm das Jurastudium in Marburg und machten die Bekanntschaft u. a. von Achim von Arnim und Clemens von Brentano. Inspiriert von den Schriftstellern der Romantik und lebenslangen Freunden, begannen die Grimms

Märchen zu sammeln. Auch wenn die beiden Reisen nach Italien und Frankreich unternahmen, Erzählungen und bereits veröffentlichten Märchen lauschten, waren es doch die Geschichtenlieferanten ihrer Heimat, die sie mit einer Unmenge Anekdoten und Märchen versorgten. Zu jenen gehörten die besonders von den Brüdern hervor gehobene Dorothea Viehmann aus Zwehren bei Kassel und der Dragonerwachtmeister Krause, an den in der Breitenbacher Märchenwache erinnert wird. Die zugetragenen Märchen waren allerdings manchmal so deftig und frivol, dass sie durch die Grimms kindgerecht aufbereitet werden mussten. Im

Stefan Becker und Carlo Ghirardelli als Brüder Grimm

italienischen Original wurde Dornröschen nämlich nicht etwa vorsichtig aus dem Schlaf wachgeküsst, sondern schlicht brutal geschwängert, Rotkäppchen schlüpfte nackt unter die Bettdecke des Wolfes und Rapunzel verlebte wohl eher mit dem Prinzen unterhaltsame Stunden auf ihrem Turm. Nicht gerade das, was im damals vorherrschenden deutschen Idealismus und der Romantik gut ankam oder Anstand und Sitte entsprach. 1812 erschien die Erstausgabe der „Kinder- und Hausmärchen", die neben der zweiten Auflage zur Zeit unserer Recherche in einer Panzerglasvitrine im Brüder-Grimm-Museum in Kassel zu sehen ist und die mittlerweile beide zum Weltdokumentenerbe der Unesco gehören. Wie sehr die Grimms der deutschen Sprache verbunden waren, zeigt sich auch in dem von ihnen begonnenen „Deutschen Wörterbuch", das noch heute sprachwissenschaftlich anerkannt ist. Ob die Grimmschen Märchen räumlich tatsächlich in Nordhessen angesiedelt sind, ist fraglich, nicht bewiesen und für uns eher nebensächlich. Auch wenn uns auf unserer Reise immer wieder verschiedene Figuren aus Holz oder Stein begegnen, die uns an die Märchengestalten erinnern sollen, sind es doch letztendlich die Burgen und tiefen Wälder, die kleinen fachwerkgeschmückten Dörfer, weiten Blumenwiesen und geheimnisvollen Teiche, die unsere Fantasie anregen und die Märchen der Brüder Grimm für uns lebendig werden lassen. Und wenn sie nicht gestorben sind … dann begegnen sie uns vielleicht als Schauspieler in historischen Kostümen auf einem Gartenfest oder einer anderen touristischen Veranstaltung …

In Breitenbach halten wir uns rechts und am Ortsende links nach BAD EMSTAL. In einem der jüngsten hessischen Kurbäder kann man in natürlichem Mineral-Wasser aus 800 m Tiefe im **Thermal-Bad** zu jeder Jahreszeit baden oder im Saunabereich ordentlich schwitzen (Mo - Fr 10 - 21 Uhr, Sa/So/Feiertage 10 - 18 Uhr, Eintritt. www.mineral-thermalbad.de). Auch das **Wandern** kommt nicht zu kurz, denn eine schöne etwa 13 km lange Tour entlang der Wälder, durch idyllische Auen hinauf zu den verfallenen keltischen Wallanlagen der Altenburg und der Ruine Falkenstein garantiert Abwechslung bei einem mittelschweren Marsch. Von beiden genannten Stellplätzen kann gestartet werden und die Markierung H6 der Extratour des Habichtswaldsteiges macht ein Verlaufen unmöglich.

(036) WOMO-Wanderparkplatz: Bad Emstal-Sand, Erzeberg

GPS: N51°15'13.4" E9°15'39.1";
Triftstraße **max. WOMOs:** 1
Ausstattung/Lage: Wanderwege, Infotafel, Bänke/am Wegesrand, schräg, außerorts.
Zufahrt: Ca. 300 m hinter dem Kreisel rechts und nach 250 m nochmals rechts etwa 500 m bis zum ausgeschilderten Wanderparkplatz fahren.

(037) WOMO-Badeplatz: Bad Emstal, Thermalbad

GPS: N51°14'55.7" E9°14'59.6";
Karlsbader Straße
max. WOMOs: 8
Ausstattung/Lage: V/E, Strom, Infotafeln, Gaststätten in der Nähe, Gebühr im Thermalbad zu zahlen/Ortsrand.
Zufahrt: Im Ort dem WOMO-Piktogramm folgen.

Nach der Wanderung oder dem Spaziergang durch den Kurpark mit dem duftenden Rosen- und Heilkräutergarten bummeln wir in den Ort und lassen uns abends gern im Gasthof **Der Grischäfer** nieder. Lokale Spezialitäten als auch die neue deutsche Küche sind wirklich gut und empfehlenswert (tägl. ab 18 Uhr, So/Feiertage 12 - 14 Uhr, Kasseler Straße, www. grischaefer.de). Weitere Tipps rund um die Region bekommt der interessierte Reisende übrigens beim **Tourist. Marketing** direkt im Gebäude des Mineral-Thermalbads. Vom Stellplatz **(037)** lassen wir uns rechts den Berg hinab zur B450 rollen, schwenken dort links Richtung FRITZLAR und verzeichnen kurz vor LOHNE einen arg schrägen Wanderparkplatz [038: N 51°11'22.3" E 9°15'37.3"]. Im Ort drehen wir rechts ab nach ZÜSCHEN und haben kurze Zeit später eines der bedeutendsten vorgeschichtlichen Baudenkmäler Mitteleuropas erreicht [039: N 51°10'22.6" E 9°14'27.0"]. Im Inneren des aus dem 3. - 4. Jahrtausend v. Chr. stammenden **Steinkammergrabes**

fanden sich Überreste menschlicher Skelette samt etlicher Totenbeigaben. Kleinere WOMOs oder Kastenwagen (und nur diese!) finden an der „hessisch-westfälischen Steinkiste" ein kleines, nicht einsehbares Übernachtungsplätzchen. Durch Züschen, vorbei an der **Garvensburg** mit dazugehörendem Park im Stil englischer Landschaftsgärten, geht es nach NAUMBURG. In der Fachwerkstadt an der kleinen Elbe bietet sich der empfehlenswerte Campingplatz für einen Aufenthalt an.

Naumburg

Die Fachwerkstadt, die sich im Schutz der „Nuwenburch" ab 1170 entwickelte, ist von einer wehrhaften Mauer umgeben. Sie überlebte mehrere Feuerbrünste und kam als Ackerbürgerstadt immer wieder vom katholischen Mainz unterstützt und auf die Beine. In der katholischen **Stadtpfarrkirche St. Crescentius** befindet sich die Sandsteinplastik der Naumburger Madonna von 1340. Am Eingang des Naumburger Friedhofs zeigt die Replik des historischen Friedhofstors die Religionsgeschichte der Stadt sehr eindrücklich, während in der **Fatima-Grotte**, einem alten Steinbruch, seit einer Pilgerfahrt in den portugiesischen Wallfahrtsort im Jahr 1957 eine weitere Madonna zu sehen ist. Im **Natur-Informationszentrum** dreht sich alles um die Naturbeobachtung und zu den Außenprojekten gehören u. a. ein ganzer Hummelzoo sowie die einfarbigen Gärten der jeweiligen Ortsteile Naumburgs. Kleinere Ausflüge können zur etwas außerhalb des Ortes gelegenen **Weingartenkapelle** oder auf den **Grenzsteinpfad** führen. Die mit verschiedenen Emblemen oder Wappen verzierten Steine zeugen von vergangenen Zeiten und vom geschichtlich gewachsenen Grenzverlauf der mainzischen Enklave im protestantischen Hessen. Im

Naumburger Bahnhof ist das **Eisenbahnmuseum** zu finden, dass mit der Arbeit der ehemaligen Eisenbahner vertraut macht und die rege Betriebsamkeit früherer Zeit veranschaulicht. Geöffnet ist es an den Fahrtagen der Museumsbahn **Hessencourrier**. Ein historisches Reisegefühl kommt spätestens dann auf, wenn die Schaffner in historischen Uniformen die kleinen Fahrkarten lochen und die Dampflokomotive die liebevoll gepflegten alten Personenwagen schnaufend durch die malerische Hügellandschaft auf 33 km langer Strecke von Naumburg nach Kassel ziehen. An den Bahnhöfen unterwegs kann je nach Lust ein- und ausgestiegen

Friedhofstor

und der Rückweg durch eine kleine Wanderung abgerundet werden (Ostern - Dez., meist einmal im Monat So, www.hessencourrier.de). Ebenfalls außerhalb gelegen ist die **Altenstädter Warte**, von der man eine traumhafte Aussicht auf Naumburg und die umliegende Landschaft hat. In und um Naumburg gibt es noch einiges mehr zu entdecken und die **Tourist-Info** am Rand des Kurparks ist dafür ein guter Ansprechpartner (Mo - Fr 8 - 12 Uhr, Do 15 - 18 Uhr, Mo/Di 14 - 15.30 Uhr; Hattenhäuser Weg 10-12. www.naumburg.eu).

Da wir schon vom mittelalterlichen Wachturm sprachen, nachstehend noch die Zufahrt zu einem ruhigen Plätzchen für Individualisten, die einen Wanderanschluss suchen.

(041) WOMO-Wanderparkplatz: Naumburg, Altenstädter Warte

GPS: N 51°15'59.9" E 9°10'23.6"
max. WOMOs: 1
Ausstattung/Lage: Wanderwege (Habichtswaldsteig), Infotafel, Aussicht, Bank, Schaukel/außerorts, schräg.
Für WOMOs bis 6,50 m Länge!
Zufahrt: An der Kreuzung der L3214/3215 im Ort Richtung Altenstädt, vorbei am Bahnhof ca. 1,3 km fahren. Dann ca. 950 m links dem Hinweis „Warte" und nochmals ca. 150 m links bis zum Parkplatz folgen.

Zurück in Naumburg wenden wir uns Richtung IPPINGHAUSEN und haben bald Nordhessens größte Burg, die **Weidelsburg** vor Augen, die auf einem Basaltkegel als Landmarke hoch über dem Wolfhager Land wacht.

(042) WOMO-Wanderparkplatz: Ippinghausen, Weidelsburg

GPS: N 51°16'33.9" E 9°08'36.8"
max. WOMOs: 1-2
Ausstattung/Lage: Infotafel, Wanderwege (Habichtswaldsteig), Picknickbank, Mülleimer, schöne Aussicht/außerorts, schräg.
Zufahrt: Ca. 3 km hinter Naumburg links ca. 500 m bis zum Parkplatz.

WOMO-Wandertipp: Rund um die Weidelsburg

Zur Weidelsburg führen viele Wege! Zum einen kann man sie über die bestens beschilderten Extratouren H7/H8 des Habichtswaldsteigs von den Stellplätzen **(040/041/043)** auf 13 - 15 km langen Touren erwandern. Die Strecken führen auf naturbelassenen Pfaden durch tiefe Buchenwälder und entlang sonniger Streuobstwiesen, streifen glucksende Bäche, eröffnen immer wieder neue Ausblicke in die Landschaft und vermitteln auf Infotafeln viel Wissenswertes. Zum anderen kann man vom Stellplatz **(042)** einen etwa 2 km langen kleinen Rundweg mit der Markierung 4 hinauf zur Burg antreten. Es geht ziemlich steil durch den Wald hinauf, aber die Sicht vom Aussichtsturm der Weidelsburg ist der Mühe wert! Hier oben wird uns klar, dass sich der exponierte Weidelsberg geradezu zum Bau einer Burg im 12. Jh. samt Befestigungsanlagen anbot. Erstaunlich ist allerdings der gute Zustand der Ruine, der nicht nur in den Restaurierungsmaßnahmen der heutigen Zeit begründet ist, sondern möglicherweise auch mit einem Ausbau im 15. Jh. zusammenhängt, als die meisten umliegenden Burgen schon verlassen waren und verfielen. Erhalten sind hohe Mauer- und Turmreste, wuchtige Palasbauten, Burg-

tore und Zwinger. Und dann gibt es auch noch die Geschichte von der schlauen Agnes, die ihren Ehemann, den Ritter von Dalwigk nach der Niederlage im Kampf um die Burg rettete. Sie bat den Landgrafen, das Wertvollste beim Verlassen der Weidelsburg mitnehmen zu dürfen und schleppte kurzerhand ihren Gatten huckepack den Burgberg hinab. Solch eine tollkühne Aktion sparen wir uns mal lieber, denn im Zickzack geht es etwas beschwerlich den Hang bergab. Auf halbem Weg zum Park-

platz liegt linker Hand der ehemalige Steinbruch Katzenloch, der bereits im 12. Jh. im Zuge des Burgenbaus entstand und mit Unterbrechungen bis in die 1930iger Jahre in Betrieb war. Uns bietet sich hier ein interessanter Blick in die Erdgeschichte der Region, denn die sechseckigen Basaltsäulen sind ein Beispiel für die im Wolfhager Land vorkommenden vulkanischen Bauten des Habichtswaldes, die als nördlichstes geschlossenes Vulkangebiet Deutschlands gelten.

Rast am Habichtswaldsteig

Kurz darauf erreichen wir in IPPINGHAUSEN die B251, die wir links nur einige Meter befahren, um gleich rechts nach LECKRINGHAUSEN abzubiegen. Der kleinste Ortsteil Wolfhagens wurde 1699 für die französischen Glaubensflüchtlinge von Landgraf Carl gegründet und die Hugenottenkirche weist noch heute auf diese Zeit hin. Hinter dem Dorf verlassen wir die Kreisstraße in einer Rechtskurve links, um einen weiteren Wanderparkplatz anzufahren.

(043) WOMO-Wanderparkplatz: **Wolfhagen, Heller Platz**

GPS: N 51°18'45.0" E 9°08'18.6"
max. WOMOs: 1-2
Ausstattung/Lage: Infotafel, Wanderwege (Habichtswaldsteig), Tisch u. Bänke, Mülleimer, Schutzhütte, „halbe Aussicht" auf Wolfhagen und den Isthaberg/außerorts.
Zufahrt: Ca. 1,5 km nach dem Abzweigen von der Kreisstraße bis zum Waldrand fahren.

Im Nu sind wir von hier in WOLFHAGEN, halten uns Richtung VOLKMARSEN bis zur B450, die wir überqueren und dann links dem WOMO-Piktogramm bis zum Stellplatz der Stadt zu folgen.

(044) WOMO-Stellplatz: **Wolfhagen, Park- und Freizeitanlage Bruchwiesen**

GPS: N 51°19'46.7" E 9°10'14.2"
max. WOMOs: > 10
Ausstattung/Lage: V/E, Strom, Gebühr, keine Wohnwagen, ca. 300 m in den Ort, Geschäfte u. Gaststätten in der Nähe, Rad- u. Wanderwege (Habichtswaldsteig)/Ortsrand.
Zufahrt: Im Ort den WOMO-Piktogrammen folgen.

Wolfhagen

Schön ist es, durch die verwinkelten Gässchen der über 775 Jahre alten historischen Fachwerkstatt zu bummeln und anschließend am Marktplatz in der **Alten Wache** einen Kaffee zu trinken. Gegenüber steht das **Alte Rathaus**, ein dreigeschossiger, wuchtiger Fachwerkgerüstbau mit Krüppelwalmdach und dazwischen befindet sich der **Märchenbrunnen**. Hier lehnt der Wolf lässig am Brunnen, wartet vergeblich auf das letzte Geißlein und symbolisiert das Stadtmärchen (Der Wolf und die sieben Geißlein) sowie die Verbundenheit zu den Brüdern Grimm. Weit über die Dächer beherrscht der mächtige Bau der Stadtkirche **St. Anna** die Stadtsilhouette und der **Chattenturm** ist der letzte, erhaltene von elf Stadttürmen. Um von hier aus luftiger Höhe weit ins Wolfhager Land blicken zu können, kann man den Turmschlüssel bei der **Tourist-Info** in der Nähe des Marktplatzes ausleihen (Mo - Di 8 - 16/Mi 8 - 12/ Do 8 - 17/Fr 8 - 13 Uhr; Burgstraße 33 - 35. www.wolfhagen.de). Nicht weit entfernt residiert im alten Renthof das besuchenswerte **Regionalmuseum Wolfhager Land** (Di - Do. 10 - 13/14 - 17 Uhr, Sa/So. 14 - 17 Uhr, Eintritt). Im Mittelpunkt stehen die Geologie und Geschichte der Region mit den Spuren und einem Modell der Chirotherien-Saurier sowie die Abteilung über den Abenteurer und Begründer der Brasilienforschung Hans Staden. Im nahe des Stellplatzes gelegenen **Ristorante La Laterna** (Okt. - April Mo Ruhetag) können wir anschließend den Abschluss unseres Stadtbesuchs ausklingen lassen.

Wer vom Wolf immer noch nicht genug hat, kann auf seiner Fährte in und um Wolfhagen zu den schönsten Aussichtsplätzen und den interessantesten Orten der Natur wandern und vielleicht dem Isegrim aus der Fabel im tiefen Tann begegnen (www.wolfsfährte.de). Unser Weg führt jedoch kurz über die B450 und dann rechts abbiegend nach VOLKMARSEN. Hinter EHRINGEN sprudelt der **Volkmarser Sauerbrunnen** aus einer Quelle, die allseits beliebt ist und bei Bedarf zum Auffüllen der Wasservorräte dienen kann [N 51°24'18.8" E 9°08'16.1"]. Natürlich verkosten wir das prickelnde Wässerchen und der Geschmack sowie das leichte Prickeln auf der Zunge ist durstlöschend und recht angenehm. Rund um den Trinkpavillion ist eine kleine Freizeitanlage mit Spielgeräten und einer Minigolfanlage entstanden, die von den Kindern eifrig Quellwasser zapfenden Erwachsenen gern genutzt wird (April - Okt. 10 - 18 Uhr, Nov. - März 10 - 16 Uhr. Stand 2013: 0,19€/1,5ltr.). Bei der Weiterfahrt ist die vor uns auf einem Berg über dem Erpetal liegende **Kugelsburg** nicht zu übersehen.

(045) WOMO-Wanderparkplatz: Volkmarsen, Kugelsburg

GPS: N 51°24'49.0" E 9°07'51.5"
max. WOMOs: 2
Ausstattung/Lage: Wanderwege, Gaststätte/außerorts, schräg.
Zufahrt: An der Kreuzung hinter dem Sauerbrunnen rechts Richtung Breuna. Ca. 300 m später links den Hinweisen etwa 900 m zur Burg folgen.

Die 1200 erbaute Burg hatte viele Besitzer und wurde im Siebenjährigen Krieg zum Teil zerstört. Heute ist sie ein beliebtes Ausflugsziel mit Aussichtsplattform und Gaststätte (Mi - Fr ab 17 Uhr, Sa/So ab 11 Uhr) sowie **Falknerei** (April - Okt. Sa/So/Feiertage 15 Uhr, im Sommer auch Mi - Fr 17 Uhr, Eintritt). Auf direktem Weg zieht es uns durch Volkmarsen weiter nach BAD AROLSEN und damit ins Waldecker Land. In WETTERBURG erreichen wir das dem Hochwasserschutz zu verdankende Rückhaltebecken der Twiste. Erfreulicherweise werden seit 1979 durch den künstlichen Wasserstau nicht nur Überflutungsschäden vermieden, sondern es entstand gleichzeitig ein Refugium für Wassersportler und Erholungssuchende. Der **Twistesee**, der zu den saubersten Stauseen Deutschlands zählt, bietet viel Natur und Abwechslung. Ein kleiner Teil wurde zum Vogelschutzgebiet mit ornithologischer Beobachtungsstation erklärt und auf der übrigen

Wasserfläche tummeln sich Boote oder Schwimmer, die vom **Strandbad** aus ins kühle Nass steigen können [N 51°22'17.0" E 9°03'14.9"; Zum Wiggenberg, Gebühr. WOMO/WOWA von 22 - 6 Uhr verboten.]. Walker und Wanderer kommen auf dem 7 km langen Seerundweg auf ihre Kosten und Angler können mit entsprechendem Angelschein zwar nicht ihre Netze, aber immerhin ihre Ruten auswerfen. Am See befindet sich unser favorisierter WOMO-Stellplatz, um einige Tage auszuspannen, die Gegend ausgiebig zu erkunden und vor allen Dingen das nahe Bad Arolsen zu besuchen.

(046) WOMO-Stellplatz: Wetterburg, Reisemobilhafen Twistesee

GPS: N 51°23'02.8" E 9°03'54.8"; Bericher Seeweg **max. WOMOs**: > 100
Telefon: 05691/8069383, www.reisemobilhafen-twistesee.de
Ausstattung/Lage: V/E auch ohne Übernachtung gegen Gebühr möglich, Strom, Sanitärhaus, Café, Kiosk, Brötchenservice, Hundestrand, Shuttle-Service tägl. nach Bad Arolsen und zurück, Gaststätten ca. 500 m entfernt/außerorts.
Zufahrt: Von der Landstraße bzw. Bad Arolsen den WOMO-Piktogrammen folgen.

In Wetterburg selbst tafeln wir wie anno dazumal rustikal in der gleichnamigen **Burggaststätte** (Di - Sa ab 18 Uhr, So/Feiertage ab 11.30 Uhr, www.diewetterburg.de), bevor wir am nächsten Morgen nach Bad Arolsen aufbrechen. Wer das Ambiente eines Festplatzes als Übernachtungsmöglichkeit nicht scheut [**047:** N 51°22'21.7" E 9°01'22.6"; Königsbergallee], wird dort sicher einen Platz finden. Anfang August wird daraus allerdings nichts, wenn der seit über 280 Jahren stattfindende **Arolser Kram- und Viehmarkt** dort stattfindet. Beim größten nordhessischen Volksfest ist dann Rummel pur angesagt, wenn Vergnügungs-, Gastronomie- und Gewerbeschaubetriebe sowie Krammarktgeschäfte von Tausenden Besuchern bevölkert werden. Für den kurzen Stadtbesuch kann man mühevoll irgendwo einen Parkplatz für das WOMO am Straßenrand suchen oder bei einem Supermarkt am Belgischen Platz [N 51°22'38.3" E 9°00'48.6"; Birkenweg] fündig werden. Alternativ sei noch der nahe Parkplatz am **Freizeitbad Arobella** [**048:** N 51°22'36.3" E 9°00'36.4"; Schlesienstraße] genannt. Beide Plätze haben

den Vorteil, dass die **Tourist-Info** (Mo - Fr 8.30 - 17 Uhr, Sa 10 - 13 Uhr, Große Allee, www.bad-arolsen.de) nicht weit entfernt ist und man sich dort mit dem vielfältigen touristischen Angebot vertraut machen kann, bevor man über einen Teil der insgesamt 1,5 km langen Großen Allee bis zum Schloss gelangt.

Bad Arolsen

Seit 1997 darf sich Arolsen dank der gesundheitsfördernden Wirkung der Heilquelle „Bad" nennen. Die Stadtgeschichte beginnt jedoch bereits im Jahr 1131, als das Augustinerinnen-Kloster Aroldessen gegründet wurde. Prägend ist die Zeit als Residenzstadt (1655 - 1918) der Grafen und Fürsten zu Waldeck und Pyrmont sowie danach bis 1929 als Hauptstadt des Freistaates Waldeck. Als Wahrzeichen der Stadt gilt das **Residenzschloss**, das im Barockstil 1710 - 1810 erbaut wurde und in dem 1858 Königin Emma der Niederlande geboren wurde. Noch heute werden Teile des Schlosses von den Nachfahren der Fürstenfamilie bewohnt, während wir „Bürgerlichen" einen Blick in einige Salons und andere opulent ausgestattete Räumlichkeiten nebst Waffen- und Ordensammlung werfen können (April - Okt. 10 - 17 Uhr, Nov. - März Mi - Sa 14 - 17 Uhr, So 11 - 17 Uhr, Eintritt). Im Westflügel des Schlosses befindet sich außerdem eine wechselnde Ausstellung des **Museum Bad Arolsen** zur zeitgenössischen sowie älteren Kunst und zur Fotografie. Das Museum verteilt sich insgesamt auf vier weitere Gebäude, die wir im Rahmen unseres Stadtrundgangs nachfolgend vorstellen (jeweils April - Okt. Mi/Sa/So 14.30 - 17 Uhr, Eintritt. www.museum-bad-arolsen.de). Die beiden **ältesten Gebäude des Schlossvorhofs, die Orangerie** und die **Alte Klosterscheune** gehen auf die Klosterzeit zurück. Das **Gärtnerhaus** und **die Fürstliche Reitbahn** datieren aus der Fürstenzeit. Zusammen

mit einem Neubau werden die historischen Gebäude als Hotel genutzt. Genau gegenüber und in gerader Sichtachse des Schlossportals führt die Schlossstraße zum **Fürstlichen Marstall**, in dem das **Christian Daniel Rauch-Museum** untergebracht ist. In Kooperation mit der Alten Nationalgalerie Berlin werden hier Skulpturen des klassizistischen Bildhauers ausgestellt. Vorbei am **Goldenen Hochzeitshaus** gelangen wir zum **Neuen Schloss mit Baumpark und Heilquelle** (Heilwasserausschank: Ostern - Ende April So - Fr 10.30 - 11.15 Uhr, Mai - Okt. tägl. 10.30 - 11.15 Uhr/16 - 16.45 Uhr). Von hier sind es etwa 300 m bis zum Stellplatz **(047)**. Am Schloss zurück, gehen wir die Schlossstraße nun in westliche Richtung und stoßen mitten in die schöne Altstadt mit ihren sehenswerten Bürgerhäusern aus dem 18. Jahrhundert. In einem der ältesten Häuser, dem **Schreiberschen Haus** wird über die Entstehung und Entwicklung der Residenzstadt informiert und Arbeiten der Malerdynastie um Wilhelm von Kaulbach aus dem 19. Jh. gezeigt. In der nächsten Seitenstraße Richtung Große Allee befindet sich das **Kaulbach-Haus**. Im Geburtshaus des Historienmalers und Illustrators vertiefen wir unser Wissen über Kaulbach und seine Familie. Am Ende der Schlossstraße, dort wo die evangelische Stadtkirche zu finden ist, führt rechts die Rauchstraße zum **Chr. D. Rauch-Geburtshaus**. Im Letzten der fünf Gebäude des Museums Arolsen werden Porträts des Künstlers und persönliche Erinnerungsstücke präsentiert. Nur ein paar Minuten entfernt kommen Bierfreunde in der vielleicht ältesten hessischen Brauerei auf ihre Kosten. Der Ursprung des Brauereigebäudes geht auf das Brau- und Waschhaus des Klosters 1131 zurück, während das eigentliche Brauhaus seit 1526 existiert und bis heute im **Hofbrauhaus** das „flüssige Brot" ausschenkt. Nach dem Besuch des Kleinods Bad Arolsen sind wir uns sicher, dass die Stadt nicht nur auf eine große Geschichte zurückblickt, sondern auf jeden Fall einen Besuch wert ist.

Aus der Stadt kommend gelangen wir über die Große Allee auf die B252 Richtung KORBACH, verlassen diese bereits an der übernächsten Ausfahrt Richtung B450/FRITZLAR/WOLF-HAGEN und orientieren uns an der nächsten Kreuzung neu. Im Bad Arolser Stadtteil MENGERINGHAUSEN gibt es eine Vielzahl von gut erhaltenen Fachwerkhäusern. Hierzu gehört auch ein Ackerbürgerhaus aus dem 17. Jh., in dem das **Heimatmuseum** untergebracht ist (Mai - Okt., jeden 2. u. 4. So im Monat 13 - 17 Uhr, Eintritt). Außerdem vermerken wir gleich vier Stellplatzmöglichkeiten, bevor wir über einen längeren Zeitraum das WOMO in Fahrt halten werden.

(049) WOMO-Stellplatz: Mengeringhausen, Altes Munitionsdepot

GPS: N 51°21'07.2" E 9°00'20.1"
max. WOMOs: 2-3
Ausstattung/Lage: Bank/außerorts, einsam.
Zufahrt: An der vorgenannten Kreuzung rechts Richtung Twistesee fahren. Nach etwa 700 m rechts dem Hinweis „Retrievertreff" weitere 400 m folgen.

(050) WOMO-Badeplatz: Mengeringhausen, Schwimmbad

GPS: N 51°21'48.6" E 8°58'52.3"; Walmer Weg **max. WOMOs**: 2
Ausstattung/Lage: Schwimmbad, Gaststätte ca. 300 m entfernt/Ortsrand.
Zufahrt: An der vorgenannten Kreuzung links nach Mengeringhausen fahren. Ca. 700 m hinter dem Ortseingang links dem Hinweis zum Freibad folgen. Hinter dem Schwimmbad rechts und gleich wieder links zum Parkplatz.

(051) WOMO-Wanderparkplatz: Mengeringhausen, Freudenbrunnen

GPS: N 51°21'53.5" E 8°57'44.0"; Leiborner Straße
max. WOMOs: 2
Ausstattung/Lage: Wanderwege, Bänke, Mülleimer/außerorts, Haus in der Nähe.
Zufahrt: Wie **(050)**, jedoch dem Weg am Schwimmbad vorbei folgen, nächste Möglichkeit rechts und dann links ca. 1 km bis zum Parkplatz fahren.

(052) WOMO-Wanderparkplatz: Mengeringhausen, Waldlehrpfad

GPS: N 51°21'57.1" E 8°57'18.1"
max. WOMOs: 2
Ausstattung/Lage: Infotafel, Wanderwege, Bänke, Mülleimer/ außerorts, im Wald, einsam.
Zufahrt: Wie **(050/051)**, jedoch der Straße weitere 500 m folgen.

Auf der B252 rollen wir weiter Richtung KORBACH bis BERNDORF und biegen dort rechts ab Richtung HELM-SCHEID, das wir durchfahren und dann rechts Richtung DIE-MELSEE abzweigen. Langsam, aber stetig geht es bergauf in den hessischen Teil des ansonsten westfälischen Hochsauerlandes, das Oberland – besser bekannt unter der plattdeutschen Bezeichnung **Upland**. Ab FLECHTDORF beginnt der 334 m² große **Naturpark Diemelsee**, der mit zwei Dritteln im Nordwesten Hessens und mit einem Drittel in Nordrhein-Westfalen liegt. Direkt an der Landesgrenze bilden der Hegekopf und der Langenberg mit jeweils 843 m ü. NN die höchsten Erhebungen. Die abwechslungsreiche Berg- und Tallandschaft, die von ausgedehnten Laub- und Nadelwäldern über- und von Bächen durchzogen wird, findet ihren Mittelpunkt am Diemelsee. Uns spricht besonders der Wechsel zwischen Stille in den einsamen Wäldern und Trubel in den teils lebhaften Ortschaften an. Die Vielzahl von Freizeitmöglichkeiten wie Wandern, Kanu- und Radfahren, der Besuch von Museen, Hallen- und Freibädern oder Bergwerken und nicht zuletzt der Wintersport machen den Landstrich zusätzlich attraktiv. Also auf in den Naturpark, der uns auf unserer Strecke bis Korbach begleiten wird (www.naturpark-diemelsee.de)!

Zunächst gelangen wir durch das hübsche Tal des Aarbachs nach AD-ORF und befinden uns damit auch im **Nationalen GeoPark Grenzwelten**. Das ist nicht etwa eine neue Schutzkategorie wie ein Natur- oder Nationalpark, sondern vielmehr ein werbewirksames Gütesiegel, das auf

Bergarbeiter-Denkmal in Adorf

besondere geologische und erdgeschichtliche Attraktionen im Grenzgebiet von NRW und Hessen aufmerksam machen soll.

Grube Christiane und die Martenbergklippe

Demzufolge ist im Ort der Hinweis zum **Besucherbergwerk Grube Christiane** nicht zu verfehlen [N 51°22'26.7" E 8°47'57.9"; Bredelarer Straße]. Das Bergwerksmuseum in den Räumen der ehemaligen Aufbereitungsanlage unterhalb des Förderturms zeigt anhand von zahlreichen Bildern, Modellen, Schautafeln und originalen Exponaten den Weg des gehauenen Steins vom Abbau bis hin zur Verhüttung. Während der 90-minütigen Führung durch das Bergwerk werden uns auf 1,2 km unter Tage die Arbeitsbedingungen und -techniken beim Eisenerzabbau der verschiedenen Jahrhunderte in den Stollen und Strecken nähergebracht. Gleichzeitig erfahren wir etwas über die Verknüpfung des Bergbaus mit der Wirtschafts-, Lebens- und Wohnwelt einer ganzen Region (April - Okt. Mi/Sa 13 - 17 Uhr, So/Feiertage 10 - 17 Uhr, Juni - Aug. auch Mo 13 - 17 Uhr, letzte Führung 16 Uhr, Eintritt. www.grube-christiane.diemelsee.de). Eine weitere Besonderheit der Erdgeschichte ist die **Martenbergklippe**, die wir von Adorf Richtung Giershagen erreichen. Der

dazugehörige kleine Parkplatz liegt links auf einer Kuppe in Sichtweite mehrerer Windräder [N 51°22'31.1" E 8°48'51.8"]. Nach einem kurzen Weg über eine Weide stehen wir vor der 8 m hohen Klippe, die im Volksmund Rosenschlösschen genannt wird und Spuren von 300 Mio. Jahren alten versteinerten Meerestieren und Pflanzen enthält. Sammler müssen ihre Hämmerchen in der Tasche lassen – das Naturdenkmal ist geschützt und Fossilien und Mineralien dürfen nicht entnommen werden! Eine weitere Anlaufstelle für alle Wissensdurstigen ist das in Adorf gut ausgeschilderte **GeoFoyer**, in dem die Erd- und Landschaftsgeschichte rund um den Diemelsee in einer multimedialen Ausstellung vertieft werden kann (tägl. 8 - 19 Uhr).

Von Adorf ist der Weg durch die ansprechende, hügelige Landschaft mit Wiesen, Feldern und Wäldern zum **Diemelsee** gar nicht zu verfehlen. Die 194 m lange und 42 m hohe Sperrmauer liegt bereits in NRW und wurde 1912 -13 zur Wasserregulierung von Weser und Mittellandkanal sowie zum Hochwasserschutz und zur Stromerzeugung erbaut. Bald rollen wir in den Luftkurort HERINGHAUSEN ein, dessen Ortsbild von alten Fachwerkhäusern geprägt ist und als touristisches Zentrum am See gilt. Mehrere Campingplätze sind ausgeschildert und die **Tourist-Info** (Mo - Fr 9 - 16 Uhr, Sa 10 - 12 Uhr; Kirchstraße 6, www.diemelsee.de) liegt Richtung WILLINGEN im Haus des Gastes an der rechten Straßenseite – Parkplatz gegenüberliegend [N 51°21'48.1" E 8°43'42.0"]. Hier sollte man sich unbedingt schlaumachen, denn die Freizeitmöglichkeiten (s. o.) sind fast unerschöpflich und bieten für jeden Geschmack etwas.

(053) WOMO-Campingplatztipp:
Diemelsee-Heringhausen, Campingpark Hohes Rad
GPS: N 51°21'46.9" E 8°43'07.9"; Hohes Rad 1
Telefon: 05633/99099 o. 0171/9937185, www.camping-diemelsee.de
Öffnungszeiten: Ganzjährig.
Ausstattung/Lage: Terrassenförmig angelegt, Brötchenservice, Spielplatz u.v.m. Separate WOMO-SP vor dem CP auf einem engen Parkplatz für 5 Mobile, in der Gebühr ist die Nutzung von Duschen und Sanitäranlagen enthalten/außerorts.
Zufahrt: In Heringhausen Richtung Willingen und hinter der Brücke rechts.

(054) WOMO-Stellplatz:
Diemelsee-Heringhausen, Hohes Rad
GPS: N 51°21'52.4" E 8°43'09.1"; Hohes Rad   **max. WOMOs**: > 10
Ausstattung/Lage: Normaler Parkplatz auf zwei Ebenen, Mülleimer, keine WOWA, Gebühr ist am CP zu zahlen, öffentl. Dusche/WC, 14 km langer Rundwanderweg H6 um den See/außerorts
Zufahrt: Wie **(053)**, jedoch ca. 200 m hinter dem CP gelegen.

Wir setzen unseren Weg fort, indem wir zurück in den Ort fahren und uns dort Richtung HELMINGHAUSEN orientieren. Nach Überqueren der Sperrmauer halten wir uns links Richtung WILLINGEN.

(055) WOMO-Wanderparkplatz: Diemelsee-Heringhausen, Strandbad
GPS: N 51°22'30.1" E 8°43'20.7"
max. WOMOs: 3
Ausstattung/Lage: Infotafel, Wanderwege, Tisch und Bank, Mülleimer, Gaststätte, WC ca. 100 m, Strandbad, Schiffsanleger/außerorts.
Zufahrt: Ca. 500 m hinter dem Abzweig an der Sperrmauer rechts.

Natürlich wird auf dem fast 20 Mill. m³ Wasser fassenden Diemelsee von Ostern bis Oktober täglich von 11 bis 17 Uhr zur vollen Stunde auch der Anker für Personenschiffe gelichtet (www.seerundfahrten-diemelsee.de). Für unser folgendes Vorhaben genau das Richtige.

WOMO-Wandertipp: Höhenwandern am Diemelsee

Mittelschwere Wanderung von ca. 7 km Länge mit An-und Abstiegen und grandiosen Ausblicken.

Vom Stellplatz **(055)** gehen wir zum Schiffsanleger und setzen mit der „MS Muffert" zur Anlegestelle am Badestrand in Heringhausen über. Ab hier folgen wir dem **Fährschiffwanderweg** und einem Teil des insgesamt 63 km langen **Diemelsteigs**, der mit seiner weitgehend naturbelassenen Wegführung auch an anderen Stellen abwechslungsreiche Wanderungen verspricht. Die Beschilderung mit dem markanten D ist gar nicht zu verfehlen und der Uferrandweg bringt uns bequem mit herrlichen Ausblicken auf kleine Buchten, Segler, Surfer und allerlei Badevolk an einen Parkplatz. Nun folgt ein ziemlich heftiger Anstieg zum rund 500 m hohen Aussichtspunkt St. Muffert, der als heimlicher Höhepunkt des Diemelsteigs gilt. Für die Strapaze werden wir jedoch mit einem herrlichen Panoramablick auf beide Enden des Sees, die imposante Sperrmauer und die Berge des Uplandes entschädigt. Weiter führt der Weg zum Gipfel des Eisenbergs und dann zu einem weiteren Aussichtspunkt. Der anschließende Abstieg führt an der Sperrmauer vorbei zurück zu unserem WOMO.

Nach einem kurzen Verschnaufen im Café am See setzen wir das WOMO in Bewegung und folgen der Straße um den See. Nachdem wir die Itter überquert haben, richten wir uns wieder Richtung „Campingpark Hohes Rad". Selbstverständlich hätten wir auch direkt von dort STORMBRUCH erreichen können, doch dann wäre uns eine Fahrt mit herrlichen Sichten in die wunderschöne Landschaft entgangen.

Wir peilen OTTLAR an, das WOMO schnauft bergauf und schon ist die Zufahrt zum 738 m hohen Dommel, dem höchsten Berg der näheren Umgebung erreicht.

(056) WOMO-Wanderparkplatz: Ottlar, Dommel
GPS: N 51°19'54.5" E 8°40'39.5"   **max. WOMOs**: 1-2

Ausstattung/Lage: Wanderwege, Tisch u. Bank, Mülleimer, schöne Aussicht/außerorts, schräg.
Zufahrt: Ca. 1,5 km hinter Ottlar rechts dem Hinweis zum Parkplatz Dommelturm auf schmaler Straße weitere 1,5 km folgen.

Richtig schön ist es hier und wir beschließen, obwohl wir noch von der letzten Wanderung recht geschafft sind, den etwa 3 km langen Rundweg mit einem ordentlichen Anstieg zum Aussichtsturm anzutreten. Puh, geschafft! Ein bisschen frustriert beobachten wir unseren Hund, der scheinbar mühelos die letzten Stufen des Turms erklimmt und lange vor uns mit einem Rundblick ins Sauerland und ins Waldecker Land belohnt wird. Nach dem Diemelsteig kreuzen wir hier den **Uplandsteig**, der bedingt durch die Topografie der Landschaft auf 64 km recht anspruchsvolle Touren um Willingen bietet. Unser Bedarf an Höhenmetern ist für heute jedenfalls gedeckt und wir genießen nur noch die traumhafte Aussicht, bevor wir ermattet am Fuß des Dommels eine ruhige Nacht verbringen. Am nächsten Morgen durchfahren wir RATTLAR, den höchst gelegenen Urlaubsort im Upland. Auffallend ist der veränderte Baustil der Häuser, die mit den schieferverkleideten Fassaden sehr an das Sauerland erinnern. In einer großen Schleife erreichen wir erst talwärts und dann wieder bergauf SCHWALEFELD. Der Höhenluftkurort liegt im idyllischen Aartal und ist von blühenden Wiesen, duftenden Kornfeldern und scheinbar endlosen Wäldern umgeben. In so einer Idylle fehlt nur noch eine geheimnisvolle Burgruine, die wir vom nächsten Stellplatz aus finden werden.

(057) WOMO-Wander-parkplatz: Schwalefeld, Schwaleburg
GPS: N51°19'10.1" E8°37'38.1"
max. WOMOs: 1
Ausstattung/Lage: Wanderwege, Bank, Schutzhütte, schöne Aussicht/außerorts. **Nur für WOMOs bis 6,60 m Länge! Zufahrt:** Im Ort in einer Linkskurve rechts dem Hinweis zum Wanderparkplatz ca. 1,3 km auf schmaler Straße folgen.

Naja, Burgruine ist leicht übertrieben, denn auf der freien Bergkuppe des Hegebergs können wir nach etwa 500 m Fußweg nur noch die Reste der wohl auf das 8. - 10. Jh. datierten **Ringwallanlage** erkennen. Im Hinblick auf die Ausdehnung muss sie zu einer der eindruckvollsten frühgeschichtlichen Befestigungen Mitteleuropas gehört haben. Schön ist es hier oben allemal und natürlich bietet sich vom Aussichtsturm mal wieder eine tolle Aussicht. Der Ettelsberg, Hausberg Willingens, rückt in greifbare Nähe und wir wollen ihm noch näher auf die Pelle rücken. Der Weg nach WILLINGEN ist gar nicht zu verfehlen und gleich am Ortseingang vermerken wir einen Parkplatz [N 51°17'59.7" E 8°36'41.4"; Schwalefelder Straße], um von hier dem ca. 200 m entfernten Besucherbergwerk einen Besuch abzustatten. Dort gibt es zwar auch eine Parkmöglichkeit [N 51°17'53.9" E 8°36'43.5"], die aber für WOMOs eng werden könnte.

Blick von der Schwaleburg zum Ettelsberg

Schiefergrube Christine

Ein Blick auf die Dächer und Fassaden der umliegenden Häuser macht klar, dass wir es unter Tage mit dem uralten, glänzend schwarzen Schiefer zu tun bekommen. Im ehemaligen Bergwerk liegen vier Schieferbänke, die zu der etwa 350 bis 400 Mio. Jahre alten, mitteldevonischen Kalk- und Schieferformation gehören. Der Schiefer wurde mittels Sprengungen gewonnen, an die noch heute das Schild „Pulverkammer" erinnert, in der explosives Material gelagert wurde. Die Schieferblöcke wurden per Hand weiter verarbeitet, indem man sie zunächst mit Hämmern und Keilen in transportfähige Stücke zerkleinerte und nach draußen beförderte. Dort wurden sie mit Diamantsägeblättern in kleinere Stücke zersägt und in grubenfeuchtem Zustand mit Spalteisen und Holzhammer an Spalttischen in 5 - 8 mm dünne Platten geteilt. Im trockenen Zustand wurde mit Gesteinsschere und Hammer die endgültige Form geschaffen, in der die Platten auf die Dächer aufgebracht wurden. 1971 wurde die Schiefergrube Christine stillgelegt und als Bestandteil des GeoPark Grenzwelten zur Besichtigung freigegeben. Die konstant kühlen Temperaturen im Berg lassen uns bei einer Außentemperatur von ca. 25°C trotz unserer Jacken etwas frösteln, aber dem hier mindestens vier Wochen eingelagerten Willinger Christstollen verhelfen sie zu einer besonderen Reife. Gruppen ab 25 Personen können im Bergmann-Kochgeschirr unter Tage essen und für geschulte Taucher werden in den überfluteten Stollen Tauchgänge angeboten (Mi - Sa 10 - 11 Uhr/15/16Uhr, So 10 - 11 Uhr, nachmittags nach Vereinbarung. Nov. - März nur vormittags geöffnet, Eintritt).

Der Kur- und Wintersportort Willingen wurde 1380 erstmals erwähnt, ist heute eine der bedeutendsten Fremdenverkehrsgemeinden Deutschlands und ein international bekannter Wintersportort. Je weiter wir in den Ort fahren, desto quirliger wird es. An- und abreisende Gäste mit Koffern vermischen sich mit Kurgästen vor unzähligen Ladengeschäften, Bars, Restaurants, einem Brauhaus und Tanzcafés und wir müssen aufpassen, dass wir auf der Fahrt Richtung BRILON (B251) nicht unfreiwillig jemanden auf der Motorhaube sitzen haben. Um es vorwegzunehmen, alle Parkplätze dürfen lt. Aussage der **Tourist-Info** (Mo - Fr 9 - 18 Uhr, Sa 9 - 14 Uhr, So 9 - 12 Uhr; Am Hagen 10, www.willingen.de), auch wenn sie nur für Pkw ausgewiesen sind, tagsüber von WOMOs genutzt werden. Der gebührenpflichtige Parkplatz an der Seilbahn [N 51°17'30.2" E 8°36'09.0"] bietet sich für den Tagesbesuch am ehesten an.

(058) WOMO-Stellplatz: Willingen, Wohnmobilpark Willingen

GPS: N 51°17'23.1" E 8°36'47.3"; Am Hagen   **max. WOMOs**: >50

Telefon: 05632/960719 www.wohnmobilpark-willingen.de
Ausstattung/Lage: V/E gegen Gebühr auch ohne Übernachtung möglich, Strom, Gasflaschentausch Brötchenservice, Benutzung der Duschen im Lagunenbad, im Winter nachts ggf. Geräuschbelästigung durch Schneekanonen/Ortsrand. Toller Blick auf den Ettelsberg und die Pisten.
Zufahrt: Im Ort den Hinweisen zur Tourist-Info bzw. den WOMO-Piktogrammen folgen.

(059) WOMO-Stellplatz: Willingen, Winterstellplatz

GPS: N 51°17'26.3" E 8°36'37.4"; Am Hagen   **max. WOMOs**: >10
Ausstattung/Lage: Einfacher Parkplatz, der im Winter zusätzlich zur Übernachtung genutzt werden darf. Dann hängt an der Einfahrt ein Hinweis! Gebühr zahlbar im Schwimmbad.
Zufahrt: Wie **(058)**, ca. 100 m von der Tourist-Info entfernt gelegen.

Das Freizeit- und Sportangebot ist vielfältig: Abenteuer-Golfplatz, Eissporthalle, Kabinen-Seilbahn, Hochheideturm, Glasbläserei, Kartbahn, Kletterhalle, Lagunen-Erlebnisbad, Mühlenkopfschanze, Sommerrodelbahn, Wild- und Freizeitpark,

gepflegtes Rundwanderwegenetz, Mountainbike-Parcours mit Freeride- und Downhillstrecken. Im Winter bietet Willingen großen und kleinen Skihasen alles, was man sich an Schneespaß vorstellen kann: 20 Skilifte an fünf beschneiten Hängen, 80 km gespurte Langlaufloipen, Rodelhang, Skischulen und Skikinderland mit Zauberteppich, Snowboard- und Swingbobfahren, Pferdeschlittenfahrten, Après-Ski, FIS-Weltcup-Skispringen mit den Top-Athleten und vieles mehr. Wir haben uns erlaubt, die vorstehenden Sätze aus der Imagebroschüre Willingens zu entnehmen, denn besser kann es von uns nicht beschrieben werden. Vieles haben wir sowohl im Sommer als auch im Winter mit viel Freude ausprobiert und für uns beschlossen, dass wir sicher wieder herkommen werden. Als besonders schön haben wir eine Winterwanderung in Erinnerung.

WOMO-Wandertipp: Willingen im Winter

Leichte Wanderung von ca. 8 km Länge mit einigen An- und Abstiegen. Am Stellplatz **(058)** vorbei gehen wir geradeaus Richtung Wald, um uns gleich links zu halten und in den Ortsteil Stryck zu gelangen. Über die Straße „Am Dicken Stein" erreichen wir die Mühlenkopfstraße, die uns ein kurzes Stück rechts zum Wald und zum **Hotel-Restaurant Stryckhaus** führt. Dort schwenken wir links und zur **Mühlenkopfschanze**. Die größte Großschanze der Welt ist von unten betrachtet tatsächlich gigantisch, und nachdem wir den Höhenunterschied von rund 120 m mit der **Standseilbahn** (Di - Fr 11 - 17 Uhr, Sa/So/Feiertage 10 - 17 Uhr, Gebühr) überwunden haben, eröffnet sich ein wunderschöner Blick über die verschneiten Berge. Getoppt wird dieser nur noch von der Aussichtsplattform

des Anlaufturms (tägl. 10 - 17 Uhr, Gebühr). Über den Winterwanderweg gelangen wir, den Anlaufturm vor Augen, links wandernd immer bergan zum 838 m hohen **Ettelsberg**. Im Spätsommer zieht die Blüte der Hochheide jährlich Tausende von Besuchern an, während wir jetzt nur den **Hochheideturm** (tägl. 9 - 17 Uhr, Gebühr) erblicken können. 241 Stufen oder ein Aufzug führen auf die Plattform des 59 m hohen Turms inklusive fantastischer Rundsicht. Und da in Willingen scheinbar alles hoch und groß ist, gibt es auch gleich noch die größte Outdoor-Kletterwand an der Außenseite. Die wohl bekannteste Berghütte des Sauerlandes ist direkt neben der Bergstation der **Ettelsberg-Seilbahn** zu finden (tägl. 9 - 17 Uhr, im Skibetrieb 8.30 - 16.30, Flutlicht-Skifahren: Mi/Fr/Sa 18.30 - 21.45 Uhr, Gebühr). Der Wirt sorgt mit seiner Schleudertrompete oder dem Alphorn für gute Stimmung und hat dem brennenden „Hüttengeist" sowie der Erbsensuppe im Glas zu einem wahren Kultstatus verholfen. Die Einkehr in der **Ettelsberghütte** gehört wenigstens einmal ins Programm eines Willingen-Besuchs – jedenfalls scheinen so viele Menschen nicht irren können! Wir fühlen uns der Lautstärke nicht gewachsen und gehen über die verschneite Fahrstraße immer talwärts, kreuzen die Ski-piste und stärken uns im **Alm-Gasthof Zum Wilddieb**, bevor es über die Straße zurück zum Ausgangspunkt unseres Marsches geht.

Bei der Weiterfahrt über die B251 Richtung KORBACH passie-ren wir die Zufahrt zur Mühlenkopfschanze, an der es natürlich auch einen Parkplatz zu nennen gilt [N 51°16'28.5" E 8°37'00.6"; Im Stryck]. Bevor wir USSELN erreichen, notieren wir rechter Hand einen Wanderparkplatz [060: N 51°16' 35.8" E 8°38'33.1"; Auf dem Roth] und halten uns im Ort rechts zur beschilderten **Tourist-Info** (Mo - Fr 9 - 12/15 - 16.30 Uhr; Sportstraße, www. usseln.de). Lt. der Auskunft einer Mitarbeiterin ist das einmalige Übernachten auf den Parkplätzen an der ruhigen Seitenstraße kein Problem [**061: N 51°16'55.6" E 8°39'43.3"; Sportstraße**]. Das **Freibad** ist in der unmittelbaren Nähe und der Weg durch die Straßen mit den im typisch blau-grauen Schiefergewand verkleideten Häusern ist einem heilklimatischen Kurort wür-dig. Das **Heimatmuseum** an der B251 gegenüber der Sport-straße widmet sich der Lebensweise, Geschichte und Kultur des Waldecker Uplandes und des früheren dörflichen Lebens (Mi/So 16 - 18 Uhr, Nov. - Mitte Dez. geschlossen). Ein Stück

weiter an der B251 wartet das **Uplän-der Milchmuhse-um** auf große und besonders kleine Besucher (Di - Fr 10 - 17 Uhr, Sa/So 11 - 17 Uhr, Ein-tritt nach eigenem Ermessen. www. muhseum.de). In der alten Usselner Molkerei werden neben ehemaligen Molkereigeräten, historische Expo-nate aus dem Alltag der häuslichen Milchverarbeitung, Milch-gefäße aus Afrika und vielerlei Kurioses rund um die Milch ge-zeigt. Das Muhseum (es heißt wirklich so!) ist ein Museum zum Anfassen und so versuchen wir uns gleich beim Melken der Museumskuh redlich. Im Milchgarten wird der Zusammenhang zwischen Wildkräutern, Pflanzen und Milch erläutert und für Kinder wird auf dem Milchpfad eine Rallye angeboten. Klasse gemacht und ein Erlebnis für diejenigen, die denken, dass alle Kühe lila sind! Gleich nebenan decken wir uns im Molkereiladen mit hauseigenen Produkten ein, bevor es zum wahrscheinlich abgedrehtesten Museum unserer Reise geht. Kurz vor dem Ortsausgang wenden wir uns rechts Richtung MEDEBACH und haben gleich den Skilift und den Wander- und Loipenplan vor Augen [**062:** N 51°16'50.5" E 8°40'23.2"; Düdinghäuser Straße]. 500 m später stehen wir ungläubig vor und

wenig später im **Curioseum** [N 51°16'47.7" E 8°40'48.2"]. Man muss schon ein recht skurriles Selbstverständnis und ungeheure Leidenschaft haben, um eine derartige Sammlung von Krempel, Kunst und Kitsch zusammenzutragen. Alles, aber wirklich alles, was Menschen im Laufe ihres Lebens gebaut, benutzt, gesammelt und dann wieder weggeworfen haben, findet sich auf berstend vollen 1500 m² Fläche! Unmöglich alles aufzuzählen und auch vergebens, denn die schrille und schräge Ausstellung muss man einfach gesehen haben. Am besten sogar zwei- oder dreimal, damit man überhaupt realisieren kann, was die Augen zu sehen bekommen. Ob's einem gefällt oder nicht, mag jeder für sich entscheiden – dem Sammler Schlömer wird's egal sein, denn wie übersetzt er frei nach Konfuzius: „Wer mich nicht versteht, ist ganz einfach nur doof!" Lieber Herr Schlömer, manches haben wir tatsächlich nicht verstanden, aber faszinierend und unterhaltsam war's bei Ihnen auf alle Fälle (Mai - Okt. 10 - 17 Uhr, Nov. - April Sa/So/Ferienzeiten 10 - 17 Uhr, Eintritt, www.curioseum-willingen.de).

Von nun an geht es auf der B251 bergab und in NEERDAR, nach eigenen Angaben „das Tor zum Upland" schließt sich Selbiges hinter uns. Die üppigen Nadelbaumbestände wechseln mehr und mehr zu Laub- und Mischwäldern und die in der Mehrzahl schieferverkleideten Gebäude sind Vergangenheit. Hinter WIESENGRUND biegen wir Richtung BÖMIGHAUSEN/ ALLERINGHAUSEN ab. Wieder durchfahren wir das Aartal und streifen einen Wanderparkplatz.

(063) WOMO-Wanderparkplatz: Alleringhausen, Raumbergteich

GPS: N 51°15'07.3" E 8°45'57.8"; An der L3437/K60
max. WOMOs: 1-2
Ausstattung/Lage: Wanderwege, Bänke, Mülleimer/außerorts.
Zufahrt: Hinter Alleringhausen rechts Richtung Nieder-Schleidern. Der Parkplatz liegt direkt hinter dem Abzweig auf der rechten Seite.

Der weitere Weg Richtung KORBACH führt uns nach GOLDHAUSEN. Der Ortsname kommt nicht von ungefähr, denn am weithin sichtbaren Eisenberg, dem Hausberg des naheliegenden Korbachs wurde vermutlich im 11., sicher aber im 12. Jh. das erste Gold gefunden.

Zwischen Alleringhausen und Goldhausen

(064) WOMO-Wanderparkplatz: Goldhausen, Eisenberg
GPS: N 51°14 58.9" E 8°49'25.0" **max. WOMOs**: 2-3
Ausstattung/Lage: Wanderwege, Gaststätte Eisenberg-Hütte (Mi - Sa ab

12 Uhr, So ab 10 Uhr)/Ortsrand.
Zufahrt: Der Vorfahrtsstraße bis ans Ortsende und dann dem Hinweis links zum Goldbergwerk folgen. Die Zufahrt ist durch den Wald etwas holprig.

GeoPark Grenzwelten – Das Gold der Region

Die Gold führenden Gesteine entstanden vor ca. 325 Mio. Jahren durch Sedimentablagerungen. Durch unterschiedliche Vorgänge unterscheidet man „primäre Berggold-Lagerstätten" wie am Eisenberg oder „sekundäre Seifengold-Lagerstätten", wie sie in fast allen Fließgewässern mehr oder weniger zu finden sind. Neben den Funden des begehrten Edelmetalls am Eisenberg wurde vermutlich schon sehr viel früher Gold aus dem Flusskies der nahen Eder gewaschen. Deutschlandweit gibt es nur wenige Regionen, in denen der Goldabbau wirtschaftlich von Bedeutung war. Der Eisenberg gilt als reichste Goldlagerstätte Mitteleuropas – in der Betriebszeit sind über die Jahrhunderte maximal 1,2 Tonnen reines

Gold gewonnen worden. Bereits 1620 kam der Bergbau zum Erliegen und weitere Versuche des Goldabbaus bis ins Jahr 1981 scheiterten. Noch heute erinnern viele Spuren wie Schürf- oder Goldwaschhalden und Stolleneingänge an den Bergbau. Zwei unterirdische Strecken der ehemaligen Goldstollen sind im **Besucherbergwerk** bei einer abenteuerlichen zweistündigen Führung zu erleben. Nach dem Besuch im Bergwerk führt ein frei zugänglicher markierter **Rundgang mit Infotafeln** bis zum Gipfel des Eisenbergs, auf dem der **Georg-Viktor-Turm** bestiegen und die freigelegten Grundmauern der **Burgruine Eisenberg** besichtigt werden können (Führungen für Einzelpersonen Mitte April - Okt. meist Sa/So 10.30 u. 14.30 Uhr, in den Sommerferien Mi 14.30 Uhr, Eintritt. **Anmeldung mind. 2 Tage vorher unbedingt erforderlich!** Telefon 05631/53-232 o. 336, www.goldspur-eisenberg.de).

Auch wenn wir den Edersee noch nicht erreicht haben, möchten wir an dieser Stelle schon einmal darauf hinweisen, dass man in Edertal-Mehlen im Sommer mit ein bisschen Geduld selbst zum Goldwäscher werden kann. Der Parkplatz für den **Goldwaschplatz** [N 51°10'08.2" E 9°6'22.9"; Waldecker Straße] liegt an der Ederbrücke (vgl. Tour 4 S. 108, Anmeldung Tel. 0163/4054970, www.goldwelten.de).

Auf der Spur des Goldes fahren wir über LENGEFELD weiter nach KORBACH.

(065) WOMO-Stellplatz: Korbach, Tennishalle

GPS: N 51°16'20.8" E 8°51'22.3"; Westring   **max. WOMOs**: 5
Ausstattung/Lage: Infotafel, Gaststätte, Einkaufsmöglichkeiten und Schwimmbad in der Nähe, Fußweg zur Innenstadt ca. 1 km/Ortsrand. Gebührenpflichtige V/E und Gasflaschentausch bei Camping und Aquaristik Brede (Mo - Fr 9 - 18 Uhr/Sa 9 - 13.30 Uhr), Ermighäuser Weg 57 [N 51°16'55.4" E 8°51'30.8"].
Zufahrt: Bei Erreichen des Kreisels in Korbach links und gleich wieder links dem WOMO-Piktogramm folgen.

(066) WOMO-Stellplatz: Korbach, Stadthalle

GPS: N 51°16'18.4" E 8°51'36.6"; Medebacher Landstraße   **max WOMOs**: 5
Ausstattung/Lage: Großraumparkplatz, Fußweg zur Innenstadt ca. 500 m/im Ort.
Zufahrt: Wie **(065)**, jedoch am Kreisel geradeaus Richtung Stadtmitte. Der Parkplatz liegt ca. 300 m später auf der linken Seite.

Hansestadt Korbach

Der Weg in die Altstadt ist dank guter Beschilderung von beiden Stellplätzen gar nicht zu verfehlen. Obwohl wir nicht am Meer sind und uns Korbach nicht sofort in den Sinn kommt, wenn wir an den mächtigen Bund der Hanse im Mittelalter denken, darf sich die Stadt seit Juni 2013 wieder offiziell Hansestadt nennen. Korbach wurde als Curbecki im Jahr 980 erst-

Hartwigsches Haus mit Barockportal, 1720

mals urkundlich erwähnt und entwickelte sich aus einem Königshof Karl des Großen. An der Kreuzung mittelalterlicher Fernstraßen gelegen, entwickelte sich bereits im 12. Jh. ein reger Handelsplatz, der für Aufschwung und den Ausbau der Stadt sorgte. Ein doppelter Mauerring mit Türmen und befestigten Toren, zwei mächtige gotische Kirchen, große Bürger- und Lagerhäuser sowie das eindrucksvolle steinerne Rathaus auf der Grenze zwischen Alt- und Neustadt zeugten vom Reichtum. Ab Mitte des 13. Jh. hatte Korbach eine Münze und die eigene Währung förderte die handelspolitische Bedeutung zusätzlich. Seit Mitte des 14. Jh. gehörte

Wolfgang Bonhage-Museum ...

die Stadt nachweislich zur Hanse und wird 1469 erstmalig in einer Liste deutscher Hansestädte genannt. Doch der Dreißigjährige Krieg, die Pest und schließlich eine furchtbare Brandkatastrophe brachten das Ende der Herrlichkeit. Nur die beiden Kirchen und die hansetypischen Lagerhäuser blieben aus jener Zeit erhalten. Die heute wieder mit **herrlichen und schön restaurierten Fachwerkbauten** besäumte Altstadt wurde bis auf ein Patrizierhaus erst nach dem Brand gebaut. Im Anbau des Rathauses, der so gar nicht ins „Wohlfühl"-Stadtbild passen will, ist die **Tourist-Info** (Mo - Fr 8.30 - 18 Uhr, Sa 9.30 - 13 Uhr, www.korbach.de) zu finden. In Korbach können wir prima allein vor uns hinbummeln, aber eine Stadtführung (April - Okt. Di 14.30 Uhr/Sa 10.30, Treffpunkt Tourist-Info, Gebühr) oder zumindest das Faltblatt der „Goldspur", die mit im Bürgersteig eingelassenen „Goldtalern" markiert ist, bringt uns die baulichen Juwelen erst richtig nah.

Dass sich Neubauten prima mit sanierter Altbausubstanz verbinden lassen, zeigt das **Wolfgang Bonhage-Museum** auf beeindruckende Weise. Doch nicht nur das Gebäudeensemble ist sehenswert. Das Museum bietet einen äußerst spannenden Rundgang durch die Stadt- und Regionalgeschichte und präsentiert die Geschichte der Goldlagerstätte am Eisenberg sowie die Ent-

... und sein Goldschatz

stehung und Verwendung von Gold. Ein weiterer Schwerpunkt behandelt die **Korbacher Spalte**, die wir uns später genauer anschauen werden (Di - So/Feiertage 11 - 16.30 Uhr, Eintritt. www.museum-korbach.de). Im **Restaurant Goldene Zeiten** am Rathaus beschließen wir den angenehmen Stadtbesuch anschließend zünftig mit dem Goldgräberschmaus, der, wie könnte es auch anders sein, in einer Goldwaschpfanne serviert wird.

Am bereits bekannten und dem darauf folgenden Kreisverkehr fahren wir auf dem Südring Richtung MARBURG/FRANKEN-BERG und biegen an der Frankenberger Landstraße rechts ab.

(067) WOMO-Stellplatz: Korbach, Korbacher Spalte

GPS: N 51°15'45.9" E 8°52'50.6"; Frankenberger Landstraße
max. WOMOs: 1
Ausstattung/Lage: Infotafeln, Bänke/Ortsrand. Geräuschbelästigung durch Straße und nahe gelegenes Firmengelände möglich!
Zufahrt: Ca. 400 m hinter dem Abzweig dem Hinweis zur Korbacher Spalte folgen.

Korbacher Spalte und GeoPfad

Im Korbacher Museum haben wir bereits in einem Diorama die lebensgroßen Modelle 250 Mio. Jahre alter Wirbeltiere gesehen und erste Einblicke in die Lebensumstände der Vorfahren der späteren Saurier und Säugetiere erhalten können. Eine Tonlichtschau gab uns Informationen über die Umstände der Entstehung und die Verfüllung der Spalte. Nun stehen wir also vor der 20 m tiefen, bis 350 cm breiten und ca. ein

Ausgestellter Fund im Bonhage-Museum

Kilometer langen Erdspalte, die 1964 entdeckt wurde. Sie zählt neben dem Unesco-Welterbe „Grube Messel" als bedeutendstes paläontologisches Bodendenkmal Hessens und ist eine der weltweit seltensten Fossilienfundstellen von säugetierähnlichen Reptilien. U. a. wurde ein Procynosuchus, der sog. „Korbacher Dackel", gefunden. Diese ersten Bewohner Korbachs stehen am Anfang der Evolutionsgeschichte der uns heute bekannten Säugetiere (Führungen April - Okt. So 11.15 Uhr). Auf dem **GeoPfad** kann man den erdgeschichtlichen Spuren auf einem 20 km langen Rundweg bis zum Eisenberg und zurück weiter nachgegangen werden (www.korbach.de).

Nach diesem Ausflug in die geologische Vergangenheit der Region erreichen wir bald die B252 Richtung MARBURG/ FRANKENBERG und in deren Verlauf HERZHAUSEN. Der Ort gehört zur Gemeinde VÖHL im Nordwestteil des **Naturparks Kellerwald-Edersee** sowie am Rand des **Nationalparks Kellerwald-Edersee**, die mit weiteren 14 Ortsteilen den gesamten westlichen Teil des **Edersees** umfasst. Bevor wir uns eingehender mit der „größten Badewanne" Nordhessens beschäftigen, statten wir dem **NationalparkZentrum Kellerwald** einen Besuch ab [N 51°10'30.7" E 8°53'32.1"].

Nationalpark Kellerwald-Edersee mit NationalparkZentrum Kellerwald

Der Nationalpark Kellerwald-Edersee liegt südlich des Edersees im Naturpark Kellerwald-Edersee und umfasst eine Zone von 57 km², die besonders geschützt und unbewohnt ist. Hier befinden sich Felsen und Blockhalden, Quellen und Bäche, Schluchten, die sich zwischen bewaldeten Bergkuppen entlangziehen und Waldwiesen. Zwischen all dem tummelt sich eine bunt gemischte Fauna vom Rothirsch, über Mufflon, Fuchs und Hermelin bis hin zu vielen Fledermausarten, Vögeln und Käfern. Last but not least gibt es einen der größten zusammenhängenden Buchenbestände Mitteleuropas. Diesem ist seit 2011 der Unesco-Titel Weltnaturerbe zu verdanken. Ein Urwald soll wieder entstehen und die Natur wird sich selbst überlassen, sodass umgestürzte Bäume nicht weggeräumt werden und Wanderer sie auf den zahlreichen Routen wie dem Urwaldsteig umgehen oder überklettern müssen. Wer den Nationalpark nicht auf eigene Faust erkunden möchte, kann sich einer Rangerführung anschließen,

die im Nationalpark-Zentrum vermittelt wird. Doch auch ansonsten lohnt sich der Besuch im innovativen Besucherzentrum. Geschickt inszeniert und mit faszinierender Technik ausgestattet, kann man an verschiedenen Stationen mit Drehen, Drücken, Kurbeln und Schieben vielen kleinen Geheimnissen der Buchenwälder und ihrer Bewohner auf die Spur kommen. Der Clou ist ein 3D-Kino, in dem man sich mit einem Ranger auf einen faszinierenden Streifzug durch die Wildnis begibt und als vierte Dimension den Wind in den Wäldern, das Wasser der Bäche oder aber auch das Kitzeln vorbeistreifen-

der Käfer spüren kann. Ein tolles Erlebnis, das auch die Jüngeren nicht nur verstehen, sondern richtig cool finden (April - Okt. 9 - 18 Uhr, Nov. - März 10 - 17 Uhr, Eintritt. www.nationalparkzentrum-kellerwald.de)!

Gegenüber des NationalparkZentrums ist der **Camping- und Ferienpark Teichmann** als gute Adresse für einen längeren Aufenthalt zu nennen [**068:** N 51°10'30.1" E 8°53'30.2"; Zum Träumen 1a, Tel. 05635/245, www.camping-teichmann.de]. Bevor wir zur Umrundung des Edersees starten, schauen wir noch kurz in ASEL-SÜD vorbei. Wir fahren vom Besucherzentrum ein Stückchen zurück Richtung See und knicken rechts ab. Nach gut 7 km erreichen wir einen Parkplatz [N 51°10'55.7" E 8°57'12.7"] und manch einer wird sich fragen: Was sollen wir hier? Ok, hier gibt's einen Campingplatz – aber viel interessanter ist der Blick zum See. Vielleicht ist dort immer noch nichts außer einer Personenfähre zu entdecken, die in der Hauptsaison mehrmals am Tag die Strecke zum anderen Ufer nach ASEL zurücklegt. Vielleicht ist aber auch gerade Herbst und Niedrigwasser, und Fußgänger sowie Radfahrer können die **alte, vierbogige Ederbrücke** benutzen, die beim Bau der Edertalsperre 1914 in den Fluten versank und nur ab und zu

Luft schnuppern darf. Zurück in Herzhausen schlagen wir den Weg Richtung WALDECK ein. Die Straße führt nicht direkt am Edersee entlang, sondern in Kurven hinauf durch den Wald und zwischen Feldern und Wiesen nach VÖHL. Doch keine Bange, bald werden wir uns ins Edersee-Getümmel stürzen! Zuvor notieren wir jedoch einen netten **Picknickplatz** in einer Linkskurve hinter dem Ort, von dem sich eine schöne Sicht über den Kellerwald ergibt [N 51°12'03.6" E 8°56'56.8"; Basdorfer Straße]. Kurz vor BASDORF wartet ein natürlich gewachsenes **Maislabyrinth** einschließlich Mini-Abenteuerland auf kleine Entdecker (Juli/Aug. Mo - Fr 11 - 19 Uhr, Sa/So 11 - 20 Uhr, Sept./Okt. Mi - Fr 14 - 18 Uhr, Sa/So 12 - 18 Uhr, Eintritt). Wir folgen der Straße weiter an Basdorf vorbei und quartieren uns am Sportplatz für die Nacht ein.

(069) WOMO-Stellplatz: Basdorf, Sportplatz

GPS: N 51°11'57.1" E 8°59'07.6"
max. WOMOs: 2-3
Ausstattung/Lage: Infotafel, Wanderwege, Tisch u. Bank/ außerorts.
Zufahrt: Hinter Basdorf rechts dem Fußball-Piktogramm und dem Hinweis Fürstenthal folgen. Nach ca. 200 m rechts weitere ca. 400 m in den Ort fahren. Dort links bis zu einer Gabelung, an der es wieder links bis zum Sportplatz geht.

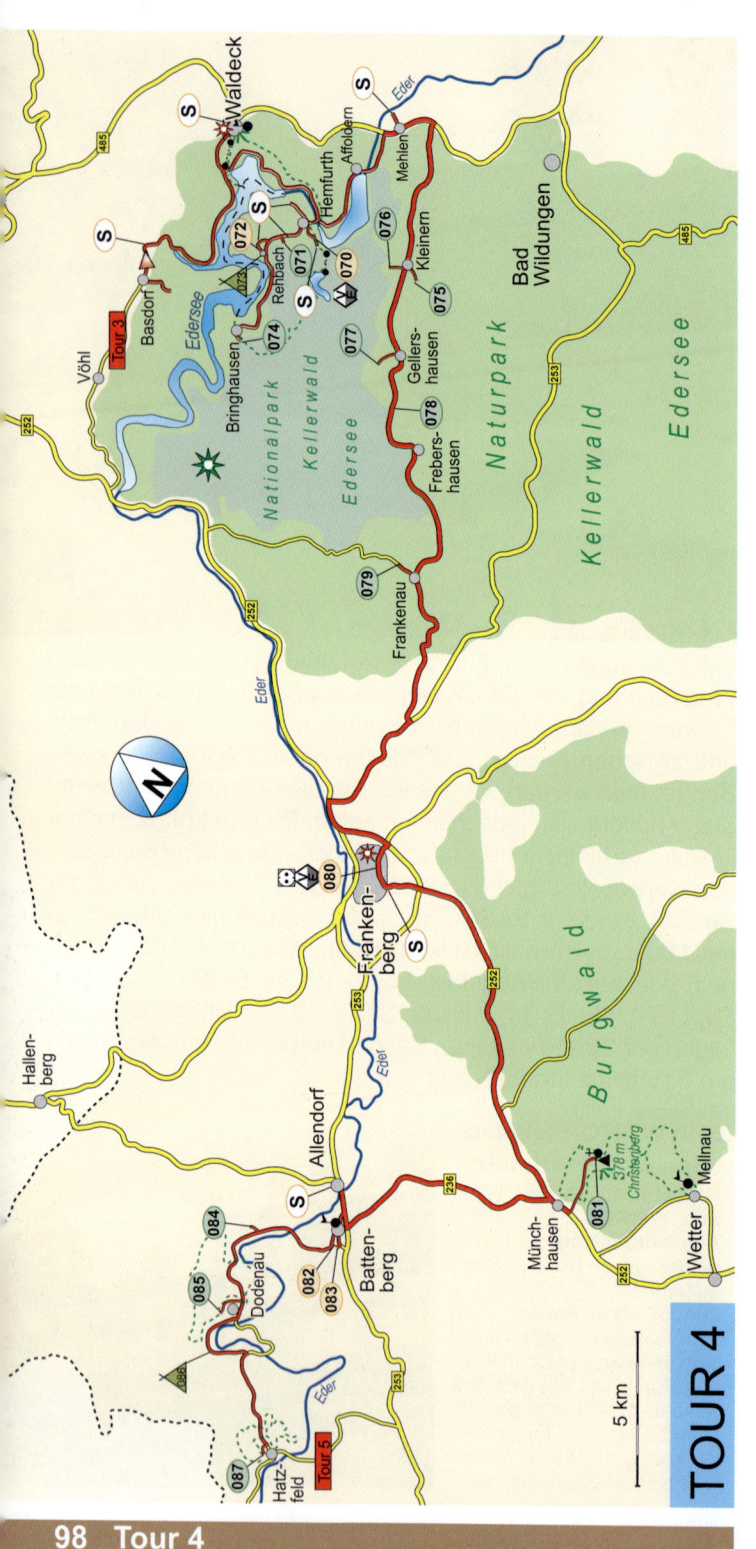

Waldeck

Eder

Afoldern

Mehlen

Bad
Wildungen

485

Hemfurth

076

Kleinern

253

485

Naturpark

072

071

070

075

Rehbach

077

Kellerwald

Edersee

Basdorf

Tour 3

Vöhl

252

Edersee

Bringhausen

074

Nationalpark

Kellerwald

Edersee

Gellers-
hausen

078

Frebers-
hausen

252

079

Frankenau

Eder

N

Kellerwald

Burgwald

080

Franken-
berg

252

253

Eder

Hallen-
berg

Allendorf

236

378 m
Christenberg

081

Melnau

Wetter

252

084

Dodenau

082

083

Battenberg

Münch-
hausen

085

253

086

Eder

087

Hatz-
feld

Tour 5

5 km

TOUR 4

Waldeck - Hemfurth - Rehbach - Kleinern - Frankenberg - Münchhausen - Battenberg - Allendorf - Füllnhausen - Dodenau - Hatzfeld

Stellplätze:	Rehbach, Bringhausen, Hemfurth, Kleinern, Gellershausen, Frebershausen, Frankenau, Münchhausen, Battenberg, Füllnhausen, Dodenau, Hatzfeld.
Campingplätze:	Rehbach *Campingplatz Rehbach*, Dodenau *Ferienplatz Edertal*, Marburg *Campingplatz Lahnaue*.
Ver-/Entsorgung:	Hemfurth, Frankenberg.
Besichtigen:	Waldeck *Schloss*, Edersee *Staumauermuseum, Aquapark, Sommerrodelbahn, EONKraftwerk, Baumkronenpfad, Wild- u. Kletterpark, Museum Sperrmauer,* Frankenau *Alte Apotheke, Hülsenbeckmuseum,* Frankenberg *Stadtbild, Thonet-Museum,* Münchhausen *Christenberg,* Allendorf *Werksmuseum Via Temporis,* Battenberg *Besucherbergwerk, Stadtmuseum,* Hatzfeld *Museum Ammes-Haus, Emmauskapelle.*
Wandern:	Edersee, Münchhausen, Dodenau, Hatzfeld.
Radfahren:	Edersee *Ederseeradrundweg.*
Baden:	Edersee, Battenberg.
Essen:	Rehbach *Fischerhütte*, Frankenberg *Zur Sonne.*

Edersee

Die sehr beliebte Ferienregion rund um den Edersee bietet für fast jeden Geschmack etwas. Beim Bau der Edertalsperre in den Jahren 1908 - 1914 dachte wohl niemand an die touristische Nutzung des flächenmäßig zweitgrößten Stausees Deutschlands. Er sollte vielmehr die Was-

serzufuhr auf der Weser und dem Mittellandkanal regulieren und somit die dortige Schifffahrt garantieren. Das enorme Fassungsvermögen des Sees von fast 200 Mio. m³ brachte die Erbauer später auf die Idee, das Wasser zur Stromgewinnung zu nutzen. Die Flutung des Edertals brachte jedoch einen großen Einschnitt in das Leben von 700 Menschen, deren Dörfer Asel, Bringhausen und Berich in den Wassermassen versanken. Sie wurden in höheren Ortschaften oberhalb des Sees und nach Neu-Berich bei Bad Arolsen umgesiedelt. Während der Zeiten der Trockenheit gibt der Edersee nach und nach die Reste der ehemaligen Dorfstellen frei und man kann auf alten Wegen wandern oder an der Bericher Hütte das Talsperrenmodell besuchen, an dem die Vorrichtungen der Wasserablässe getestet wurden. Der 17. Mai 1943 brachte für die Anlieger Zerstörung und Tod, als die britische Armee während des Zweiten Weltkriegs die Staumauer bombardierte und 160 Mio. m³ Wasser ins Tal schossen. Im gleichen Jahr wurde die Mauer durch Zwangsarbeiter unter teils menschenunwürdigen Bedingungen wieder aufgebaut und Anfang der 1990er Jahre umfangreich saniert. Heute stellt sich dem Besucher des 27 km langen und an der breitesten Stelle 1,2 km messenden Edersees die Qual der Wahl bei der Frage, welche Wassersportart nutze ich: Surfen, Segeln, Wasserski, Tauchen oder die Fahrten mit Ruder-, Tret- und Elektro- sowie mit Paddelbooten? Soll es lieber doch die geruhsame Fahrt auf einem der Ausflugsschiffe sein oder das Schwimmen in den Strandbädern? Selbst Angler kommen auf ihre Kosten und mancher Petrijünger machte hier schon den Fang seines Lebens. Auch ohne große Ambitionen zum Wasser kommt keine Langeweile auf und die Uferbereiche können auf den Nationalpark-Steigen, bei Touren auf dem eigenen oder gemieteten Fahrrad, E-Bike oder Segway umrundet werden. Wenn wir im Anschluss weitere Freizeitvergnügen benennen, wird klar, warum der Edersee ein so beliebtes und vielseitiges Urlaubsziel ist, das wir unmöglich mit all seinen Facetten beleuchten können. Ein Besuch der **Edersee Touristik** in Affoldern (Mo - Do 9 - 16 Uhr, Fr 9 - 14 Uhr, zusätzl. Osterferien - Okt. Sa/So/Feiertage 9 - 14 Uhr; Hemfurther Str. 14) oder auf der Staumauer (Osterferien - Okt. 11 - 17 Uhr, Weihnachtsferien 12 - 16 Uhr. www.edersee.com) ist deshalb unbedingt angeraten.

Von Basdorf fahren wir weiter Richtung WALDECK. Als Erstes verspricht die **Sommerrodelbahn** in NIEDER-WERBE besonders für die Jüngeren Fun & Action (Mai/Sept./Okt. 11/11.30 - 18/18.30 Uhr, Juni - Aug. 10 - 18.30/19.30 Uhr, Sa/So/Feiertage eine Stunde früher, Eintritt. www.sommerrodelbahn-edersee. de). Im angeschlossenen kleinen Freizeitpark warten Tiere auf Streicheleinheiten, eine Trampolin- und Bungeeanlage erlaubt große Sprünge und kleine Quadfahrer kommen auf ihre Kosten [N 51°12'36.2" E 9°00'04.7"; Unter dem Hagen]. Bald haben wir die Ederseerandstraße erreicht und etliche gebührenfreie und -pflichtige Tagesparkplätze säumen ab jetzt unseren Weg, genau wie etliche Campingplätze. An der Uferpromenade der Waldecker Bucht lockt das öffentliche **Strandbad** mit Liegewiese und Badeinsel und zahlreiche Restaurantbetriebe laden zur Einkehr ein. Am Abzweig hinauf nach WALDECK liegt die Talstation der **Waldecker Bergbahn**, die den Edersee mit dem 200 m über dem See gelegenen Luftkurort verbindet, uns später noch gute Dienste leisten wird und auch Fahrräder transportiert (April - Okt. 9.30 - 17.30 Uhr, Mitte Mai - Anfang Sept. bis 18.30 Uhr, Gebühr). Der Name Waldeck steht für die aus zehn Stadtteilen bestehende Stadt, aber auch für die ehemalige Grafschaft Waldeck, aus dem das Fürstentum Waldeck-Pyrmont hervorging. Bevor die Fürsten in Arolsen ab 1655 ihr Domizil schufen, war bereits **Schloss Waldeck** ihre Residenz

und der allgegenwärtige achteckige Waldecker Stern ihr Wappensymbol [N 51°12'13.9" E 9°03'27.3", Schlossstraße]. Der ehemalige Stammsitz beherbergt, nachdem er als Frauengefängnis, Zuchthaus und Kriegsgefangenenlager diente, heute ein Hotel-Restaurant und das **Burgmuseum**, in dem die wechselvolle Geschichte spannend und wissenswert aufbereitet wird (April - Okt. 10 - 18 Uhr, Nov. - März 12 - 16 Uhr, Sa/So/

Feiertage ab 10 Uhr, außerhalb der Ferien Mo geschlossen, Eintritt). Der Besuch der Burganlage ist kostenfrei und der traumhafte Blick von der **Aussichtsterrasse** über den unter uns schimmernden Edersee und die grünen Wipfel des Kellerwaldes gehört zweifelsfrei zu einer der reizvollsten Fernsichten Nordhessens. Auf der Ederseerandstraße setzen wir zur weiteren Umrundung des Sees an und passieren wenig später die Ostseite der mächtigen Staumauer. Auch hier werden den Besuchern zahlreiche Wassersportaktivitäten angeboten und der Zustieg auf die Fahrgastschiffe ist möglich (www.personenschiffahrt-edersee.de). Die Straße windet sich in Kurven weiter zwischen Wasser und steilen Berghängen, bis wir die Eder rechts nach HEMFURTH überqueren.

(070) WOMO-Stellplatz: Hemfurth, Reisemobilstellplatz
GPS: N 51°10'13.6" E 9°03'03.3"; Kraftwerkstraße
max. WOMOs: >10
Ausstattung/Lage: V/E gegen Gebühr, kein Strom, Mülleimer, Bänke, Wiese, Gebühr, Gaststätte u. Fischräucherei in der Nähe, Wanderwege (Urwaldsteig)/Ortsrand, an der Eder.
Zufahrt: Nach Überqueren der Ederbrücke links dem WOMO-Piktogramm folgen.

Wenn wir bisher dachten, dass bei uns der Strom aus der Steckdose kommt, werden wir, der Straße bis zu einem Parkplatz [N 51°10'08.4" E 9°02'53.6"] folgend, im noch bis 2015 geöffneten Infozentrum und bei einer Führung durch das **Pumpspeicherkraftwerk** eines Besseren belehrt (Eintritt, wegen möglicher Baumaßnahmen die Öffnungszeiten und Fahrtzeiten der Seilbahn telefonisch erfragen unter 05623/948390). Der Betreiber E.ON unterhält auf dem Kraftwerksgelände außerdem

eine **Standseilbahn**, die neben den riesigen Druckrohren zwischen Kraftwerk und den Hochspeicherbecken auf dem Peterskopf verkehrt (Ostern - Okt. Di - So Bergfahrt stündlich 11 - 17 Uhr, Talfahrt Di - So stündlich 11.15 - 17.15 Uhr, Fahrradmitnahme möglich, Gebühr). Schwindelfreiheit und Vertrauen in die Seilbahntechnik vorausgesetzt, überwindet man die 300 Höhenmeter problemlos und wird nach einem weiteren Fußmarsch von 600 m bis zur Aussichtsplattform mit einem herrlichen Blick über das Waldecker Land belohnt. Durchfahren wir Hemfurth rechts Richtung Sperrmauer – West erreichen wir einen gebührenpflichtigen Parkplatz [N 51°10'35.5" E 9°03'18.6"], von dem sich der bei Kindern sehr beliebte **Aquapark** gut erreichen lässt. Der mit Wassertreppen, -rutschen, -rädern und -vorhängen ausgestattete Wasserspielplatz ist ein Mini-Edersee zum Mitmachen und „nass machen" (Ostern - Okt., kostenfrei). Von Hemfurth führt die Durchgangsstraße links weiter nach REHBACH und BRINGHAUSEN und wir streifen das **Sperrmauer-Museum** [N 51°10'28.9"E 9°02'50.5";

Forsthausstraße], das sich mit der Geschichte, besonders der Zerstörung der Talsperre auseinandersetzt (Ostern - Okt. 11 - 17 Uhr, Eintritt). Nachdem wir den links liegenden Wanderparkplatz zum vorgenannten Peterskopf notiert haben [**071:** N 51°10'18.7" E 9°02'03.6"], folgen gleich zwei Besuchermagneten der Region. Im **Wildtierpark** [N 51°10'56.2" E 9°02'46.1"] tummeln sich heimische Tierarten vom Schwarz- und Rotwild über Luchs, Wildpferd und Wisent oder Waschbär in weitgehend natürlicher Umgebung. Das Schaufüttern der Tiere und die Flugvorführungen der **Greifenwarte** vor der grandiosen Kulisse des Edersees zählen sicher zu den Höhepunkten eines Besuchs. Da sich Gänsegeier, Steinadler und Uhu am äußersten Ende des Parks in die Lüfte schwingen, sollte ein halbstündiger Fußmarsch vom Park-

platz dorthin einkalkuliert werden (Mai - Okt. 9 - 18 Uhr, Nov. - Feb. 11 - 16 Uhr, März/April 10 - 18 Uhr, Flugvorführung März - Mitte Nov. Tägl. außer Mo 11 u. 15 Uhr, Eintritt. Hunde nicht erlaubt! www. wildtierpark-edersee. eu). Gleich nebenan befindet sich der **TreeTopWalk**, Hessens erster Baumkronenweg [N 51°11'11.2" E 9°01'54.8"; Brühlfeld]. Barrierefrei und rollstuhlgeeignet geht es 750 m bis zum Eingang, an dem Interessantes und Wissenswertes zum Thema Wald vermittelt wird. Der 250 m lange und bis zu 30 m hohe Pfad bietet Einblicke in das oberste Stockwerk des Waldes und, wie könnte es anders sein, einen tollen Blick aufs Wasser und Schloss Waldeck (April - Okt. tägl. ab 10 Uhr, Nov. - März Sonderöffnungszeiten, Eintritt. www.baumkronenweg.de). Ein weiteres Höhenabenteuer zwischen Baumkronen kann im **Kletterpark** in einer Höhe zwischen 3 - 11 m erlebt werden, wenn sich an Seilen, Tauen, Balken und Netzen entlang gehangelt wird (April/Okt. Sa/So/Feiertage 10.30 - 18 Uhr, Fr 13 - 18 Uhr, Mai - Sept. Sa/So/Feiertage 10.30 - 19 Uhr, Mi - Fr 13 - 19 Uhr. Hessische Sommerferien tägl. 10.30 - 19 Uhr, Eintritt. www.kletterpark-edersee.de). Zurück zur Kreisstraße trudeln wir jetzt nach REHBACH und finden einen sowohl für WOMOs als auch für Wohnwagen geeigneten Ort.

(072) WOMO-Stellplatz: Rehbach, Rehbachteich

GPS: N 51°11'02.0" E 9°01'34.1"; Am Eschelsberg

max. WOMOs: 10

Ausstattung/Lage: Wander-u. Radwege, Nordic Walking, Gaststätten in der Nähe, Fußweg zum Baumkronenpfad (600 m), Kletterwald (1500 m), Wildpark (2000 m), Mülleimer, Gebühr/Ortsrand.

Zufahrt: Am Ortsanfang hinter einem Parkplatz rechts ca. 150 m bis zum Parkplatz fahren.

(073) WOMO-Campingplatztipp: Rehbach

GPS: N 51°10'56.7" E 9°01'19.0"; Strandweg

Telefon: 05623/2049, www.campingplatz-rehbach.de

Öffnungszeiten: Ende März - Okt.

Ausstattung/Lage: Badestrand, Kinderspielplatz, Volleyballplatz, Imbiss, Supermarkt, Waschmaschine, Trockner, E-Bike-Verleih, Gaststätten in der Nähe/Ortsrand

Zufahrt: In Rehbach dem Campingplatz-Piktogramm folgen.

Um den Yachthafen des kleinen Örtchens ist alles auf Sommerfrische eingestellt. Wer mit dem Rad auf dem 57 km langen **Ederseeradrundweg** (ER) bis nach Rehbach gerollt ist oder von hier eine der kürzeren Etappen starten möchte, kann mit der **Edersee-Fähre** (April/Okt. Sa/So/Feiertage 10 - 18 Uhr, Mai - Sept. Mo - Fr 11 - 17 Uhr, Sa/So/Feiertage 10 - 18 Uhr) zur Halbinsel Scheid übersetzen und weiter durch die fjordähnliche Landschaft radeln. Am schönsten ist es für uns, nach einem ausfüllenden Tagesprogramm in der **Fischerhütte** (Mo 17 - 22 Uhr, Di - So 12 - 22 Uhr) die gute Küche und die hervorragenden Fischgerichte zu angemessenen Preisen zu genießen. Wenn dann auch noch an einem lauen Abend die Sonne blutrot über dem See untergeht und die Leinen an den Booten in einer leichten Brise klappern, dann ist die nordhessische Urlaubsidylle perfekt! In BRINGHAUSEN ist dann Schluss mit der motorisierten Umrundung des Sees und wir begnügen uns mit dem Hinweis auf einen einsam gelegenen Stellplatz, von dem 4 bzw. 5 km lange **Rundwanderwege** in den Nationalpark führen.

(074) WOMO-Wanderparkplatz: Bringhausen, P Kirchweg

Da wir gerade von Wanderungen schrieben, sollte jetzt auch eine folgen und einen Teil der landschaftlichen Schönheiten rund um den Edersee per pedes offenbaren. Wir entscheiden uns für eine Teilstrecke des 68 km langen **Urwaldsteigs**, der ein **Wanderhighlight** der Region darstellt und starten am Parkplatz des von überall sichtbaren Waldecker Schlosses [N 51°12'13.9" E 9°03'27.3"; Schlossstraße, vgl. S.101]. Der Einstieg ist natürlich von weiteren Wanderparkplätzen bzw. von einigen der genannten Stellplätzen ebenfalls möglich.

WOMO-Wandertipp: Unterwegs auf dem Urwaldsteig

Mittelschwere Wanderung von ca. 20 km mit einigen steilen An- u. Abstiegen und herrlichen Aussichten auf schmalen Pfaden, Wald- u. Forstwegen. Kombiniert mit Seilbahnen sowie Schiffspassagen und beliebig kürzbar. Um es vorwegzunehmen: Der Hauptweg ist mit einem weißen UE auf blauem Kreis markiert, die Nebenstrecken mit einem blauen Kreis, die kürzere Routen möglich machen. Ein Verlaufen ist somit im „tiefen Urwald" eher unwahrscheinlich.

Vom Parkplatz am Schloss gehen wir ein Stück Richtung Stadt und halten uns an der Kreuzung leicht abfallend rechts und wieder links über eine kleine Wiese in den Wald. Immer links haltend erreichen wir die

Bahnhofstraße, gehen kurz rechts, um uns über die Straße Am Ziegenberg links in den Krüppelwald aus Eichen und Buchen führen zu lassen. Entlang der Steilhänge umrunden wir eine Schlucht, übersteigen quer über den Weg liegende Baumstämme, streifen Wiesen, genießen Ausblicke und erreichen nach etwa 3 km den unserer Meinung nach schönsten Aussichtspunkt am Edersee, die „Kanzel". Am felsigen Hang werden die knorrigen Baumgestalten hoffentlich noch lange erhalten bleiben, während wir den Uhrenkopf umwandern und zu einem weiteren Aussichtspunkt mit Blick auf die Talsperre gelangen. Von hier führt der blaue Punkt zum einen parallel zur Straße durch den Buchenwald nach Waldeck zurück oder

hinab zur Sperrmauer. Von dort gelangt man mit dem Schiff an die Uferpromenade nach Waldeck-
Strandbad (insgesamt ca. 8
km). Wir laufen jedoch auf
dem Pfad am Talhang pa-
rallel zur Uferstraße, erreichen diese nach etwa 2 km
und überqueren eine Brü-
cke. Wenig später stehen
wir am e.on-Informations-
zentrum in Hemfurth. Ganz
in der Nähe hätten wir von
Stellplatz **(070)** ebenfalls
die Wanderung beginnen
können. Für den Weg über
das Kraftwerksgelände und
den Ticketerwerb müssen
wir ca. 15 Min. einkalku-

Blick auf die Staumauer

lieren, damit wir die stündliche Abfahrt der Standseilbahn nicht verpassen. Rasch umgehen wir mit der Fahrt den heftigen Anstieg zu Fuß auf
den Großen Hegekopf bzw. Petersberg und haben so genug Kraft, um
von der Bergstation der Seilbahn mit Jausenstation aufwärts zum Hochspeicherbecken mit grandioser Aussicht zu gelangen. Auf einer Zuwegung
Richtung Bringhausen erreichen wir den Hauptweg des Urwaldsteigs und
marschieren auf schmalen Pfaden durch die alten Buchenbestände des
Nationalparks Kellerwald. Am „Sauermilchplatz" müssen wir erstmal ver-
pusten, schauen uns das Grab des wegen seiner lauten Stimme „Waldböl-
ker" genannten Försters an und peilen als nächstes die Umrundung des
felsigen Daudenbergs an. Hierzu wählen wir den steinigen Nebenweg
(blauer Punkt) und gelangen via „Fünfseenblick" am Waldrand links zum
Stellplatz **(074)** am Parkplatz Kirchweg. Der blaue Punkt führt uns nun
hinab nach Bringhausen und zum Schiffsanleger (Fahrzeiten beachten!
Fahrplan bei den Tourist-Infos erhältlich oder www.personenschiffahrt-
edersee.de). Ein wenig müssen wir warten, doch dann schippern wir in
einer halben Stunde entspannt über den Edersee bis zum Waldecker

Strandbad und zur letz-
ten kleinen Etappe un-
serer ausgiebigen Wan-
derung. Entlang der
Uferpromenade schlen-
dern wir ziemlich ermat-
tet bis zur Waldecker
Bergbahn, denn den
steilen Anstieg zurück
nach Waldeck bewäl-
tigen wir lieber locker
schwebend mit der Seil-
bahn. Von der Bergstati-
on sind es nur noch we-
nige Meter bis zum Ende
unserer Ganztagestour
und zum WOMO. Ein-
zig das Wetter spielt bei

Aussicht von Stellplatz **(074)**

unserem Marsch nicht so richtig mit. Die nebelverhangenen Aussichten
strahlten jedoch einen teils besonderen Reiz aus und konnten den erfreulichen Aspekt des Wandererlebnisses durch einen der letzten Urwälder
Deutschlands in keiner Weise schmälern (www.urwaldsteig-edersee.de)!

Der Ederseerandstraße von Hemfurth aus folgend liegt rechter Hand der Affolderner See. Hier verkehrt auf zwei Kilometern

die **Eder-Drai-sine** (Hauptsaison tägl. Betrieb, Nebensaison am Wochenende und Feiertage; Gebühr), deren Haltestelle in AFFOLDERN am Infopoint der **Eder-see-Touristik** [N 51°10'04.9" E 9°04'29.2"; Hemfurther Stra-

ße, Öffnungszeiten s. o.] zu finden ist. Über MEHLEN (Goldwäsche vgl. Tour 3 S. 92) sind wir flott in GIFLITZ und biegen rechts nach KLEINERN ab. Der Luftkurort kann durch den Dorferkundungspfad näher kennengelernt werden und bietet mit der kleinen Freizeitanlage am Wesebach ein lauschiges Erholungsplätzchen. Schmetterlingsliebhaber finden im Pavil-

lon mit der charakteristischen Dachform Informationen über die grazilen Papillons, die überall zwischen den Bauerngärten und den Streuobstwiesen flattern.

(075) WOMO-Wander-parkplatz: Kleinern, Freizeitanlage Spicke

GPS: N 51°08'20.4" E 9°03'19.1"; Zur Spicke **max. WOMOs**: 2
Ausstattung/Lage: Wander- und Radwege, Spielplatz, Bänke, Gaststätte ca 500 m im Ort/außerorts, Häuser in der Nähe.
Zufahrt: Im Ort links ca. 500 m bis zur Freizeitanlage fahren.

(076) WOMO-Wander-parkplatz: Kleinern, Schmetterlingspavillion

GPS: N 51°08'43.2" E 9°03'10.7"; Elmsbergweg **max. WOMOs**: 1-2
Ausstattung/Lage: Infotafel, Wander- und Radwege, Bänke, Mülleimer/ außerorts, schräg, hübsche Aussicht.
Zufahrt: Im Ort links ca. 500 m bis zum Parkplatz fahren.

Am südlichen Rand des Naturpark Kellerwald-Edersee fahren wir durch das anmutige Wesetal nach GELLERSHAUSEN, dessen Ortskern restaurierte Fachwerkfassaden prägen.

(077) WOMO-Wanderparkplatz: Gellershausen

GPS: N 51°07'56.5" E 9°00'46.6"
max. WOMOs: 2-3
Ausstattung/Lage: Infotafel, Wanderwege/außerorts, schöne Aussicht, schräg.
Zufahrt: Am Ortsanfang im Spitzenwinkel **(Achtung: Ganz fiese Bodenrinne!)** oder ca. 600 m später rechts (Am Zollstock) jeweils ca. 500 m bis zum Parkplatz fahren.

Bevor wir FREBERSHAUSEN erreichen und dort am Ortsausgang einen zweckdienlichen, weiteren Wanderparkplatz links neben der Straße **[078: N 51°06'35.2" E 8°58'39.9"]** notieren, machen wir auf einer Höhe Pause im gemütlichen **Hofcafé am Nationalpark** (Mai - Okt. Do - Mo Uhr, Nov. - April Sa/So jeweils ab 13 Uhr). Hausgebackener Kuchen mit duftendem Kaffee oder eine deftige Brotzeit mit Ahler Wurscht ist genau das Richtige, um frisch gestärkt den Weg nach FRANKENAU einzuschlagen. Der Mitbegründer des Dadaismus, **Richard Hülsenbeck** wurde hier geboren und in der „Alten Apotheke" kann man nach Voranmeldung (Tel. 06455/8595) seine Lebens- und Wirkungsgeschichte verfolgen. Um die Umgebung auf Schusters Rappen zu erkunden, bietet sich der am Ortseingang rechts ausgeschilderte und sehr schräg angelegte Wanderparkplatz Euler an **[079: N 51°06'21.3" E 8°56'53.2"]**. Der **Kellerwaldsteig** liegt quasi vor der WOMO-Tür oder die Ruine der alten Quernstkirche, ein altes Pilgerziel sowie die Quernstkapelle inmitten schönster Natur sind Ziele der Stille und Besinnlichkeit. Hinter ALLENDORF erreichen wir bei GEISMAR die B253, rollen auf dieser zur B252 und sind bald in FRANKENBERG gelandet.

(080) WOMO-Stellplatz: Frankenberg Ederberglandhalle

GPS: N 51°03'20.4" E 8°48'02.6"   **max. WOMOs**: > 10
Ausstattung/Lage: V/E, Strom, Frei-u. Hallenbad, Geschäfte, Fußweg zur Innenstadt bergauf ca. 500 m.
Zufahrt: Von der B252/B253 Richtung Stadtmitte und dort den WOMO-Piktogrammen folgen.

Frankenberg

Hoch über der Eder und einer Furt ließ Landgraf Konrad von Thüringen die Stadt als Stützpunkt an strategisch wichtiger Stelle 1233/34 erbauen. Schön lässt es sich in der **historischen Altstadt** zwischen den Fachwerkhäusern der Alt- und Neustadt bummeln. Zahlreiche Gebäude des

16. - 19. Jh. sind erhalten geblieben, während von der mittelalterlichen Stadtbefestigung lediglich der aus dem 13. Jh. stammende Hexenturm und das Steinhaus, vermutlich 1240 errichtet, den Sprung in die Neuzeit geschafft haben. Überragt wird die Stadt von der **Liebfrauenkirche**, deren älteste Teile auf das Jahr 1286 zurückgehen. Absoluter Mittelpunkt ist das **Historische Rathaus** zwischen Ober- und Untermarkt. Die „Schokoladenseite" ist nicht eindeutig auszumachen, zu schön ragen die zehn Erkertürme des spätgotischen Gebäudes in den Himmel. In der Rathaushalle findet neben anderen Veranstaltungen samstags der Wochenmarkt statt. Über dem Eingangsportal prangt eine farbenprächtige Huckepack-Schnitzfigur des Bildhauers und Steinmetzes Philipp Soldan, der 1500 in Frankenberg geboren wurde und dessen Motive den kunstgeschichtlichen Übergang von der Spätgotik zur Renaissance markieren. Das Glockenspiel von 1999 ertönt täglich um 11.45 Uhr und 15.45, während die **kostenfreie Stadtführung** (April - Okt.) um 10.30 Uhr hier beginnt. Weitere Führungen sind in der **Tourist-Info** buchbar (Mitte Mai - Mitte Okt. Mo - Fr 11 - 17 Uhr, Sa 11 - 14 Uhr, Mitte Okt. - Mitte Mai Mo - Fr 10 - 13 Uhr; Untermarkt 12, www.ederbergland-touristik.de). Unterhalb des Rathauses lädt hinter den Fassaden mehrerer Fachwerkbauten das schicke **Hotel-Restaurant Zur Sonne** zum Innehalten ein. Von der bodenständigen Regionalküche bis zum hochpreisigen Gourmettempel ist für jeden Geschmack und Geldbeutel etwas machbar. Kleiner Tipp: Die Torten des Cafés sind ein-

fach göttlich (www.sonne-frankenberg.de)! Zu erwähnen ist weiterhin das

Kloster St. Georgenberg, welches zu Fuß vom Stellplatz **(083)** gut erreichbar ist. Das ehemalige Zisterzienserinnenkloster entstand in mehreren Bauphasen von 1249 bis ins 17. Jh. und besticht besonders durch den Nordflügel, an dessen Ostseite sich die spätromanische ehemalige St.-Mauritius-Kapelle befindet. Weiterhin ist hier das **Heimatmuseum** untergebracht (Di/Fr 10 - 12 Uhr, Mi 15 - 17 Uhr, So 13 - 17 Uhr, Eintritt), das sich u. a. ausführlich mit den Arbeiten des Holzschnitzers Soldan befasst. Untrennbar mit Frankenberg ist der Name Thonet verbunden, denn seit 1889 produziert die Firma, die weltweit als Pionier des Möbeldesigns gilt, in der Stadt. Das **Museum Thonet** [N 51°03'07.8" E 8°47'16.2"; Michael-Thonet-Straße] präsentiert die Lebensgeschichte von Michael Thonet, der das Biegen von massivem Holz bei den bekannten Wiener Kaffeehaus-Stühlen so meisterlich beherrschte und perfektionierte und damit den Übergang vom Handwerk zur industriellen Serienproduktion

im 19. Jh. schaffte. Neben dem legendären Stuhl Nr. 14 aus Bugholz sehen wir Stahlrohrmöbel aus der Bauhaus-Zeit genauso wie Kinderwiegen und anderes Mobiliar. Noch heute fertigt Thonet in Frankenberg und im Showroom sind die aktuellen Kollektionen anzuschauen. Bei einer Führung durch die Fabrik erleben wir nicht nur das Biegen von Holz sondern auch von Stahlrohr und könnten anschließend im Factory Outlet einen der berühmten Klassiker erstehen (Mo - Fr 9 - 17 Uhr, Sa 14 - 16 Uhr, Eintritt frei, Führungen gegen Gebühr Tel. 06451/5080. Outlet: Mo - Fr 10 - 16 Uhr, jeden 1. Sa im Monat 14 - 16 Uhr. www.thonet.de).

Zurück an der B252/B253 setzen wir unsere Reise fort und bleiben auf der B253, von der wir wenig später nach ERNSTHAUSEN abbiegen und in den **Burgwald** eintauchen. Das größte zusammenhängende Waldgebiet Hessens und eines der Größten Mitteleuropas, gilt als „grüne Lunge" Deutschlands und ist ein beliebtes Wandergebiet (www.traumhaftes-wandermaerchen.de). Von einigen unserer folgenden Stellplätze lassen sich gut markierte Wanderungen in den Kreisen Waldeck-Frankenberg und Marburg-Biedenkopf in fast unberührter Natur und mit herrlichen Ausblicken in der reizvollen Mittelgebirgslandschaft starten. Die beiden Landkreise erinnern uns, dass wir vorübergehend aus Nordhessen nach Mittelhessen „einreisen" und damit gleichzeitig eine „Sprachgrenze" erreichen. Ohne auf die Einzelheiten einzugehen, sei erwähnt, dass in

Nordhessen mehr „geschnuddelt" wird, während sich die mittelhessischen Dialektarten für uns schon mehr dem „Gebabbele" der Südhessen nähern. Wer genau hinhört, wird die feinen, aber grundlegenden Veränderungen schnell bemerken. Wir Nordhessen reagieren ziemlich empfindlich, wenn „unser" Platt mit dem populären „Äbbelwoihessisch" des Südens verwechselt wird. Aber so wird es wohl allen Menschen ergehen, die die Mundart ihrer Region, ihrer Stadt oder ihres Dorfes pflegen. Eines haben wir Hessen auf jeden Fall gemeinsam – eine abwechslungsreiche und geschichtsträchtige Heimat! Kurz vor Ernsthausen ist die B252 erreicht, der wir Richtung MARBURG bis nach MÜNCHHAUSEN folgen, um dort der Geschichte auf die Pelle zu rücken und die Gegend zu Fuß zu erkunden.

(081) WOMO-Wanderparkplatz: Münchhausen, Christenberg

GPS: N 50°57'19.0" E 8°45'00.0"
max. WOMOs: 3-5
Ausstattung/Lage: Wanderwege, Tisch u. Bänke, Gaststätte (Mo Ruhetag/Nov. - März Mo/Di Ruhetag), Mülleimer/außerorts, großer Wiesenparkplatz.
Zufahrt: Von der B252 im Ort hinter der Fußgängerampel links Richtung Christenberg ca. 3 km bis zum Bergplateau fahren. Der Parkplatz liegt linker Hand neben dem Friedhof an einer großen Wiese.

Martinskirche, vgl. Tour 5, Seite 123

Schon in vorchristlicher Zeit befand sich auf dem **Christenberg** ein keltischer Fürstensitz, während die Franken im Mittelalter Wallanlagen bauten und die Kesterburg als Festung gegen die Sachsen nutzten. Sehenswert ist die Martinskirche aus dem 11. Jh. auf dem einsamen Kult- und Begräbnisberg sowie das historische Küsterhaus mit der Dauerausstellung „Kelten und Franken" (geöffnet wie Gaststätte, den Schlüssel gibt es dort).

WOMO-Wandertipp: Um den Christenberg

Mittelschwere Wanderung von 16 km Länge mit einigen heftigen An- und Abstiegen.

Vom Christenberg erwandern wir im Uhrzeigersinn auf dem Rundkurs ein weiteres Wanderhighlight des westlichen Teils des Burgwaldes (Rotes C auf weißem Grund). Waldlandschaften mit Teichen und Quellen, stille Täler und wundervolle Aussichtspunkte begleiten den gesamten Weg.

Nach etwa 7,5 km erreichen wir die **Burgruine Mellnau** aus dem 13. Jh., von der sich ein Panorama vom südlichen Burgwald bis ins Ederbergland und den Höhen des Sauerlands bietet. Gleich neben der Ruine kehren wir in der **Kuckuckshütte** (Di - Do ab 11.30 Uhr, Fr/Sa/So ab 10 Uhr) ein und wandern über den Wetterkopf nach Münchhausen. Vorbei am Spiegelteich sind wir nach weiteren 3 km wieder auf dem Christenberg angekommen und beschließen die gut ausgeschilderte Extratour auf der Terrasse des **Waldgasthauses** (Di - So ab 11.30 Uhr).

Von Münchhausen aus haben wir über die B236 Richtung BATTENBERG schnell die B253 erreicht. Technikinteressierte schwenken dort rechts nach ALLENDORF, während alle anderen den direkten Weg nach BATTENBERG einschlagen.

(082) WOMO-Stellplatz: Battenberg, Frei- und Hallenbad
GPS: N 51°00'44.3" E 8°38'06.9"; Senonchesstraße   **max. WOMOs**: >5
Ausstattung/Lage: Einfacher Großparkplatz, Glascontainer, beleuchtet,

Rundwanderweg (12 km, Markierung gelbes D auf blauem Grund)/Ortsrand.
Zufahrt: Auf der Durchgangsstraße in den Ort fahren, dann rechts Richtung Dodenau und wenig später links dem WOMO-Piktogramm folgen.

(083) WOMO-Stellplatz: Battenberg, Festhalle

GPS: N 51°00'33.4" E 8°38'11.2"
max. WOMOs: >5
Ausstattung/Lage: Teils unter Bäumen auf Wiese mit Aussicht oder auf Schotter etwas oberhalb, Mülleimer/außerhalb, ggf. Geräuschbelästigung durch die Bundesstraße.
Zufahrt: Wie **(082)**, jedoch der Durchgangsstraße weiter bis kurz vor Erreichen der B253 folgen. Rechts weist das WOMO-Piktogramm zum Stellplatz.

Allendorf und Battenberg

Beide Gemeinden liegen im Tal der Eder und bilden trotz ländlicher Abgeschiedenheit einen der Industrie- und Gewerbeschwerpunkte des Landkreises Waldeck-Frankenberg. Hauptarbeitgeber ist die international tätige Firma für Heiztechnik-Systeme Viessmann in Allendorf. Die Unternehmensgeschichte wird für Besucher im hauseigenen **Museum Via Temporis** veranschaulicht und widmet sich gleichzeitig dem Lebenswerk von Dr. Hans Viessmann, der nach dem Krieg den vom Vater übernommenen Handwerksbetrieb zum Weltunternehmen ausbaute [N 51°01'48.9" E 8°40'40.1"; Viessmannstraße]. Kostenfreie Werksführungen finden im Allgemeinen freitags statt und können unter der Telefon-Nr. 06452/702268 oder www.viessmann.de gebucht werden. Wir sind zum falschen Zeitpunkt dort, umrunden lediglich das riesige Werksgelände und fahren nach Battenberg weiter. Das über der Stadt liegende **Jagdschloss** ist Sitz der Kreisverwaltung und der terrassenförmige, in

ständiger Erweiterung befindliche **Barockgarten** bietet Ruhe und mit den umliegenden Gebäuden ein schönes Beispiel für den schlichten hessischen Landbarockstil. Nach den Fürsten von Waldeck-Pyrmont, in deren Waldecker Schloss eine Vorfahrin des niederländischen Königs Willem Alexander geboren wurde, hat Hessen mit der Adelsfamilie von Battenberg einen weiteren Fuß in die Tür europäischer Königshäuser gestellt. Beispielhaft wird im Alten Rathaus mit dem **Stadtmuseum** (Mai - Okt. So 14 - 17 Uhr, Eintritt) der britische Zweig der Familie vorgestellt, die wegen der zunehmenden Deutschenfeindlichkeit nach dem 1. Weltkrieg in Großbritannien den Namen „Battenberg" frei übersetzt in „Mountbatten" verwandelten. Weitere Abteilungen widmen sich der Jagdgeschichte und den Battenberger Hirschsteinen, den Motorradrennen der 1950er Jahre sowie dem Bergbau. Im **Besucherbergwerk Burgbergstollen** (Mai - Sept. jeden 1. So im Monat 14 - 17 Uhr, Eintritt) können die Bergbauaktivitäten und die Förderung von Braunstein früherer Zeiten in der Tiefe des kegelförmigen Burgbergs nachvollzogen werden, während sich vom Turm der oberhalb gelegenen **Kellerburgruine** eine weite Rundsicht bietet. Für die Besichtigung können WOMOs bis max. 7 m Länge oberhalb des Friedhofs auf zwei Parkplätzen [N 51°00'53.3" E 8°38'27.7" oder N 51°00'50.1" E 8°38'17.9"; Am Burghain] geparkt werden. Die Zufahrt erfolgt am besten Richtung Dodenau und dann über die Burgbergstraße oder man nimmt den Fußweg von den vorgenannten Stellplätzen.

Auf der Strecke nach DODENAU überqueren wir die Eder, die in großen Schleifen durch das Tal mäandert, und notieren einen Wanderparkplatz hinter der Zufahrt nach KRÖGE.

(084) WOMO-Wander-parkplatz: Füllnhausen
GPS: N 51°02'05.8" E 8°37'58.5"
max. WOMOs: 2-3
Ausstattung/Lage: Infotafel, Wanderwege/außerorts.
Zufahrt: Ca. 500 m hinter der Zufahrt nach Kröge etwa 300 m bis zum Parkplatz fahren.

Rauf und runter geht es durch die mit Wiesen und Wäldern bestückte und den Augen so wohltuende Landschaft in den hübschen Luftkurort Dodenau.

(085) WOMO-Wander-parkplatz: Dodenau, Wildgehege
GPS: N 51°01'58.6" E 8°34'27.4"
max. WOMOs: 1-2
Ausstattung/Lage: Wander- u. Radwege, Infotafel, Loipeneinstieg, Nordic Walking, Bank, Mülleimer/außerorts.
Zufahrt: Im Ort an der Dorflinde hinter einem Bruchsteinhaus rechts etwa 2 km bis zum Parkplatz fahren.

Hier lohnt sich natürlich der Besuch des Wildgeheges, das ganzjährig geöffnet ist. Um das Gehege windet sich der Walderlebnispfad, Nordic Walking-Strecken sind ausgeschildert und Radfahrer sowie Mountainbiker finden auf vielen Wegen Abwechslung. Im Winter ist hier ein Loipeneinstieg und zu allen Jahreszeiten ist die folgende Wanderung ein Genuss.

WOMO-Wandertipp: Auf die Lindenhardt

Mittelschwere Wanderung von ca. 12 km mit leichten An- und Abstiegen. Der Weg (Markierung gelbes L auf blauem Grund) führt zunächst zur Keudelburg. Hinter der Lindenhardt, ein Waldkomplex dessen Eichen für die ortsansässigen Gerbereien bis Mitte des letzten Jahrhunderts „ge-

erntet" wurden, treffen wir auf einen Hirschstein. Landgraf Ludwig VIII ließ diese Steine immer dort aufstellen, wo er kapitale Hirsche erlegte oder gefangen nahm. Eine Replik ist übrigens auch in Battenberg am Alten Rathaus zu finden. Durch die ausgedehnten Wiesen und Weiden der Ederaue gelangen wir anschließend auf den Bergrücken von Dodenau, genießen die weitreichenden Aussichten und landen nach einem abwechslungsreichen Marsch wohlbehalten am WOMO.

Durch Dodenau rollen wir hinab zur Eder, halten uns rechts Richtung HATZFELD und streifen das **Freibad**. Wenig später treffen wir auf einen einfachen, aber idyllisch und in ruhiger Lage am Wasser gelegenen Campingplatz.

(086) WOMO-Campingplatztipp:
Dodenau, Ferienplatz Edertal

GPS: N 51°01'31.9" E 8°34'08.6"
Telefon: 06452/1791, www. camping-dodenau.de
Öffnungszeiten: Ganzjährig bis auf die Zeit vom 1. - 25. Nov.
Ausstattung/Lage: Wander- u. Radwege, Imbiss, Spielgeräte, Bademöglichkeit, Bootseinlassstelle/außerorts.
Zufahrt: Von Dodenau ca. 2 km Richtung Hatzfeld fahren.

Eigentlich wollen wir auf direktem Weg HATZFELD ansteuern, aber nachdem wir ein schönes Tal durchfahren haben und auf der Höhe bereits den Blick auf den Ort werfen können, folgen wir auf sehr schmalem Sträßchen ohne Ausweichmöglichkeit rechts im spitzen Winkel dem Hinweis zum Panoramapfad.

(087) WOMO-Wanderparkplatz: Hatzfeld, Grillhütte

GPS: N51°00'01.6"E8°32'37.8"
max. WOMOs: 2-3
Ausstattung/Lage: Infotafel, Wanderwege, Tisch u. Bänke/ außerorts, Aussicht.
Zufahrt: Ca. 800 m dem Hinweis Panoramaweg/Grillhütte auf sehr engem Sträßchen bis zum Parkplatz folgen.

WOMO-Wandertipp: Panoramapfad

Leichte abwechslungsreiche Wanderung von ca. 10 km mit An- und Abstiegen.

Auch hier wartet wieder ein präzise ausgeschilderter, toller Wanderweg (gelbes P auf blauem Grund). Wie im Ederbergland nicht anders zu erwarten mit vielen Auf- und Abstiegen, aber dem Namen gemäß mit vielfältigen Ausblicken ins herrliche Tal. Gleich am Anfang geht es ziemlich heftig bergauf durch den Wald, aber nach kurzer Zeit werden wir schon

mit dem ersten schönen Panorama belohnt. Die Landstraße überquerend gelangen wir zur oberhalb des Ortes gelegenen Burgruine Hatzfeld. Vom Rand der Ruine sehen wir auf die Eder, deren Quelle sich im Westfälischen befindet und 176 km später in die Fulda mündet, schauen wenig später vom Aussichtspunkt Hardt bis zu unserem nächsten Ziel, der Sackpfeife und gelangen durch die Mischwälder nach einem weiteren Überqueren der Landstraße zurück zum Ausgangspunkt.

In Hatzfeld selbst, in der Nähe der Stadtkirche St. Johannis wartet **Ammes Haus** (April - Okt. jeden 2. So im Monat 14 - 17 Uhr, Eintritt). Das in einem Fachwerkhaus von 1769 untergebrachte Museum zeigt die Lebens- und Arbeitswelt der Landfrauen in der ersten Hälfte des 20. Jh., wobei ein Raum der Hebamme gewidmet ist, die nach ihrem Einzug namensgebend für das Haus war.

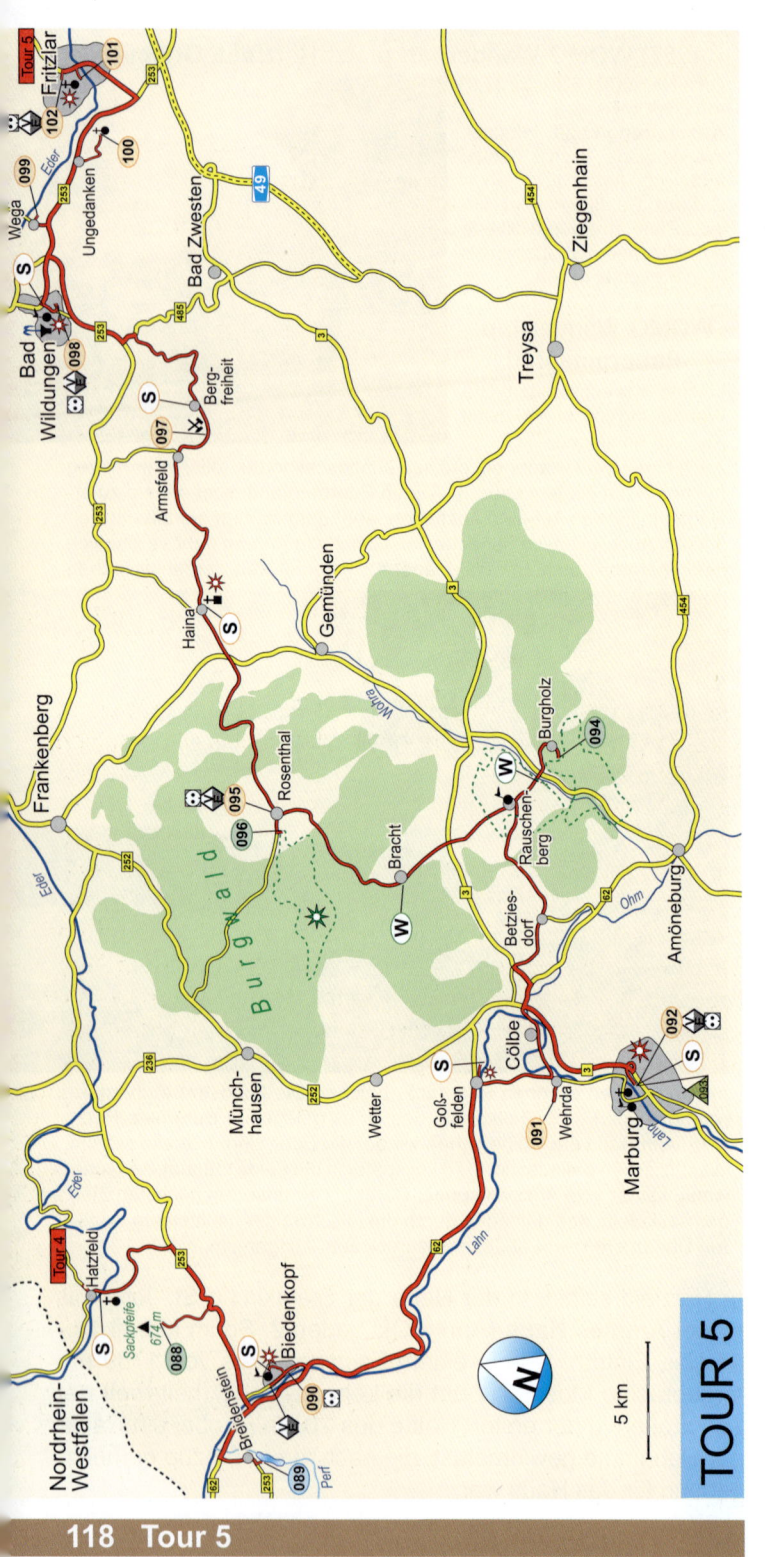

TOUR 5

Biedenkopf - Marburg - Rauschenberg - Rosenthal - Haina - Bad Wildungen - Fritzlar

Stellplätze:	Breidenbach, Biedenkopf, Wehrda, Burgholz, Rosenthal, Bergfreiheit, Wega, Ungedanken, Fritzlar.
Campingplätze:	Marburg *Campingplatz Lahnaue.*
Ver-/Entsorgung:	Biedenkopf, Marburg, Rosenthal, Bad Wildungen, Fritzlar.
Besichtigen:	Biedenkopf *Stadtbild, Landgrafenschloss m. Hinterlandmuseum,* Goßfelden *Otto-Ubbelohde-Haus,* Marburg *Stadtbild, Landgrafenschloss m. Kasematten, Elisabethkirche,* Haina *Klosterkirche u. Psychatriemuseum,* Bergfreiheit *Besucherbergwerk, Schneewittchenhaus,* Bad Wildungen *Schloss Friedrichstein,* Ungedanken *Büraberg,* Fritzlar *Stadtbild, Dom, Regionlamuseum.*
Wandern:	Rauschenberg, Burgholz, Rosenthal, Bracht.
Radfahren:	Rosenthal *Lahn-EderRadweg,* Fritzlar *Ederauenradweg.*
Baden:	Perfstausee, Wehrda, Rosenthal, Bad Wildungen, Fritzlar.
Essen:	Marburg *Bückingsgarten,* Mellnau *Kuckuckshütte,* Münchhausen *Waldgasthaus Christenberg,* Bad Wildungen *Schlosscafé,* Wega *Der Koppenretscher Wirt,* Fritzlar *Café Hetzler, Brauhaus 1880.*

Wir halten uns nun Richtung BATTENFELD und vermerken kurz hinter dem Ortsausgang von Hatzfeld rechts einen kleinen Parkplatz [N 50°59'03.2" E 8°33'02.3"; Edertalstraße], von dem die aus dem 12. Jh. stammende **Emmauskapelle** zu besichtigen ist. Die Orgel von 1686 ist eine der ältesten, noch spielbaren in Hessen und mit einem barocken Orgelprospekt reich verziert. Knapp 2 km später verlassen wir vorerst das Edertal, biegen rechts nach EIFA ab, um dort über die B253 Richtung BIEDENKOPF stetig bergauf zu einem der beliebtesten Ausflugsziele der Region, der 674 m hohen **Sackpfeife** zu fahren. Vom Aussichtsturm schweift der Blick über das Schiefergebirge, das Marburger Bergland und an klaren Tagen bis zum Taunus.

(088) WOMO-Wanderparkplatz: Biedenkopf, Sackpfeife

GPS: N 50°56'54.6" E 8°31'51.5"
max. WOMOs: >5
Ausstattung/Lage: Wanderwege, Bänke, Freizeitzentrum, Gaststätte, Loipeneinstieg, Sinnespfad, Gebühr, direkt an der Berghütte sind zusätzlich WOMO-Stellplätze ausgewiesen/ außerorts, nachts ruhig.
Zufahrt: Von der B253 ca. 3 km den Hinweisschildern folgen.

Das **Freizeitzentrum** bietet eine Sommerrodelbahn und das Bungee-Trampolin ist bei Kindern der große Renner. Außerdem gibt es Autoscooter, Spielplätze, mehrere Grillplätze und im Zoo freuen sich diverse Kleintiere über Kontakte. Etwas ruhiger ist es auf dem Sinnespfad, während es im Winter wieder lebhafter wird, wenn die Ski-Abfahrt bei Flutlicht und die gespurten Loipen locken,

die Lifte laufen, Rodler auf der Schlittenbahn jauchzen und die Ski-Schule Kurse anbietet (April - Sept. Sa/So/Feiertage 12 - 18 Uhr, Mi/Do/Fr 14 - 18 Uhr, Sommerferien Hessen/NRW tägl. 12 - 18 Uhr, Winter: Mo - Fr 14 - 20 Uhr, Sa/So und in den Ferien 11 - 20 Uhr, Eintritt. www.biedenkopf-tourismus.de). Bevor wir in Biedenkopf einlaufen, planen wir einen Abstecher zum **Perfstausee** ein. Um den beliebten Badesee führt ein asphaltierter Spazierweg mit Ruhebänken, das angrenzende Naturschutzgebiet bietet Wasservögeln ein Refugium und der Badestrand mit zeitweiliger DLRG-Aufsicht ist auch für kleine Kinder geeignet. Den Badegästen steht zusätzlich eine Liegewiese zur Verfügung. Wenn abends Ruhe eingekehrt ist, findet unsereins sogar ein prima Übernachtungsplätzchen.

(089) WOMO-Badeplatz: Biedenkopf-Breidenstein, Perfstausee
GPS: N 50°54'42.3" E 8°27'38.9"
max. WOMOs: >5
Ausstattung/Lage: Badestelle, Spazierweg um den See, Radweg mit Radnetzanbindung, Gaststätte (Di - So ab 11 Uhr)/Ortsrand.
Zufahrt: Der B253/B62 Richtung Bad Laasphe bis nach Breidenstein und dort den Hinweisen zum See folgen.

Ganz unter uns: Auch wenn wir zusätzliche Kilometer „schrubben", ziehen wir die beiden letztgenannten Stellplätze dem offiziellen Stellplatz in Biedenkopf allemal vor. Aber sei's drum. Wir wollen über die B62 sowieso nach BIEDENKOPF, kommen am Stellplatz vorbei und notieren zumindest die Daten. Eine frei zugängliche **V/E-Station** befindet sich am **Freibad** (Sommer: Mo - Fr 7.30 - 20 Uhr, Sa/So/Feiertage 8.30 - 20 Uhr) in den Lahnauen [N 50°54'48.9" E 8°31'16.8"; Am Freibad].

(090) WOMO-Stellplatz: Biedenkopf, Stadtwerke

GPS: N 50°54'36.2" E 8°31'40.7"; Mühlenweg   **max. WOMOs**: 4
Ausstattung/Lage: Strom, Gebühr, ca. 300 m zur Ortsmitte, V/E ca. 1 km entfernt/im Ort.
Zufahrt: Von der B62 an der Ausfahrt Biedenkopf-Mitte abfahren und der Durchgangsstraße bzw. dem WOMO-Piktogramm ca. 400 m folgen.

Biedenkopf

Die im oberen Lahntal gelegene Stadt blickt auf eine 760-jährige Geschichte zurück. Vom Stellplatz oder einem der Parkplätze am Straßenrand besuchen wir die **Tourist-Info** im Rathaus (Mo - Fr 9 - 12 Uhr, Mo/

Mi/Do auch 14 - 16 Uhr; Hainstraße. www.biedenkopf-tourismus.de). Mit einem Stadtführer in Papierform spüren wir der Vergangenheit in den engen Gassen um den Marktplatz nach. Vorbei an der Hirsch-Apotheke verlassen wir mit der Stadtgasse die Vorstadt und betreten den ehemals von der Stadtmauer umgebenen alten Stadtkern. Das Eckhaus mit der Nr. 3 ist ein typisches Einhaus, in dem sich die Stallungen im Erdgeschoss befanden und die oberen Stockwerke als Wohnbereich dienten. Die Fachwerkhäuser sind aus heimischen Eichenhölzern und meistens in der hier üblichen Geschossbauweise gezimmert. Die Häuser der Untergasse stehen mit ihrer Rückseite auf der Stadtmauer. Das älteste Rathaus der Stadt, ein 1732 errichtetes imposantes Fachwerkgebäude steht „Bei der Kirche" 14. An den drei nicht verschieferten Wänden finden wir im ersten Obergeschoss in der Balkenkonstruktion jeweils zweimal den „Wilden Mann" oder „Hessenmann", der statische und ornamentale Funktionen vereint und auch mit altem heidnischem Brauchtum in Verbindung gebracht wird. Im vermutlich ältesten Haus der Stadt, dem Schenkbarschen Haus befindet sich ein Privatmuseum, in dem antike Ikonen und außereuropäische Textilien der Öffentlichkeit vorgestellt werden. Das Museum ist nur nach tel. Absprache (06461/88460) zu besuchen oder kann im Rahmen einer mittelalterlichen Stadtführung (März - Okt. jeden 2. So im Monat 11.30 Uhr, Treffpunkt Rathaus Hainstraße, Gebühr) besichtigt werden. Auf einem etwa 200 m langen Bergrücken über der Stadt liegt das **Landgrafenschloss**, das Mitte des 15. Jh. von Heinrich III. zu Hessen-Marburg erbaut wurde. Wer den anstrengenden Fußweg hinauf mit dem WOMO umgehen möchte, findet am Schloss einen Besucherparkplatz [N 50°54'55.2" E 8°31'34.5"]. Zunächst diente die ursprüngliche Burg zur Sicherung der Landesgrenzen der hessen-thüringischen Landgrafen. Das später errichtete Schloss war als Witwensitz gedacht,

wurde allerdings nie bezogen und diente als Fruchtspeicher, Lager und Pferdestall. Diesem Umstand ist es zu verdanken, dass es in großen Teilen bis heute in seiner originalen Bausubstanz erhalten blieb. Besonders eindrucksvoll ist die Dachkonstruktion, die ein seltenes Beispiel für das Zimmermannshandwerk im 15. Jh. darstellt und die bei einem bauhistorischen Rundgang vom Palas bis zum Dach angeschaut werden kann. 1908 wurde ein Regionalmuseum eröffnet, das heute auf 1000 m² als **Hinterlandmuseum** (April - 15. Nov. Di - So 10 - 18 Uhr, Eintritt) geführt wird. In verschiedenen Abteilungen wird die Regional- und Kulturgeschichte des Hinterlandes präsentiert, dessen Bezeichnung der isolierten Lage zuzuschreiben ist. Von der ehemaligen Residenzstadt Darmstadt aus gesehen, lag das Gebiet „ganz weit hinten". Ein besonderes Augenmerk legt das Museum auf seinen umfangreichen Trachtenbestand und die anfallenden Dialekte, die sich im Grenzland von Dorf zu Dorf verändern. Eine weitere Abteilung ist dem **Grenzgangsfest** gewidmet, das seit 1839 alle 7 Jahre in Biedenkopf stattfindet und inzwischen zu einem über seine Heimatgrenzen hinaus bekannten 3-tägigen Volksfest geworden ist. Es entwickelte sich seit 1693 aus dem notwendigen Abschreiten und Festlegen der Gemarkungsgrenzen (zuletzt 2012, www.grenzgangsverein.de).

Auf der B62 schnurren wir zügig Richtung MARBURG und halten uns dabei entlang der Flusslandschaft der Lahn, die mit üppigen Waldlandschaften, reizvollen Wiesen und Feldern unsere Streckenführung bereichert. In GOSSFELDEN halten wir uns an der Ampelkreuzung rechts Richtung WEHRDA und folgen anschließend links dem Hinweis zum **Otto-Ubbelohde-Haus** [N 50°52'06.1" E 8°44'43.0"; Otto-Ubbelohde-Weg].

Otto-Ubbelohde-Haus

Der kurze Fußweg vom Parkplatz zum Haus in den Lahnwiesen ist schnell zurückgelegt und wir fühlen uns beim Betreten des Gartens und beim Anblick des Gebäudes, das von den Ideen des englischen Landhausbaus beeinflusst ist, in eine andere, fast märchenhafte Welt versetzt. Kein Wunder, denn der Landschaftsmaler und Grafiker Otto Ubbelohde (1867 - 1922) wurde vor allem durch seine Anfang des 20. Jh. entstandenen Il-

lustrationen der Märchen und Sagen der Brüder Grimm bekannt. Davor wirkte er lange in München und in der Künstlerkolonie Worpswede bei Bremen. Die Vorlagen für die Märchenmotive fand er in heimischen Trachten ebenso wie in Gebäuden aus den Städten und Dörfern sowie Landschaften seiner Heimat. Dem von uns bereits besuchten Christenberg schien er besonders zugeneigt zu sein, denn das alte Küsterhaus inspirierte ihn für das Hexenhaus bei „Hänsel und Gretel" und die Martinskirche findet sich als Motiv bei „Aschenputtel" (vgl. Foto S. 112). Im ehemaligen Wohn- und Arbeitshaus wird das vielfältige Leben und Wirken Ubbelohdes vorgestellt und wechselnde Ausstellungen runden das Bild ab. Nicht nur für Märchenliebhaber ein lohnender Besuch (Sa/So 11 - 17 Uhr, Eintritt).

Kurze Zeit später sind wir schon in WEHRDA und notieren kurz vor Marburg einen außerstädtischen Stellplatz.

(091) WOMO-Stellplatz: Wehrda, Hallenbad

GPS: N50°50'05.6" E8°45'02.1"
max. WOMOs: 1-2
Ausstattung/Lage: Mülleimer, Gaststätte in der Nähe, Geschäfte/Ortsrand.
Zufahrt: Am Kreisel rechts und wieder rechts Richtung Hallenbad. Dort an der zweiten Zufahrt links und bis zu einem kleinen Parkplatz am Waldrand fahren.

Zurück am Kreisel halten wir uns Richtung MARBURG und erreichen bald die B3, auf der es bis zur Abfahrt Marburg-Mitte geht. Ob man den offiziellen Stellplatz oder den Campingplatz als längeres Standquartier nutzt, ist sicher Geschmacksache.

(092) WOMO-Stellplatz: Wohnmobilstellplatz Marburg
GPS: N 50°48'12.0" E 8°46'32.4"; Jahnstraße   **max. WOMOs:** >10
Ausstattung/Lage: V/E, Strom, Gebühr, eingezäunte Parzellen, Länge bis 8 m, neben den Sportanlagen der Uni, ca. 600 m bis zur Innenstadt/Ortsrand.
Zufahrt: Von der B3 kommend dem WOMO-Piktogramm folgen.

(093) WOMO-Campingplatztipp: Campingplatz Lahnaue
GPS: N 50°48'07.4" E 8°46'22.9"; Trojedamm
Telefon: 06421/21331, www.lahnaue.de
Öffnungszeiten: Dez. - Feb. geschlossen.
Ausstattung/Lage: Café, Wlan-Zugang, ca 800 m bis zur Innenstadt/Ortsrand, direkt an der Lahn. Im Frühjahr und Herbst hochwassergefährdet.
Zufahrt: Von der B3 kommend den Campingplatz-Piktogrammen folgen.

Für den Kurzbesuch eignet sich der zwischen den beiden o. g. Anlaufstellen liegende Parkplatz am Hallenbad [N 50°48'05.5" E 8°46'24.9"; Sommerbadstraße] am besten, da alle anderen Stadtparkplätze für WOMOs u. U. eng werden können. Von allen genannten Örtlichkeiten führt ein Uferweg entlang der Lahn bis zur Weidenhäuser Brücke, auf der wir den Fluss überqueren und rechts gehend nach ca. 300 m die **Tourist-Info** erreichen (April - Okt. Mo - Fr 9 - 18 Uhr/Sa 10 - 14 Uhr, Nov. - März Mo - Fr 10 - 18 Uhr/Sa 10 - 14 Uhr/Adventssamstage 10 - 15 Uhr, gesetzl. Feiertage geschlossen; Pilgrimstraße 26, Tel. 06421/99120. Hauptsaison zusätzlich Sa/So nachmittags Markt 8. www.marburg.de). Wir könnten an einer der angebo-

tenen kostenpflichtigen öffentlichen Stadtführungen mit unterschiedlichen Schwerpunkten teilnehmen, doch uns reizt der Stadtspaziergang auf eigene Faust. Mit Informationsmaterial samt Stadtplan eingedeckt, starten wir zu einem sehr erfreulichen Besuch Marburgs, der natürlich keinen Anspruch auf Vollständigkeit hat und sich locker über zwei Tage oder mehr ausdehnen kann.

Die Häuser der Altstadt sind dicht an dicht an den steilen Hang des Schlossbergs gebaut und die engen Gässchen und Treppenaufgänge zum Schloss verlangen gute fußgängerische Kondition. Bequemer geht es mit dem Oberstadt-Aufzug in der Nähe der Tourist-Info oder mit dem Bus, der gegenüber der Brücke am Rudolphsplatz Richtung Schloss fährt. Wie auch immer man sich entscheidet, es macht einfach Laune durch Marburg zu bummeln. Das besondere, vielleicht studentische Flair ist überall spürbar und die Straßencafés und kleinen Geschäfte für jeden Geschmack laden in der verkehrsberuhigten Altstadt zum Verweilen und Einkehren ein.

Marburg

Erstmals als „Marcburg" im Besitz der Landgrafen von Thüringen 1138/39 urkundlich und 1222 als Stadt erwähnt, erhielt die **Landgräfin Elisabeth von Thüringen** (1207-1231), besser bekannt als die Heilige Elisabeth, nach dem Tod ihres Ehemanns ein Stück Land bei Marburg als Witwensitz. Dort gründete sie ein Hospital, in dem sie bis zu ihrem Tod Kranke pflegte und in dessen Kapelle sie begraben wurde. 1235 wurde sie heilig gesprochen und über ihrer Grabstätte wurde bis 1283 ein Gotteshaus errichtet. Eigentlich vom Deutschen Orden als Kirche für die eigene Schutzpatronin, die Jungfrau Maria, erbaut und geweiht, überwog jedoch bald die Anziehungskraft des Grabes Elisabeths als Pilgerstätte und in der Bevölkerung manifestierte sich der Name **Elisabethkirche** bis heute

(April - Okt. 9 - 17 Uhr, Nov. - März 10 - 16 Uhr außerhalb der Gottesdienste. Führungen: April - Okt. Di - Fr 15 Uhr/So 11.15 Uhr, Gebühr). Beeindruckend ist die schlichte frühgotische Architektur des Bauwerks, das als erste rein gotische Hallenkirche auf deutschem Boden kunsthistorisch besonders interessant ist. Erhalten ist der gotische Hochaltar aus Sandstein im Ostchor, hinter dem Buntglasfenster u. a. vom Leben Elisabeths und ihrer Barmherzigkeit erzählen. In der Sakristei wird der kunsthandwerklich bedeutende Schrein aufbewahrt, in dem sich ursprünglich die Gebeine der ehemaligen Landgräfin befanden. Diese ließ einer ihrer Nachfahren, der zum Protestantismus übergetretene Landgraf **Philipp I. von Hessen** (1504 - 1567), jedoch entfernen und beendete damit den Reliquienkult. Philipp, auch der Großmütige genannt, führte 1526 die Reformation in Hessen ein und ermöglichte 1529 das Religionsgespräch zwischen Luther, Zwingli und Melanchthon. Bereits 1527 hatte er die erste protestanische Universität, die bis heute seinen

Namen trägt, gegründet und damit den Ruf der Stadt mit dem universitären Charme der Altstadt zwischen Lahn und Schloss geprägt. Das imposante **Landgrafenschloss** ist das Wahrzeichen Marburgs und seine Geschichte reicht bis ins 9./10. Jh. zurück. Im letzten Viertel des 13. Jh. wurde der Fürstensaal errichtet und gilt mit einer Fläche von 420 m² als Deutschlands größter gotischer Profansaal. Seine Funktion als landgräfliche Residenz verlor das Schloss mit dem Tod des kinderlosen Landgrafen Ludwig IV. im Jahr 1604. Später diente es u. a. als Gefängnis sowie Hessisches Staatsarchiv und seine Ausstattung ist entsprechend mager. Trotzdem ist ein Rundgang durch die Räumlichkeiten mit wechselnden Ausstellungen oder der Besuch des **Universitätsmuseums für Kulturgeschichte** lohnenswert (April – Okt. Di - So 10 - 18 Uhr, Nov. - März Di - So 10 - 16 Uhr, Eintritt. Führungen: April - Okt. So 15 Uhr, Gebühr). Besonders schön ist ein Spaziergang durch den Schlosspark, und dass die Aussicht aus luftiger Höhe auf die Dächer Marburgs und das Umland großartig ist, versteht sich von selbst.

Der Grimm-Pfad zum Schloss

Die **Kasematten**, unterirdisch im 17. und 18. Jh. angelegte Geschützstände, sind das Kernstück der ehemaligen Befestigung rund um das Schloss, und können im Rahmen einer Führung besichtigt werden (April - Okt. Sa 15.15 Uhr, Gebühr, Treffpunkt: Schlossvorhof). Für uns gibt es zwei Wege zurück: Zum einen führt die etwas weniger steile „Landgraf-Philipp-Straße" nach unten, die wegen ihres holprigen Steinpflasters auch als „Pferdestraße" bezeichnet wird und vor Jahrhunderten eine extra schräge und mit höheren oberen Kanten versehene Pflasterung erhielt, damit die Pferde mit ihren Hufen nicht abrutschten. Zum anderen gibt es die sehr steile Bickell-Treppe, die uns am **Restaurant und Biergarten Bückingsgarten** (Mo - So 12 - 22 Uhr) vorbeiführt. Die kleine kulinarische Pause beschert uns zudem einen grandiosen Blick, bevor es weiter bergab geht. Immer mal wieder begegnen uns auf dem **Grimm-Pfad** Märchenfiguren oder Zitate der Grimms. Sie weisen darauf hin, dass die Brüder in Marburg studierten, zwischen 1802 und 1806 in der Barfüßerstraße 35 lebten und hier viele Freundschaften mit anderen, die damalige Zeit prägenden Zeitgenossen geschlossen wurden. Zur Vertiefung dieser Zeit bietet sich das **Marburger Haus der Romantik** am Markt an (Di - So 11 - 13 Uhr/14 - 17 Uhr).

Am **Marktplatz** zentriert sich das Leben der Oberstadt. Das **Historische Rathaus** (erbaut 1512 - 1527) dominiert den Platz und zu jeder vollen Stunde schlägt der Rathausgockel oberhalb der Uhr mit den Flügeln und kräht auf die Menge hinunter, die sich mittwochs und samstags zum Wochenmarkt einfindet. Am **Steinernen Haus** aus den Anfängen des 14. Jh. fällt sofort der gotische Treppengiebel ins Auge, während die Tauben schnell den Reis aufpicken, der für Brautpaare geworfen wird, die sich dort trauen ließen. Der Marktplatz soll aber auch Schauplatz der Gründung des Landes Hessen gewesen sein, als Sophie von Brabant, älteste Tochter der Heiligen Elisabeth, hier nach dem Tod des letzten Ludowingers 1248 ihren damals vierjährigen Sohn Heinrich zum Landgrafen ausgerufen haben soll. Auch wenn dies eine rührende Geschichte ist, so brauchte Heinrich tatsächlich noch etliche Jahre, um die Landgrafenwürde 1292 endlich erlangen zu können und damit Marburg zur Residenzstadt zu erheben. Kirchenliebhaber sollten die **Lutherische Pfarrkirche** mit ihrem schiefen Turm und die **Kugelkirche** mit einem beeindruckenden Netzgewölbe auf dem Weg zum oder vom Schloss in der Oberstadt besuchen. In der Nähe der Elisabethkirche wartet die kleine gotische St. Michaelskapelle, die von den Marburgern allerdings nur **Michelchen** genannt wird. Die Kapelle kann nicht besichtigt werden, aber der alte Pilgerfriedhof strahlt eine ganz besondere Atmosphäre aus und lädt zum Ausruhen ein. Das kann man natürlich auch im **Botanischen Garten** haben, in dem im Freilandbereich und in Schaugewächshäusern eine große Pflanzenvielfalt zu bewundern ist (April - Okt. 9 - 18 Uhr, Nov. - März 9 - 16 Uhr, Eintritt. Keine Hunde!). Der Garten wird von der Universität gepflegt, deren erstes Gebäude ein Dominikanerkloster war. An dessen Stelle am Rudolphsplatz steht heute die im neugotischen Stil errichtete **Alte Universität**, in der monumentale Wandgemälde die Stadt- und Universitätsgeschichte zeigen. Wegen des laufenden Universitätsbetriebs ist eine Besichtigung nur nach vorheriger Anmeldung bei der Tourist-Info möglich. In der angeschlossenen **Universitätskirche** bestechen eine expressionistische Innenansicht mit Jugendstilelementen, der Christus-Gewölbeschlussstein aus dem Anfang des 14. Jahrhunderts sowie Kanzel und der Altar aus der Barockzeit (Di - So 9 - 18 Uhr). Der Universität verdanken die Stadt und ihre Besucher weitere Museen, die je nach Gusto ein Stunden füllendes Programm bieten. Das **Museum anatomicum** zeigt Präparate (Skelette, menschliche Körperteile und Organe), die bei Interesse hochspannend, aber wegen ihrer besonderen Wirkung für Kinder unter 10 Jahren tabu sind. Jugendliche bis 14 Jahre müssen in Begleitung eines Erwachsenen sein (jeden 1. Sa im Monat 10 - 12 Uhr, Eintritt). Des Weiteren das **Minera-logische Museum** (Mi 10 - 13/15 - 18 Uhr, Do/Fr 10 - 13 Uhr, Sa/So 11 - 15 Uhr, Eintritt), die **Völkerkundliche Sammlung** (Mo - Do 9 - 16 Uhr) und die **Religionskundliche Sammlung** (Mo 14 - 16 Uhr). Das **Univer-sitätsmuseum für Bildende Kunst** ist vorübergehend wegen Innensa-nierungen geschlossen (www.uni-marburg.de/einrichtungen). Kinder werden dem ganzen „kulturhistorischen Kram" wenig abgewinnen kön-nen und vielleicht eher im **Kindheitsmuseum** ihren Spaß haben. Doch auch Erwachsene kommen ins Schwärmen, wenn sie einen Blick in die Werkstatt einer Puppenklinik werfen, einen Spiel-Zoo mit 600 Spielzeug-tieren und entsprechenden Miniaturgebäuden bewundern und viel His-torisches zum Thema Kindheit und Schule vorfinden (Barfüßertor, Ostern - Dez. So 14 - 18 Uhr, Eintritt). Marburg ist eine alte, geschichtsträchtige Stadt, die uns bei jedem Besuch durch ihre Lebendigkeit in ihren Bann zieht. Und sie ist eine Stadt, die ohne ihren Fluss nicht vorstellbar ist. Die Lahn schlängelt sich über viele Kilometer durch Marburg und die Wege rechts und links des Wassers laden zu Spaziergängen ein. Am Ufer und an den neuen Lahnterrassen kann man picknicken oder ein-fach nur das süße Nichtstun genießen. Nachdem wir einen kleinen Bum-mel durch den Vorort Weidenhausen, der auf der Seite der Stellplätze **(092/093)** liegt, mit engen Gassen, hübschen Fachwerkhäusern und net-ten Kneipen und Geschäften hinter uns haben, lassen wir rundum zu-frieden den Tag auf der Terrasse am Ufercafé (Mo - So 9 - 23 Uhr) an der Weidenhäuser Brücke ausklingen. Zusätzlich bietet das Ufercafe ei-nen **Boots- und Fahrradverleih** (9 - 21 Uhr, Gebühr. www.bootsverleih-marburg.de). Während man mit den Tret- oder Ruderbooten die idylli-

Fachwerkhäuser und Brunnen am Markt

sche Lahn entspannt erkunden kann und immer wieder neue Stadtan-
sichten vom Fluss aus wahrnimmt, wird der Entdecker-Radius z. B. mit
dem hier zu mietenden E-Bike natürlich grundlegend erweitert. Da lockt
der **Lahntalradweg**, der durch malerische Fachwerkorte und weitläufige
Naturschutzgebiete führt und einen Abstecher zum **Otto-Ubbelohde-
Radweg** zulässt oder gar bis zur Lahnmündung nahe Koblenz reicht.

Wer sich mehr auf zwei Beinen bewegen möchte, dem sind der **Lahn-
Dill-Berglandpfad** oder der **Burglandpfad** ans Herz gelegt, die beide
an der Elisabethkirche starten. Die Rückwege können bequem mit dem
ÖPNV zurückgelegt werden (Auskunft bei der Tourist-Info). Entlang des
Spazier- und Radwegs an der Lahn befindet sich der **Planetenlehrpfad**,
der auf 6 km sowohl für blinde als auch sehende Menschen konzipiert
ist und Kinder spielerisch das Sonnensystem erkunden lässt (www.pla-
netenlehrpfad-marburg.de).

Wir bahnen uns den Weg zur B3 und verlassen Marburg Richtung KASSEL, um der Bundesstraße schon bald den Rücken
Richtung BETZIESDORF/BÜRGELN zu kehren. Der Zustand
der Straße lässt ein wenig zu wünschen übrig, aber die leicht
hügelige Landschaft mit ihrem Wechsel zwischen Wiesen und
kleinen Wäldern entschädigt uns für so manchen Rumpler.
Nach dem Trubel in Marburg hat es uns nach nur wenigen Kilometern in eine nicht gerade vom Tourismus verwöhnte Gegend verschlagen. Kaum verständlich, denn die Region bietet
traumhafte **Wandergebiete** und besonders reizvolle Naturer-
lebnisse! In RAUSCHENBERG fahren wir bis zur quer verlaufenden Durchgangsstraße und biegen rechts auf die Bahnhofstraße ab. Nach etwa 1,5 km ist der **Wanderparkplatz** an
der Schmaleicher Mühle erreicht [N 50°52'35.5" E 8°56'15.4";
Bahnhofstraße/L3073/L3077] und schon kann z. B. der 16 km
lange **Panoramaweg** erwandert werden.

WOMO-Wandertipp: Panoramaweg

Der mittelschwere Weg mit einigen An- und Abstiegen verläuft an idyllischen Waldrändern auf Höhenrücken entlang und bietet weite Ausblicke auf das Wohratal, den Kellerwald und die Burgholzer Wand. Er führt auf den Rauschenberger Burgberg, auf dem die Reste des um 1100 gegründeten späteren Schlosses zu besichtigen sind und vorbei am sagenumwobenen Rabenstein zur Heiligen Eiche mit atemberaubender Rundumsicht. Zwischendurch oder bei einem separaten Besuch können Kinder ihrer Fantasie im Märchenwald (Ostern - Okt., im Ort ausgeschildert) beim Anblick einer kleinen Anlage mit Häusern, Zwergen und Tieren freien Lauf lassen.

Gleich im nächsten Ort, in BURGHOLZ, finden wir nicht nur einen Übernachtungsplatz, sondern den Einstieg in die nächste Wanderung.

(094) WOMO-Wanderparkplatz: Burgholz, Aussichtsturm

GPS: N 50°52'17.0" E 8°56'49.6"; Turmstraße **max. WOMOs**: 2-3
Ausstattung/Lage: Wanderwege, Schaukel, Tisch u. Bänke, Gaststätte in unmittelbarer Nähe, Toiletten/Ortsrand.
Zufahrt: Von Rauschenberg nach Burgholz und dem Hinweis zum Aussichtsturm durch den Ort folgen.

WOMO-Wandertipp: Himmelsberg

Mittelschwere Wanderung von ca. 18 km Länge mit An- und Abstiegen. Der mit rotem H auf weißem Grund markierte Wanderweg führt vorbei am Hunbergturm mit einer fantastischen Fernsicht und zur Hunburg. Von der fränkischen Großburg sind nur noch Reste zu erkennen und schon geht es auf sehr abwechslungsreicher Route weiter nach Himmelsberg. Im 11./12. Jh. durch die Zisterzienser gegründeten Ort streifen wir die neugotische Kirche St. Nikolaus und die alte Dorflinde, um ein zweites Mal das Wohratal zu kreuzen und Richtung Kirchhain und später zurück nach Burgholz zu gehen. Der Weg leitet uns durch alte und junge Waldbestände, bietet interessante Aussichtspunkte und schlängelt sich an Wiesenweihern und Streuobstwiesen vorbei. Auch bei dieser Wanderung begleitet uns ein perfektes Markierungsnetz, das weitere Beschreibungen unnötig macht.

Zurück in RAUSCHENBERG sichten wir den zweifelsfrei schönsten Fachwerkbau der Stadt, das 1557/58 erbaute Rathaus mit einem **Heimatmuseum** (April - Okt. an jedem letzten So im Monat) und halten uns nach SCHWABENDORF. Von dort erreichen wir BRACHT, wo Wandersleute im Ort einen weiteren ausgewiesenen **Wanderparkplatz** [N 50°55'08.9" E 8°50'49.6"] finden. Die 17 km lange **Tour Rotes Wasser** (Markierung rotes R auf weißem Grund) führt ins Herz des Burgwaldes durch Auenwälder, Waldwiesen, Heiden, vorbei an Quellen und Bächen und zu Gedenksteinen und schönen Rastplätzen. Ein landschaftliches Erlebnis ist der Badenstein, eine markante Erhebung aus Basalt, dem wir allerdings erst bei der nächsten Wanderung unsere Aufwartung machen werden. Mittlerweile bewegen wir uns geografisch wieder nach Nordhessen und erreichen durch die Ausläufer des Burgwalds RO-SENTHAL, die kleinste selbstständige Stadt Hessens. Hübsch ist es hier und die Umgebung

Rathaus Rauschenberg

lädt zu Ausfahrten mit dem Rad z. B. auf dem **Lahn-Eder-Radweg** oder, wir kennen das jetzt ja schon, zu ausgedehnten **Wanderungen** in die Umgebung ein. Etwas geruhsamer geht es auf dem 2,6 km langen **Wildrosenweg** zu. Nicht nur während der Blütezeit, auch in den grauen Monaten des Jahres sind die bunten Hagebutten der Wildrosen ein Augenschmaus.

(095) WOMO-Stellplatz: Rosenthal, Fischewosse

GPS: N 50°58'33.9" E 8°52'08.0"; Willershäuser Straße   **max. WOMOs**: 5
Ausstattung/Lage: V/E, Strom, auf Nachfrage Duschen in Sanitärräumen des Freibades (s. Infotafel), Wanderwege, Tisch u. Bänke, Gaststätten im Ort, Bäcker, Geschäfte, Skaterplatz u. Basketballfeld, während des Heimatfestes an den ersten beiden Wochenenden im Juli geschlossen/im Ort.
Zufahrt: Im Ort dem WOMO-Piktogramm Richtung Willershausen folgen.

(096) WOMO-Wanderparkplatz: Rosenthal, Seegerteichhütte

GPS: N 50°58'20.5" E 8°51'21.3"; Rodaer Str.   **max. WOMOs**: 1-2
Ausstattung/Lage: Infotafel, Wanderwege, Nordic-Walking-Strecken, Tisch u. Bänke/Ortsrand. **Ggf. bei Veranstaltungen in der Hütte zur Übernachtung nicht nutzbar!**
Zufahrt: Im Ort ca. 1 km Richtung Frankenberg/Roda fahren. Der Parkplatz liegt am Ortsende links.

WOMO-Wandertipp: Zu den Franzosenwiesen

Mittelschwere Wanderung von ca. 20 km ohne nennenswerte Steigungen. Ausdauernde Wanderer lassen sich von dem langen Marsch bestimmt begeistern. Von der Seegerteichhütte führt die Wanderung (Markierung rotes F auf weißem Grund) zum Naturschutzgebiet Franzosenwiesen, das seinen Namen von der historischen Nutzung durch die Hugenotten erhielt. Die Moorbereiche sind heute Lebensraum einer überregio-

nal bedeutenden Tier- und Pflanzenwelt. Historische, sagenumrankte Plätze wie z. B. die Herrenbrücke, die Herrenbänke und der Landgrafenborn aus dem 17./18. Jh. weisen auf die Jagdleidenschaft der hessischen Landgrafen im Burgwald hin. An der Herrenbrücke queren wir das „Rote Wasser", das seinem Namen alle Ehre macht, und erklimmen später den bereits erwähnten Basaltschlot des Badensteins. Wir haben uns für diese Wanderung hauptsächlich erwärmen können, da wir unterwegs kaum einer Menschseele begegnet sind und die Stille sowie die Schönheiten der Natur genießen konnten. Die besonderen klimatischen Bedingungen lassen uns an Pflanzen vorbeigehen, die, wie z. B. das Wollgras, gar nicht hierher gehören. Zurück bleibt ein intensives Wandererlebnis, das noch nicht einmal durch die Einkehr in einem Gasthof unterbrochen wird und die Mitnahme von Proviant unverzichtbar macht. Wem der Weg zu lang ist, kann hinter den Franzosenwiesen ca. 3 km der Gesamtstrecke abkürzen, indem er rechts Richtung Bracht/Rosenthal und später über den Wetterweg an eine Waldkreuzung gelangt. Dort führt links der X-Weg bis zum Rastplatz an den Herrenbänken und dann rechts auf dem wieder mit rotem F gekennzeichneten Weg zur Seegerteichhütte zurück. Wir sind beide Varianten gelaufen und können versichern, dass durch die Abkürzung nichts Wesentliches dieser naturnahen Wanderung verpasst wird.

Wir folgen der Durchgangsstraße durch Rosenthal und peilen als nächstes HAINA an. Beschaulich rollen wir leicht bergauf und bergab entlang der Wiesen, schauen dem südlichen Teil des Kellerwaldes entgegen und erfreuen uns an den lichten Mischwäldern, die im Herbst ein wundervolles Bild des nordhessischen „Indian Summers" vermitteln. Gut, dass wir bei unserer Wanderung genug psychische Kraft geschöpft haben, denn das folgende Museum gehört nicht zu den alltäglichen Anlaufstellen einer ansonsten touristisch geprägten Reise. Nach rund 12 km haben wir den mächtigen Turm des ehemaligen Zisterzienserklosters vor uns und lassen uns auf den Besucherparkplatz P1 der Anlage führen [N 51°01'41.5" E 8°58'22.9"; Einfahrt Poststraße/Wilhelm-Tischbein-Straße].

Klosterkirche, Psychiatriemuseum und Tischbeinhaus

Hinter den ehemaligen Klostermauern befindet sich eine psychiatrische Klinik, über deren Höfe wir zur **Klosterkirche Haina** gehen. Das 1188 gegründete Kloster gehört heute zu den besterhaltensten Zisterzienserklöstern Deutschlands und galt mit seinem beachtlichen Besitz zwischen Kassel und Frankfurt als eines der wohlhabenden mittelalterlichen Klöster des Ordens. Im Zuge der Reformation wurde es aufgelöst und 1533 durch Landgraf Philipp den Großmütigen in ein Hospital für alte, kranke und gebrechliche Männer der Landbevölkerung umgewandelt. An diese Veränderung erinnert in der Klosterkirche ein Relief des Landgrafen von Philipp Soldan, dessen Werken wir bereits in Frankenberg begegnet sind. Die Kirche ist einer der frühesten Gotikbauten Deutschlands und die Glasmalereien sowie die Messpriesterbank sind erwähnenswert (April - Okt. Di - So 11 - 17 Uhr). In der einstigen Parlatur (Brüdersaal) der alten Klosteranlage befindet sich das **Psychatriemuseum**, das einen Einblick in die Hospital- und Krankenhausgeschichte ermöglicht. So wird die Historie der Armen- und Krankenfürsorge verbunden mit den Nöten und Ängsten der Gebrechlichen und deren Angehörigen bei der

Aufnahme eindrücklich dargestellt. Bereits ab dem frühen 16. Jh. behandelte man hier psychisch Kranke, die damals noch mit dem Begriff „Wahnsinnige" tituliert wurden. Anfangs wurden die sog. „Geisteskranken"

nur „verwahrt", mit Beginn der Aufklärung und im 19. Jh. begann die Behandlung, die nach damaligen Erkenntnissen „Erziehungsmaßnahmen" und zwangsweise Ruhigstellung nach sich zogen. Wie Folterwerkzeuge wirken die seinerzeit benutzten Gerätschaften wie das „Hohle Rad" oder der „Zwangsstuhl" und die Beschreibungen der Anwendung lassen uns einen eiskalten Schauer über den Rücken laufen. Des Weiteren werden Rechnungen über Medikamente, Aufnahmegesuche, Apothekergefäße sowie eine Geld- und Urkundentruhe von 1678 gezeigt. Eine weitere Abteilung beschäftigt sich mit den Reformen der Psychiatrie Anfang des 20.Jh., thematisiert aber auch die Ermordung „unheilbarer oder lebensunwerter Kranker" im Rahmen der NS-Euthanasie-Programme. Die vierte Abteilung dokumentiert weitere Wandlungen in der psychiatrischen Behandlung, die in Haina eher langsam vorankamen. Ab Mitte der 1950er Jahre nahm das traditionelle Männerhospital auch Frauen auf, Wohngruppen wurden gegründet und neue Medikamente verschafften den Patienten mehr Bewegungsfreiheit. Nicht selten wurden psychische Probleme jedoch mehr „beruhigt" als gelöst und erst ab den 1990er Jahren begann man mit der Umsetzung der modernen, am Menschen orientierten Psychiatrie. Wer sich mit dieser umfassenden Thematik auseinandersetzen möchte, ist im Psychiatriemuseum an der richtigen Stelle (April - Okt. Di 9 - 17 Uhr, Sa/So 11 - 17 Uhr, Nov. - März Di 9 - 16 Uhr, jeden 1. Sa/So im Monat 14 - 17 Uhr).

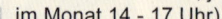

An der äußeren Mauer des ehemaligen Klosters befindet sich das **Tischbeinhaus**, in dem Johann Heinrich Wilhelm Tischbein (1751 - 1829) geboren wurde, der später als „Goethe-Tischbein" in die Geschichte einging. Eine kleine Dauerausstellung beschäftigt sich mit ihm und weiteren berühmten Mitgliedern seiner Familie, die einst als Bäcker und Schreiner im Kloster Haina ansässig waren und aus der etwa 40 bedeutende Künstler hervorgingen (April - Okt. Fr - So 11 - 17 Uhr). www.haina.de

Das war für den frühen Morgen ganz schön starker Tobak, sodass ein Spaziergang durch den **Stamfordschen Garten** nichts schaden kann und für Ablenkung sorgt. Der historische Rundweg beginnt am Tischbeinhaus mit Infotafeln zur Geschichte sowie Kultur und führt 5 km durch den klassizistischen Landschaftsgarten, der im späten 18. Jh. rund um das Kloster angelegt wurde. Bei Verlassen der Klosteranlage halten wir uns kurzzeitig Richtung LÖHLBACH, um dann rechts Richtung BATTENHAUSEN zu schwenken. Über HÜTTENRODE und ARMSFELD geht es Richtung BAD ZWESTEN nach BERG-FREIHEIT/BAD WILDUNGEN. Bald ist nach links das **Besucherbergwerk** ausgeschildert.

(097) WOMO-Stellplatz: Bergfreiheit, Besucherbergwerk

GPS: N 51°02'42.3" E 9°05'30.0";
An der L3296   **max. WOMOs**: 2
Ausstattung/Lage: Tisch u. Bänke/außerorts.
Zufahrt: Zwischen Fischbach und Bergfreiheit den Hinweisen zum Bergwerk folgen.

Das Schneewittchendorf

Ausgerüstet mit Schutzhelm und Ostfriesennerz besuchen wir die **Grube Bertsch**, in der seit 1552 Kupfererz abgebaut wurde und die Eindrücke aus der ehemaligen Bergwerksarbeit vermittelt (April - Okt. Mi - So 14/14.45/15.30 Uhr, Eintritt). Heute ist die **Edelsteinschleiferei Lange** im Besitz der Schürfrechte und holt den rot-weiß gefleckten Kellerwald-Achat aus dem Berg. Im Ort BERGFREIHEIT [Im Urfftal 9] kann den Schleifern über die Schulter geschaut werden und das eine oder andere Steinchen als fertiges Schmuckstück erworben werden (Schleiferei: März - Dez. Mo - Fr 15 - 17 Uhr, Jan./Feb. Fr 15 - 17 Uhr, Geschäft: Mo - Fr 9 - 12/13.30 - 17.30 Uhr, Sa 9 - 12 Uhr). Dass Bergfreiheit auch als **Schneewittchendorf** bezeichnet wird, wird uns in der Dorfmitte [N 51°02'56.2" E 9°05'48.9"; Kellerwaldstraße] klar, als wir die holde Maid und die Sieben Zwerge plastisch vor uns haben. Ob Schneewittchen einst eine vertriebene Adelstochter, die von den Bergleuten aufgenommen wurde, oder eine schöne Waldecker Prinzessin war, ist nebulös. Die Sieben Zwerge erinnern hingegen an die zur damaligen Zeit übliche Kinderarbeit im Kupferbergwerk. Die Brüder Grimm machten daraus ein Märchen und

im **Schneewittchenhaus** (Kellerwaldstraße) kann man den Spuren der Prinzessin und ihrer Gefährten folgen. Tatsächlich märchenhaft wird es an jedem 2. Sonntag im Monat, wenn Schneewittchen und die Sieben Zwerge Besucher in dem kleinen sog. Einzimmerhaus empfangen und sich die Scheinwelt mit der Realität von Adelsgeschichte und ausgebeuteten Kindern vermischt (Karfreitag - Okt. Mi - So, Nov. - Gründonnerstag Sa/So 15 - 17 Uhr, Eintritt.). Im **Historische Bergamt** (Kellerwaldstraße 12), das in einem um 1676 errichteten Fachwerkgebäude untergebracht ist und der örtlichen Bergbauverwaltung als Refugium diente, kann die Geschichte des Bergbaus nachvollzogen werden. In der Ausstellung werden Erze und Mineralien gezeigt und das Modell eines Hammerwerks sowie eine rekonstruierte Schmiede veranschaulichen der Verarbeitung des Erzes (Karfreitag - Okt. Mi - So 14 - 16 Uhr, Eintritt).

Im bergigen Nordhessen mit der landschaftlichen Schönheit des Kellerwaldes kommen wir uns manchmal tatsächlich ein wenig wie „hinter den sieben Bergen" vor – doch auf der B253/485, die wir auf dem Weg nach BAD WILDUNGEN bald erreichen, haben Prinzen hoch zu Ross längst nichts mehr verloren und die reale Welt auf dem Weg in die Kurstadt hat uns schnell eingeholt.

(098) WOMO-Stellplatz: Bad Wildungen

GPS: N 51°07'12.0" E 9°08'11.1"
max. WOMOs: >26
Ausstattung/Lage: V/E, Strom, Gebühr, Supermärkte in unmittelbarer Nähe, ca 1 km Fußweg in die Altstadt, Stadtbus (Linie1) in die Innenstadt/ Kurviertel, Radweg (R5)/Ortsrand. Ggf. tagsüber Geräuschkulisse durch die Straße.
Zufahrt: Von der B253/485 Richtung Stadtmitte/Bahnhof über die Berliner Straße bis zum Kreisel mit dem „Blauen Stuhl". Dort links dem WOMO-Piktogramm bis zum Stellplatz folgen.

Bad Wildungen

Die Stadtrechte wurden Wildungen 1242 verliehen, im 14. Jh. erkannte man bereits die Heilkraft der Quellen und in der zweiten Hälfte des 19. Jh. entwickelte sich der Kurbetrieb. Seitdem hat sich Bad Wildungen zu

einem der größten Heilbäder Deutschlands entwickelt und über 20 Kliniken haben sich hier sowie im Stadtteil Reinhardshausen angesiedelt und behandeln Patienten u. a. mit einem ganzheitlichen, medizinisch-balneo-therapeutischen Programm, der Wildunger Badekur. Ein gepflegter Kurpark mit historischer Wandelhalle sorgt für Entspannung. Seit er mit dem Park von Reinhardshausen verbunden wurde, bietet die Stadt stolz den **größten Kurpark Europas** an. In der Wandelhalle ist das **Quellenmuseum** (10 - 18 Uhr) untergebracht, das sich der Bedeutung Wildungens als Heilbad widmet und die Entwicklung bzw. den Einfluss des Kurbetriebs auf das wirtschaftliche und gesellschaftliche Leben der ehemaligen Ackerbürgerstadt beleuchtet. Der Fußweg vom Stellplatz durch die historische Altstadt zum Kurviertel verläuft stetig ansteigend zur Brunnenallee. Am oberen Ende zeugt der monumentale Fürstenhof, ehemals Hotel und heute Fachklinik, im schönsten Jugendstil vom mondänen Aufenthalt der Jahrhundertwende. Am unteren Ende der Allee ist zum einen die **Tourist-Info** (Mo - Fr 9 - 17 Uhr, Sa 9 - 16 Uhr, www.bad-wildungen.de) zu finden und zum anderen der **Kurschatten-Brunnen**, der mit einer herrlich frivolen Figurengruppe den Badeaufenthalt auf die Schippe nimmt. Vom Stellplatz **(098)** führt ab dem Kreisel der 2,2 km lange **Rundweg Der blaue Stuhl** durch die historische Fachwerk-Altstadt

und zur **Stadtkirche**, einer gotischen Hallenkirche mit einem sehenswerten Altarbild. Nicht weit entfernt finden wir im Herzen der Altstadt das **Stadtmuseum** (Di - So 14 - 17 Uhr, Eintritt). Die witzig gestalteten blauen Stühle entlang des Weges geben Hinweise auf Spielmöglichkeiten, sodass auch Kinder Spaß an einem Stadtspaziergang bekommen können. Ansonsten wird die **Freizeitanlage Heloponte** mit Schwimm-, Sport und Freizeitangeboten schon dafür sorgen (Mo geschlossen, www.helopon-

Fürstenhof

te.de). Oberhalb der Stadt liegt das ausgeschilderte und über teils enge Straßen zu erreichende barocke **Schloss Friedrichstein** im verwunschen wirkenden Altwildungen mit einem besuchenswerten **Museum** [N 51°07'29.9" E 9°07'40.5"; Schlossstraße]. Der Schwerpunkt liegt in einer umfangreichen Ausstellung zur hessischen Militärgeschichte und beinhaltet außerdem eine wertvolle Sammlung alter Jagdgeräte. Als Ergänzung sind einige Räume dem ehemaligen Fürstentum Waldeck und dem Königreich Westfalen unter Jérôme Bonaparte, dessen Haupt- und Residenzstadt Kassel war, gewidmet (10 - 17 Uhr, Mo geschlossen, Eintritt). Nach dem Museumsbesuch lohnt sich in den Sommermonaten die Einkehr in das **Schlosscafé** mit schönster Terrassenaussicht oder gemütlicher Atmosphäre im Gewölbekeller (Mi - So/Feiertage 10 - 17 Uhr).

Vom Stellplatz kommend fahren wir Richtung KASSEL/FRITZLAR und zur B253, um in WEGA einen Stopp beim **Koppenretscher Wirt** (Di - Do 17 - 22 Uhr, Fr ab 16 Uhr, Sa ab 15 Uhr, So ab 12 Uhr, im Winter Mo/Di geschlossen) einzulegen. Auf Nachfrage können wir auf dem dazugehörigen Wiesenparkplatz gebührenpflichtig übernachten [**099:** N 51°07'49.3" E 9°10'37.3"; Am Straßenacker]. Auf Wunsch wird das WOMO mit Strom versorgt und die Stellplatzgebühr wird bei Einkehr im Gasthaus verrechnet. Bereits wenig später, in UNGEDANKEN, folgen wir rechts dem Hinweis WALLFAHRTSKIRCHE ST. BRIGIDIA.

(100) WOMO-Stellplatz: Ungedanken, Büraberg

GPS: N 51°07'12.0" E 9°14'10.3"
max. WOMOs: 1-2
Ausstattung/Lage: Infotafel, Tisch u. Bänke, von der Kirche aus tolle Aussicht auf Fritzlar und das Edertal/außerorts.
Zufahrt: Von der B253 etwa 2 km den Hinweisen durch den Ort und die Felder zur Wallfahrtskirche.

Büraberg

Auch wenn die kleine Kirche es kaum noch erkennen lässt, haben sich auf dem Gipfelplateau seit Jahrtausenden Menschen angesiedelt. Sie ist das einzig verbliebene Bauwerk der Büraburg, die zwischen 741/742 und 746/747 Bischofssitz des vom Hl. Bonifatius errichteten Hessenbistums wurde, später als stark befestigte Fluchtburg beim Einfall der Sachsen diente, im Dreißigjährigen Krieg teilweise zerstört wurde und nach und nach zerfiel. Die Kirche St. Brigida zählt zu den ältesten Sakralbauten Deutschlands östlich des Limes, denn die erhaltenen Bauteile der Chorbogenwand werden auf die Mitte des 6. Jh. datiert. Mehrere Schautafeln bieten eine kurze geschichtliche Zusammenfassung, während das Regionalmuseum in Fritzlar für besonders Geschichtsinteressierte Führungen vermittelt.

Von hier können wir den beschilderten, 5 km langen Fußweg nach FRITZLAR antreten oder einfach nur einen weiten Blick auf die Stadt und das Umland werfen. Letzteres liegt uns mehr und die Fahrt mit dem WOMO auf der Bundesstraße bringt uns flott in die **Dom- und Kaiserstadt,** in der uns einiges Sehenswertes und zwei Stellplätze erwarten.

(101) WOMO-Stellplatz: Fritzlar, Festplatz/Ederauen

GPS: N 51°07'30.5" E 9°16'01.9"; Pipprichsweg
max. WOMOs: 2-3
Ausstattung/Lage: Infotafel, Freibad, Wander- u. Radwege, ca. 1 km Fußweg in die Stadt, Hofläden in der Nähe, Mülleimer/Ortsrand, Häuser in der Nähe.
Zufahrt: Von der B 253 links auf die B450 nach Fritzlar abbiegen. Nach ca. 2,5 km und Überqueren der Eder rechts Richtung Festplatz ca. 1,5 km

(102) WOMO-Stellplatz: Fritzlar, Am Grauen Turm

GPS: N 51°07'53.8" E 9°16'08.7" Am Grauen Turm   **max. WOMOs**: 10
Ausstattung/Lage: V/E, Strom, Gebühr, WC, Gaststätten u. Geschäfte ca. 300 m/im Ort. Manchmal sind WOMO-Plätze durch Pkw blockiert.
Zufahrt: Wie **(101)**, jedoch der B450 in die Stadt und dann den WOMO-Piktogrammen folgen.

Fritzlar

Vom Stellplatz **(101)** bietet sich der Einstieg in den **Ederauenradweg** an, der hier auf einem landschaftlich sehr reizvollen Abschnitt seiner insgesamt 180 km verläuft und Anschluss an weitere Radwege hat. Für einen kleinen Spaziergang kann man sich dem 3,5 km langen **Mühlengrabenpfad** anvertrauen, der unweit des Stellplatzes an der Hl. Geist Kapelle beginnt. Wegen der direkten Nähe zur Altstadt eignet sich der Stellplatz **(102)** am besten für die Stadtbesichtigung.

Die Gründung der fast 1300-jährigen Stadt ist dem Wirken des katholischen **Heiligen Bonifatius** zu verdanken. Im äußersten Zipfel des Frankenreichs fällte er 723 eine Eiche, die dem heidnischen Gott Donar geweiht war … kein Blitz zuckte, kein Donner grollte und nun, so will es die Überlieferung, besannen sich die Chatten und ließen sich zum Christentum bekehren. Aus dem Eichenholz soll Bonifatius an gleicher Stelle 724 eine Kirche errichtet, später ein Kloster gegründet haben. Durch die

Lage am Schnittpunkt wichtiger Straßen und die Gründung einer Pfalz durch Karl den Großen wurde Fritzlar zum bevorzugten Aufenthaltsort deutscher Könige und Kaiser in Hessen. Seit Mitte des 19. Jh. ist Fritzlar Garnisonsstadt und noch heute befindet sich am Stadtrand ein Bundeswehr-Heeresflugplatz. Da wir uns inmitten eines der größten Weißkohlanbaugebiete Deutschlands befinden, hat sich zudem der Sauerkrauthersteller **Hengstenberg** angesiedelt und sich zum zweitgrößten Arbeitgeber nach der Bundeswehr entwickeln können (Werksverkauf: jeden 1. Do im Monat 8.30 - 14 Uhr; Pappelallee 4 - 16). Jetzt aber wieder zur historischen Altstadt, die von einer Stadtmauer mit zahlreichen Türmen umgeben ist. Der 38 m hohe **Graue Turm** am Stellplatz ist der größte erhaltene Wehrturm Deutschlands, kann bestiegen werden, bietet einen wunderschönen Blick über die Stadt und beherbergt Ausstellungen u. a. zur Hexenverfolgung (9 - 12/14 - 17 Uhr, Eintritt). Fritzlar ist ein Kleinod, denn überall kann man Geschichte atmen und die Fachwerkbauten um den Marktplatz mit dem Rolandsbrunnen vermitteln eine selten gewordene Geschlossenheit. Mittendrin befindet sich im stattlichen dreigeschossigen Hochzeitshaus von 1580 und 1590 und dem benachbarten Patrizierhaus von 1526 das **Regionalmuseum**, das Ausstellungen zur Ur- und

Frühgeschichte sowie zur Stadtgeschichte präsentiert und mit Sammlungen von Gusseisenöfen, Feierabendziegeln und aus dem Bereich Geologie/Mineralogie aufwarten kann. Ferner gibt es Bereiche, die sich mit Grenzsteinen und Wildpflanzen beschäftigen (Ostersonntag - 2. Advent Di - Fr 10 - 12/13 - 17 Uhr, Sa 10 - 12 Uhr, So/Feiertage 15 - 17 Uhr, Eintritt). Vom Marktplatz geht es zur **Tourist-Info** (Mo 10 - 18 Uhr, Di - Do 10 - 17 Uhr, Fr 10 - 16 Uhr, Sa 10 - 14 Uhr; Zwischen den Krämen, www.fritzlar.de), die in einem der ältesten Fachwerkgebäude der Stadt untergebracht ist und zum 1109 erstmals erwähnten **Rathaus**, dem ältesten Amtshaus Deutschlands. Hier beginnen ab Mitte März bis Oktober **öffentliche Stadtführungen** (Di - Sa 10.30 Uhr, So/Feiertage 11 Uhr, Gebühr). Nicht zu übersehen ist der **Dom St. Peter**, der durch seine zwei Türme auffällt, die in der Zeit des Baus noch Seltenheitswert hatten (Mo - Fr 9 - 17 Uhr, Sa 9 - 16 Uhr, So/Feiertage 12 - 16 Uhr). Um 732 ersetzte Abt Wigbert den ersten Holzbau des Bonifatius durch eine Steinkirche, während nach der kriegerischen Zerstörung Fritzlars 1079 der heute erhaltene Dom (11. - 14. Jh.) entstand. Zu den bedeutenden künstlerischen Werken im Kirchenraum gehören das Reliquiengrab des 747 verstorbenen Wigberts sowie eine lebensgroße Sandstein-Skulptur des sitzenden Hl. Petrus im Messgewand. Im **Dommuseum** ist die Entwicklung der Sakralkunst vom Mittelalter bis zum 20. Jh. nachzuvollziehen. Besonders kostbar ist der **Domschatz**, der neben Gold- und Silberarbeiten aus dem 11. - 14. Jh. auch das wertvolle sog. Heinrichkreuz ausstellt. Es ist reich mit Edelsteinen und Gemmen verziert und beinhaltet im Mittelpunkt ein Partikel vom Kreuz Christi. Im Lapidarium befinden sich Sarkophage und Grabplatten, während in der **Dombibliothek** u. a. Handschriften, Urkunden und frühe Buchdrucke

verwahrt werden (April - Okt. Di - Sa10 - 12/14 - 17 Uhr, So/Feiertage 14 - 16.30 Uhr, Nov. - März Di - Fr 14 - 16 Uhr, Sa 10 - 12/14 - 16 Uhr, So/Feiertage 14 - 16 Uhr, Eintritt). Es ist einfach schön, durch die Gassen der Altstadt zu bummeln, dem Duft von frischen Kräutern und Backwaren auf dem Wochenmarkt (Mi/Sa 8 - 13 Uhr) nachzugehen oder in kleinen Läden oder Boutiquen zu stöbern. Am Ende unseres Besuches in Fritzlar kommen wir noch einmal auf das leibliche Wohl zurück: Zum Frühstück oder für ein Kaffeepäuschen zwischendurch gehen wir gern ins **Café Hetzler** am Markt (Mo - Sa 9 - 18 Uhr, So 10 - 18 Uhr, Mi Ruhetag). Während sich vom Stellplatz **(101)** der Besuch im ca. 1 km entfernten, im Industriegebiet gelegenen **Brauhaus 1880** für einen Aufenthalt bei frisch gebrautem Bier und ordentlichen Speisen anbietet (Mai - Sept. Mo - Fr ab 16 Uhr, Sa ab 14 Uhr, So/Feiertage ab 11 Uhr, Okt. - April Mo - Fr ab 17 Uhr, Sa ab 15 Uhr, So/Feiertage ab 11 Uhr; Auf der Lache).

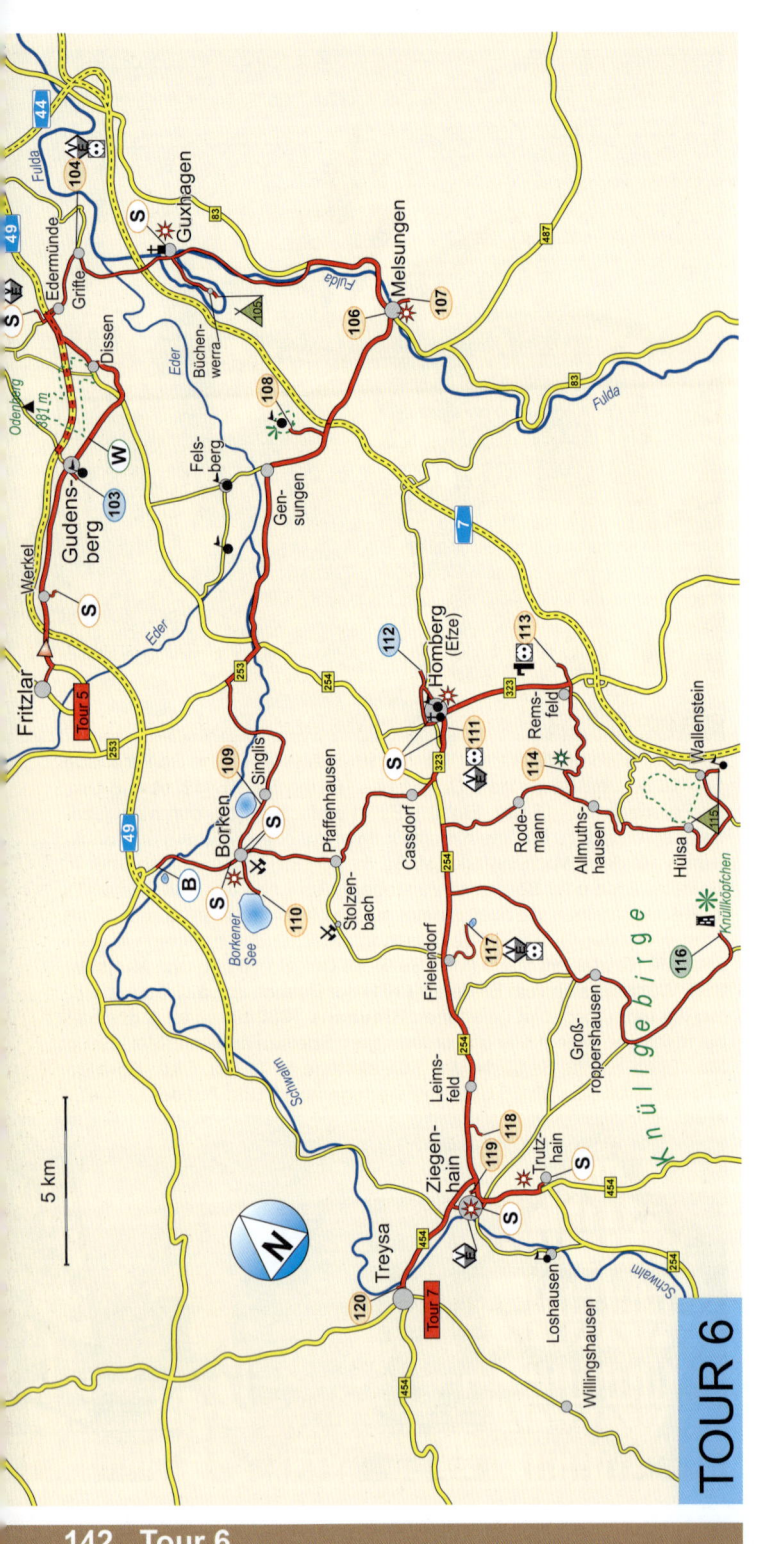

TOUR 6

Gudensberg - Guxhagen - Büchenwerra - Melsungen - Gensungen - Borken - Homberg/Efze - Knüllwald - Frielendorf - Ziegenhain - Treysa

Stellplätze:	Gudensberg, Grifte, Melsungen, Gensungen, Singlis, Borken, Homberg, Knüllwald, Schwarzenborn, Frielendorf, Schwalmstadt, Ziegenhain, Treysa.
Campingplätze:	Büchenwerra *Zur Fuldaschleife,* Knüllwald *Campingplatz Wallenstein.*
Ver-/Entsorgung:	Edermünde, Grifte, Homberg, Frielendorf, Ziegenhain.
Besichtigen:	Gudensberg *Obernburg*, Guxhagen *Gedenkstätte Breitenau*, Melsungen *Stadtbild, Heimatmuseum,* Borken *Hess. Braunkohle- u. Bergbaumuseum,* Homberg *Stadtbild, Burgruine, Feuerwehr- u. Kyffhäusermuseum,* Knüllwald *Tierpark*, Frielendorf *Museumsladen,* Ziegenhain *Stadtbild Museum d. Schwalm,* Trutzhain *Gedenkstätte,* Treysa *Stadtbild.*
Wandern:	Gudensberg, Gensungen, Wallenstein.
Baden:	Gudensberg, Borken, Homberg, Frielendorf, Wallenstein.
Essen:	Gudensberg *Chattenstube***,** Büchenwerra *Gaststätte Hartung,* Homberg *Hohlebachmühle.*

Die B450 bringt uns durch Fritzlar an eine Kreuzung am Ortsrand und wir biegen dort rechts Richtung GUDENSBERG ab. Wir haben einen schönen Blick in den Chattengau, der zwischen Kassel, der Eder und Fritzlar liegt und von bewaldeten Basalt-

kuppen zwischen Äckern geprägt ist. Wem in diesem Zusammenhang die elektronische Kommunikation über das Internet, der „Chat" einfällt, ist auf dem Holzweg, denn der germanische Stamm der Chatten hatte mit dem uns bekannten „World Wide Web" sicher noch nichts am Hut. Die alten Germanen blieben während der Völkerwanderung hier hängen und machten, wie wir bereits wissen, später die Bekanntschaft mit Bonifatius, der sie christianisierte. Der Apostel Deutschlands, wie der Heilige von der katholischen Kirche bezeichnet wird, berichtete vom „pagus hassorum", dem Gau der Hessen, der wiederum die Keimzelle der Landgrafenschaft Hessen wurde. Erst Mitte des 20. Jh. verlor sich der Begriff Hessengau und nun fahren

Bonifatius-Denkmal in Fritzlar

wir also durch den Chattengau auf WERKEL zu. Gern nennen wir den hier ansässigen „Schrauber" unseres Vertrauens und hoffen gleichzeitig, dass keiner unserer Leser ihn unfreiwillig aufsuchen muss. Die bestens nach rechts ausgeschilderte **Kfz. Werkstatt Löwer** ist Vertragspartner für Iveco- und Fiat-Nutzfahrzeuge und unser WOMO wird hier nicht nur im Notfall bestens versorgt [N 51°09'22.0" E 9°19'00.0", Am Freien Hof 32, Tel. 05622/99640]. In der Ferne erspähen wir bereits die **Ruine Obernburg**, die oberhalb des Stadtzentrums von GUDENSBERG liegt.

(103) WOMO-Badeplatz: Gudensberg, Terrano Bad

GPS: N 51°10'15.2" E 9°21'36.4"; Schwimmbadweg
max. WOMOs: 2-3
Ausstattung/Lage: Natur- und Hallenbad/Ortsrand, schräg.
Zufahrt: Am Kreisverkehr im Ort rechts den Hinweisen zum Schwimmbad folgen.

Hier kann man nicht nur schwimmen, sondern auch den Blick in den Chattengau schweifen lassen. Im Sommer lädt das Naturbad mit schönen Liegewiesen und in den übrigen Jahreszeiten das Hallenbad mit Saunalandschaft ein (Mo geschlossen). Die Parksituation im Ort ist für unsereins etwas schwierig, aber mit etwas Glück findet das WOMO ein Plätzchen am Rathaus. Hier startet der **Kulturpfad**, der zu verschiedenen Sehenswürdigkeiten des Fachwerkstädtchens führt. Besonders schön sind die originellen Stadtführungen, die bei der **Tourist-Info** im Rathaus (Mo - Fr 8 - 12 Uhr, Mo - Mi 14 - 16 Uhr, Do 14 - 17.30 Uhr, www.gudensberg. de) gebucht werden können. So führt z. B. ein Trommler in historischer Uniform durch die romantischen Gassen am Schlossberg und zum letzten erhaltenen Wehrturm der einstigen Stadtbefestigung. Wanderhungrige fahren von hier nicht gleich auf die Autobahn A49 Richtung

KASSEL, sondern bewegen sich erstmal Richtung DISSEN. Kurz hinter dem Ortsausgang von Gudensberg liegt linkerhand ein Wanderparkplatz [N 51°10'59.3" E 9°23'02.3"; An der K6/K7], von dem man den Sagen und Mythen in der charakteristischen Landschaft des Chattengau begegnen kann.

WOMO-Wandertipp: Josef-Mertin-Weg

Leichte Wanderung von ca. 8,5 km auf Wald- und Wiesenpfaden und befestigten Wegen.

Der fast durchgängig mit JM markierte Weg verläuft durch die offene Landschaft und bietet herrliche Aussichten auf die waldreiche Umgebung. Einzig die Geräusche der nahen Autobahn stören die Wanderidylle. Etwas aufpassen müssen wir, als wir den Abzweig zum Turm auf den

Odenberg erreichen, denn nur wenige Meter danach fehlt die Markierung, die uns rechts durch die Felder abwärts zum nicht zu übersehenden Scharfenstein bringen soll. Auf dem zerklüfteten Basaltkegel lässt es sich prima klettern, während wir nach der Umrundung des sagenumwobenen Felsens wieder auf dem asphaltierten Weg bis zum Ortsbeginn von Dissen marschieren. Hier ist die Wegmarkierung zur Zeit unserer Recherche nicht mehr lesbar und wir orientieren uns gefühlsmäßig nach links. Bald treffen wir wieder auf das bekannte JM, das uns erst um den Ort und dann mitten hineinführt. In der **Chattenstube** (Mi - So 8.30 - 22 Uhr) legen wir eine kleine Pause ein, bevor wir ein kurzes Stück an der Bundesstraße entlang und anschließend erst am Ortsrand und dann durch die Wiesen zurück zum Ausgangspunkt der Wanderung gehen.

Auch von hier kommt man anschließend über DEUTE und DIS-SEN auf die A49 Richtung KASSEL, um die Autobahn, genau wie aus Gudensberg, nach kurzer Fahrt an der Anschlussstelle EDERMÜNDE sofort wieder zu verlassen. Bei Erreichen der Landstraße liegt rechts das **Campingzubehör-Geschäft Kuno's Outdoor** sowie der WOMO-Händler **Kuno's Mobile Freizeit mit Werkstatt** (Mo - Fr 9 - 18 Uhr, Sa 9 - 13 Uhr) und einer zu den Öffnungszeiten zugänglichen, gebührenpflichtigen **V/E-Station** [N 51°13'00.6" E 9°24'50.8", Frankfurter Straße 6a]. Links führt die Landstraße nach GRIFTE und zu einem

Stellplatz, der unweit der Edermündung liegt.

(104) WOMO-Stellplatz: Grifte

GPS: N 51°12'44.7" E 9°26'56.0"; Auenweg   **max. WOMOs**: 12
Ausstattung/Lage: V/E, Strom
Gebühr, Radwege, Gaststätten ca. 300 m im Ort/Ortsrand. Straße und Bahnstrecke in der Nähe, ggf. Geräuschbelästigung.

Zufahrt: Der Durchgangsstraße durch den Ort bis zu einem Kreisel und dort den WOMO-Piktogrammen links folgen.

Am Kreisverkehr halten wir uns geradeaus Richtung GUX-HAGEN, überqueren die Autobahn und orientieren uns wenig später links nach der Beschilderung zur Gedenkstätte [N 51°12'09.7" E 9°28'29.0"; Brückenstraße].

Gedenkstätte Breitenau

Bereits in der Reformationszeit wurde das 1113 gegründete Benediktinerkloster aufgelöst. Erhalten geblieben ist die mächtige Kirche, eine dreischiffige Pfeilerbasilika im romanischen Stil, die 1579 zu einem Fruchtspeicher und Pferdestall umgebaut und im Dreißigjährigen Krieg zerstört wurde. Ab dem Deutsch-Französischen Krieg 1870/71 begann eine völlig andere Nutzung des ehemaligen Klosters, als die zum Speicher umgebaute Klosterkirche zum Lager für französische Kriegsgefangene wurde.

Danach wurde das Gebäude geteilt und diente von 1874-1949 als Arbeitshaus mit zuchthausähnlichem Charakter für Bettler, Landstreicher, Obdachlose und Prostituierte. Mit der Machtübernahme der Nationalsozialisten 1933 wurde Breitenau zum Konzentrationslager für politisch andersdenkende Personen, die vorwiegend aus dem Regierungsbezirk Kassel kamen. Von 1940 bis 1945 nutzten die Machthaber die Anlage unter katastrophalen Haftbedingungen als Arbeitserziehungslager für ausländische Zwangsarbeiter. Von 1952 bis 1973 wurde das Gelände als geschlossenes Fürsorgesorgeheim für Mädchen genutzt. Heute befinden sich hier ein Wohnheim und eine Rehabilitationseinrichtung für seelisch kranke Menschen sowie die Gedenkstätte Breitenau, die in einer Ausstellung mit künstlerischen Mitteln an die Geschichte des Ortes heranführt, durch ein Modell den Aufbau des ehemaligen Lagers verdeutlicht und entscheidend zur Vergangenheitsbewältigung beiträgt. Neben vier besonders dokumentierten Einzelschicksalen von Gestapo-Gefangenen, ist uns außerdem der Esslöffel eines niederländi-

schen Zwangsarbeiters in Erinnerung. In den Löffel bohrte der Häftling die Initialen seines Namens, um ihn als Sieb zu nutzen und aus der dünnen Kohlsuppe die festen Bestandteile heraussieben zu können. Ausserdem gibt es in der Gedenkstätte ca. 3000 Originalakten der ehemaligen Häftlinge, die eingesehen werden können.

Für Einzelbesucher findet sonntags um 14.30 Uhr eine gebührenfreie Führung durch die Gedenkstätte und das Außengelände sowie den Haftteil der ehemaligen Klosterkirche statt (Mo - Fr 9 - 13/14 - 16 Uhr, So 13 - 17 Uhr, Sa und an Feiertagen, die in der Woche liegen geschlossen. Führungen in der Woche nach Voranmeldung, Tel. 05665/3533, www.gedenkstaette-breitenau.de).

Zurück zur B83 geht es weiter Richtung MELSUNGEN. Das Mittlere Fuldatal bietet ideale Voraussetzungen zum Wasserwandern und Radfahren und für einen längeren Aufenthalt bietet sich der schön gelegene Campingplatz an der Fuldaschleife an.

(105) WOMO-Campingplatztipp: Büchenwerra, Campingplatz Zur Fuldaschleife

GPS: N 51°10'39.5" E 9°28'42.5"; Zum Bruch
Telefon: 05665/961044 o. 2771, www.fuldaschleife.de
Öffnungszeiten: März - Dezember.
Ausstattung/Lage: Rad- und Wanderwege, Spiel- und Bolzplatz, Boots- und Radfahrstation, Angeln, Waschmaschine/Trockner, WLAN-Hotspot, Lebensmittel- und Gasflaschenverkauf, Gaststätte/Café, Biergarten/außerorts.
Zufahrt: Von der B83 links Richtung Büchenwerra bis zum Ende der Straße, dann zweimal rechts den Hinweisen zum Campingplatz ca. 2,5 km folgen.

Sollte die WOMO-Küche in BÜCHENWERRA kalt bleiben, dann empfiehlt sich die Einkehr im **Gasthaus Hartung** (Fr - Mi 11 - 14 Uhr, abends ab 17 Uhr) bei nordhessischen „Schmecke-wöhlerchen" oder anderen schmackhaften Gerichten.
Entlang der Fulda fahren wir durch die waldreiche Umgebung geruhsam auf der B83 weiter in eine der schönsten Fachwerkstädte unserer Reise.

(106) WOMO-Stellplatz: Melsungen, Am Sand

GPS: N 51°07'58.0" E 9°32'42.0"; Sandstraße **max. WOMOs:** 3-5
Ausstattung/Lage: WC, öffentl. Parkplatz, tagsüber Gebühr, Gaststätten, Geschäfte und Bäcker in unmittelbarer Nähe/im Ort, direkt an der Fulda gelegen. Nachts ruhig.
Zufahrt: Von der B83 links Richtung Stadtmitte und gleich wieder rechts zum Parkplatz fahren.

(107) WOMO-Stellplatz: Melsungen, Waldschwimmbad

GPS: N 51°07'19.2" E 9°33'14.5"; Dreuxallee/Evesham Allee **max. WOMOs:** 5-10
Ausstattung/Lage: ca. 1,8 km ins Zentrum, Mülleimer/außerorts, schräg.
Zufahrt: Wie **(109)**, jedoch geradeaus über die Fuldabrücke und dann rechts, später hinter einer Fußgängerampel links und nach der Bahnunterführung rechts Richtung Schwimmbad. Hier sind offizielle WOMO-Plätze ausgewiesen. Wir fahren jedoch ca. 200 m weiter und finden links zu einem Parkplatz am Sportzentrum.

Melsungen

Die Stadt wurde erstmals um 800 urkundlich erwähnt, war oft Schauplatz kriegerischer Handlungen und Spielball der weltlichen und kirchlichen Fürsten. Mehrfach wechselte sie die Besitzer, bis schließlich einer der hessischen Landgrafen 1427 die Oberhand behielt. An der Kreuzung mittelalterlicher Handelsrouten wurde Melsungen Umschlagplatz für Waren aller Art, es wurden Märkte abgehalten und Wollen- und Leineweber sowie Schneider und Metzger siedelten sich an. Bis ins 20. Jh. bildete das Textilgewerbe einen bedeutenden Wirtschaftsfaktor, während heute das medizinisch-pharmazeutische Unternehmen B. Braun der größte Arbeitgeber der Stadt ist. Aus der bewegten Zeit der vergangenen Jahrhunderte zeugt das nahezu geschlossene, mittelalterliche Stadtbild von über 400 Fachwerkbauten. Vom Stellplatz **(106)** sind es nur einige Meter bis zur **Bartenwetzerbrücke**, die sechsbogig und in ihren Grundfesten seit 1595/96 behäbig im Fluss steht. Lange Zeit wetzten die Holzfäller aus den umliegenden Wäldern am Brückensandstein ihre Barten, mittelhochdeutsch für Axt oder Beil, um sie zu schärfen. Heute beäugen zwei bronzene Bartenwetzerfiguren die Spuren ihrer längst verstorbenen Vorbilder und beobachten die Besucher des **Heimatmuseums**. Im ehemaligen Elektrizitätswerk am Brückenende werden Exponate u. a. zu den Themen Stadtgeschichte, Energiegewinnung, Tierwelten im und am Fluss, zur Landwirtschaft und zur Entwicklung der orts-

ansässigen Industriebetriebe vorgestellt (Ostern - Mitte Dez. Sa/So 15 - 17 Uhr, Eintritt). Von hier geht es geradewegs in die fast autofreie Altstadt und der Spaziergang durch die Gassen Melsungens macht so doppelt Spaß. Ungestört können wir die Fassaden der Häuser aus dem 16. - 19. Jh. sowie aus dem Klassizismus und der Gründerzeit betrachten, die mit teils wunderschönen ornamentalen Verzierungen geschmückt sind. Es gibt auch figürliche Darstellungen, wie z. B. den fast lebensgroßen „Marktmeister" in der Tracht des 16. Jh. am Marktplatz/Ecke Brückenstraße. Unbestrittener Mittelpunkt der Stadt ist das imposante **Rathaus**,

das zu den schönsten Fachwerk-Rathäusern Deutschlands zählt. Der dreigeschossige freistehende Bau wird von vier Ecktürmen und von einem zentralen Dachreiter in Form eines Uhrturmes gekrönt, in dem bei geöffnetem Fenster die Symbolfigur Melsungens, ein großer geschnitzter Bartenwetzer, täglich um 12 und 18 Uhr sichtbar wird. In der Nähe gelangen wir zur **Stadtkirche** aus dem 14 Jh. und dahinter in die Burgstraße, in der an einem reich verzierten Bürgerhaus zwei „nackerte" Figuren vermutlich Adam und Eva darstellen sollen. In der Straßenverlängerung gelangen wir zum **Landgrafenschloss**, das 1550 - 57 als Jagdschloss erbaut wurde und heute von verschiedenen Behörden genutzt wird. Hinter einem kleinen Wirtschaftshof verbirgt sich der Schlossgarten, in dem links ein Rest der Stadtmauer zu erkennen ist. Von der ehemaligen Befestigung ist ansonsten nicht mehr viel erhalten, lediglich der 1387 errichtete Eulenturm hat es bis in unsere Zeit geschafft. Das gemütliche Fachwerkflair, die Straßencafés, Geschäfte und Märkte machen Melsungen zu einer sympathischen Stadt, die zudem noch einiges an Veranstaltungen zu bieten hat. Erwähnen möchten wir das alljährlich im Oktober stattfindende **Nordhessische Spezialitätenfestival**, bei dem regionale Erzeuger wohlschmeckenden Käse, leckere Ahle Wurscht, Weine, Honig und vieles mehr anbieten (www.nordhessen-geschmackvoll.com). Weiterführende Informationen erhält man bei der **Tourist-Info** (Mai - Okt. Mo - Fr 9 - 17 Uhr, Sa 10 - 12 Uhr, Nov. - April Mo - Do 9 - 16 Uhr, Fr 9 - 12 Uhr, Sandstraße, www.melsungen.de), die gegenüber dem Stellplatz **(106)** zu finden ist. Hier beginnen **öffentliche Stadtführungen** (Di/So 14 Uhr, Sa 14 Uhr, Gebühr) oder wer die Fulda auf ganz besondere Art erkunden möchte, kann an jedem ersten Sonntag im Monat eine **Floßfahrt** buchen.

Aus Melsungen heraus führt uns die B253 Richtung FELSBERG ziemlich steil bergauf. Nachdem wir die Autobahn unterquert haben, folgen wir rechts dem Schild zur BURG HEILIGENBERG.

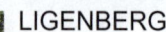

(108) WOMO-Stellplatz: Gensungen, Heiligenberg
GPS: N 51°07'52.5" E 9°27'43.3";
Heiligenbergallee
max. WOMOs: 2-3
Ausstattung/Lage: Infotafel, Wanderwege, Tisch u. Bänke, Schutzhütte, Gaststätte, Mülleimer/außerorts.
Zufahrt: Von der B253 ca. 1,5 km bis zum Parkplatz fahren.

Die **Burgruine Heiligenberg** liegt auf dem 393 m hohen Heiligenberg, der wegen seiner herrlichen Aussicht vom Edertal bis ins Kasseler Becken und auf die umgebenen Basaltkuppen auch gern „Hessenlandes Krone" genannt wird und gehört neben der Felsburg und der Altenburg zu einer der drei mittelalterlichen Burgen von Felsberg. Wer Lust auf **Kunst am Wanderweg** hat, kann sich hier Lust auf mehr holen. Der Grundidee des Projektes **Ars Natura** nach sollen entlang zweier Fernwanderwege Kunstpfade entstehen, die u. a. das Zusammenspiel von Kultur und Natur konkret erfahrbar machen. Originelle Überraschungen machen die am Heiligenberg beginnende kleine Runde von 2,5 km Länge spannend und ermöglichen uns manch neuen Blickwinkel. Weitere Strecken und Beschrei-

Ars Natura: Dieter Utermöhlen - Bild-Schirm

bungen der Kunstwerke gibt es unter www.ars-natura-stiftung. de. Im weiteren Verlauf der B253 gelangen wir nach GENSUNGEN, von wo der Blick auf die **Felsburg** der Kleinstadt Felsberg jenseits der Eder fällt. Während wir ohne Ergebnis darüber nachdenken, warum der sich nach oben verjüngende Turm im Volksmund „Butterfass" genannt wird, sehen wir am anderen Ufer der Eder die **Altenburg**, die das Burgentrio Felsbergs komplettiert. Wir befinden uns weiterhin auf der B253

Richtung BAD WILDUNGEN, bis wir links und gleich wieder rechts Richtung FRIELENDORF abbiegen. Wir kommen durch LENDORF und damit in das ehemalige Braunkohle-Revier Nordhessens, das mittlerweile rekultiviert wurde und mit dem von Wiesen und Wäldern umgebenen **Borkener Seenland** zu einer beliebten Freizeitlandschaft geworden ist. In SINGLIS erreichen wir den nach dem Ende des Tagebaus gefluteten **Singliser See**, der aufgrund optimaler Windverhältnisse zu einem **Surferparadies** (www.borkenersurfclub.de) geworden ist. Schon mal etwas von **Aquagolf** gehört? Wir bisher nicht und so schauen wir den Spielern zu, die mit sichtlich viel Spaß und mit mehr oder wenig gekonntem Abschlag Golfbälle vom Ufer auf Ziele im Wasser befördern (je nach Witterung ab Ostern Mi - Fr ab 13 Uhr, Sa ab 10 Uhr, So ab 9.30 Uhr, Hess. Sommerferien: Mo - Fr ab 11 Uhr, Sa/So unverändert, Gebühr. www.aquagolf-singliser-see.de). Aber auch Spaziergänger und Radfahrer können auf dem Rundweg um den See Erholung finden und einen Stellplatz gibt es zusätzlich noch zu vermelden.

(109) WOMO-Stellplatz: Singlis, Singliser See
GPS: N 51°03'21.7" E 9°18'46.1"
An der L 3149   max. WOMOs: 5
Ausstattung/Lage: Wander- u. Radwege, Surfer- u. Tauchbasis, Saisonimbiss, Bademöglichkeit, tagsüber Gebühr/außerorts.
Zufahrt: Hinter Singlis zum ausgeschilderten See rechts abbiegen.

Alte Seebären träumen bei der Weiterfahrt nach BORKEN vielleicht noch vom ehemaligen Küstenwachboot „KW18", das hier seinen endgültigen Liegeplatz am See gefunden hat.

Außer vom stillgelegten Kraftwerk ist in und um Borken vom Bergbau nicht mehr viel zu sehen und wir statten dem bestens ausgeschilderten Bergbaumuseum einen Besuch ab, um uns mit der Materie näher zu beschäftigen. Zum Parken bietet sich der ausgewiesene WOMO-Stellplatz am Hallenbad an [**110:** N 51°02'40.2" E 9°16'26.0"; Westrandstraße] oder man versucht sein Glück auf einem der Stadtparkplätze [N 51°02'42.7" E 9°16'53.6", Pferdetränke] und [N 51°02'43.2" E 9°17'10.5"; Am Tor]. Für größere WOMOs könnte letztgenannter Parkplatz wegen

der engen Zufahrt jedoch problematisch sein. Am besten sagt uns der Parkplatz direkt am 3,5 ha großen Themenpark des Museums zu [N 51°03'07.1" E 9°15'58.3"; Am Freilichtmuseum 1], um von dort den Besucherstollen und eine Ausstellung zur regionalen Bergbaugeschichte im ältesten noch erhaltenen Fachwerkhaus von 1473 in der Altstadt Borkens nach ca. 2 km zu Fuß oder per Rad zu erreichen.

Hessisches Braunkohle-Bergbaumuseum

Im Großraum Borken wurde 1897 mit dem Abbau der Braunkohle begonnen, von 1923 - 1991 in einem Dampfkraftwerk vor allem zur Stromerzeugung genutzt wurde. Neben den wirtschaftlichen Gründen spielte sicher auch die Kohlestaubexplosion von 1988 in der Grube Stolzenbach bei der Einstellung des Tagebaus eine Rolle. Eine in Borken ausgeschilderte **Gedenkstätte** zwischen Stolzenbach und Dillich erinnert

an das Unglück, das nur 6 von 57 Kumpel überlebten. Im **Themenpark Kohle und Energie** veranschaulichen rotierende Bohrgeräte, rasselnde Schaufel-Eimerkettenbagger, feurigrauchende Kraftwerkskessel und laufende Turbinen, wie die Kohle einst zur Energiegewinnung genutzt wurde. Das Schöne ist, dass man hierbei selbst aktiv werden und Industriekultur authentisch erleben kann. Sonntags fährt zudem die Besucherbahn über das Gelände, während im bereits erwähnten **Besucherstollen** der Arbeitsalltag der Bergleute erlebt werden kann. Da rotieren dann Walzen, rattern Förderbänder, knattern Bohrgeräte und kleine Besucher finden im **Kindererlebnisstollen** bergmännische Arbeitsbedingungen vor. Dem Museum angeschlossen ist das **Naturschutz Informationszentrum Borkener See**, in dem interaktive Medien, Tiere und Pflanzen veranschaulichen, wie aus den Tagebauen neue Landschaften entstehen. Toll gemacht und unter sachkundiger Führung ein Stunden füllendes Erlebnis (Besucherstollen/Bergbaugeschichte/Themenpark 1. So vor Ostern - letzten Fr im Okt. Di - So 14 - 17 Uhr, Besucherstollen letzter Fr im Okt. - 1 So vor Ostern So 14 - 17 Uhr, Eintritt. www.braunkohle-bergbaumuseum.de).

Wer mag, kann auf dem 32 km langen **Braunkohle-Rundweg** per Rad oder zu Fuß noch mehr von der Bergbaufolgelandschaft erleben. Oder man beginnt vom Stellplatz **(110)** eine ca. 6 km lange Wanderung um das **Naturschutzgebiet Borkener**

Weißkohlfeld

See. Wem der Sinn mehr nach einem Badetag steht, der orientiert sich von Borken aus Richtung Autobahn und erreicht nach ca. 3 km den äußerst beliebten **Naturbadesee Stockelache** mit einem gebührenpflichtigen Parkplatz [51°04'02.9" E 9°14'46.2"].

Von Mai bis September bieten Wasserrutsche, Badeinseln, Volleyball-Felder, Bootsverleih und Abenteuerspielplatz viel Spaß für Groß und Klein. Klar, dass bei dem Remmidemmi Eintritt verlangt wird und Hunde verboten sind.

Durch Borken folgen wir der Hauptstraße und dann der Landstraße nach PFAFFENHAUSEN und ROPPERSHAIN immer Richtung HOMBERG. Das von Landwirtschaft geprägte Gebiet liefert Rüben für die Zuckerfabrik in Wabern und Kraut, das später in den Dosen des Fritzlarer Sauerkrautherstellers landet. Hinter CASSDORF setzen wir uns auf die B323 und registrieren die Abfahrt zur historischen Altstadt von HOMBERG und erwähnen schon einmal, dass wir hier auch die Zufahrt zum **Restaurant Hohlebachmühle** [N 51°01'30.0" E 9°23'53.2", Ziegenhainer Straße] hätten, wenn wir sie per WOMO ansteuern wollten. Zu erwähnen ist, dass der offizielle Stellplatz recht weit vom Zentrum entfernt liegt und zusätzlich erstmal ordentlich bergauf gegangen werden muss, um die Stadt zu erreichen. Einen weiteren WOMO-Stellplatz finden wir (ebenfalls außerhalb) am sehr schön gelegenen **Freibad** (Mai - September).

---

(111) WOMO-Stellplatz: Homberg, Wohnmobilstellplatz
GPS: N 51° 01 39.6" E 9° 24 50.1"   **max. WOMOs**: 7
Waßmuthshäuser Straße/Dresdener Allee
Ausstattung/Lage: V/E, Strom gegen Gebühr, sonst kostenfrei, Mülleimer, ca. 1,5 km in den Ort und zum Restaurant Hohlebachmühle/Ortsrand. B323 in unmittelbarer Nähe, jedoch nachts erträglicher Straßenverkehr!
Zufahrt: Von der B323 den WOMO-Piktogrammen folgen.

---

(112) WOMO-Stellplatz: Homberg, Freibad am Erleborn
GPS: N 51° 02 37.5" E 9° 24 53.5"; Erlebrunnenweg   **max WOMOs**: 2-3
Ausstattung/Lage: Saison-Bistro, ca. 1,5 km in den Ort, Mülleimer/außerorts.
Zufahrt: Wie **(111)**, jedoch am Kreisverkehr Richtung Homberg und Richtung Kassel/Bad Wildungen. Auf der Wallstraße und der Kasseler Straße wird das Stadtzentrum umrundet und aus dem Ort herausgefahren, um nach insgesamt ca. 1,8 km rechts wieder Richtung Homberg abzubiegen. Nach weiteren 1,4 km an der nächsten Kreuzung rechts Richtung Stadtmitte und kurz danach rechts der Beschilderung ca. 800 m zum Schwimmbad folgen.

Die Zufahrt zu Stellplatz **(112)** nutzen wir auch, um den einzigen für die Stadtbesichtigung tauglichen Parkplatz für WOMOs zu erreichen [N 51°02'08.1" E 9°24'34.7"; Hans-Staden-Allee]. Hinter dem Abzweig zur Stadtmitte liegt der Parkplatz nach ca. 300 m auf der linken Seite. Er ist zwar nur für Pkw ausgeschildert, aber bei der **Tourist-Info** (Mo - Fr 10 - 13/14 - 17 Uhr, Sa 10/11 - 15 Uhr, So 11 - 15 Uhr; Marktplatz, www.homberg-

efze.eu) teilte man uns mit, dass WOMOs für einen Kurzauf-
enthalt geduldet würden. Auch wenn die Parkplatzanfahrt mit
viel Kurverei verbunden ist, raten wir dringend von einer kürzeren Anfahrt durch die enge Altstadt ab!

Homberg an der Efze

Homberg ist wunderschön! So einfach könnte man das reizende Städtchen mit seinen zahlreichen Fachwerkbauten kurz und knapp beschreiben. Denn egal, ob man nun vom Stellplatz hinauf oder vom Parkplatz
hinab gekommen ist, ein Bummel durch die engen Gassen macht einfach
nur Laune. Auch hier treffen wir wieder auf ein geschlossenes Stadtbild
innerhalb der fast vollständig erhaltenen **Stadtmauer**. Gesichert wurde
die Stadt einst durch sieben Wachtürme, von denen lediglich der **Pulver-
turm** aus dem 13. Jh. vollständig erhalten blieb. Am besten gefällt es uns
rund um den Markt mit sehenswerten Gebäuden wie der **Engel-Apotheke**

von 1680 oder dem auf 1480 datierten **Gasthaus Zur Krone**, dessen
Schankraum 1721 öffnete und das damit zu den ältesten Gasthäusern
Hessens gehört. Der Krone selbst hat das aber nichts genützt, denn zur
Zeit unserer Recherche wurde das prächtige Patrizierhaus leider nicht
bewirtschaftet. Unser Blick wird schnell zu weiteren Gebäuden, darunter
das Löwenhaus von 1617 mit einem wertvollen Renaissanceportal oder
das Fünffensterhaus mit der Löwenapotheke, gelenkt. Die **Tourist-Info**
ist nicht zu übersehen und die alles überragende **Stadtkirche St. Ma-
rien** sowieso nicht. In dem 1340 als dreischiffige gotische Hallenkirche
erbauten Gotteshaus berief 1526 Landgraf Philipp der Großmütige die
Homberger Synode ein, die die Reformation für das damalige Hessen
beschloss. Heute schaut uns Philipp als Statue vom Marktplatz hinterher,
als wir Richtung Rathaus spazieren und das Hochzeitshaus von 1552,
in dem das **Heimatmuseum** untergebracht ist, vor Augen haben (3. So
vor Ostern - Okt. Mi 14.30 - 16.30 Uhr, Sa/So 10 - 12/14.30 - 16.30 Uhr,
Eintritt). Durch das kleine Gässchen bergauf, vorbei am **Kyffhäuser Mu-**

seum (So 11 - 12 Uhr) gelangen wir zum **Hochzeitspförtchen**. Durch die einzige Fußgängerpforte zur Burg erklimmen wir mühsam den Burg-

berg und staunen nicht schlecht, als uns oben die „Stadtadelige Hildegardis" in vollem Ornat empfängt. Des Rätsels Lösung: Hildegardis ist im richtigen Leben Stadtführerin und wechselt extra für uns (wenig stilecht hinter einem Pkw auf dem Burgparkplatz) ihr Gewand, um uns als „Weiße Frau" am Brunnen der **Ruine Hohenburg** zu erwarten. Im fahlen Mondlicht berichtet sie von Verrat, aber auch von Treue bis in den Tod und es gruselt und fasziniert uns zugleich. Ein bleibender Eindruck, den jeder Besucher ähnlich erleben kann, wenn er sich einer **öffentlichen Stadtführung** (April - Okt. Mi 10.30 Uhr/Sa 14.30 Uhr, Treffpunkt Marktplatz, Gebühr) anschließt oder sich ganzjährig für eine **Abendführung** (1. Fr im Monat 18.30 Uhr) bzw. eine **Themenführung** gegen Gebühr bei der Tourist-Info anmeldet. Den erwähnten Burgparkplatz sollte man übrigens mit dem WOMO wegen der teils engen Zufahrt nicht unbedingt anfahren! Dafür sollte man es aber auf gar keinen Fall versäumen, den Burgturm zu besteigen. Von dort bietet sich ein phänomenaler Rundblick ins nordhessische Bergland und in die Ebene der Schwalm, obwohl der klotzige Turm gar nichts mit der Burggeschichte zu tun hat. Diese wird im **Ho-**

Mit der „Weißen Frau" am Burgbrunnen

henburgmuseum präsentiert, das neben dem Busbahnhof unten in der Stadt liegt und nach Vereinbarung seine Pforten öffnet (Tel. 05681/4418 o. bei der Tourist-Info nachfragen). Nachdem wir vom Burgberg hinabgestiegen sind, fahren wir zur Übernachtung zum Stellplatz **(111)**, gehen zu Fuß unter der B323 hindurch und gelangen links entlang der Efze nach gut 1 km zum **Restaurant Hohlebach Mühle** (Mo - Fr 17.30 - 22 Uhr, Sa/So/Feiertage ab 11.30 Uhr). Hier genießen wir „Hessen à la carte" mit einem ausgezeichneten Hessischen Schmandschnitzel und bei der gebratenen Forelle entfaltet sich nacheinander der Geschmack von Rosmarin, Thymian und Zitrone, während die Nussbutter dem Ganzen den Pfiff gibt. Ein super Abschluss für einen gelungenen Tag in Homberg!

Am Morgen starten wir auf der B323 Richtung KNÜLLWALD und damit in die **Schwalm**, die zwischen dem Kellerwald im Westen, dem Knüll im Osten, dem Vogelsberg im Süden eingebettet ist und im Norden in das Borkener Becken übergeht. Der von den Flüssen Fulda, Eder und Schwalm durchzogene Landstrich wird liebevoll **Rotkäppchenland** genannt.

Na klar, da haben schon wieder die Brüder Grimm ihre Hand im Spiel, denn ein rotes Käppchen tragen auch junge Frauen und Mädchen, wenn sie zu besonderen Anlässen ihre imposante Schwälmer Tracht anlegen. Belegt ist das zwar nicht eindeutig, aber wir glauben gerne, dass sich die schreibenden Brüder in der Schwalm zu dem Märchen vom kleinen Mädchen und dem Wolf inspirieren ließen, zumal wir es gleich zweimal mit Meister Isegrim zu tun bekommen. Doch zunächst erreichen wir einen Kreisverkehr in REMSFELD, an dem sich die **Tourist-Info Knüllwald** befindet (Mo - Fr - 9 - 17 Uhr, Hauptstraße 34, www.knuelltouristik.de). Links abbiegend kommen wir zum Knüllwalder Tagebau, der am Wochenende sein Gelände und den Fuhrpark für ein ganz besonderes Vergnügen öffnet (Sa/So/Feiertage April - Okt. 10 - 18 Uhr, Nov. - März 10 - 16 Uhr, Tel. 0172/5690662, www.offroadpark-knuellwald.de).

(113) WOMO-Stellplatz: Knüllwald, Offroadpark - Böser Wolf

GPS: N 51°00'45.0" E 9°28'07.5";
Hellwigwerke 4
max WOMOs: >10
Ausstattung/Lage: Sanitärgebäude, Strom, Wasser, Grillplatz, Gebühr/außerorts.
Zufahrt: Am Kreisel in Remsfeld/B323 den Hinweisschildern ca. 1 km folgen.

Wer schon immer gern Herr oder Frau über Radlader, Dumper oder Raupe sein wollte, eine rasante Jeep-Tour durch Schlammlöcher erleben oder gar einen Panzer fahren wollte, der ist hier genau richtig. Immer ist ein erfahrener Instrukteur dabei und nach getaner Arbeit kann am Lagerfeuer gefachsimpelt und der actionreiche Tag verarbeitet werden. Wir wissen jetzt jedenfalls, dass es gar nicht so einfach ist, mit einem 30 t - Kettenbagger Berge zu versetzen. Was das Gan-

ze mit dem „Bösen Wolf" zu tun hat, erschließt sich uns zwar nicht, aber das Kind musste wahrscheinlich einfach einen Namen haben. Am vorgenannten Kreisel folgen wir nun den Hinweisen zum **Wildpark Knüll** durch SCHELLBACH und platzieren nach einer Berg- und Talfahrt das WOMO auf dem Parkplatz P2, der im hinteren Bereich fast idyllisch zu nennen ist.

(114) WOMO-Stellplatz: Knüllwald, Wildpark

GPS: N 50°59'18.9" E 9°26'08.0"

max. WOMOs: 3-5

Ausstattung/Lage: Spielplatz, Streichelzoo/außerorts, teils schräg.

Zufahrt: Den Hinweisen zum Wildpark folgen.

Naturzentrum Wildpark Knüll

Hier begegnen wir tatsächlich dem Wolf bzw. einem ganzen Wolfsrudel, das mit zwei Braunbären auf einem 7000 m² großen Gelände eine Art Wohngemeinschaft gebildet hat. In den großflächigen Waldgehegen leben weitere 40 heimische Tierarten und einige bewegen sich frei im Park und können aus nächster Nähe beobachtet werden. Auf dem großen Spielplatz können sich Kinder austoben, in der Gaststätte ist Verpflegung für alle angesagt und vom Aussichtsturm auf dem Streuflingskopf kann das Auge weit in die Ferne blicken. Die Ausstellung im Naturentdeckerhaus beschäftigt sich zudem mit der Kultur- und Naturlandschaft des Knülls und behandelt naturkundliche und umweltrelevante Themen (Feb. - März 10 Uhr bis zur Dämmerung, April - Okt. 9

- 19 Uhr, Nov. - Jan. Sa/So 10 Uhr bis zur Dämmerung, Eintritt. Hunde verboten! www.wildpark-knuell.de).

In der Abenddämmerung erhalten wir Besuch von zwei Rehen. Bevor sie uns verraten können, ob sie aus dem Wildpark entwischt sind oder sich „legal" in freier Wildbahn tummeln, verschwinden sie genauso geräuschlos wie sie gekommen sind.

Am nächsten Morgen setzen wir die Fahrt durch den Wald fort und entscheiden uns am Ende der Straße, links weiter in den landschaftlich reizvollen Knüll zu fahren. Über ALMUTHS-HAUSEN, vorbei an STEINDORF geht es über HÜLSA nach WALLENSTEIN. Der kleine Ort bietet nicht nur ein feines **Naturschwimmbad**, sondern unterhalb der im Dreißigjährigen Krieg zerstörten Burg einen hübsch gelegenen Campingplatz.

(115) WOMO-Campingplatztipp: Knüllwald, Campingplatz Wallenstein

GPS: N 50°57'00.7" E 9°29'35.8"; Burgstraße; Telefon 05686/262

Öffnungszeiten: Mai - Sept., www.campingplatz-wallenstein.de

Ausstattung/Lage: Wanderwege, Spielplatz, Café, Nutzung des Schwimmbades kostenlos/Ortsrand.

Zufahrt: Der L3384 nach Allmuthshausen und Steindorf folgen. Dort über Völkershain nach Wallenstein. Entfernung zum Campingplatz ca. 10 km.

Auch wenn man hier nicht für einen längeren Aufenthalt vor Anker geht, kann der vor dem Campingplatz liegende Parkplatz als Ausgangspunkt zu einer bei Naturfreunden als Geheimtipp geltenden Wanderung genutzt werden.

WOMO-Wandertipp: Lochbachpfad

Leichte Wanderung von ca. 8,5 km mit einigen An- und Abstiegen auf Wald- und Forstwegen sowie Pfaden mit teils steigartigem Charakter.

Vom Campingplatz laufen wir in den Ort bis zur Knüllwaldstraße, halten uns links und folgen am Ortsausgang rechts der Straße „Am Ebig" und dem Hinweis zur Lochbachklamm. In einer Rechtskurve schwenken wir links auf den durchgängig mit einem roten L auf weißem Grund gut markierten Lochbachpfad. Durch ein kleines Wiesental erreichen wir aufwärts die Lochbachklamm. Das tief eingeschnittene Bachbett zeigt großflächig sichtbare und ausgewaschene Gesteinswände aus Buntsandstein. Über 150 Höhenmeter überwindet der Waldbach, wäscht die weicheren Gesteinsschichten aus und gräbt sich durch das starke Gefälle weiter in den Boden. Sturzquellen ergießen sich über die Felsen und unter dem Blätterdach breitet sich eine Farnlandschaft aus. Über zahlreiche Holzbrücken queren wir den Bach mehrmals und bemerken in der wildromantischen Umgebung kaum, dass der

Weg auf einem von Wurzeln und Steinen bestückten Pfad recht steil nach oben führt. Obwohl wir den eigentlichen Höhepunkt der Wanderung bereits hinter uns haben, erfreuen wir uns, nachdem wir das freie Feld bei Hülsa erreicht haben, an den Magerwiesen mit ihrer vielfältigen Flora und genießen später den herrlichen Ausblick auf das Knüllköpfchen und den Eisenberg. Über den weiterhin gut beschilderten Weg gelangen wir an eine Schutzhütte, von der wir über das Rinnetal bis zum Kellerwald blicken können. Immer durch den Wald passieren wir eine weitere Schutzhütte und marschieren über das Ebigköpfchen zurück nach Wallenstein und weiter bis zum Campingplatz.

Nach diesem erfreulichen Marsch durch die Stille der Natur fahren wir über HÜLSA zurück nach ALMUTHSHAUSEN. Auf dem Weg nach RODEMANN gelangen wir wieder an die Kreuzung, an der wir vom Wildpark Knüll kommend, schon einmal gewesen sind. SONDHEIM wird durchfahren und wir erreichen die B254, die uns links Richtung FRIELENDORF bringt. Vorher biegen wir aber noch schnell links zum KNÜLLKÖPFCHEN ab, das wir von unserer Wanderung auf dem Lochbachpfad schon von Weitem gesehen haben.

(116) WOMO-Wanderparkplatz: Richberg, Knüllköpfchen

GPS: N 50°54'57.7" E 9°25'16.5"

max. WOMOs: 2-3

Ausstattung/Lage: Wanderwege, Gaststätte in der Nähe/außerorts, schräg.
Zufahrt: Von der B323 den Hinweisen über Großropperhausen ca. 13 km folgen.

Lange galt das 634 m hohe **Knüllköpchen** oberhalb Hessens kleinster Stadt Schwarzenborn als höchste Erhebung des Knüllgebirges, doch der weiter südlich liegende Eisenberg machte ihm dieses Attribut um schlappe zwei Meter streitig. Sei's drum! Die Aussicht vom Knüllturm ist fantastisch und das Wandern in einer Landschaft mit vulkanischem Ursprung ist auch von hier wieder sehr erfreulich.

Zurück auf der B254 ist FRIELENDORF unser nächstes Ziel. Im Ort erinnert der **Museumsladen** (Di/Do 15 - 17 Uhr) an Großmutters Zeiten, wenn die Ladenglocke beim Eintreten freundlich bimmelt und uns feine Düfte um die Nase wehen. Nebenan können wir uns über früher im Ort ansässige Handwerksbetriebe und über das Leben auf dem Land informieren. Eine Ausstellung erzählt die Geschichte des früheren Braunkohlebergbaus, während ganz in der Nähe der aus dem Tagebaugelände entstandene **Silbersee** umgeben von viel Wald

Auf dem Knüllköpfchen

im Sommer Badespaß pur verspricht. Nebenher hat sich hier ein **Freizeit- und Ferienzentrum** entwickelt, das Spaß und Erholung für die ganze Familie verspricht. Vom **Kletterpark** (Mi - Fr 14 - 18 Uhr, Sa/So/Feiertage 12 - 19 Uhr, Juli/Aug. auch Mo/Di geöffnet, Eintritt. www.kletterpark-silbersee.de), über eine **Bobbahn** (Mai - Okt. ab 10/11 Uhr, www.silbersee-bob.de, Eintritt) und das **Kinderspielparadies Frielo-Land** (Di - Fr 14 - 19 Uhr, Sa/So/Feiertage 12 - 19 Uhr, Eintritt. www.frielo-land. de) sowie ein **Wellnessparadies** (www.wellnessparadies-silbersee.de) gibt es so ziemlich alles, was den Aufenthalt abwechslungsreich gestaltet. Um das alles nutzen zu können oder für **Wanderungen** und **Radtouren** auf gut markierten Wegen eine perfekte Basis zu haben, bietet sich der schön gelegene WOMO-Stellplatz an.

(117) WOMO-Stellplatz: Frielendorf, Wohnmobil-Park Silbersee

GPS: N 50°59'02.0" E 9°20'48.0"; Zum Silbersee   **max. WOMOs**: 50
Ausstattung/Lage: V/E/Strom, beleuchtet, geöffnet April - Okt., Gebühr/außerorts.   **Zufahrt:** Von der B254 in Frielendorf/Nord abfahren und an der nächsten Möglichkeit links ca. 2 km den Hinweisen zum Silbersee und den WOMO-Piktogrammen folgen.

Der B254 nach SCHWALMSTADT folgend, notieren wir hinter LEIMSFELD einen verschwiegenen Übernachtungsplatz.

(118) WOMO-Stellplatz: Schwalmstadt, Schützenwald

GPS: N 50°55'37.0" E 9°15'37.9"
max. WOMOs: 3-5
Ausstattung/Lage: Bänke, Gaststätte Ziegelhütte in der Nähe (Mo Ruhetag), Mülleimer/außerorts.
Zufahrt: Von der B254 links zum Schützenwald abbiegen und rechtshaltend ca. 400 m bis zum Parkplatz fahren.

Kurz danach haben wir Schwalmstadt erreicht, das 1970 durch die Zusammenlegung der Kleinstädte ZIEGENHAIN und TREYSA mit den umliegenden Dörfern entstand und seinen Namen durch den gleichnamigen Fluss erhielt. Somit gibt es zwei Stadtkerne, die rund 4 km auseinanderliegen und erfreulicherweise auch zwei Wohnmobilstellplätze. Die **V/E Station** [N 50°55'15.6" E 9°13'35.9"; An der Feuerwache] für beide Plätze befindet sich ausgeschildert dazwischen, ist freizugänglich und über die B454 gut zu erreichen. Für einen Kurzbesuch in Ziegenhain verweisen wir auf den Parkplatz [N 50°54'41.8" E 9°14'24.5"; Landgraf-Philipp-Straße], den wir erreichen, wenn wir auf der B254 die Zufahrt zum folgenden Stellplatz passieren und bei der nächsten Möglichkeit Richtung „Wasserfestung" der Straße ca. 750 m folgen.

(119) WOMO-Stellplatz: Ziegenhain, Sportanlagen

GPS: N 50°55'02.0" E 9°14'43.6"; Fünftenweg   **max. WOMOs**: 3-5
Ausstattung/Lage: Infotafel, ca. 1 km zum Ortszentrum, kostenfrei/Ortsrand, zweckmäßig, ruhig.
Zufahrt: Über die Ampel-kreuzung an der B254/454 geradeaus fahren und an der nächsten Möglichkeit rechts dem WOMO-Piktogramm ca. 300 m folgen.

(120) WOMO-Stellplatz: Treysa, Stadion

GPS: N 50°54'52.8" E 9°11'33.4"; Zwalmstraße   **max. WOMOs**: 10
Ausstattung/Lage: Infotafel, Bänke, ca. 500 m zum Ortszentrum, direkt an der Schwalm, beleuchtet, kostenfrei/Ortsrand.
Zufahrt: An der Ampelkreuzung rechts der B454 nach Treysa folgen und hinter der Eisenbahnbrücke links dem WOMO-Piktogramm folgen. An der abknickenden Vorfahrtsstraße geradeaus und direkt hinter der Schwalm rechts.

Schwalmstadt

Beginnen wir die Erkundung von **Ziegenhain** am **Paradeplatz**. In der Neuen Wache, ein spätbarocker Putzbau von 1769 und einst Unterstand für Wachsoldaten, befindet sich die **Tourist-Info** (Mo/Di/Do/Fr 11.30 - 16 Uhr, Mi 10 - 14 Uhr, www.schwalm-touristik.de). Der Platz ist das Zentrum der ursprünglichen **Wasserfestung**, die Landgraf Philipp I. 1537 - 1548 erbaute und die damals als größte hessische Befestigungsanlage und als uneinnehmbar galt. Durch ihre Lage in der feuchten Schwalm bot sie einen natürlichen Schutz gegen Angriffe und es entstand die Redewendung „So fest wie Ziegenhain". Die Mauern und Wälle wurden abgetragen und heute sind nur noch Teile des inneren Wassergrabens erhalten. Rund um den Paradeplatz gruppieren sich Gebäude des ehemaligen Schlosses, die seit 1842 als Strafanstalt, heute JVA, genutzt werden und die Stadtkirche von 1665/67 mit einer Orgel von 1769 - 71. Im sog. Steinernen Haus, das für einen Festungskommandanten gebaut wurde und bei dem es sich um eine Dreiflügelanlage mit Treppenturm und einem Obergeschoss aus Fachwerk handelt, befindet sich das

Museum der Schwalm (Di - So/Feiertage 14 - 17 Uhr, Eintritt. www. museumderschwalm.de). In der stadtgeschichtlichen Abteilung ist ein Modell der Wasserfestung nebst allerlei Ausrüstungsgegenständen der Festungsbesatzung- und bewohner zu sehen. Heimatbezogene Malerei wird genauso vorgestellt, wie eine rekonstruierte Töpferwerkstatt oder die nachgestellte Schusterwerkstatt mit Werkzeugen und Schwälmer Schuhen. Die Schritte der Flachsverarbeitung sind dargestellt und die bäuerliche Wohnkultur der Schwalm um 1900 vermitteln die Küche und die Schlafstube. Weiterhin sind kunstvolle Weißstickereien vom 18. - 20 Jh. zu besichtigen. Besonders umfassend wird auf die Schwälmer Tracht eingegangen, die eine der prachtvollsten überlieferten Volkstrachten überhaupt darstellt und welche weit über die Landesgrenzen hinaus bekannt ist. Zahlreiche Trachtenpuppen präsentieren die je nach Anlass und Lebensalter getragene Bekleidung. Unbedingt sehenswert! Ein Stückchen weiter bewundern wir das angeblich schönste Fachwerkhaus Deutschlands, das um 1620 erbaut wurde und sehr zu unserer Freude das **Restaurant Rosengarten** beheimatet (Mo - Sa ab 17.30 Uhr, Di -

Sa 11.30 - 14.30 Uhr, So 11.30 - 14.30 Uhr, Muhlystraße). Die Küche ist durchgängig sehr gut, aber wenn man schon mal hier ist, sollten unbedingt die Schwälmer „Dicke Klöß" probiert werden.

Von Ziegenhain erreichen wir über die B254 den Ortsteil **Trutzhain**, richten uns nach den Hinweisen zur Gedenkstätte, stellen das WOMO auf einem an der Straße liegenden Parkplatz ab [N 50°54'03.7" E 9°16'14.8"; Abbé-Pierre-Dentin-Straße] und gehen wenige Minuten bis zur **Gedenkstätte und Museum Trutzhain**. Wir befinden uns in der jüngsten hessischen Gemeinde, deren Gründung im Jahr 1951 eine bewegende Geschichte voranging. Auf dem Gelände befand sich von 1939 bis 1945 das größte Kriegsgefangenenlager Hessens, dessen symmetrische Form der ehemaligen Barackenanlagen noch heute gut zu erkennen ist und die unter Denkmalschutz steht. In der ehemaligen Wachbaracke ist das Museum untergebracht, das sich der Geschichte des Lagers widmet (Di - Do 9 - 13/14 - 16 Uhr, Fr 9 - 13 Uhr, 2./4. So im Monat 14 - 17 Uhr, www.gedenkstaette-trutzhain.de). In der authentischen Umgebung lassen sich die unmenschlichen Bedingungen der Kriegsgefangenen, zu denen auch

Blick auf die Lagerstraße im Jahr 1942

der spätere französische Staatspräsident Mitterand gehörte, mittels originaler Bild- und Sachzeugnisse nachvollziehen. Zum STALAG IX A (Stammlager) gehörten zwei getrennt angelegte Friedhöfe. Der heutige Gemeindefriedhof diente als Bestattungsort der westalliierten und polnischen Gefangenen, während auf dem weit abgelegenen Waldfriedhof sowjetische, serbische und italienische Tote anonym und teils in Massengräbern verscharrt wurden. Nach 1945 wurden zunächst Kriegsgefangene der Wehrmacht; SA- und SS-Angehörige sowie NSDAP-Mitglieder interniert, später diente das Lager als Durchgangsstation für osteuropäische Juden auf dem Weg in ihre neue Heimat nach Übersee. Ab 1948 fanden Flüchtlinge und Vertriebene der ehemaligen Ostgebiete und dem Sudetenland eine Unterkunft. In der Folge entwickelte sich binnen kurzer Zeit eine „Flüchtlingssiedlung" mit einem florierenden Handwerks-, Gewerbe- und Industriestandort, der zur Gründung der selbstständigen Gemeinde führte.

In **Treysa** arbeiten wir uns vom Stellplatz **(120)** hinauf zum **Marktplatz** vor, an dem der Marktbrunnen mit dem sog. **Johannismännchen** den Mittelpunkt bildet. Die Brunnenfigur von 1683 ist ähnlich der Rolandfigur anderer Städte, die als Symbol für das ehemalige Marktrecht der Stadt fungiert. Zum wunderbaren Fachwerkensemble drum herum gehört auch das Rathaus, das während des Dreißigjährigen Krieges einem Brand zum Opfer fiel, sodass nur noch die aus Bruchstein gemauerte Südwand existiert. Die imposante Ruine der ehemaligen Stadtkirche, wegen ihrer späteren Nutzung für Beerdigungen **Totenkirche** genannt, stammt aus dem 12./13.Jh. und wirkt im weichen Abendlicht fast mystisch. Der sog. Buttermilchturm dient heute noch als Glockenturm. Laut einer Sage erhielt er seinen Namen, als er während einer Belagerung mit Buttermilch bestrichen wurde, um dem Feind zu beweisen, dass es in der Stadt noch genügend Vorräte gab. Wir verlassen die Anlage abwärts und gelangen über den Mauerweg zur Steingasse, in der besonders das Fachwerkhaus Nr. 29 sehenswert ist. Weitergehend erreichen wir das erstmals 1367 erwähnte ehemalige **Hospital** mit hübschen Wandmalereien und stoßen wenig später auf den **Hexenturm**, der von der unteren Stadtbefestigung fast vollständig erhalten geblieben ist. Schaurig ist der Blick in das Angstloch, das in der Mitte des Turms liegt und durch das Delinquenten in das Verlies befördert wurden.

Wenn man sich schon in dieser Gegend aufhält, sollten weitere Erkundungstouren in die Schwalm, in der altes Brauchtum und die Liebe zur Tracht lebendig gehalten werden, nicht fehlen. Auf regionalen und überregionalen Rad- sowie Wanderwegen entlang unserer Stellplätze lässt sich der Landstrich bestens erleben. Bei der alljährlich in den hessischen Sommerferien an verschiedenen Orten stattfindenden **Rotkäppchenwoche** fängt

eine „märchenhafte" Zeit an, wenn Erzähler, Puppenspieler, Tänzer und Musiker die Fantasie von Kindern und Erwachsenen anregen. Wir haben z. B. im Schlosspark von LOSHAUSEN einen anregenden Nachmittag mit der Tanz- und Trachtengruppe verbracht und uns mit selbst gebackenem Kuchen der Landfrauen verwöhnen lassen (www.rotkaeppchenland.de).

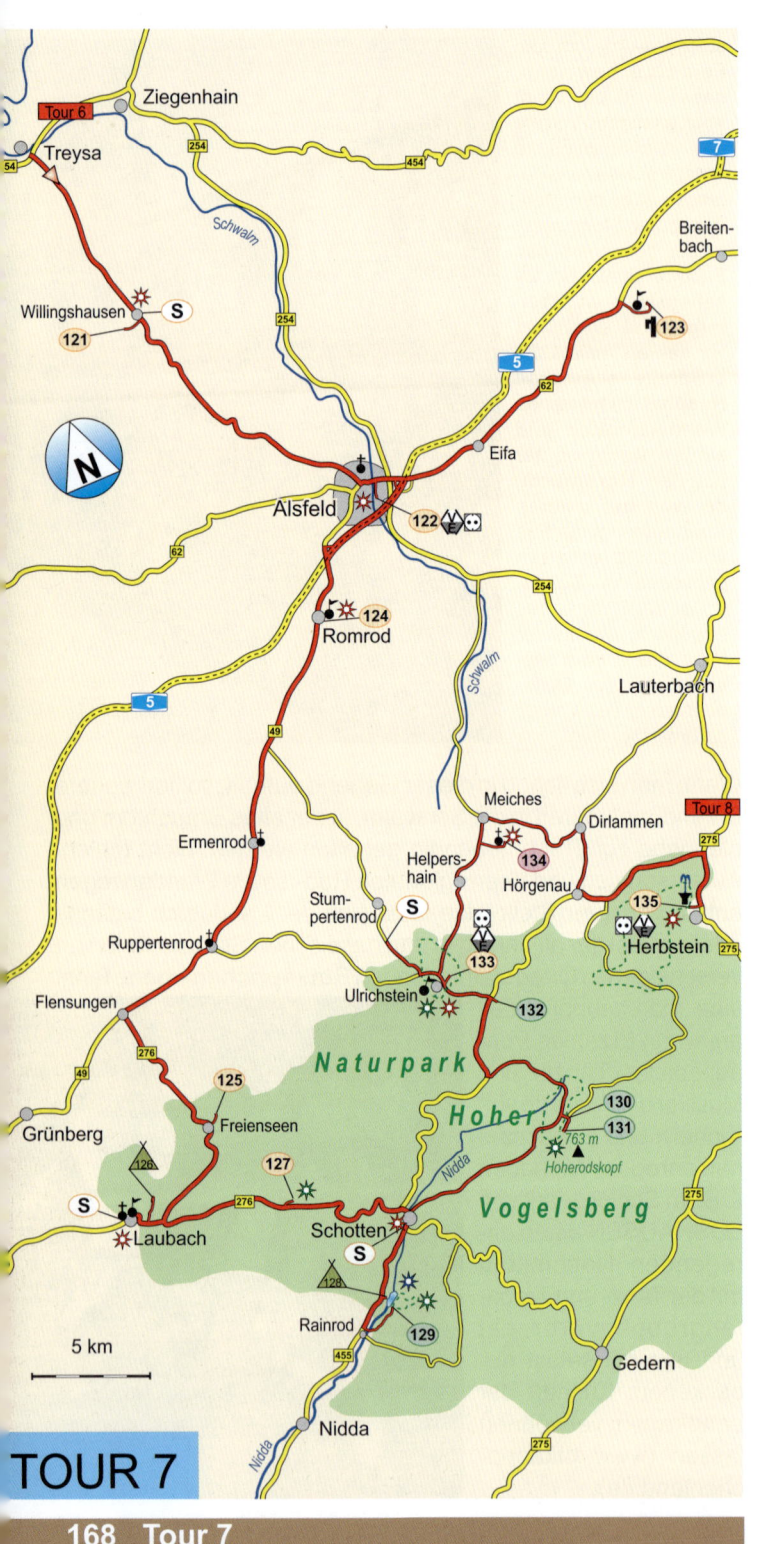

Willingshausen - Alsfeld - Breitenbach - Romrod - Freienseen - Laubach - Schotten - Hoherodskopf - Ulrichstein - Herbstein

Stellplätze:	Willingshausen, Alsfeld, Breitenbach, Romrod, Freienseen, Laubach, Rainrod, Hoherodskopf, Ulrichstein, Meiches, Ulrichstein.
Campingplätze:	Laubach *Caravanpark*, Schotten *Camping am Niddastausee*.
Ver-/Entsorgung:	Alsfeld, Ulrichstein, Herbstein.
Besichtigen:	Willingshausen *Malerstübchen*, Alsfeld *Stadtbild, Märchenhaus, Regionalmuseum,* Breitenbach *Burg Herzberg,* Romrod *Schlossmuseum,* Laubach *Schloss mit Museum, Puppenstubenmuseum, Museum Fridericianum, Entdeckungswald,* Schotten *Stadtbild, Vogelsberger Heimatmuseum, Informationszentrum Hoherodskopf,* Ulrichstein *Museum im Vorwerk, Vogelsberggarten,* Herbstein *Stadtbild, Fastnachts- u. Stattmuseum.*
Wandern:	Rainrod, Hoherodskopf, Ulrichstein, Herbstein.
Radfahren:	Herbstein Vulkanradweg.
Baden:	Schotten, Rainrod, Ulrichstein, Herbstein.
Essen:	Alsfeld *Mainzer Tor, Kartoffelsack, Adel.es,* Breitenbach *Burgschänke.*

Vom Stellplatz **(120)** in TREYSA fahren wir die Zwalmstraße bergauf bis zur abknickenden Vorfahrtsstraße, folgen dort links der Richtung ALSFELD/WASENBERG und gelangen nach WILLINGSHAUSEN. Der Ort ist als eine der ältesten Malerkolonien Europas bekannt, seitdem sich die Künstler Gerhardt von Reutern und Ludwig Emil Grimm 1830 hier niederließen und weitere Maler der deutschen Kunstszene folgten, um in der

ländlichen Umgebung Motive für ihre Bilder zu finden. Mitten im Herzen des Schwälmer Dorfes liegt das **Malerstübchen** [N 50°51'00.7" E 9°11'47.2"; Merzhäuser Straße], das ein Stück Kunstgeschichte des 19. und 20. Jh.

widerspiegelt. Die Ausstellung zeigt Werke Willingshäuser Künstler genauso wie die Handwerkskunst der Schwälmer Weiß-stickerei und der Strickerei. In der neuen Kunsthalle finden ständige Wechselausstellungen statt, denn bis heute zieht es Künstler in den idyllischen Ort. Weiterhin finden Hobbymalkurse statt und im liebevoll hergerichteten Hirtenhaus sind die Stipendiaten der Malerkolonie untergebracht (Di - So 10 - 12/14 - 17 Uhr, Eintritt. www.malerkolonie.de). Wir sind weiter auf der Straße Richtung ALSFELD und finden nach der Überquerung der kleinen Antreff einen hübschen Übernachtungsplatz direkt an den Feldern.

(121) WOMO-Stellplatz: Willingshausen, Sportplatz

GPS: N 50°50'46.1" E 9°11'43.6"
max. WOMOs: 2-3
Ausstattung/Lage: Mülleimer/außerorts.
Zufahrt: Kurz hinter der Brücke rechts ca. 300 m dem Hinweis zum Sportplatz folgen.

Unser Weg führt nun in das zwischen Schwalm und Vogelsberg gelegene oberhessische ALSFELD, in dem wir uns zunächst auf den immer gut frequentierten WOMO-Stellplatz leiten lassen.

(122) WOMO-Stellplatz: Alsfeld, Erlerstadion

GPS: N 50°44'53.5" E 9°16'43.0"   **max. WOMOs**: 20
Ausstattung/Lage: V/E, Strom, Gebühr, Infotafel, ca. 500 m zur Altstadt/Ortsrand. Geräuschbelästigung durch die nahe Autobahn möglich!
Zufahrt: Bei Erreichen der B62 links Richtung Bad Hersfeld fahren und dann dem WOMO-Piktogramm weiter folgen.

Alsfeld

Leicht bergauf gelangen wir nach einem zehnminüti-
gen Fußweg mitten in das 1069 erstmals als Adels-
felt urkundlich erwähnte Fachwerkjuwel. Durch die
günstige Lage an der Handelsstraße zwischen Frankfurt nach Leipzig entwickelten sich rasch Handel und
Zünfte und bereits 1222/31 erhält Alsfeld Stadt- und
Marktrechte. Nicht nur der wirtschaftlichen Blüte des
16. Jh. verdankt die Stadt über 400 erhaltene wunderschöne Fachwerkbauten, sondern auch dem bereits 1878 einsetzenden Sinn nach Denkmalschutz.
Unseren Rundgang durch enge, verwinkelte Gassen,
vorbei an idyllischen Plätzchen und einer beeindruckenden Fachwerkkulisse aus dem 15. und 16. Jh.
beginnen wir am Marktplatz. Gleich neben der mächtigen **Walpurgiskirche** aus dem 13. Jh. steht eines
der **bedeutendsten deutschen Fachwerk-Rathäu-
ser**. Das Schmuckstück wurde 1512 - 1526 als früher
Rähmbau mit starken Hölzern auf einen steinernen
spätgotischen Unterbau gesetzt, der einst als Markthalle fungierte. Unter dem mit Türmchen gekrönten
Dach residieren Bürgermeister sowie Magistrat und
neben den senkrechten und horizontalen fallen kon-
vex gebogene Holzstreben auf, die kunstgeschichtlich
als „Alsfelder Streben" bekannt sind. Über Eck ist das
älteste Fachwerkhaus der Stadt zu finden, dessen
früheste Teile aus dem Jahr 1350/51 stammen und
auf dessen Rückseite der Schwälmer Brunnen an die
Verbundenheit mit dem Trachtengebiet der Schwalm
erinnert. Die **Tourist-Info** ist in dem mit einem steilen Treppengiebel verzierten **Weinhaus** aus dem Jahr
1538 zu finden (Sommer: Mo - Fr 9 - 18 Uhr, Sa 10 - 14
Uhr, Winter Mo - Fr 9 - 16 Uhr, Sa 10 - 13 Uhr; Markt
3, www.alsfeld.de). Um der gesamten Schönheit Alsfeld auf den Grund zu gehen, bietet sich eine **offene
Stadtführung** (jeden 1. und 3. Sa im Monat, 11 Uhr,
Treffpunkt Rathaus, Gebühr) oder eine der anderen
ideenreichen Stadtführungen an, die teilweise kindgerecht aufbereitet sind. Schräg gegenüber befindet
sich an der Ecke zur Mainzer Gasse das **Hochzeitshaus**, das als eines der wenigen Steinhäuser 1564
- 71 prunkvoll die Renaissance dokumentiert, während auf der anderen Straßenseite das **Stumpf-Haus**
aus dem Jahr 1609 als frühestes Fachwerkhaus mit
Schnitzwerk gilt. Es zeigt den hölzernen Bäckermeis-
ter Stumpf in zeitgenössischer Tracht, der immer noch
einen wachsamen Blick auf das Rathaus hat und sich
durch die geschnitzten nackten Göttinnen wohl seiner Fruchtbarkeit sicher sein wollte. In der hinter dem
Stumpf-Haus liegenden Rittergasse fallen sofort die
mächtigen Patrizierhäuser der Familien Minnigerode
und Neurath aus den Jahren 1687 und 1688 auf. Einschließlich der rückliegenden Höfe und Scheune residiert hier das **Regionalmuseum**. Beherrscht wird das
Gebäude von einer Wendeltreppe aus der Bauzeit des
Hauses, deren gewundene Spindel aus einem einzigen
Eichenstamm gefertigt wurde und die sich 8,12 m über
zwei Geschosse erstreckt. In der stadtgeschichtlichen

Sammlung mit kunstvoll geschmiedeten Zunftschildern des alten Alsfelder Handwerks und Exponaten aus der Vor- und Frühgeschichte sowie Schwälmer und Katzenberger Trachten betrachten wir Gegenstände der Wohnkultur. Außergewöhnliche Ausstellungsobjekte sind der Thora-Schrein aus der 1938 niedergebrannten Synagoge, die 12 m lange kostbare Alsfelder Tapete von 1814, die Weste des letzten Präsidenten der Deutschen Nationalversammlung von 1848/49 oder ein spätgotisches Messbuch von 1501 aus dem Alsfelder Augustinerkloster. Wechselnde Ausstellungen runden das Bild ab (Do - So 11 - 13/14 - 16 Uhr, Eintritt). Nur einige Schritte weiter können wir uns im **Märchenhaus** in die Welt der Märchen entführen lassen. Kleine, aber auch große Besucher sind begeistert, wenn sie vor Puppenstuben aus zwei Jahrhunderten stehen oder im Erzählraum den mystischen Geschichten der Märchenerzählerin lauschen können (Sa/So 14 - 17 Uhr, hess. Sommer-

Neurath- und Minnigerodehaus mit Regionalmuseum

ferien tägl. 15 - 17 Uhr, Märchenerzählung jede volle Stunde, Eintritt). Manchmal erscheint uns das Pflastertreten bei unseren Stadtbesuchen etwas mühsam, in Alsfeld wird es jedoch richtig versüßt: Das **Alsfelder Kopfsteinpflaster** ist eine köstliche Komposition aus Florentiner, Karamellsoße und Trüffelfüllung, das z. B. im Marktcafé angeboten wird. Im Gegensatz zur nordhessischen „Ahlen Wurscht" begegnen wir sowohl in Alsfeld als auch im gesamten Vogelsberg, der **Kartoffelwurst**. Eine oberhessische Spezialität, die aus Schweinefleisch, kräftigen Gewürzen und zu 30% aus Kartoffeln besteht. Früher galt sie als „Arme-Leute-Essen", denn das teure Fleisch wurde mit günstigen Kartoffeln gestreckt.

Wenn man sie nicht in den Fleischereien kaufen möchte, kann man sie neben anderen regionalen Gerichten in der **Gaststätte Mainzer Tor** (Mo - Sa 10 - 22 Uhr, So 11 - 14 Uhr, Mainzer Tor 15) kosten. Freunde der Erdäpfel sind aber auch im **Restaurant Kartoffelsack** (tägl. ab 10 Uhr, Markt 16) gut aufgehoben, in dem es uns besonders die Kartoffelpizza angetan hat. Preislich Moderates bis zum edlen Menü findet sich auf der Speisekarte des ebenfalls empfehlenswerten **Restaurant Adel.es** (tägl. 11.30 - 14.30 Uhr/ab 18 Uhr, Markt 2 - 3). Alsfeld bietet also einen historischen, kulinarischen und zudem WOMO-freundlichen Rahmen, der den Aufenthalt am Ufer der Schwalm angenehm macht. Außerdem locken zahlreiche Veranstaltungen, von denen nur der bezaubernde Weihnachtsmarkt im Dezember und der an jedem 3. Samstag stattfindende Spezialitätenmarkt genannt sind.

Wie bereits erwähnt, lag das mittelalterliche Alsfeld an einer der wichtigsten Handels- und Heerstraßen zwischen Frankfurt und Sachsen, die wegen ihrer kürzesten Verbindung durch Hessen „Durch die kurzen Hessen" genannt wurde. Um den Schutz der Reisenden zu gewährleisten, wurde im 13. Jh. auf dem 508 m hohen Herzberg eine mächtige Burg errichtet. Über die heutige B62 Richtung BAD HERSFELD nähern wir uns nach etwa 12 km **Hessens größter Höhenburg** und folgen am Hof Huhnstadt rechts dem Hinweis zur Burg Herzberg. Über das Jahr verteilt finden verschiedene Veranstaltungen wie der Frühlings- oder Weihnachtsmarkt sowie Ritterspiele statt. Seit 1968 zieht es außerdem die weltweite Hippie-Szene zum international bekannten **Burg-Herzberg-Festival** (www.burgherzberg-festival. de), sodass es dann mit Parkmöglichkeiten und auch mit einem Burgbesuch schwierig werden könnte. Für solche Fälle, aber auch für Wanderlustige oder Fahrer, die ihr WOMO lieber nicht über eine enge, manchmal holprige Straße zur Burg bewegen wollen, bietet sich der Parkplatz gleich links der Zufahrt an [N 50°46'23.2" E 9°26'41.4"]. Wir stellen unser Gefährt oben an der Burg ab und dürfen dort nach Rückfrage (!) in der Burgschänke auf dem Privatgelände übernachten.

(123) WOMO-Stellplatz: Breitenbach, Burg Herzberg

GPS: N 50°46'07.4" E 9°27'38.6"; Zum Herzberg
max. WOMOs: 2-3
Ausstattung/Lage: Gaststätte, Wasser auf Nachfrage, keine Müllentsorgung/außerorts.
Zufahrt: Von der B62 ca. 2 km den Hinweisen zur Burg folgen.

Burg Herzberg

Im südöstlichen Teil Nordhessens gelegen, gelangte die Burg Herzberg im 15. Jh. durch ein Lehen an die Familie von Dörnberg und ist noch heute in deren Besitz. Unter Hans von Dörnberg und dem Festungsbaumeister von Ettlingen wurde die Burg zur fast uneinnehmbaren Festung ausgebaut, sodass selbst ein Teil des Reichsschatzes dort als sicher galt. Noch heute zeugen die mächtigen Burgtürme von der Unbezwingbar-

keit der Anlage, die im Dreißigjährigen Krieg als Zufluchtsstätte der Bevölkerung diente, im 18. Jh. verfiel und im 19. Jh. wieder aufgebaut wurde. Heute können wir uns zwischen dem bewohnbaren östlichen Eckturm mit Fachwerkobergeschoss, dem Gerichtsturm mit Verlies, dem südwestlichen Turm mit Rittersaal und der frühgotischen Burgkapelle frei bewegen.

In der Kapelle erzählen Grabplatten und Wappen von der Familienge-schichte. Dazu gehört auch, dass die Dörnbergs das Amt des Erbküchen-meisters am Landgrafenhof innehatten. Apropos Küchenmeister: In der Burgschänke stärken wir uns zünftig, nachdem wir eine grandiose Aus-sicht vom höchsten Punkt der Burg genossen haben. Bei gutem Wetter reicht der Rundblick über den Vogelsberg, die Schwalm und die Rhön bis zum Thüringer Wald, den Taunus und gar bis ins Sauerland (Do - Di 11 Uhr bis zum Einbruch der Dämmerung, Eintritt. www.burg-herzberg.de).

Unsere Reise führt zurück Richtung ALSFELD und um uns die Stadtdurchquerung zu ersparen, setzen wir uns für eine kur-ze Fahrt auf die A5 Richtung FRANKFURT. An der nächsten Ausfahrt ALSFELD/WEST verlassen wir die Autobahn bereits wieder und schlagen die B49 Richtung GIESSEN/ROMROD ein. In waldreicher Umgebung liegt am Fuße des nördlichen Vogelsbergs das kleine Städtchen ROMROD, das ebenfalls an der Heerstraße „Durch die kurzen Hessen" entstand.

(124) WOMO-Stellplatz: Romrod, Schloss

GPS: N 50°42'45.3" E 9°13'16.9"
Lauterbacher Weg
max. WOMOs: 1-2
Ausstattung/Lage: Gaststät-ten und Schloss in der Nähe, Mülleimer/Ortsrand.
Zufahrt: Im Ort links dem Hin-weis zum Schlossparkplatz ca. 250 m folgen.

Während Ausgrabungen auf eine mögliche Entstehung der Burg im 11. Jh. und einen Ausbau zur Wasserburg im 12. Jh. hinweisen, ist sicher, dass sie sich zu Anfang des 14. Jh. im Besitz der Landgrafen von Hessen befand. Im 16. Jh. wurde **Schloss Romrod** zum schmucken Jagdschloss umgebaut, in dem sich die damalige Hautevolee traf. Heute befinden sich hier die DenkmalAkademie der Deutschen Stiftung Denkmalschutz und ein Hotel-Restaurant. Ein kleiner Spaziergang entlang der wuchtigen Mauern und durch den hübschen **Schlosspark** führt zum unweit gelegenen **Schlossmuseum** in der Kulturscheune an der Alsfelder Straße. Im Museum werden die Funde der ar-chäologischen Grabungen, die Geschichte des Ortes und sei-ne historischen Persönlichkeiten präsentiert (Di 10 - 12 Uhr, Sa 15 - 17 Uhr, So 14 - 16 Uhr, Eintritt). Bevor wir der B49 weiter folgen, statten wir der **Metzgerei Becker** (Mo - Sa 6.30 - 13 Uhr, Fr 6.30 - 18 Uhr) einen Besuch ab, um uns mit der bereits erwähnten Kartoffelwurst einzudecken. Auch wenn wir von Nordhessen aus nur den nördlichen Teil des Vogelsbergs streifen, können wir bereits die von der Landwirtschaft gepräg-te Natürlichkeit erkennen, die eine erholsame Zeit verspricht.

Schloss Romrod

Vogelsberg

Eines der kleinsten Gebirge Deutschlands empfängt uns mit einer buckeligen Landschaft, die von Mischwäldern mit unzähligen Quellen und Bergwiesen sowie mit Hecken durchzogenem Weideland geprägt ist. Als sich vor 10 bis 17 Millionen Jahren aus vielen Schloten und Spalten der Erde Lava ergoss, türmten sich riesige Basaltmassen auf, die durch Erosion und Verwitterung der **Vogelsbergregion** dieses einzigartige Bild ergaben. Nachdem bereits erste Siedlungen in der Bronzezeit gegründet wurden, ab dem 8. Jh. v. Chr. keltische Jäger durch die Wälder zogen und die Römer das bewaldete Hügelland „Buchonia", das Buchenland,

Blick vom Hoherodskopf

nannten, begann die dauerhafte Besiedlung im 6./7. Jh. n. Chr. durch die Franken. Die zahlreichen Dörfer, die mit den Silben „rod" oder „hain" enden, weisen auf die Rodungs- und Siedlungsgeschichte ab dem 9. Jh. hin, die dem Buchenland den Garaus machten. Erst im 18. Jh. begann die Aufforstung und der Vogelsberg bekam sein heutiges Aussehen, das zusätzlich allerhand Kulturelles und ein kleines, aber ausgesprochen feines **Wanderrefugium** bietet. Entlang unserer Strecke und von unseren Stellplätzen bieten sich immer wieder abwechslungsreiche Wanderungen mit herrlichen Fernblicken über die Vulkanfelder an. Wer lieber mit dem Rad'l unterwegs ist, wird auf eine Fülle **regionaler Radwege** treffen. Auf stillgelegten Bahntrassen findet sich etwas für die ganze Familie, Mountainbiker können bis an ihre physischen Grenzen strampeln und wer mit dem **Vulkan-Express-Radbus** (Mai - Okt.) auf den Hohen Vogelsberg fährt, kann bergab durch Wälder, Wiesen und kleine Dörfer zurück zum Ausgangspunkt rollen (www.vogelsberg-touristik.de).

In ERMENROD treffen wir auf eine der typischen Fachwerkkirchlein der Gegend, die, wie die ortsbildprägenden „Vogelsberger Einhäuser", wegen der Witterung teilweise oder ganz mit Buchenholzschindeln verkleidet sind. In RUPPERTENROD bildet die Kirche gar eine Verkehrsinsel mitten im Straßennetz des Dorfes, während wir in FLENSUNGEN an einer schnöden Ampelkreuzung links auf die B276 Richtung LAUBACH/SCHOTTEN wechseln. Langsam wird es Zeit, dass wir mal wieder einen Stellplatz vermelden können und in FREIENSEEN werden wir dann auch fündig.

(125) WOMO-Stellplatz: Freienseen, Grillhütte

GPS: N 50°34'03.8" E 9°03'09.6"
max. WOMOs: 1-2
Ausstattung/Lage: Bank/außerorts.
Zufahrt: Vor dem Ort in einer Rechtskurve links und an einer Gabelung rechts ca. 700 m Richtung Grillhütte.

Zügig gelangen wir in die über 1200 Jahre alte ehemalige Residenzstadt LAUBACH, in der sich so schön über die basaltgepflasterten Straßen bummeln lässt. Für die Stadtbesichtigung bietet sich der Parkplatz am Friedhof an, den man der Durchgangsstraße Richtung HUNGEN/RUPPERTSBURG folgend linkerhand findet [N 50°32'25.1" E 8°59'12.5"; August-Krieger-Straße].

Für die Nacht haben wir den Quickstopp vor dem ruhig gelegenen Campingplatz angesteuert und uns dort sehr wohl gefühlt.

(126) WOMO-Stellplatz: Laubach, Caravanpark

GPS: N50°33'00.3" E9°00'28.5"; Kurze Hohl
Telefon: 06405/1460; www.caravanpark-laubach.de
Öffnungszeiten: April - Okt.
Ausstattung/Lage: Quick-Camp für WOMOs auf einer Wiese vor dem CP, Tisch u. Bänke, Gebühr incl. Benutzung des Sanitärgebäudes. Brötchenservice, Kinderspielplatz, Boule- und Tennisplatz, Tischtennisplatten, Wander- und Radwege, Waschmaschinen, Trockner/außerorts.
Zufahrt: Im Ort ca. 1,5 km der Beschilderung zum Caravanpark bzw. den WOMO-Piktogrammen folgen.

Laubach

Die engen Gassen der ehemaligen Residenz der Solmser Grafen sind von bis zu 500 Jahre alten Fachwerkhäusern geprägt. Dazwischen plätschern Brunnen und die idyllischen Ecken um den letzten erhaltenen Wehrturm, den **Klipsteinturm**, sind einfach hübsch. Nachdem wir die **Tourist-Info** am Marktplatz (Mo - Fr 8 - 12 Uhr, Mo/Di 13.30 - 15.30 Uhr, Do 13.30 - 18 Uhr, www.laubach-online.de) aufgesucht haben, besuchen wir die **Stadtkirche** mit einer prächtigen Barockorgel von 1750 und **Schloss Laubach**, das seit 600 Jahren den Ort dominiert. Bis heute bewohnt die gräfliche Familie die Dreiflügelanlage, die mit ihren drei Türmen und dem herrlichen alten Baumbestand des Schloss- und Kurparks im englischen Gartenstil ein Hingucker ist. Im **Schlossmuseum** können wir vergangenen Zeiten nachspüren und die Führung durch die **Privatbibliothek** offenbart bibliophile Schätze der besonderen Art (15. April - Okt. jeweils Mi: Museum 15 Uhr, Treffpunkt kleiner Schlosshof/ Bibliothek 17 Uhr, Treffpunkt großer Schlosshof, Eintritt). In einem ehe-

maligen Jagdschloss neben dem Rathaus befindet sich das **Museum Fridericianum**, in dem man sich auf eine interessante Zeitreise durch den Laubacher Raum begibt (Sa/So14.30 - 16.30 Uhr/jeden 1. Mi im Monat 10 - 12 Uhr, Eintritt). Eine umfangreiche Sammlung historisch wertvoller Puppenstuben präsentiert sich im **Puppenstuben Museum**. Die etwa 80 Stuben stammen aus dem Biedermeier, dem Jugendstil sowie der Gründerzeit und wurden von Prinzessin Monika von Hannover zusammengetragen (Di - Fr 14 - 17 Uhr, Sa/So 11 - 17 Uhr, Eintritt).

Die B276 Richtung SCHOTTEN führt uns durch den Laubacher Wald. Inmitten des größten zusammenhängenden Waldgebietes des Vogelsbergs liegt ein Park, in dessen thematischem Mittelpunkt nochmals der Wald steht. Das Ganze ist so gelungen, dass man auf gar keinen Fall, zumal wenn man Kinder an Bord hat, vorbeifahren sollte!

(127) WOMO-Stellplatz: Laubach, Entdeckungswald

GPS:N50°31'38.1"E9°03'58.7"; An der B276
max. WOMOs: 2-3
Ausstattung/Lage: Parkplatz auf zwei Ebenen/außerorts.
Zufahrt: Von Laubach ca. 5 km Richtung Schotten fahren, dann links den Hinweisen folgen.

Entdeckungswald „Grünes Meer"

Schon beim Betreten des Waldentdeckungspfades ist etwas anders, denn wir werden von einem riesigen Holz-Mufflon empfangen, der sehr an das Trojanische Pferd erinnert. Auf Holzpfaden geht es zu einer ro-

mantischen Kirchenruine, an der nach verborgenen Zeugen der Vergangenheit gebuddelt werden kann oder zum Robin-Hood-Dorf, in dem es an Kletterseilen auf Erkundung von einem Baumhaus zum anderen geht. In der Köhlerei gehen die Besucher auf die Spurensuche eines alten und traditionsreichen Handwerks, denn vom 12. bis zum Beginn des 19. Jh. zählte die Holzkohle zum einzig bekannten Energieträger, der Temperaturen von 800 - 1200 Grad erzeugen konnte, um die gewonnenen Erze verhütten und die Metalle verarbeiten zu können. Entlang eines Barfußpfades und vorbei an Beobachtungsstationen gelangen wir zur Himmelsleiter. Vom 35 m hohen Aussichtsturm werfen wir einen Blick über das weite grüne Blätterdach der vorderen Vogelsbergs, bevor es uns zur großen Eiche zieht, von der wir in 3 m Höhe über das Wildgehege bis zum Bach gehen und Auerochsen, Muffelwild und Hirsche beobachten können. Ein Streichelzoo fehlt natürlich auch nicht und die kleinen Ziegen, Esel oder Alpakas futtern begehrlich die angereichten Mohrrüben und Äpfel. Insgesamt eine Erlebniswelt, in der Kids nach Lust und Laune spielen und herumtoben können (April - Okt. Di - So 10 - 18 Uhr, Eintritt. www.grünes-meer.de).

Die Bundesstraße schlängelt sich noch eine Weile durch den Wald bis wir mit Blick auf den Fernsehturm auf der zweithöchsten Erhebung des Vogelsbergs, den Hoherodskopf (764 m ü. NN) nach SCHOTTEN hinabrollen. An der Ampelkreuzung angekommen, halten wir uns Richtung NIDDA und dann zunächst rechts und nochmals rechts, um das WOMO auf dem Parkplatz an der Festhalle abzustellen [N 50°30'16.3" E 9°07'36.0";

Parkstraße]. Von hier ist das ca. 500 m entfernte **Vogelsberger Heimatmuseum** zu Fuß gut zu erreichen. Das Museum ist in einem stattlichen Fachwerkhaus aus dem Jahr 1816, dessen Inneres 1908 im Jugendstil umgestaltet wurde, untergebracht und zeigt volkskundliche Exponate, Funde der Vor- und Frühgeschichte und des Mittelalters. Sehenswert sind die kleine geologische Abteilung und die wertvollen Schränke und Truhen. Des Weiteren sind Sammlungen von über 1000 Schneekugeln, alten Motorrädern, Pokalen und Filmen, die an den „Schottenring" erinnern zu sehen. Hinreißend schön sind die Ulrichsteiner Liebesbriefe aus dem Rokoko, bei denen es sich um in Scherenschnitttechnik gefertigte Blätter mit bunt bemalten Mustern und Figuren handelt (Do/Sa/So 14.30 - 16.30 Uhr, Eintritt). Der B276/B455 folgend gelangen wir nach wenigen Kilometern an den 65 ha großen **Niddastausee** – ein Paradies für Segler, Angler, Surfer und Camper. Radfahrer und Skater sowie Spaziergänger können sich auf dem 5 km langen Seerundweg austoben, während Liegewiesen und Badebereiche die Sonnenanbeter und Schwimmer anziehen. Wie nicht anders zu erwarten, ist hier ordentlich was los und wer den Spaß länger genießen möchte, ist auf dem Campingplatz gut aufgehoben bzw. kann auf dem davorliegenden, gebührenpflichtigen Parkplatz das WOMO abstellen und einen Badetag am 250 m entfernten Badestrand verbringen.

(128) WOMO-Campingplatztipp: Schotten, Niddastausee

GPS: N 50°28'58.1" E 9°05'46.0"; Am Campingplatz 1
Telefon: 06044/1418, www.schotten.de
Ausstattung/Lage: Terrassierte u. befestigte WOMO-Stellplätze, Brötchenservice, Gaststätte/außerorts.
Zufahrt: Von der B455 den Hinweisschildern folgen.   *ADAC* 530/245

Auf der Suche nach einem ruhigeren Plätzchen am See gelangen wir im weiteren Verlauf der B455 nach RAINROD und peilen einen Wanderparkplatz an.

(129) WOMO-Wanderparkplatz: Rainrod, Niddastausee

GPS: N 50°28'34.7" E 9°05'50.4"; Zum Stausee **max. WOMOs**: 3-5
Ausstattung/Lage: Wander- und Radwege (R4), Mülleimer, direkt am Stausee-Rundweg, Bademöglichkeit/außerorts.
Zufahrt: Am Ortseingang links Richtung Dorfgemeinschaftshaus in die Mühlstraße fahren. Nach ca. 350 m links dem Hinweis zum Stausee, später zum Wanderparkplatz auf engem Sträßchen ca. 1,2 km folgen.

Ruhiger wollten wir es haben … und haben die Rechnung ohne den herrlichen Sommertag gemacht! Rappelvoll ist es auf
dem Parkplatz und nur mit Mühe können wir ihn überhaupt
erreichen. Einige Wochen später und gefühlte 15°C kälter
sind wir wieder hier und nichts erinnert an den vorher erleb-
ten Menschenauftrieb.

WOMO-Wandertipp: Zu den Mammutbäumen
Leichte Wanderung von ca. 3 km mit einem Anstieg.

Vom Parkplatz kann man dem Uferweg entgegen des Uhrzeigersinns
oder den Hinweisschildern oberhalb des Sees zu den Mammutbäumen
durch den Wald folgen. Beide Wege treffen zusammen und führen an
einer links liegenden Wiese rechts bergauf. Nach ca. 500 m stehen wir
vor den Mammutbäumen! Eigentlich sind sie in Europa gar nicht hei-
misch, doch das größte Exemplar wurde um das Jahr 1900 oberhalb
des Stausees gepflanzt, misst mittlerweile weit mehr als 30 m und hat
einen stattlichen Durchmesser von etwa 2 m. Ob der Baum irgendwann
einen ähnlich großen Stammdurchmesser wie seine überseeischen
Kollegen erreichen wird, werden wohl erst viele Generationen nach uns
beantworten können. Auf gleichem Weg gehen wir bis zur nächsten größeren Wegekreuzung zurück, halten uns links und verlassen nach ca.
500 m den Wald, um die letzten Meter mit schöner Sicht zum Parkplatz
zurückzulaufen.
Unterwegs treffen wir auf die weiß-rot-grüne Wandermarkierung der Vogelsberg Extratour „Eschenrod-Stauseetour Schotten", mit der wir die
Wanderung ausdehnen könnten. Auf dem 14 km langen Rundweg würden uns neben dem Stausee und den Mammutbäumen viele schöne
Aussichten bis zur Basaltkuppe Alteburgskopf begleiten.

Wir kehren jedoch nach SCHOTTEN zurück und verlassen an
der bereits bekannten Kreuzung die B276 zum HOHERODS-
KOPF. Hier ist der **Vogelpark Schotten** ausgeschildert, in dem
man nicht nur auf heimische und exotische Vögel trifft, sondern

auch Erdmännchen, Bennettkängerus, Luchse, Eisfüchse und Lamas aus der Nähe beobachten kann. Für die Kleinen ist wie so oft das Streichelgehege ein Höhepunkt (Ende März/Anfang April - Okt. 10 - 18 Uhr, Eintritt). Die Straße zieht sich weiter den Berg hinauf und spätestens beim Anblick des Skilifts mit großem Parkplatz hinter BREUNGESHAIN wird klar, dass der Vogelsberg auch **Wintersportgebiet** ist und zu den führenden Skigebieten Hessens gehört. Die Bedingungen für Langlauf sind vom Feinsten, wenn man in der von Frost und Schnee verzuckerten Landschaft auf dem über 45 km langen Loipennetz in die Spur steigt. Die Abfahrtspisten am Hoherodskopf sind vielleicht nicht die schwersten, dafür sind sie familientauglich und haben den längsten Schlepplift Hessens. Selbstverständlich gibt es Skiverleihe und das Schneetelefon gibt Auskunft über die aktuellen Ski- und Rodelmöglichkeiten (Tel. 06044/6666, www.schotten.de). In den übrigen Jahreszeiten sind die Bedingungen zum **Mountainbiken** ideal: Höhenunterschiede von bis zu 500 m auf kurzer Distanz auf durchgehend markierten Streckenführungen bieten genug Abwechslung. Auf der Internetpräsenz der **Vogelsbergarena** sind weitere Vorschläge für **Outdoor-Aktivitäten** wie Radfahren, Wandern, Nordic-Walking, Wintersport und Geocaching zusammengefasst (www. vogelsbergarena.de).

Der Weg zum **Hoherodskopf** ist gar nicht zu verfehlen und wir begnügen uns damit, auf zwei Stellplatzmöglichkeiten hinzuweisen. Bei der ersten steht man im hinteren Teil sehr geschützt und einsam, während bei der zweiten Möglichkeit lt. Auskunft des Infozentrums unbedingt darauf zu achten ist, dass kein Campingverhalten an den Tag gelegt wird. Es wäre sonst kein Wunder, wenn hier demnächst ein Übernachtungs- oder gar ein generelles WOMO-Verbotsschild stehen würde!

(130) WOMO-Wander-parkplatz: Hoherodskopf, Steinbruch
GPS: N 50°30'50.9" E 9°13'47.3"
max. WOMOs: 3-5
Ausstattung/Lage: Wanderwege, Loipeneinstieg/außerorts.
Zufahrt: Von der L3291 zum Hoherodskopf links zum ausgeschilderten Parkplatz abzweigen.

(131) WOMO-Wanderparkplatz: Hoherodskopf, Fernsehturm
GPS: N 50°30'35.8" E 9°13'36.6"   **max. WOMOs:** 2-3
Ausstattung/Lage: Alle Attraktionen in unmittelbarer Nähe, Gaststätten, Haltepunkt des Vulkan-Express Radbus/außerorts.
Zufahrt: Den Hinweisen bis zum Hoherodskopf folgen.

Wem es auf dem Hoherodskopf langweilig ist, dem ist nicht zu helfen! Es gibt eine **Sommerrodelbahn** (März - Okt. 10 - 17 Uhr), im **Kletterwald** kann man sich wie Tarzan bei verschiedenen Schwierigkeitsgraden durch die Lüfte hangeln oder dem **Baumkronenpfad** und der **Adventure Minigolfanlage** einen

Besuch abstatten (Mai Mo - Fr 11 - 18 Uhr, Sa/So/Feier- u. Brückentage ab 10 Uhr, Juni - Sept. Mo - So 10 - 19 Uhr, Okt. Mo - So 10 - 17 Uhr, Herbstferien tägl. bis 18 Uhr, Nov. Sa/So 11 - 17 Uhr, Eintritt). Das **Naturschutz-Infozentrum** mit **Tourist-Info** hält eine Fülle von weiteren Freizeitvorschlägen bereit und vermittelt z. B. Naturparkführungen. Im angegliederten **Naturkundemuseum** finden sich Ausstellungen rund um die Tier- und Pflanzenwelt des Naturparks und die Geologie des erloschenen Vogelsberg Vulkans (Mai - Okt. 10 - 17 Uhr, Nov. - April Mo - Fr 11 - 17 Uhr, Sa/So/Feiertage 10 - 17 Uhr, www.erlebnisberg-hoherodskopf.de).

Für gastronomische Angebote ist ebenfalls gesorgt und die grandiose Aussicht gibt es gratis.

Wir bevorzugen Schusters Rappen, wählen eine bequeme Wanderung im Oberwald und sparen uns damit die teils doch recht ordentlichen An- und Abstiege.

WOMO-Wandertipp: Auf dem Höhenweg im Oberwald

Leichte, abwechslungsreiche Wanderung von ca. 8 km auf Wald- und Forstwegen mit geringer Höhendifferenz.

Wir starten den durchgängig mit einem grünen H markierten Weg am Stellplatz **(131)** und gehen am linken Rand des Parkplatzes vor dem Infozentrum entlang. Durch den Wald erreichen wir leicht abwärts die Höhenstraße, die wir überqueren und wenig später neben der Straße ein kurzes Stück auf einem Pfad einen breiten Forstweg erreichen. Bevor wir diesem links folgen, führt rechts ein mit einem Geländer umgrenzter Steig durch die bemoosten Blockfelder zum höchsten Punkt des Vogelsbergs auf den Taufstein (773 m ü. NN). Nach Erklimmen des Bismarckturms eröffnet sich ein weiter Blick über die Baumkronen und bei schönem Wetter bis zur Skyline nach Frankfurt. Seinen Namen erhielt der

Taufstein vermutlich durch den Missionar Bonifatius, dessen Wirken uns schon in Fritzlar begegnete. Wie am Bonifatiusborn zu lesen ist, soll er hier im 8. Jh. gepredigt und getauft haben. Zurück am Hauptweg marschieren wir vorbei an bizarren Bäumen am Hang der Blocksteinfelder zum Parkplatz Heide und halten uns dort rechts. Wenig später werfen wir linkerhand einen ersten Blick auf das Hochmoor, in dem knorrige Birken und Wollgras ein stimmungsvolles Bild ergeben. An einer freien Wegekreuzung geht es rechts zum Geiselstein, einer bizarren Felsformation vulkanischen Ursprungs. Über einen Steig kraxeln wir auf den harten Lavakern, um anschließend wieder dem Hauptweg folgend, links die Goldwiese zu umrunden, die im Frühling mit einem Meer von Arnika-Blüten übersät ist. Bald erholen wir uns an der Schutzhütte neben der Quelle der Nidda, die den gleichnamigen Stausee durchfließt und nach 86 km in Frankfurt in den Main mündet. Neben dem Niddagraben schlängelt sich der naturbelassene Weg bis zur Ringstraße, die wir queren und kurz danach zu den Forellenteichen kommen. Als Floßteiche im Mittelalter angelegt, wurden sie später zur Fischzucht genutzt und stehen wegen ihrer seltenen Flora und Fauna heute unter Naturschutz. Das blaue Wasser, die Bergblumenwiesen und die dunklen Nadelbäume geben dem Ort ein besonderes Flair. Über einen Damm gelangen wir wieder in den Wald und schräg rechts zur Taufsteinhütte (Mi - So 11.30 - 23.30 Uhr). Dort gehen wir ein kurzes Stück parallel zur Straße und überqueren sie ein weiteres Mal. Leicht aufwärts verläuft der Grasweg am Waldrand. Mit Blick über die mit Bäumen betupften Wiesen des Breungeshainer Hangs hinab ins Tal haben wir rasch das Hochplateau und den Ausgangspunkt unserer Wanderung erreicht.

Am Abend machen wir es uns auf den Ruheliegen am Kiosk „Zur schönen Aussicht" gemütlich und genießen die fantasti-

sche Fernsicht, bevor ein traumhafter Sonnenuntergang den erlebnisreichen Tag beschließt. Vom Hoherodskopf folgen wir der Straße bergab und mit herrlichen Weitblicken Richtung UL-RICHSTEIN. Bevor wir von der L3139 links in den Ort abbiegen, notieren wir rechts einen leicht schrägen Wanderparkplatz [**132**: N 50°33'48.6" E 9°13'01.4"]. Mehr Komfort bietet der WOMO-Stellplatz des Bergstädtchens, dessen Häuser sich um den Schlossberg gruppieren und das als Hessens höchstgelegene Stadt gilt.

(133) WOMO-Stellplatz: Ulrichstein, Reisemobilpark Panorama

GPS: N 50°34'31.9" E 9°12'21.4"; Erlenweg **max. WOMOs**: 12 **Ausstattung/Lage:** V/E, Strom, Gebühr, WC u. Dusche im Naturbadebiotop (Juni - Aug.), Wander- u. Radwege, Loipeneinstieg in der Nähe, ca. 1 km in den Ort/außerorts. **Zufahrt:** Im Ort den WOMO-Piktogrammen folgen.

Zur reinen Ortsbesichtigung bietet sich der Parkplatz [N 50°34'27.8" E 9°11'42.5"; Marktstraße] am Seminarhaus mit **Tourist-Info** (www.ulrichstein.de) an.

Ulrichstein

Unübersehbar sind rund um die Stadt die vielen Windräder, die nicht von ungefähr kommen, da Ulrichstein bundesweit den ersten kommunalen **Windenergiepark** errichtete. Wer sich näher mit der Materie beschäftigen möchte, findet sogar einen Lehrpfad, der sämtliche Details erklärt [N 50°35'50.3" E 9°10'43.0"]. Da sich der Windpark ständig erweitert, kann sich die Parksituation vor Ort verändern und eine Nachfrage bei

der Tourist-Info ist angeraten. Unser Ziel ist jedoch der **Schlossberg**, auf dem einst eine wehrhafte Burg stand. Rund um die Ruine samt super Aussicht liegt der **Vogelsberggarten**. Mehr als 6 ha umfasst die Anlage, in der ein ausgebautes Wegenetz vorbei an Bauern- und Kräutergärten, Wildpflanzenbeeten oder typischen Nutztierrassen vorbeiführt. Der Garten ist frei zugänglich und eröffnet immer wieder weite Blicke in die Landschaft des Naturparks. Auf der Nordseite des Schlossbergs befindet sich das **Museum im Vorwerk**, das in der alten Zehntscheune eingerichtet wurde. Es ermöglicht Einblicke in das ländliche Kulturgut, die Land- und Forstwirtschaft sowie die Jagd – kurzum alles, was das Leben und Arbeiten im Hohen Vogelsberg ausmacht (Do - Sa 13 - 16 Uhr, So 10 - 17 Uhr, Eintritt). Nach dem Ortsrundgang erfrischen wir uns im **Naturbadebiotop** gleich unterhalb des Stellplatzes **(133)**, das ein herrliches Schwimmvergnügen im sich auf natürliche Weise reinigenden Wasser bietet (Juni - Aug. 10 - 20 Uhr).

WOMO-Wandertipp: Um Ulrichstein herum

Mittelschwere Wanderung von ca. 12 km Länge mit weiten Blicken und heftigen Anstiegen.
Von unserem o. g. Stadtparkplatz bietet sich die **Rundwanderung**, die mit der uns bereits bekannten weiß-rot-grünen Markierung der Vogelsberger Extratouren versehen ist, an. Diesmal müssen wir schon einige z. T. starke Steigungen in Kauf nehmen, um die herrlichen Laubwälder

und kleinräumigen Flurland-schaften, das Gründchen-Tal und die schönen Blumen-wiesen zu entdecken. Die verbrauchten Kalorien sind anschließend im **Landgast-hof Groh** schnell wieder auf-gefüllt (Hauptstraße, Di - So 11.30 - 14 Uhr, ab 17.30 Uhr).

Über HELPERSHAIN fahren wir durch die sanf-te Hügellandschaft wei-ter Richtung ALSFELD. Nachdem die Straße eine Weile bergauf führt, folgen wir dem Hinweis zum 560 m hohen TOTENKÖPPEL.

(134)
WOMO-Picknickplatz: Meiches, Totenköppel

GPS: N 50°36'46.5" E 9°15'32.2,"
max. WOMOs: 2-3
Ausstattung/Lage: Tisch u. Bänke, Infotafel, Wanderwege/ außerorts
Zufahrt: Von der L3162 rechts dem Hinweis Kriegsgräberstät-te/Totenköppel ca. 1 km bis zum Parkplatz folgen.

Totenköppel

Schön ist es hier - so friedlich, fast verwunschen oder mystisch! Darf man den Überlieferungen glauben, dann soll auf dem Gipfel auch hier Bonifatius auf seinem Weg vom Kloster Amöneburg nach Fulda gepredigt haben. Im Türsturz der Meicheser Totenkirche ist die Jahreszahl 1729 zu erkennen. Im Inneren der Feldsteinkirche fällt zunächst die ungewöhnliche Stellung des Altars seitlich der Tür auf, die mit einem Umbau zu erklären ist. Dann schauen wir auf die erst vor wenigen Jahren bei Restaurierun-gen entdeckte Wandmalerei aus der Entstehungszeit des Kirchleins, das

ein Andachtsbild „Chris-tus als Schmerzmann" zeigt. Besonders faszi-niert uns jedoch der Sip-penfriedhof im Außenbe-reich. Hessen-, vielleicht auch deutschlandweit einzigartig werden die Verstorbenen nicht in Reihengräbern, sondern traditionell in Sippengrä-bern bestattet. Zu jedem Haus in Meiches gehört eine bestimmte Grabstät-te und die Toten werden in der Regel bei ihren Vorfahren beigesetzt. Ortsfremde ohne Familiengrab finden am Rand des Friedhofs ihren Platz. Ein interessanter Ort, dessen besondere Wirkung sicher auch mit der Weite der Landschaft einhergeht.

Nachdem wir von der Aussichtsplattform bis zum Ederbergland und ins Sauerland oder zu unseren nächsten Zielen in der Rhön und bis zum Meißner geschaut haben, verabschieden wir uns von diesem beschaulichen Ort und erreichen als Nächstes erstmal MEICHES. Durch die typische Vogelsberglandschaft durchfahren wir DIRLAMMEN, dessen an der tiefsten Stelle des Ortes erbautes hübsches Fachwerkkirchlein mit einem verschindelten Neubau aus dem Jahr 1690 stammt. In HÖRGENAU biegen wir links nach EICHENROD und Richtung LAUTERBACH/FULDA ab. Bei Erreichen der B275 schwenken wir rechts und sehen inmitten von Wäldern, Feldern und Wiesen das auf einer Anhöhe liegende Heilbad HERBSTEIN. Durch eine Bohrung wurde 1975 Hessens höchste Heilquelle erschlossen, deren 32,6 °C warmes Heilwasser die **VulkanTherme** speist (Mo 14 - 20 Uhr, Di - So 9 - 20/22 Uhr). Badekuren lindern Erkrankungen des Bewegungsapparats und die Trinkkuren wirken sich positiv auf verschiedene innere Organe aus. Saunafreunde kommen in der **Vulkan-Sauna** richtig auf Touren, während Wanderer, Spaziergänger und Radfahrer im leichten Reizklima der milden Höhenlage ideale Bedingungen vorfinden. Direkt neben der Therme liegt der WOMO-Stellplatz der Gemeinde.

(135) WOMO-Stellplatz: Herbstein, Thermalbad

GPS:N50°34'07.4"E9°20'47.3"; Zum Thermalbad
max. WOMOs: 11
Ausstattung/Lage: V/E, Strom, Gebühr zzgl. Kurtaxe in der Therme zu zahlen, WC

kostenlos, Duschen gegen Gebühr, Mülleimer, ca. 500 m in den Ort, Wander- u. Radweg/außerorts.
Zufahrt: Von der B275 den Hinweisen zum Thermalbad und den WOMO-Piktogrammen folgen.

Herbstein

Durch den natürlich wirkenden Kurpark schlendern wir der hübschen Altstadt entgegen. Als Außenposten des Klosters Fulda im Jahr 930 erstmals erwähnt, und um eine Burg und Wehranlage erweitert, erhielt Herbstein 1262 Stadtrechte. Rund um die spätgotische Stadtkirche St. Jakobus auf der Bergspitze erschließt sich ein Gassenring, in dem der malerische Marktplatz mit seinem Fachwerk-Rathaus das i-Tüpfelchen ist. Bei einem Kurzspaziergang auf der Stadtmauer schauen wir nicht nur in die Ferne, sondern auch den Anwohnern in die Gärten. In einem alten Bauernhaus in der Obergasse befinden sich die **Tourist-Info** und das **Fastnachts- und STATT Museum** (Mo - Fr 10 - 12/14 - 16 Uhr, www.herbstein.de). Der Name Statt-Museum leitet sich von „anstatt" ab und schnell wird uns klar, was es damit auf sich hat. Im Gegensatz zu den Hochglanz-Vitrinen und jeder Menge Technik in den bisherigen Heimatmuseen erwartet uns ein ländlich geprägtes „Homemade"-Museum. In seiner einfachen Art ist es liebenswert – besonders wenn sich in einem abgedunkelten Raum eine laubgesägte Häuserkulisse „entzündet" und Stimmen und Geräusche den Stadtbrand von 1907 lebensecht simulieren bis schlussendlich alles „in Flammen steht". Freunde der närrischen Jahreszeit wissen, dass Herbstein eine Hochburg der Fastnacht ist. Un-

wissende wie wir werden staunend mit der 300-jährigen Tradition der Fastnacht und dem Springerzug, der 2011 bei der Steubenparade in New York dabei war, bekannt gemacht. Alles begann Mitte des 17. Jh., als Tiroler Steinmetze in die katholische Enklave Herbstein kamen, um die Stadtmauer zu reparieren. Vermutlich feierten die Herbsteiner bereits damals schon eine Art „Foaselt" und die Tiroler zeigten ihnen ihre heimischen Bräuche, denen begeistert nachgeeifert wurde. Da es Frauen noch nicht erlaubt war, an öffentlichen Veranstaltungen teilzunehmen, wurden kurzerhand Männer in Frauenkleider gesteckt und so tanzen oder besser hüpfen noch heute der Bajazz, der Erbsenstrohbär, aber auch die „weiblichen" Parts der Tiroler Pärchen am Rosenmontag im Springerzug durch die Gassen.

WOMO-Wandertipp: Felsentour

Mittelschwere Wanderung von ca. 13 km, erweiterbar auf 19 km mit einigen An- und Abstiegen.

Besonders schön finden wir, dass direkt am o. g. Stellplatz eine weitere Vogelsberg Extratour beginnt. Wie gehabt, führt die weiß-rot-grüne Markierung auf dem **Rundwanderweg** durch liebliche Wiesenlandschaften. Unterwegs begegnen uns kleine Seen, alte Grenzsteine, schöne Aussichten und jede Menge zu Basalt erstarrte Lava. Die Wanderung auf vorwiegend naturbelassenen Wegen und Feldwegen hat uns richtig begeistert und wegen der guten Markierung ist ein Verlaufen nur schwer möglich.

Da Herbstein direkt am **Vulkanradweg** liegt, ist von hier auch der Einstieg in den 94 km langen, mit max. 3% Steigung eher als moderat und familienfreundlich zu bezeichnenden Radweg, möglich (www.vulkanradweg. de). Nach unserer Wanderung reicht unsere Motivation am Abend allerdings nur noch zu einem kurzen Bummel vom Stellplatz bis zur Bundesstraße. In der **Scheuer** (Do/Fr/Sa ab 19.00 Uhr, Biergarten) verbringen wir einen  angenehmen Abend bei einer der besten Barkeeperinnen Deutschlands. Wir möchten nicht unerwähnt lassen, dass wir nach Cocktails mit so klingenden Namen wie „Baron P. de Coubertin" oder „Shakirah" sehr beschwingt zurück zum WOMO fanden ...

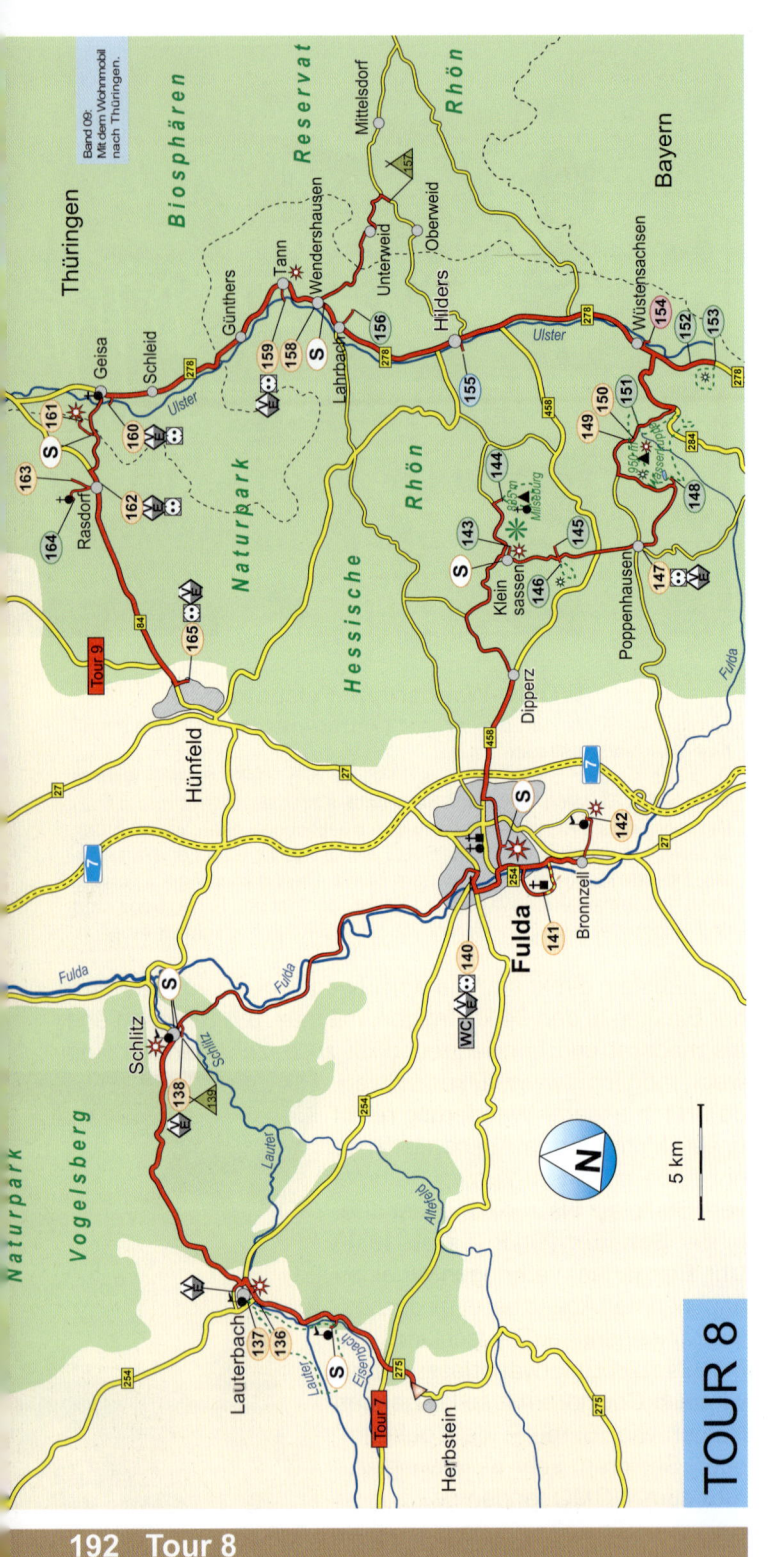

TOUR 8

Lauterbach - Schlitz - Fulda - Eichenzell - Kleinsassen - Poppenhausen - Wasserkuppe - Hilders - Tann - Geisa - Rasdorf - Hünfeld

Stellplätze:	Lauterbach, Schlitz, Fulda, Johannesberg, Eichenzell, Kleinsassen, Danzwiesen, Poppenhausen, Wasserkuppe, Wüstensachsen, Hilders, Lahrbach, Wendershausen, Tann, Geisa, Rasdorf, Hünfeld.
Campingplätze:	Schlitz *Camping im Schlitzer Land*, Oberweid *Weidberg-Camping*
Ver-/Entsorgung:	Lauterbach, Schlitz, Fulda, Poppenhausen, Tann, Geisa, Rasdorf, Hünfeld.
Besichtigen:	Schloss Eisenbach Landschaftspark, Lauterbach *Stadtbild, Hohhaus-Museum*, Schlitz *Stadtbild, Burgmuseum, Schlitzer Destillerie*, Fulda *Stadtbild, Barockviertel, Dom, Vonderau Museum, Kinder-Akademie*, Eichenzell *Schloss Fasanerie*, Kleinsassen *Pfundsmuseum*, Wasserkuppe *Deutsches Segelflugmuseum, Radom*, Tann *Grenzmuseum, Naturmuseum, Rhöner Museumsdorf, Sagenkeller*, Geisa/Rasdorf *Gedenkstätte Point Alpha*, Rasdorf *Landschaftsinformationszentrum Hessisches Kegelspiel*.
Wandern:	Lauterbach, Milseburg, Steinwand, Poppenhausen/Wasserkuppe, Rotes Moor, Geisa, Rasdorf.
Radfahren:	Vulkanradweg, Ulsterradweg, Milseburgradweg, Via Regia-Radweg, Kegelspiel-Radweg.
Baden:	Lauterbach, Guckaisee, Hilders, Hünfeld.
Essen:	Lauterbach *Zur Wachtel, Brasserie Schubert, Burg Post* Fulda *Brauhaus Wiesenmühle*, Eichenzell *Café Fasanerie*, Milseburg *Milseburghütte*, Steinwand *Fuldaer Haus, Zur Steinwand*, Poppenhausen *Landgasthof Stern*, Lahrbach *Landgasthof Kehl*, Tann *Zur Krone*.

Von Herbstein wären die rund 9 km nach LAUTERBACH auf dem **Vulkanradweg** zügig abgespult. Wir setzen uns jedoch ins WOMO und rollen auf der B275 gemütlich der Kreisstadt an der Lauter entgegen. So oder so ist ein Abstecher Richtung **Schloss Eisenbach** angesagt, denn der Stammsitz der Barone Riedesel ist von einem idyllischen Landschaftspark umgeben und einen Besuch wert. Wir biegen also links ab und folgen dem Hinweis zum **Gasthaus Burg Post** (Dez. Mi/Do Ruhetag), um den Parkplatz an der 1217 erstmals ur-

kundlich erwähnten Schlossanlage zu erreichen [N 50°36' 08.1" E9°23'11.1"]. Neben dem fünfeckigen Bergfried sind von der ursprünglichen Burg die Ringmauer und Mauerteile der Kernburg erhalten. Dieser ursprüngliche Charakter verliert sich, als wir bei einem geruhsamen Spaziergang durch den Park unterhalb des Burgbergs am Eisenbach stehen und zu einem repräsentativen Schloss empor blicken können. Irgendwo hinter der ehemaligen Zugbrücke residieren die Riedesel nach wie vor, aber gegen das Herumschlendern in der fotogenen Umgebung spricht nichts und so genießen wir die friedliche Atmosphäre, bevor es weiter nach LAUTERBACH geht. Die gemütliche Kreisstadt bietet für den wohnmobilen Geschmack zwei Stellplätze und eine gut zugängliche, gebührenpflichtige **V/E-Möglichkeit** [N 50°38'33.8" E 9°23'35.2"; David-Eifert-Straße]. Die Zufahrt erfolgt wie zu Stellplatz **(137)** und am folgenden Kreisverkehr rechts Richtung ALSFELD/AUTOBAHN. Etwa 1 km später führt ein WOMO-Piktogramm nach rechts.

(136) WOMO-Stellplatz: Lauterbach, Freizeitzentrum Steinigsgrund

GPS: N 50°37'38.5" E 9°23'32.4"; Am Sportfeld **max. WOMOs**: 8 **Ausstattung/Lage**: Infotafel, Wander- u. Radwege, Hallen- und Freibad, Minigolf, Tennis, ausgewiesener Teil eines Großparkplatzes, beleuchtet, keine Gebühr, Benutzung der Sanitäreinrichtungen im Freizeitzentrum möglich (Mo Ruhetag), Fußweg zur Innenstadt ca. 500 m/Ortsrand. **Zufahrt**: Von der B275 am Ortseingang links dem WOMO-Piktogramm folgen.

(137) WOMO-Stellplatz: Lauterbach, Auf der Bleiche

GPS: N 50°38'18.4" E 9°24'09.7"; Bleichstraße **max. WOMOs**: 5 **Ausstattung/Lage**: Infotafel auf dem Weg zur Innenstadt, Wander- und Radwege, beleuchtet, keine Gebühr, Fußweg zur Innenstadt ca. 500 m, Gaststätten in der Nähe/im Ort. **Zufahrt**: Der B275 in den Ort bis zum Abzweig Königsbergerstraße folgen. Dort rechts, parallel zur Lauter ca. 850 m bis zur links liegenden Bleichstraße dem WOMO-Piktogramm folgen.

Lauterbach

Bereits in der fränkischen Rodungs- und Siedlungszeit gegründet, wurde der Ort 812 erstmals urkundlich erwähnt. 1266 bekam Lauterbach die Stadtrechte verliehen und gehörte zum großen Territorium des Klosters Fulda. Zumindest eine Zeit, denn die Besitzverhältnisse im Mittelalter gestalteten sich kompliziert und eine Weile gehörte das Städtchen je zur Hälfte dem Mainzer Erzbischof als auch dem Landgrafen von Hessen. Anfang des 15. Jh. hatten die Ritter und späteren Freiherrn Riedesel ihren großen Auftritt, beerbten nicht nur die verstorbenen Herren von Eisenbach, sondern gelangten durch kluge politische Entscheidungen in den Besitz von ganz Lauterbach und der Umgebung. Dies passte wiederum dem Erzbischof nicht, sodass ernste Auseinandersetzungen unvermeidlich waren. Nach der Einführung der Reformation 1527 durch Hermann IV. Riedesel kam es zum endgültigen Bruch mit dem Klerus und erst im Jahr 1684 gelangt Lauterbach endgültig als Lehen an die Riedesel. Das sog. Junkerland hatte zu diesem Zeitpunkt eine eigene Verfassung und Gerichtsbarkeit und bestand als eigenständiges Staatswesen bis 1806. Danach gehörte das kleine Ländchen zum Großherzogtum Hessen, die Stadt entwickelte sich bes-

tens und seit 1852 darf sich Lauterbach Kreisstadt nennen. Als wir vom Stellplatz **(137)** entlang der munter plätschernden Lauter in die historische Ortsmitte schlendern, befinden wir uns gleich im malerischsten Teil Lauterbachs. Die alten Fachwerkhäuser in den Straßen „Am Graben" und „Am See", die vorwiegend aus dem 17./18. Jh. stammen, lehnen sich an die alte Stadtmauer und über die **Schrittsteine** lässt sich seit Jahrhunderten die Lauter „mutig überspringen". Hier finden wir auch das **Strolchdenkmal**. Der kleine gelockte Bronzebengel erinnert daran, dass 1905 in der Lauterbacher Molkerei der erste Deutsche Camembert produziert wurde. Bald haben wir den **Ankerturm** erreicht, der 1266 erbaut wurde und zur Stadtbefestigung gehörte. Ein schmaler Durchgang führt zum Marktplatz mit einer Reihe von sehenswerten Fachwerkhäusern, von dem das spätbarocke Bürgerhaus von 1765 genannt sei. Im Inneren der ebenfalls spätbarocken Stadtkirche befinden sich mehrere Grabsteine der Riedesel Freiherren zu Eisenbach und eine stehende Muttergottes aus Stein. Längs der Kirche gelangen wir zur Riedeselburg, deren älteste Teile aus gotischer Zeit stammen. Vom Marktplatz ist es nur ein Katzensprung zum Berliner Platz, an dem wir gar nicht wissen, wohin wir die Kamera als Erstes wenden sollen. Im hübschen Haus der **Stadtmühle** befindet sich die **Tourist-Info** (April - Okt. Mo - Fr 9 - 13/14 - 17 Uhr, Sa 11 - 13 Uhr, Nov. - März Mo - Fr 10 - 13/14 - 16 Uhr; Marktplatz 1, Telefon 06641/184112, www.lauterbach-hessen.de) – eine gute Anlaufadresse für weitergehende Informationen oder themenbezogene Führungen rund um die Stadt. Das **Strumpfdenkmal** vor der Stadtmühle steht in Verbindung mit dem historischen

Strolch an der Lauter, der der Legende nach ein Wandergeselle war und bei seinem überstürzten Aufbruch aus der Stadt seinen Strumpf verloren hat. Auf der anderen Seite des Berliner Platzes ist das **Hohhaus-Museum** im Stadtpalais der Freiherren von Riedesel nicht zu verfehlen.

Im dreiflügeligen Barockschloss zeigt das Heimat- und Regionalmuseum u. a. ein historisches Klassenzimmer und die Besucher können sich über die Geologie der Vulkanregion Vogelsberg informieren. Als besonderen Schatz birgt das Museum den spätgotischen Lauterbacher Marienaltar. Im Inneren des Doppelflügelaltars befindet sich ein Schrein mit geschnitzten Figuren (Di - Fr/So 10 - 12/14 - 17 Uhr, Sa 14 - 17 Uhr, Eintritt). Nach diesem erfreulichen kleinen Stadtrundgang meldet sich der kleine Hunger, der mit „Beutelches", einem speziellen Kartoffelkloß, der in einem Leinensack gekocht wird oder der oberhessischen Form der Quiche, dem „Salzekuchen" besänftigt werden kann. Beides sehr lecker und neben anderen hessischen Spezialitäten z. B. in der urigen Kneipe **Zur Wachtel** (Mo Ruhetag, Marktplatz 9) zu bestellen. Wir gehen heute durch die engen Gassen und über kleine Treppen hinab zur Lauter und kehren in der **Brasserie Schubert** ein (Küche: 11 - 13.30/18 - 21.30 Uhr, Kanalstraße). Gern hätten wir in der dazugehörigen Weinstube **Entennest** in intim rustikalem Ambiente den Abend verbracht, aber eine geschlossene Gesellschaft macht uns einen Strich durch die Rechnung. Die Küche im Haupthaus ist jedoch gleich und vor allen Dingen empfehlenswert. Zufrieden und mit der Melodie „In Lauterbach hab' ich mein' Strumpf verlor'n" auf den Lippen schlendern wir am Wasser zurück zum WOMO und beschließen einen angenehmen Aufenthalt im staatlich anerkannten Luftkurort.

Die sanften Hügel um Lauterbach, die freien Blicke und die schönen Wald- und Wiesenlandschaften locken geradezu zum Wandern. Vom Stellplatz **(136)** vertrauen wir uns mal wieder einer mit der weiß-rot-grünen Markierung exzellent versehenen Vogelsberger Extratouren an.

WOMO-Wandertipp: Lauterbacher BachTour

Leichte Wanderung von ca. 16 km mit schwachen Steigungen auf Wiesen-, Wald und Wirtschaftswegen.

Vom Stellplatz starten wir über die Fußgängerbrücke der Lauter erstmal Richtung Innenstadt, um uns am Wanderportal „Am Eichberg" durchgängig an der nun bereits bekannten Wandermarkierung zu orientieren. Durch ein Waldstück und dann durch die Wiesenlandschaft begleitet der Assmussbach unseren Weg bis Fischborn. Unterbrochen wird die Tour durch die weite Aussicht vom Höhenrücken des Silberbergs, bevor wir Fischbach streifen und am Waldrand zum Naturschutzgebiet Münchwiesen mit seltenen Tier- und Pflanzenarten gelangen. Schön ist es hier und bald queren wir auf Schrittsteinen die Lauter. Durch Laubwälder führt der Weg zum Rothackerkopf und wir gönnen uns an einem kleinen Picknickplatz eine Rast mit schönem Ausblick. In der weiten Flurlandschaft erreichen wir das uns bekannte **Schloss Eisenbach**, von dessen vorgenanntem Parkplatz der Einstieg in die Wanderung ebenfalls mög-

lich ist. Im gemütlichen **Gasthaus Burg Post** legen wir eine Rast ein und lassen es uns richtig gut gehen. Durch den Wald erreichen wir bald die Landstraße nach Fischborn, die wir überqueren. Hier lädt im ehemaligen Bahnhof das **Kneipencafé Zentralstation** zur Einkehr ein, bevor es oberhalb der Lauter, die nun durch den Zusammenfluss mit dem Eisenbach zu einem kleinen Fluss geworden ist, dem Ausgangspunkt der Wanderung entgegengeht. Die letzte Etappe führt mal am Hang, mal am Flussufer entlang und beschließt einen schönen Weg durch die typische Landschaft des nördlichen Vogelsbergs.

Von Lauterbach peilen wir als nächstes SCHLITZ an und gelangen über die Deutsche Alleenstraße zügig in die Burgenstadt.

(138) WOMO-Stellplatz: Schlitz, Am Damenweg

GPS: N 50°40'08.8" E 9°34'04.7"; Damenweg   **max. WOMOs**: 5
Ausstattung/Lage: V/E, keine Gebühr, unmittelbar vor dem Campingplatz gelegen, ca. 1 km in die Innenstadt/Ortsrand.
Zufahrt: Der Durchgangsstraße durch den Ort bis zur Bahnhofstraße/L3141 folgen. Dort rechts Richtung Fulda und dann dem Hinweis Landesmusikakademie und dem WOMO-Piktogramm erst links 1 km und nochmals ca. 500 rechts folgen.

Für den reinen Stadtbesuch bieten sich zwei Parkplätze an: Zum einen hält man sich bei Erreichen der Bahnhofstraße links Richtung BAD SALZSCHLIRF und zweigt nach ca. 1 km rechts zu einem ausgewiesenen Parkplatz ab [N 50°40'23.0" E 9°33'30.1"; Hainbuche]. Zum anderen findet sich ein Parkplatz für kürzere WOMOs am Abzweig von der Bahnhofstraße Richtung FULDA gleich linkerhand [N 50°40'31.7" E 9°33'50.6"; Jahnstraße/Eisenbahnbrücke].

Schlitz

Im waldreichen Tal der Schlitz zwischen Vogelsberg, Knüll und Rhön gründete und weihte der Mainzer Bischof 812 eine Kirche. Um 1100 folgte eine Befestigungsanlage und zwischen 1418 und 1439 dürften Schlitz die Stadtrechte verliehen worden sein. Der besondere Reiz des Städtchens geht sicher von den vier Burgen und dem vollständig erhaltenen mittelalterlichen Stadtkern rund um den Marktplatz aus. Die Vorder-, Hinter-, Schachten- und Ottoburg gehörten zu den Befestigungsanlagen, die die Grafen von Schlitz, genannt von Görtz und die über viele Jahrhunderte die Geschicke des Schlitzerlandes bestimmten, nach außen schützten. Erwähnenswert ist zusätzlich Schloss Hallenburg, das aus einem mittelalterlichen Gutshof entstand und in dem heute der Sitz der Landesmusikakademie ist. Auch wenn es sich ziemlich phrasenhaft anhört, müssen wir einfach sagen, dass es in den engen Gassen um die Stadtkirche und den Marktbrunnen gemütlich und kuschelig zugeht. Zur charakteristischen Silhouette gehört der 36 m hohe **Hinterturm** (April - Okt. 10 - 12/13 - 18 Uhr, Juni/Aug. 10 - 12/13 - 19 Uhr), auf den wir bequem mit

dem Fahrstuhl emporgleiten und der mit rotem Stoff verkleidet, als riesige Kerze dem alljährlichen **Weihnachtsmarkt** einen fast festlichen Touch verleiht. Einen Einblick in das handwerkliche Leben und die Geschichte der früheren Schlitzer Bürger erlaubt das **Burgmuseum**, das sich in der Vorderburg befindet. Zusätzlich präsentiert es archäologische Funde und verfügt über eine Mineralien- und Fossiliensammlung. In einem eigenen Raum befindet sich eine Sammlung Schlitzerländer Trachten, die neben der Leinenweberei einen weiteren Schwerpunkt des Museums bilden (März, Okt. - Dez. Sa/So, April - Juni, Sept. Di - So jeweils 15 - 17 Uhr, Juli/Aug. Di - So 10 - 12/15 - 17 Uhr, Eintritt). Alle zwei Jahre, jeweils am zweiten Wochenende im Juli herrscht in Schlitz Ausnahmezustand, wenn das **Schlitzerländer Trachtenfest** internationale Trachten- und Folkloregruppen und ihr Publikum in die Stadt zieht (zuletzt 2013, www.folklorefestival.org). Wer neben dem angenehmen Stadtbummel mehr über Schlitz erfahren möchte, sollte sich einer **öffentlichen Stadtführung**

anschließen (April - Okt. Sa 16 Uhr, Gebühr, Treffpunkt Eingang Burgmuseum). Themenführungen und weitere Highlights der Region sind in der **Tourist-Info** im Rathaus (Mo/Di/Do 8 - 16.30 Uhr, Mi 8 - 18 Uhr, Fr 8 - 13 Uhr, An der Kirche 4, Telefon 06642/9 700, www.schlitz.de) zu erfragen. Wer nun noch ein Mitbringsel aus Schlitz sucht, der sollte auf alle Fälle der **Schlitzer Destillerie** einen Besuch abstatten. Über Jahrhunderte wird der traditionelle Korn aus Weizen gebrannt und längst sind edle Obstbrände, Liköre und andere Spirituosen dazugekommen. Im Hofladen lassen wir uns beraten, verkosten das edle Gesöff und gönnen uns ein Fläschchen Zwetschgenbrand. Wer Glück hat, schließt sich einer Gruppenführung an und wird in die Geheimnisse der Destillation eingeweiht (Mo - Do 7 - 16.30 Uhr, Fr bis 15.30 Uhr, www.schlitzer-destillerie.de).

Wir trennen uns von Schlitz und vom Vogelsberg und bewegen uns durch das Fuldatal flussaufwärts nach FULDA. Kaum haben wir den gleichnamigen Landkreis erreicht, begegnen uns erste Bildstöcke, die darauf hinweisen, dass wir uns der „katholischen Ecke" Hessens zuwenden. In HORAS halten wir uns rechts Richtung STADTMITTE.

(140) WOMO-Stellplatz: Fulda, Weimarer Straße

GPS: N 50°33'21.5" E 9°39'59.0"; Weimarer Straße   **max. WOMOs**: 20
Ausstattung/Lage: Ausgewiesener Teil eines Großraumparkplatzes, V/E, Strom, WC, Supermarkt in der Nähe, Gebühr, ca 500 m zur Innenstadt, direkt an der Fulda-Aue/Ortsrand. Geräuschbelästigung durch Straßenverkehr. Auch für Wohnwagen geeignet.
Zufahrt: Von Horas kommend dem Horaser Weg Richtung Stadtmitte bis ans Ende und dort rechts dem WOMO-Piktogramm folgen.

Fulda

Die ersten Besiedlungsfunde im Raum Fulda gehen auf die Zeit um 5000 v. Chr. zurück. Nach dem Zerfall des Römischen Reichs entwi-

Sturmiusbrunnen am Borgiaplatz

ckelten die Franken ein Machtzentrum und begannen mit der Unterstützung Roms mit der Christianisierung. Jetzt kommt der uns bereits bekannte Bonifatius wieder ins Spiel, der im Jahr 744 den Mönch Sturmius mit der Gründung eines Klosters beauftragte. Dieses sollte ein benediktinisches Musterkloster und zugleich Bonifatius' Alters- und Ruhesitz werden. Soweit kam es jedoch nicht, da der Apostel der Deutschen 754 auf seiner letzten Missionsreise ums Leben kam und lediglich in Fulda beigesetzt wurde. Bald entwickelte sich ein Pilgerziel und durch Schenkungen der Wallfahrer wuchsen die Besitzungen des Klosters von Friesland bis Norditalien und vom Elsass bis nach Thüringen immens. Zusätzliche Privilegien garantierten wirtschaftliche und gesetzliche Unabhängigkeit und die Schreibschule des Abtes Rabanus Maurus sorgte für ein kulturelles Zentrum in Mitteleuropa. Rund um den Klosterbezirk siedelten sich Kaufleute und Handwerker an und schon bald sprach man von „Villa Fuldenis". Die Siedlung entwickelte sich parallel zum Kloster prächtig und gilt als Basis der Stadt Fulda, die in der Folge mit Türmen und Toren befestigt wurde. 1220 wurde der Abt des Klosters zum Fürstabt ernannt und somit waren er und seine Nachfolger auch Reichsfürsten und Herrscher. Im Mittelalter hatten Stadt und Kloster mit Aufständen, Hexenverfolgung, der Pest und dem Dreißigjährigen Krieg zu kämpfen,

Dom zu Fulda und Michaelskirche

bevor es 1678 gelang, das Finanz-
wesen grundlegend zu sanieren
und die Voraussetzung für die Bau-
tätigkeiten im 18. Jh. zu schaffen.
1704 wird mit dem Bau des Doms
begonnen, es folgen das Residenzschloss, das Paulustor und etliche
Adelspalais. Der **Barockstadt** und
ihren Fürsten scheint es an nichts
gefehlt zu haben und noch heute
zeugen die historischen Straßen-
züge von Wohlstand. Die lebendige
Innenstadt mit Geschäften, Boutiquen, jeder Menge Kneipen, Straßencafés und Weinlokalen machen
den Aufenthalt angenehm, und verschiedene Veranstaltungen sorgen
für Abwechslung. Stürzen wir uns
also ins Getümmel und machen
der Stadt Fulda unsere Aufwartung.
Vom Stellplatz sind wir in wenigen
Minuten am Bonifatiusplatz sowie
mitten im Barockviertel und stehen
vor der **Tourist-Info** (Mo - Fr 8.30
- 18 Uhr, Sa/So/Feiertage 9.30 -
16 Uhr, 24. - 26.12., 1.1., Rosen-

Biedermeier-Paar vor der Orangerie

montag geschlossen, Bonifatiusplatz 1, Telefon: 0661/1021814, www.
tourismus-fulda.de). Wir erhalten Vorschläge für verschiedene, indivi-
duelle Stadtrundgänge oder können uns einer öffentlichen Führung anschließen (1-stündiger Rundgang tägl.
11.30/15 Uhr, 2-stündiger Rundgang
April - Okt. Fr/Sa/So/Feiertage 14 Uhr,
Nov. - März Sa 14 Uhr, Gebühr, Treffpunkt Tourist-Info). Wir entscheiden
uns für einen „schnellen" Rundgang
und könnten uns bei diesem auch von
einem „Audio-Guide" begleiten lassen.
Eine Broschüre und ein Stadtplan tun's
aber auch und so stehen wir gut ge-
rüstet gegenüber der Tourist-Info und
vor dem **Stadtschloss**. Es wurde
1706 - 14 als Residenz für Fürstäbte
und spätere Fürstbischöfe erbaut und
diente besonders zu Repräsentations-
zwecken. In den prachtvollen „Historischen Räumen" ist das absolutistische
Machtstreben gut zu erkennen und
Sammlungen Fuldaer und Thüringer
Porzellans vervollkommnen das Ambiente (April - Okt. Di - So, Nov. - März
Mo - Fr 14 Uhr, Sa/So/Feiertage jeweils
10.30/14 Uhr). Der **Schlossgarten**
(tägl. geöffnet) mit der zwischen 1721
und 1724 erbauten **Orangerie** gehört
in das architektonische Gesamtkon-
zept des barocken Schlosses. Eine
der schönsten Barockplastiken, die

Portal am Konventsbau

„Floravase" befindet sich vor der als Veranstaltungsort genutzten Orangerie und beim „Tag der offenen Gärten" flanieren zahlreiche Pärchen in historischen Gewändern durch den Park. Die festlichen Roben der „Florengäßner Brunnenzeche" versetzen uns in die Biedermeierzeit Mitte des 19. Jh., bevor wir die Pauluspromenade überqueren. Wir erreichen die romanische **Michaelskirche**, die zwischen 819 und 822 als Kapelle des ehemaligen Mönchsfriedhofs des Benediktinerklosters Fulda errichtet wurde. Der als Wahrzeichen der Stadt geltende und dominierende **Dom** wurde 1704 - 12 wie einige weitere Barockbauten von Baumeister Johann Dientzenhofer errichtet. Die religiöse Bedeutung der Kirche ist durch das **Bonifatiusgrab** noch heute aktuell und zieht nach wie vor viele Wallfahrer an. Das **Dommuseum** mit der Schatzkammer bietet einen guten Einblick in die Geschichte des Klosters Fulda und zeigt Sammlungen von kostbaren Behältnissen zur Aufbewahrung von Reliquien, sakralen Gewändern und liturgisches Gerät (April - Okt. Di - Sa 10 - 17.30 Uhr, So/Feiertage ab 12.30 Uhr, Nov. - März Di - Sa 10 - 12.30/13.30 - 16 Uhr, So/Feiertage 12.30 - 16 Uhr, Eintritt). Die Johannes-Dyba-Allee

Altes Rathaus

querend, gelangen wir Richtung Kanalstraße in den Teil der Stadt, der sich nach der Gründung des Klosters bildete und verlassen den Klosterbezirk. Reste der alten Stadtmauer mit dem **Hexenturm** fallen uns genauso auf, wie ein Fachwerkhaus, in dem der Erfinder, Physiker und Nobelpreisträger Ferdinand Braun 1850 geboren wurde. Über die Rosengasse und den Severiberg erreichen wir, vorbei an beindruckenden Häusern aus dem Mittelalter und hübschen Innenhöfen, die gotische **Severikirche.** Als Nächstes empfängt uns ein größerer Platz mit einem Obelisk, hinter dem die Stadtpfarrkirche ihre Türme gen Himmel reckt, die als spätester Barockbau Fuldas 1770 - 1786 erbaut wurde. Ganz in der Nähe können wir den monumentalen Fachwerkbau des **Alten Rat-**

hauses nicht übersehen, während die Heiligen Sturmius, Bonifatius und Benedikt am **Sturmiusbrunnen** auf dem Borgiaplatz die Stadtgeschichte wiederspiegeln. Wir unterbrechen unseren Stadtrundgang, um am Jesuitenplatz dem **Vonderau Museum** einen Besuch abzustatten. In dem in einer im späten 16. Jh. errichteten Vierflügelanlage untergebrachten Museumsgebäude werden kulturhistorische und naturkundliche Entwicklungen des osthessischen Raumes dargestellt. Das Planetarium, das zu den modernsten Deutschlands gehört, ergänzt mit seinen Vorführungen das Museumsangebot (10 - 17 Uhr, Mo Ruhetag, Eintritt, www.museum-fulda.de). Toll gemacht und unser Besuch fällt sicher viel zu kurz aus! Wir wollen unseren „schnellen" Stadtrundgang noch beenden und schlendern über die Schulstraße vorbei am Universitätsplatz zur **Abtei St. Maria** und zum Eingang des Benediktinerinnenklosters. Die Klosterkirche besticht mit modernen Kunstwerken und im Klosterladen werden u. a. Erzeugnisse der Abtei angeboten (Klosterladen Mo - Fr 10 - 17 Uhr, Sa bis 16 Uhr). Nur noch wenige Schritte sind es zurück bis zur Tourist-Info und wer mag, kann sich in einer der zahlreichen Lokalitäten vom Stadtrundgang erholen. Wir schlängeln uns hingegen durch die Straßen und Gassen hinab zur Fulda-Aue und beenden den Sightseeing-Tag im **Brauhaus Wiesenmühle** (kein Ruhetag, Wiesenmühlenstraße 13). Nach einer rustikal-bodenständigen Küche zu vernünftigen Preisen und einem Wiesenmühlenbier ist der Rückweg zum WOMO-Stellplatz nach ca. 600 m auf dem Fußgängerweg „An der Blumenmauer" und nach Überqueren der Langebrückenstraße schnell und gut zu finden.

Nach all der Kirchengeschichte wundert es uns gar nicht, dass Fulda wie Rom auf sieben Hügeln erbaut ist. Vom Stellplatz machen wir auf einem der markantesten Erhebungen den spätbarocken Bau des **Klosters Frauenberg** aus, bevor wir das WOMO vom Parkplatz kommend nach rechts wenden und über die Fuldabrücke fahren. Wir halten uns links vorerst auf der B254 Richtung FRANKFURT/BAD BRÜCKENAU, um zu einem Abstecher zu zwei weiteren Residenzen der kirchlichen Würdenträger aufzubrechen. Nach ca. 1,2 km verlassen wir die Bundesstraße und biegen rechts ab Richtung LAUTERBACH/GROSSENLÜDER. Weitere 1,8 km später folgen wir dem Hinweis nach JOHANNESBERG.

(141) WOMO-Stellplatz: Johannesberg, Probstei

GPS: N 50°31'27.5" E 9°39'40.7"; Probsteischloss **max. WOMOs:** 1-2
Ausstattung/Lage: Pizzeria ca 200 m entfernt, leicht schräg, von Fulda aus mit den Stadtbuslinien 3 u. 5A zu erreichen/Ortsrand.
Zufahrt: Vor den Probsteigebäuden links ca. 100 m bis zum Parkplatz fahren. WOMOS unter 3,5 t Gesamtgewicht können auch von der B254 direkt den Hinweisen zur Probstei folgen und hinter den Gebäuden rechts zum linkerhand liegenden Parkplatz fahren.

Die schlichte Probstei wurde im 18. Jh. zu einer barocken, schlossähnlichen Anlage mit Barockgarten umgestaltet. Heute befindet sich in den Räumlichkeiten eine Fortbildungsstätte und im Rahmen von Führungen können die historischen Räume im Roten Bau, die Kirche und die Gartenanlage besichtigt werden (Juni - Sept. So 14.30 Uhr, Eintritt).

Zurück auf der B254 halten wir uns weiter Richtung FRANK-FURT/BAD BRÜCKENAU und erreichen bald einen Kreisverkehr, an dem wir uns sofort rechts dem Hinweis SCHLOSS FASANERIE anvertrauen und nach BRONNZELL gelangen. Wie in so vielen benachbarten Orten mit der Endung „zell" geht der Name auf Mönche des Klosters Fulda zurück, die „Zellen", sozusagen kleine Ableger, des Klosters gründeten, aus denen sich später Dörfer entwickelten. Der älteste Stadtteil Fuldas stellt uns im ersten Moment vor ein kleines Problem, da die Durchfahrt für Lkw und somit auch für WOMOs über 3,5 t Gesamtgewicht untersagt ist. Nach Rücksprache mit dem Straßenverkehrsamt der Stadt Fulda teilte man uns jedoch mit, dass mit der Verbotsbeschilderung lediglich der Lkw-Durchgangsverkehr aus dem Ort ferngehalten werden soll. Wir und alle anderen WOMO-Besatzungen können selbstverständlich mit unseren „schweren" Vehikeln durch Bronnzell und zum Schloss fahren. Alles klar, muss man nur wissen und so fahren wir also mit offizieller Genehmigung bis zu einem Kreisverkehr, dort links und auf schnurgerader Linie auf **Schloss Fasanerie** zu.

(142) WOMO-Stellplatz: Eichenzell, Schloss Fasanerie
GPS: N 50°30'28.5" E 9°42'07.8"; Fasaneriestraße   **max. WOMOs:** 2-3
Ausstattung/Lage: Biergarten, Gaststätte in unmittelbarer Nähe, Mülleimer, manchmal wird eine Gebühr verlangt/außerorts.
Zufahrt: Vor dem Schlossgelände links und gleich wieder rechts.

Schloss Fasanerie mit Schlosspark

Die barocke Schloss- und Parkanlage Fasanerie wurde 1739 - 50 als Sommerresidenz der Fuldaer Fürstäbte erbaut und von den Fürstbischöfen bis 1803 genutzt. Im Jahr 1816 fiel das Schloss an die Kurfürsten von Hessen-Kassel, die es im klassizistischen Stil umgestalteten und bis zu seiner letzten Bewohnerin, Landgräfin Anna (1836 - 1918), auch bewohnten. Heute können wir unter Kronleuchtern die aus verschiedenen Schlössern stammende Kunstsammlung des Hauses Hessen bestaunen, die einen Eindruck vom fürstlichen Leben des 18. und 19. Jh. vermittelt. Goldgerahmte Porträts, wertvolle Porzellane aus fast allen europäischen Manufakturen sowie antike Vasen und Büsten. Alles vom Feinsten und herrlich anzuschauen (April - Okt. Di - So/Feiertage 10 - 17 Uhr, Eintritt, Führungen jede volle Stunde)! Von der Terrasse des **Cafés Fasanerie** (Mo Ruhetag) haben wir einen wunderschönen Blick auf die Wiesen und den von Alleen durchkreuzten Wald des Schlossparks. Rund um die Schlossanlage ist eine Landschaft inszeniert worden, die den Idealen der Entstehungszeit entsprach und durch blühende Beete und Seen unterbrochen wird. Jedes Jahr im Mai oder Anfang Juni findet auf dem Gelände eine Ausstellung zur ländlichen Garten- und Wohnkultur statt, bei der man alles erstehen kann, was so herrlich unnötig ist, aber das Leben ein wenig bunter macht.

Auf gleichem Weg fahren wir zur B254 und zurück nach Fulda, wo wir uns rechts Richtung KÜNZELL/TANN orientieren. Nach dem eher „trockenen" Kulturprogramm steht jetzt etwas Wissenschaftliches auf dem Plan, das für Kinder begreifbarer und für Erwachsene ebenfalls interessant ist. Von der Künzeller Straße biegen wir rechts ab und parken das WOMO am Straßenrand [N 50°32'43.1" E 9°41'12.9"; Mehlerstraße].

Kinder-Akademie Fulda

In einem umgebauten Industriegebäude werden vor allen Dingen Kinder zwischen 5 und 14 Jahren angesprochen. Während der hessischen Schulferien werden Workshops und Mitmachprogramme auch für Tagesbesucher angeboten. Wir wollen uns jedoch der ständigen Ausstellung widmen, in der Kinder an interaktiven Gegenständen ihre Sinne beim Experimentieren und Anfassen erkennen und schulen können. Der Entdeckungsdrang kleiner Forscher ist gefordert und augenscheinlich macht

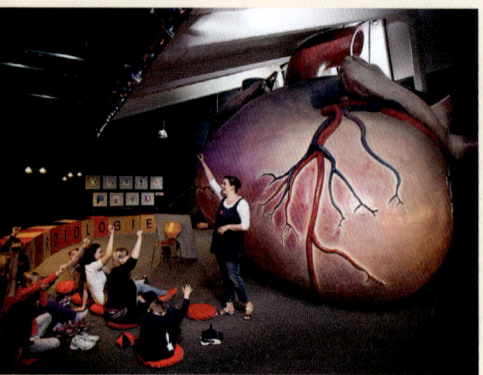

das eine Menge Spaß! Hauptattraktion ist das „Begehbare Herz", das mit 36 qm Grundfläche und 5 m Höhe einzigartig in Europa sein soll. Im Rahmen einer Führung können wir als „rote Blutkörperchen" die vier Herzkammern durchlaufen und den Blutkreislauf erforschen. Spielerisch erfahren wir, wie groß das Herz ist, welche Funktion es hat und welche kulturelle Bedeutung von unserem wichtigsten Organ ausgeht. Für Einzelbesucher wird die Anmeldung zu einer Führung empfohlen, die wir allen gern ans „Herz legen" möchten (Mo - Fr 10 - 17.30 Uhr, So 13 - 17.30 Uhr, Okt. - April auch Sa 13 - 17.30 Uhr. Führung „Begehbares Herz" Mo - Fr 16 Uhr, So 15/16 Uhr, Eintritt. Telefon 0661/902730, www.kaf.de).

Wir befahren die Künzeller Straße weitere 700 m, um dann links Richtung PETERSBERG abzubiegen und der B458 über die Autobahn Richtung TANN/HILDERS/MEININGEN zu folgen. Kaum haben wir das urbane Fulda hinter uns gelassen, als vor uns schon das beeindruckende Panorama der **Kuppenrhön** ins Blickfeld kommt.

Rhön

Mitten in Deutschland gelegen und ehemals durch den Eisernen Vorhang getrennt, liegt der fast 2000 km² große Naturpark Rhön vor uns. Er erstreckt sich über Teile von Hessen, Thüringen und Bayern und ist fast doppelt so groß wie die Insel Rügen. Der Naturpark Hessische Rhön umfasst Teile des Rhönvorlandes mit sanften, bis 500 m hohen Bergrücken und der kuppigen Rhön mit dem Phonolithmassiv der 833 m ü. NN hohen Milseburg sowie der Hohen Rhön mit Hessens höchstem Berg, der 950 m ü. NN hohen Wasserkuppe. Die waldreiche Landschaft ist von Dörfern, Weilern und Einzelgehöften durchzogen und die markanten basaltigen, teils kargen Kuppen und Kegel mit ihren ausgedehnten Bergwiesen, Mooren, Quellsümpfen und Bachläufen prägen die charakteristische Landschaft. Die z. T. waldlosen, flachwelligen fast menschenleeren Hochplateaus bieten einzigartige Aussichten, die der Rhön zu Recht den Beinamen „Land der offenen Fernen" gibt. Zusammen mit den vielseitigen und wechselvollen Voraussetzungen des Klimas sowie des Bodens und einer seit Jahrhunderten andauernden pfleglichen Landbewirtschaftung konnten sich seltene Pflanzen- und Tierwelt entwickeln. So haben hier u. a. Birkhähne, Eisvögel, Pirole sowie Wiesenrallen ihre Brutstätten und Schwarzwild, Dachse und anderes heimisches Getier durchstreifen die Weiten. Eine einzigartige Vegetation bieten die Moore, während an Ufern von Quellen und Bächen häufig die Pestwurz oder die roten bis violetten Blüten von Sumpfstorchschnabel und Blutweiderich auftauchen. Zahllose Orchideenarten entfalten sich auf den Kalksteinböden, die Geröllhalden und Steinrücken werden von vielen Moosen und Flechten überzogen, die sonst nur in arktischen und alpinen Gebieten vorkommen. Die Besonderheiten der Landschaft sowie der Flora und Fauna haben die Unesco 1991 dazu bewogen, die gesamte Rhön als Biosphärenreservat anzuerkennen. Dass Naturschutz durchaus mit sanftem Tourismus in Einklang gebracht werden kann, zeigen die zahlreichen **Radwege**, die sich familienfreundlich in Flusstälern und auf ehemaligen Bahntrassen entlang ziehen oder sich an Mountainbiker und konditionsstarke Radfahrer auf dem Hochrhönradweg wenden. Die vielen, gut beschilderten **Wanderwege** stellen für uns ein wahrhaftes Wander-Eldorado mit fast unerschöpflichen Möglichkeiten dar, die zwar fast immer mit Kraxelei verbunden sind, aber grandiose Aussichten bieten. Erwähnenswert und äußerst beliebt ist der **Wintersport** in der Rhön. Die Auswahl ist so groß, dass für Abfahrtsläufer, Rodler und Langläufer besonders auf der Wasserkuppe kaum ein Wunsch offenbleibt. Hier kann man auch dem Snowkiten nachgehen, bei dem der Skifahrer vom Kite, einem Lenkdrachen ähnlich, über die Piste gezogen wird und ein ganz besonderes Gleiterlebnis erfährt (www.snowkite.de). Über die Schnee-

Fliegerdenkmal auf der Wasserkuppe

höhen, den Zustand von Loipen und den Betrieb der Skilifte informiert das Schneetelefon unter 06654/1211. Zusammenfassend erwartet uns also in der Rhön ein Naturerlebnis, dem wir auf den folgenden Seiten nachgehen wollen (www.rhoen.de).

Wir sind aber erst einmal in DIPPERZ angekommen und müssen erwähnen, dass hier die Baumaßnahmen einer Ortsumgehung bis Ende 2014 in vollem Gange sind. Möglicherweise wird sich die dann ergebene Straßenführung von unserer Routenführung ein wenig unterscheiden. Momentan verlassen wir im Ort die B458 links auf der Langenbieberstraße Richtung KLEINSASSEN/HOFBIEBER. Am Ende der Straße registrieren wir bereits einen der unzähligen Wanderparkplätze, von denen man die Region erlaufen kann, und biegen rechts ab. Nach einem guten Kilometer knicken wir rechts ab und erreichen bald das Malerdorf KLEINSASSEN. An der kleinen munter dahinfließenden Bieber bietet sich ein nettes Übernachtungsplätzchen mit Wanderanschluss an und im Ort wartet bereits ein einmaliges Museum, das nichts mit Malerei zu tun hat. Es wird also am besten sein, wenn wir das WOMO erstmal am Straßenrand parken [N 50°33'02.1" E 9°52'33.5"; Biebertalstraße].

(143) WOMO-Wander-parkplatz: Kleinsassen, Biebertal

GPS: N 50°32'47.2" E 9°52'49.9"; Alter Weg **max. WOMOs**: 1-2 **Ausstattung/Lage:** Infotafel, Wanderwege (z. B. zur Milseburg), Tisch und Bänke, Mülleimer, Grillhütte, Gaststätten im Ort (ca. 500 m)/außerorts, teils schräg. **Zufahrt:** Von der Durchgangsstraße rechts der Biebertalerstraße/Verlängerung Alter Weg Richtung Grillplatz geradeaus ca. 800 m folgen.

Pfundsmuseum im Malerdorf Kleinsassen

Im Jahr 1886 kam der Kunstmaler Julius von Kreyfelt hierher und wurde neben Friedrich Preller der Mitbegründer der Malerkolonie, die rasch Professoren und ihre Kunstschüler aus Düsseldorf, Berlin, Weimar und Leipzig in den kleinen Ort zogen. Man ahnt schon, dass es die Anziehungskraft und die Faszination des Dorflebens sowie die „malerische" Landschaft waren, die die Kunstschaffenden begeisterten. Zwei Weltkriege und der wirtschaftliche Zusammenbruch beendeten vorerst die Tradition, die ab 1979 jedoch wieder auflebte. Heute gibt es die **Kunststation** mit Café (13

- 17/18 Uhr, Eintritt) und einem Ausstellungshaus sowie einem Skulpturengarten. Alljährlich in der zweiten Augustwoche findet die **Kunstwoche** statt (tägl. 11 - 19 Uhr). Dann öffnen Garagen, Scheunen und alte Ställe ihre Pforten für eine

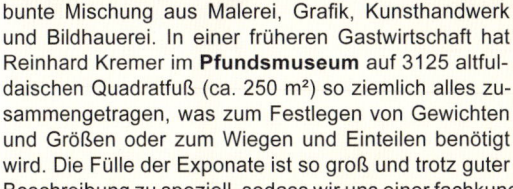

2 Catty von Tai-Yuan
Ist-Gewicht 1019,2 g
16. / 17. Jh.

bunte Mischung aus Malerei, Grafik, Kunsthandwerk und Bildhauerei. In einer früheren Gastwirtschaft hat Reinhard Kremer im **Pfundsmuseum** auf 3125 altful daischen Quadratfuß (ca. 250 m²) so ziemlich alles zu sammengetragen, was zum Festlegen von Gewichten und Größen oder zum Wiegen und Einteilen benötigt wird. Die Fülle der Exponate ist so groß und trotz guter Beschreibung zu speziell, sodass wir uns einer fachkundigen, aber auch launigen Führung durch Herrn Kremer anschließen und das auch jedem anderen Besucher anraten. Von der Antike bis heute gibt es aus aller Herren Länder fast alles aus den Bereichen des Messens und Wägens zu bewundern. Das geht vom profanen Zollstock über winzige Apothe kengewichte und solide Haushaltswagen weiter zu kunstvoll verzierten Gewichten aus China und Burma. Besonders interessant wird es, wenn uns die sozialen und geschichtlichen Zusammenhänge erklärt werden. Wer, wie wir, wissen möchte, was die Schoten des Johannisbrotbaumes mit der Gewichtseinheit Karat zu tun haben oder sich mit weiteren fanta sievollen Kostbarkeiten aus dem Reich der Maßeinheiten beschäftigen möchte, der sollte vor allem ganz viel Zeit mitbringen und die ausgestell ten Stechuhren einfach ignorieren! Jüngere Besucher können im Tante-Emma-Laden die unterschiedlichen Waagen und deren Funktionswei sen selbst ausprobieren (April - Okt. Mi - Sa 14 - 18 Uhr, So/Feiertage 10 - 18 Uhr und nach Vereinbarung, Eintritt. www.pfunds-museum.de).

Schon Alexander von Humboldt bezeichnete die **Milseburg** als schönsten Berg der Rhön. Was liegt also näher, als der höchsten Erhebung der Kuppenrhön einen Besuch abzustatten. Hierzu folgen wir der Durchgangsstraße in Kleinsassen wei ter und befinden uns damit auch auf dem **Hochrhönring**. Die Rundstraße wird unter Motorradfahrern gern als „Route 66" bezeichnet, ist von Zweirädern entsprechend gut zu befahren und bietet auch für uns eine Möglichkeit, die Reize der wun derschönen Mittelgebirgslandschaft mit großartigen Ausblicken zu genießen. Zunächst halten wir uns kurz Richtung HILDERS, knacken schnell die Höhenmarke von 600 m ü. NN und biegen wenig später und 45 m höher rechts nach DANZWIESEN und zu einem Wanderparkplatz ab.

(144) WOMO-Wanderparkplatz: Danzwiesen, Milseburg Naturpark

GPS: N 50°33'09.0" E 9°53'48.9"　　　　　　**max. WOMOs**: 2-3

Ausstattung/Lage: Infotafel, Wanderwege, Tisch und Bänke, Mülleimer/ außerorts, schräg.

Zufahrt: Vom Hochrhönring rechts nach Danzwiesen/Milseburg abzweigen. Der Parkplatz befindet sich ca. 120 m später auf der rechten Seite.

WOMO-Wandertipp: Milseburg, Perle der Rhön

Kurze Wanderung von ca. 3 km Länge, die aber wegen des Anstiegs als mittelschwer gelten kann.

Viele Wege führen bekanntlich ans Ziel – auch längere – und wir könnten uns vom Stellplatz **(144)** gut dem Wandervorschlag des Rhönclubs, der 17,5 km langen und bestens beschilderten **Extratour Milseburg** anver-

trauen, die als mittel bis schwer eingestuft wird. Wir haben uns jedoch im Pfundsmuseum verplaudert und es ist schon Nachmittag, als wir den Weg zur sogenannten „Perle der Rhön" mit der ausgeschilderten **Milseburghütte** (ab 11 Uhr geöffnet, Di/Do geschlossen) antreten. Erst geht es am Waldrand gemächlich leicht bergauf, aber dann wird es im Wald doch ziemlich steil und der Weg verlangt ab und zu etwas Trittsicherheit. Das beliebte Ausflugsziel verdankt der Sage nach seinen Namen dem „Riesen Mils", der mit dem Teufel verbündet, sein Unwesen getrieben haben soll und schließlich vom Heiligen Gangolf bezwungen wurde. Danach brachte sich der Riese um und wurde vom Teufel mit Steinen bedeckt – das ist die heutige Milseburg. Wir halten uns mal lieber an die Fakten und passieren die Reste eines keltischen Ringwalls, bevor wir erst die bewirtschaftete Schutzhütte erreichen und vorbei an der dem Hl. Gangolf geweihten Kapelle zur Kreuzigungsgruppe aus dem Jahr 1756 klettern. Der Himmel reißt auf und wir haben einen der schönsten Ausblicke auf die unter uns liegende Rhön. Auch wenn wir beim eher leichten Aufstieg etwas geschummelt haben, stellt sich hier oben tatsächlich so etwas wie ein Gipfelgefühl ein! Um den gleichen Weg nicht wieder zurückgehen zu müssen, halten wir uns von oben kommend hinter der Schutzhütte rechts und gehen erst etwas mühsam über Steine, dann mit schönem Blick am Waldrand bergab zurück zum WOMO.

Es bleibt natürlich jedem selbst überlassen, in welche Richtung der Hochrhönring befahren wird. Unsere Streckenführung sieht vor, auf der Ringstraße wieder zurück nach Kleinsassen zu kommen und dort die Richtung POPPENHAUSEN einzuschlagen. Es öffnet sich der Blick nach Westen über die Rhönausläufer bis nach Fulda und hinter WOLFERTS folgen wir links dem Wegweiser zum bekannten Ausflugslokal **Fuldaer Haus** (Mo Ruhetag, außer an Feiertagen). Bereits 300 m vorher erreichen wir einen Wanderparkplatz.

(145) WOMO-Wanderparkplatz: Steinwand, Maulkuppe
GPS: N 50°31'39.9" E 9°52'27.1"   max. **WOMOs**: 2-3
Ausstattung/Lage: Infotafel, Wanderwege, Tisch und Bänke, tolle Aussicht, Jugendzeltplatz in unmittelbarer Nähe, Gaststätte 300 m entfernt/außerorts.
Zufahrt: Vom Hochrhönring links den Hinweisen zum Fuldaer Haus/Maulkuppe folgen.

Was für eine grandiose Fernsicht! Die Lage des Parkplatzes ist geradezu prädestiniert, um von hier zu schönen Wanderungen aufzubrechen (Milseburg 1 Stunde, Wasserkuppe 2 Stunden) und bei der anschließenden Einkehr im Fuldaer Haus einfach die Seele baumeln zu lassen. Kurz hinter der vorgenannten Zufahrt zum Parkplatz wartet schon „Hessens schönster Klettergarten". Im Sommer, wenn der zum **Gasthaus Zur Steinwand** (Di Ruhetag) gehörende Zeltplatz geöffnet hat, ist das Übernachten auf dem Wanderparkplatz gebührenpflichtig.

(146) WOMO-Wanderparkplatz: Steinwand, Kletterfelsen
GPS: N 50°31'25.8" E 9°51'58.6"   max. **WOMOs**: 2-3
Ausstattung/Lage: Infotafel, Wanderwege, direkt hinter dem Gasthaus „Zur Steinwand", Gebühr, WC-Nutzung incl./Ortsrand.
Zufahrt: Vom Hochrhönring kommend liegt der Parkplatz rechts hinter der Gaststätte.

WOMO-Wandertipp: Rund um die Steinwand
Leichte Wanderung von ca. 3 km Länge.

Hierbei handelt es sich eher um einen Spaziergang zu einem der bekanntesten Felsbrocken der Rhön. Die gut 100 m lange senkrecht abfallende Wand aus bis zu 28 m hohem Phonolitgestein weist sechseckige Säulen aus vulkanischem erkaltetem Ergussgestein auf. Sie ragt zackig aus dem Waldboden auf und ist eigentlich ohne große Anstrengung zu besteigen … wäre da nicht die Frontseite! Diese gehört nämlich zu einem der interessantesten Klettergebiete Hessens und ist das einzige natürliche Kletterparadies in der Rhön. An der Steinwand sowie zwei kleineren Felsen gibt es ca. 100 Kletterrouten der Schwierigkeitsgrade II bis VIII. Wir gehören zu den weniger sportlichen Begabten und wählen den Fußweg um die Steinwand herum und bestaunen die Felsformation lieber von unten. Große Blockschutthalden säumen genauso wie Farne unseren Weg und die mit Moosen und Flechten bewachsenen Steine erinnern fast an einen Zauberwald. Wer ein Metallhämmerchen mit sich führt, kann den Zauber sogar hören. Klingt komisch? Ist es aber nicht, denn die besondere Gesteinsart des Phonolith, zu deutsch Klingstein, erzeugt beim Anschlagen einen Ton.

Auf den nächsten Kilometern des Hochrhönrings wird uns deutlich vor Augen geführt, was für das Landschaftsbild der Rhön so typisch ist: weite, freie Bergwiesen und bewaldete Kuppen. Inmitten dieser reizvollen Umgebung liegt in einer idyllischen Kesseltallage der Luftkurort POPPENHAUSEN.

(147) WOMO-Stellplatz: Poppenhausen, Freizeitzentrum Lüttgergrund

GPS: N 50°29'23.5" E 9°52'33.4"; Sebastian-Kneipp-Weg
max. WOMOs: 6
Ausstattung/Lage: V/E, Strom, Gebühr, beleuchtet, Infotafel, Wanderwege, Nordic-Walking-Parcours, Freibad, ca. 500 m in den Ort/Ortsrand.
Zufahrt: Im Ort Richtung Wasserkuppe fahren und rechts dem WOMO-Piktogramm folgen.

Wir beziehen Quartier und marschieren in den Ort zum **Landgasthof Stern**, wo wir nicht nur die Stellplatzgebühr bezahlen, sondern uns am Abend mit Rhöner Spezialitäten aus der saisonal orientierten Küche zu zivilen Preisen verwöhnen lassen. Gleich in der Nähe befindet sich die **Tourist-Info** (Mo/Mi/Do 8.30 - 12.30/13.30 - 16.30 Uhr, Di bis 17.30, Fr 8.30 - 12.30 Uhr, Mai - Okt. Sa 10 - 12 Uhr, Von-Steinrück-Platz, www.poppenhausen-wasserkuppe.de), die zahlreiche Ideen für alle Freizeitmöglichkeiten im Sommer wie im Winter parat hält. Bisher galt für uns das Rhönschaf als typischer tierischer Bewohner der Gegend, das die Wiesen kurzhält und für ein schmackhaftes Mahl sorgen kann. Direkt am Stellplatz schauen wir jedoch in die neugierigen Augen der Rhönlamas, die sich so gar nicht

zum Verzehr eignen, sondern für das immer beliebter werden-
de **Lamatrekking** zur Verfügung stehen. Die vor Gelassenheit
strotzenden, gutmütigen Pack-
und Begleittiere erfreuen sich besonders bei Kindern großer Beliebtheit und bieten zu jeder Jahreszeit nicht nur einen naturnahen Tourismus, sondern ein un-
gewöhnliches und vermutlich unvergessliches Abenteuer. Unter
erfahrener Führung sind Halb-,
Ganz- oder Mehrtagestouren
möglich (www.rhoenlamas.de,
Gebühr). Bevor wir Poppenhausen verlassen, drehen wir eine
kleine Runde auf dem gar nicht

anrüchigen **Liebesweg**, der oberhalb des Stellplatzes auf
2,5 km mit Aussichten auf den Ortskern und die umliegenden
Berge entlangführt. An verschiedenen Stationen sollen Herz
und Geist angesprochen werden. Eine nette Idee, die bei den
eher trüben Wetterverhältnissen nicht so recht zünden mag
und uns weiterziehen lässt. Wir lassen das WOMO geradeaus
vom Stellplatz in den Ort rollen und fahren die nächste Straße
links den Berg hinauf über RODHOLZ nach SCHWARZER-
DEN. Dort überqueren wir die Kreisstraße und erreichen den
Wanderparkplatz am Guckaisee.

**(148) WOMO-Wander-
parkplatz: Poppenhau-
sen, Guckaisee**
GPS: N 50°28'53.6" E 9°54'42.9"
max. WOMOs: > 5
Ausstattung/Lage: Wanderwege, Naturbadesee, Gaststätte/
außerorts, zum Teil schräg. Das
Übernachten bietet sich auf dem
ganz am Ende des Parkplatzes
gelegenen Busparkplatz an.
Zufahrt: Siehe Text, ansonsten
von Poppenhausen aus Richtung Guckaisee fahren.

Der **Guckaisee**, genau genommen sind es zwei Seen, liegt
idyllisch am Fuß des Pferdskopfs. Der untere See, um den ein
Rundweg zum Spaziergang angelegt ist, lädt zum Schwimmen
ein und der Wasserspielplatz kommt besonders bei den Jüngeren an. Für uns ist heute Wandern angesagt und wir rüsten uns
für eine Ganztagestour, die uns bei Sonnenschein zu reizvollen
Aussichtspunkten bringen soll. Trotz des Dunstes lassen wir
uns von unserem Plan nicht abbringen und stiefeln einfach los.

WOMO-Wandertipp: Extratour Guckaisee

Schwere Wanderung von ca. 20 km Länge mit einigen heftigen An- und Abstiegen sowie herrlichen Ausblicken.

Zunächst führt uns der gut markierte Wanderweg (rotes G auf weißem Grund) an der Gaststätte Guckai-Stuben vorbei und dann rechts an der

Südflanke der Wasserkuppe bergauf. Wir erreichen einen geschotterten Weg, gehen dort rechts bis zu einem Wäldchen und dort wieder abwärts. Vor dem Skilift wenden wir uns rechts am Waldrand entlang bis zum Wanderparkplatz Spielberg. Ein kleines Stück gehen wir nun rechts an der B284 und zweigen links hinab nach Oberhausen ab. Der Ort wird nach Süden hin durchlaufen und dann geht es über den Schneeberg hinauf zum Feldberg, von dem wir bei klarer Sicht eine schöne Aussicht auf Gersfeld haben sollen. Von hier erreichen wir, vorbei am Feldbachhof, den Weitwanderweg Hochrhöner und wandern links bis zur B284, die wir überqueren und durch den Wald über den Fuchs-

stein zur **Fuldaquelle**. Später werden wir an der Quelle noch einmal mit dem WOMO auf dem Hochrhönring vorbeikommen, den wir jetzt erstmal, genau wie den Parkplatz **(151)**, zu Fuß überqueren und rechts parallel zur Straße bis zu einem geschotterten Wirtschaftsweg gehen. Auf diesem marschieren wir durch die Wüstung Grumbach und verschnaufen an einem Rastplatz am Grumbachborn. Ein Stück weiter erreichen wir eine Weggabelung. Rechts führt ein Abstecher zum Naturschutzgebiet Schafstein, von dem man auf das Blockmeer schauen kann und die Milseburg fast zum Greifen nah vor Augen hat. Zurück an der vorgenannten Weggabelung halten wir uns rechts in weitem Bogen um das Flugplatzgelände der Wasserkuppe herum und passieren einen Parkplatz **(149)**. Wenig später überschreiten wir ein weiteres Mal den Hochrhönring und stehen auf

dem Parkplatz vor dem Segelflugmuseum und verschiedenen Gaststätten. Rechts am Museum vorbei geht es in den Wald und zur Märchenwiese. Vor der Märchenwiesenhütte halten wir uns links und ein Stück bergauf und auf Wiesenpfaden zum Fliegerdenkmal. Hier zweigt der Weg scharf links und nach ca. 200 m rechts ab. Der geschotterte Wanderweg führt nun leicht abwärts und nach rechts besteigen wir den Pferdskopf. Der im Wanderführer versprochene Ausblick bleibt uns leider wieder versagt, aber nach den bisher zurückgelegten Kilometern haben wir wie zum Ausgleich trotzdem ein sehr erhabenes Gefühl. Durch das Goldloch steigen wir mit schon fast alpinem Charakter hinab zum Guckaisee und haben nach fast 7 Stunden den Ausgangspunkt unserer Wanderung erreicht.

Wir steuern nun unsere höchst gelegenen Übernachtungsplätze in Hessen an und halten uns vom Guckeisee kommend rechts Richtung ABTSRODA. Kurz vor dem Ort erreichen wir wieder den Hochrhönring und kurven rechts immer weiter bergauf zur Wasserkuppe. Bei unserem Lauf haben wir es nicht gemerkt, aber jetzt, da wir die Höhenmeter schneller überwinden, knackt es ordentlich auf den Ohren. Die Parkplatzmöglichkeiten sind hier oben mehr als ausreichend und die im folgenden genannten stellen daher nur eine Auswahl dar. Der Stellplatz **(149)** erscheint uns jedoch zur Übernachtung am besten geeignet und wir haben bei unseren Aufenthalten nie allein gestanden. Der Einstieg in die vorgenannte Wanderung ist auch von hier oben möglich.

(149) WOMO-Stellplatz: Wasserkuppe, P5

GPS: N 50°30'01.5" E 9°56'51.0"
max. WOMOs: >5
Ausstattung/Lage: Infotafel, Wanderwege (Extratour Guckaisee), Gaststätten in der Nähe, Tisch und Bänke/außerorts. Durch Bäume und Büsche von der Straße getrennt, nachts ruhig.
Zufahrt: Vom Hochrhönring den Hinweisen links zum P5 folgen.

(150) WOMO-Stellplatz: Wasserkuppe, P1

GPS: N 50°29'54.5" E 9°56'52.1"   **max. WOMOs:** >5
Ausstattung/Lage: Gegenüber dem Segelflugmuseum, Gaststätten in der Nähe, am Flugfeld/außerorts. Direkt an der Straße.
Zufahrt: Vom Hochrhönring den Hinweisen links zum P1 folgen.

(151) WOMO-Wanderparkplatz: Wasserkuppe, Fuldaquelle

GPS: N 50°29'31.3" E 9°57'15.3"   **max. WOMOs:** 2-3
Ausstattung/Lage: Infotafel, Wanderwege (Extratour Guckaisee), Tisch und Bänke/außerorts, schräg. Direkt an der Straße.
Zufahrt: Wie vor, jedoch dem Hochrhönring ca. 900 m weiter folgen. Der Parkplatz liegt auf der linken Straßenseite.

Das Wetter klart auch am nächsten Morgen nicht richtig auf – aber daran liegt es nicht, dass auf der Wasserkuppe, obwohl ja mit 950 m ü. NN Hessens höchste Erhebung, kein richtiges Gipfelgefühl entsteht.

Wasserkuppe

Trotz des Quellenreichtums, immerhin entspringen neben der Fulda noch 30 weitere Bäche am Berg, leitet sich der Name „Wasserkuppe" nicht vom Wort „Wasser", sondern vom mittelhochdeutschen Wort „Wass" ab. Damit wird ein Weideplatz bezeichnet und angesichts der weiten Wiesenflächen des Hochplateaus leuchtet uns diese Begrifflichkeit nicht nur ein, sondern erklärt auch das mangelnde Gipfelfeeling. Im nicht zu verfehlenden **Rhön Info Zentrum** (10 - 16 Uhr) gibt es neben einer Menge Anregungen für einen erlebnisreichen Aufenthalt auch etwas über die Geschichte des „Berges der Segelflieger" zu erfahren. Die Wasserkuppe gilt als Geburtsstätte des Segelflugs. 1911 starteten Darmstädter Schüler vom kahlen Berg mit einem selbst gebauten Gleitflugapparat zu einem 150 m weiten und 6 m hohen Flug in die Lüfte. Was aus heutiger Distanz keine große Kunst ist, war Anfang des 20. Jh. eine Meisterleistung und wurde 1912 bereits von Hans Gutermuth getoppt, als dieser mit einem Hängegleiter in 112 Sekunden 840 m weit und damit zu einem Weltrekord segelte. 1928 war es eine Ente, die von der Wasserkuppe aus vielleicht für die später folgenden ersten Schritte auf dem Mond verantwortlich war. Damals führte Fritz Stamer mit einem raketenbetriebenen Segelflugzeug des Typs RRG-Ente als erster Mensch einen bemannten Raketenflug aus und kam in ca. 70 Sekunden immerhin 1500 m weit. Ein Nachbau der legendären Ente, viele weitere Segel- sowie Modellflugzeuge und die interessanten Details und Geschichten drum herum sehen und lesen wir im **Deutschen Segelflugmuseum** (April - Okt. 9 - 17 Uhr, Nov. - März 10 - 16.30 Uhr, Eintritt. www.segelflugmuseum.de). Bis heute steigen

die Segelflieger in den Himmel und dazu gesellen sich Motorflugzeuge sowie Drachen- und Gleitschirme, die von oben nicht nur die grandiose Aussicht genießen, sondern besonders am Wochenende das Gewusel von Wanderern, Radlern, Mountainbikern aus luftiger Höhe betrachten können. In der Ski- und Rodelarena ist im Winter als auch im Sommer immer etwas los. Da gibt es **Sommerrodelbahnen, einen Kletterwald und ein Rutschenparadies** genauso wie eine **Winterrodelbahn, Skilifte, gespurte Loipen und Abfahrtspisten.** Kurz: Spaß und Unterhaltung satt für alle Altersklassen! Als Landmarke unübersehbar ist das **Radom**, ein Relikt aus der Zeit des Kalten Krieges, dessen Name sich aus den Worten „Radar" und „Domizil" zusammensetzt. Die Letzte von vier Radarkuppeln ist heute für die Öffentlichkeit zugänglich (nicht barrierefrei!) und zu Fuß zu erreichen (Sa/So/Feiertage ca. 13 - 16 Uhr, Eintritt.

www.radom-wasserkuppe.de). Wir können nicht beurteilen, ob sich der Besuch lohnt, da wir wochentags unterwegs sind und so gehen wir über die Wiesen weiter zum **Fliegerdenkmal**. Das aus Basaltsteinen bestehende und von einer Adler-Skulptur aus Bronze gekrönte Wahrzeichen der Wasserkuppe wurde 1923 zum Andenken an die gefallenen Piloten des Ersten Weltkrieges errichtet.

Von nun an geht's bergab, denn wir folgen dem Hochrhönring weiter. Knapp einen Kilometer später entspringt, gefasst von einer Basaltmauer unterhalb der rechten Straßenseite die Fulda. Ob wir der Weser das Wasser abgegraben haben, als wir uns am Tag zuvor bei unserer Wanderung an dem kühlen, klaren Nass erfrischt haben? Natürlich nicht, denn die kleine Quelle sprudelt munter weiter und wird sich nach gut 220 km als breiter Fluss mit der Werra vereint nach wie vor zur Nordsee bewegen. Auf unserer Weiterreise werden wir vorsichtshalber mal ein Auge darauf werfen, denn wie bereits auf den vergangenen Etappen geschehen, wird die Fulda immer mal wieder unsere Wege kreuzen. Zunächst rollt das WOMO aber den Berg weiter hinab und wir biegen bei Erreichen der B284 links Richtung TANN ab. Der Hochrhönring führt rechts weiter, und wenn wir wollten, könnten wir den Kreis nun schließen. Wollen wir aber nicht, denn zur Rhön gehören auch die Moore und ein solches heißt es jetzt, zu besuchen. Bald sind wir an der B278 und folgen ihr und dem Hinweis zum ROTEN MOOR nach rechts.

(152) WOMO-Wander-parkplatz: Rotes Moor, Moorwiese

GPS: N 50°28'18.2" E 9°59'26.4"; An der B278 **max. WOMOs:** 1

Ausstattung/Lage: Infotafel, Wanderwege (Extratour Rotes Moor), Tisch und Bänke, Schutzhütte, Mülleimer/außerorts. Direkt an der Straße, aber nachts ruhig.

Zufahrt: Ca. 2,5 km nach dem Abzweig von der B284 auf die B278 liegt der Parkplatz auf der linken Straßenseite.

Als es dunkel und nebelig wird, der Autoverkehr gegen Null geht und nur ein einsames Käuzchen zu hören ist, wird's uns an der Moorwiese schon ein wenig mulmig zumute … aber natürlich verbringen wir eine ruhige und ungestörte Nacht, bevor wir uns dem nächsten Parkplatz zuwenden und von dort zu einem Spaziergang in das größte Moor der Rhön aufbrechen.

(153) WOMO-Wanderparkplatz: Rotes Moor, Moordorf

GPS: N 50°27'37.8" E 9°59'05.5"; An der B278 **max WOMOs:** 2-3

Ausstattung/Lage: Infotafel, Wander- und Radwege, Loipensinstieg, Skiverleih, Tisch und Bänke, Schutzhütte, Imbiss (10/11 - 17 Uhr, Mo Ruhetag), Mülleimer/außerorts, schräg. Direkt an der Straße.

Zufahrt: Ca. 1,5 km hinter Stellplatz **(152)**.

WOMO-Wandertipp: Rotes Moor

Leichte Wanderung von ca. 3,5 km.

Die kleine Wanderung kann mit der als mittelschwer einzustufenden, 18 km langen Extratour „Rotes Moor" (Markierung rotes R auf weißem Grund) zu einem Tagestrip erweitert werden.

Vom Anfang des 19. Jh. bis ins Jahr 1984 dauerte der Torfabbau, der dem Hochmoor ungefähr die Hälfte seines Torfes kostete. Bereits 1979

wurde das Gebiet als Naturschutzgebiet ausgewiesen und der Wasserabfluss des Moores wurde als wichtige Maßnahme zur Renaturierung gestaut. Nach der Überquerung der B278 erreichen wir nach nur 300 m den daraus entstandenen Moorsee, der eine wunderbare Kulisse zur Vogelbeobachtung bietet. Hinter dem See wenden wir uns rechts und gehen auf einem Holzbohlenweg durch ein Wäldchen mit Karpatenbirken, deren

Vorkommen in Westeuropa einzigartig ist. Infotafeln erläutern diese und machen auf weitere Besonderheiten des Roten Moores aufmerksam. Vom folgenden Aussichtsturm lassen wir uns die herrliche Aussicht auf das Moor nicht entgehen und laufen an der nächsten T-Kreuzung links. Zahlreiche bunte Schmetterlingen umflattern uns, während wir nach weiteren 800 m nochmals links zum WOMO zurückmarschieren.

Nach diesem Abstecher geht es auf der B278 wieder zurück und bald ist WÜSTENSACHSEN erreicht.

(154) WOMO-Picknickplatz: Wüstensachsen, Roter Rain

GPS: N 50°29'28.1" E 10°00'05.3"; Sportplatzweg
max. WOMOs: 2-3
Ausstattung/Lage: Infotafel, Wander- und Radwege, Loipeneinstieg, Tisch und Bänke, Spielplatz, Grillhütte/außerorts.
Zufahrt: Von der B278 gleich rechts in den Ort hineinfahren und bei nächster Gelegenheit ca. 800 m bis zum ausgewiesenen Wanderparkplatz fahren.

Der Platz am Ufer der noch kleinen Ulster bietet sich bestens für ein Picknick unter Bäumen an, aber auch Wanderer kommen auf verschieden langen Rundwegen auf ihre Kosten. So führt der Rhön-Rundweg 6 u. a. an der **Ulsterquelle** vorbei, deren weiterem Verlauf wir durch das reizvolle **Ulstertal** folgen wollen. Der **Ulstertalradweg** macht das auf 55 km Länge ebenfalls möglich, und da wir uns im Quellgebiet des ca. 47 km langen Flüsschens befinden, ist die Strecke Richtung Philipsthal an der Werra bequem zu befahren. Wer nach etwa 10 km schon genug vom Radfahren haben sollte, kann sich von Hilders aus die 170 Höhenmeter überwindende Strecke nach Wüstensachsen mit dem **Rhönradbus** (So/Feiertage Anfang Mai - Anfang Oktober) zurück chauffieren lassen.
Wir bewegen uns stattdessen mit dem WOMO vom Fuß der Wasserkuppe weg und rollen auf der B278 dem Luftkurort HILDERS entgegen.

(155) WOMO-Badeplatz: Hilders, Erlebnisbad Ulsterquelle

GPS: N 50°34'08.6" E 9°59'33.7"   **max. WOMOs**: 5
Ausstattung/Lage: Kostenfrei, Nutzung der Duschen im Schwimmbad gegen Gebühr möglich, ca. 500 m in den Ort/Ortsrand. Parkplatz auf zwei

Im kombinierten **Frei- und Hallenbad** (Sept. - Anfang Mai Mo geschlossen, www.ulsterquelle.de) findet man genauso Erholung wie auf den zahllosen Wanderungen. Im Winter locken zusätzlich Loipen und Pisten, während der **Milseburgradweg** für die ganze Familie ein besonderes Radfahrerlebnis bietet. Zum einen geht es auf der 27 km langen Strecke mit maximal 3% Steigung relativ gemächlich zur Sache, zum anderen steht auch hier der Rhönradbus (s. o.) für den Rücktransport zur Verfügung. Das Highlight des Weges ist aber sicher die 1.172 m lange Fahrt durch den aus dem Jahr 1889 stammenden **Milseburgtunnel** (15. April - Okt., zur übrigen Zeit ist eine Umfahrung möglich), durch den bis vor einigen Jahren die Züge rollten. Im netten kleinen Ort steht für weitere Anregungen die **Tourist-Info** (Mo - Fr 8.30 - 17 Uhr, Mai - Okt. zusätzlich Sa 10 - 12 Uhr, Kirchstraße, www.hilders.de) zur Verfügung. Dort erfahren wir, dass wir den alljährlich am 4. Sonntag im September stattfindenden **Rhöner Viehabtrieb** verpasst haben. Im Ortsteil Simmershausen wird von einer Hochebene die geschmückte Viehherde ins Dorf getrieben und soll zahlreiche Besucher aus nah und fern begeistern www.viehabtrieb.de).

Auf dem Weg nach TANN kommen wir durch LAHRBACH, wo uns oft ein spontanes Hungergefühl überkommt. Wir parken dann das WOMO am Straßenrand der B278 und freuen uns auf die rustikale bis feine Küche im **Landgasthof Kehl** (11 - 14/17 - 22 Uhr). Zusätzlich bietet der kleine Ort ein abgelegenes Plätzchen zum Wandern, Picknicken, aber auch zum Übernachten.

(156) WOMO-Wanderparkplatz: Lahrbach, Gänskutte

GPS: N50°36'41.1"E10°00'44.5"
max. WOMOs: 1-2
Ausstattung/Lage: Wanderwege, Tisch und Bank/außerorts, schräg.
Zufahrt: Im Ort rechts dem Hinweis zum Wanderparkplatz ca. 1,5 km folgen. An einer Gabelung rechts Richtung Friedhof/Bauernladen halten.

In WENDERSHAUSEN sind dann erstmal wieder die jüngeren Mitglieder der WOMO-Besatzung gefragt, denn der **RhönRäuber-**

Park verspricht eine ganze Menge Nervenkitzel und Spaß für die Kids [N 50°37'36.1" E 10°00'56.4"; Hauptstraße]. Hier ist Klettern, Rutschen und Toben angesagt, während Eltern, gut mit Zeitungen und Gesellschaftsspielen versorgt, in einem Eckchen „abgegeben" werden können (Mo - Fr 14 - 19 Uhr, Sa/So/ Feiertage/Ferienzeit in Hessen u. Thüringen 11 - 19 Uhr, Eintritt. www.rhoenraeuberpark.de). Alternativ können die Großen natürlich auch im angrenzenden Erlebniskaufhaus **Rhön-Dorf** heimische Produkte von der Schafmilchseife über die Lammbratwurst bis zum Beerenwein erwerben (Mo - Fr 10 - 18 Uhr, Sa 10 - 17 Uhr, So 13 - 17 Uhr, www.rhoen-dorf.de).

Wer es sich in dieser Gegend einige Tage auf einem Campingplatz gemütlich machen möchte, dem empfehlen wir einen etwa 7 km weiten Abstecher nach Thüringen.

Nachdem wir hinter DIPPACH die ehemalige deutsch-deutsche Grenze überschritten haben, schnauft das WOMO hinter UNTERWEID einen heftigen Berg empor. Bei nächster Gelegenheit biegen wir rechts Richtung OBERWEID ab und schwenken sofort links zum Campingplatz. Zugegeben, das Ambiente ist auf den ersten Blick etwas gewöhnungsbedürftig, denn wir campen im hessisch-thüringischen Grenzgebiet auf dem Gelände einer alten Grenzkompanie. Das vielleicht schon zur Vorwendezeit überholungsbedürftige Hauptgebäude wird nach und nach mit unglaublich viel Eigeninitiative durch die Campingplatzbetreiberin Angela Abe aufgemöbelt. Luxusausstattung und Animationsprogramm sucht man hier vergeblich, doch die Sanitärräume sind picobello sauber und die Preise moderat. Wir verbringen hier jedes Jahr einige Tage und schätzen nicht nur die Herzlichkeit von Angela, sondern auch die Abgeschiedenheit des Platzes und den traumhaften Blick auf den thüringischen Teil der Rhön.

(157) WOMO-Campingplatztipp: Oberweid, Weidberg-Camping

GPS: N 50°36'17.0" E 10°06'00.5";
Auf dem Rosengarten 1
Telefon: 036946/29195;
www.weidberg-camping.de
Öffnungszeiten: Ganzjährig.
Ausstattung/Lage: Wanderwege, Spielplatz, Waschmaschine, Trockner, Aufenthaltsraum, Brötchenservice/außerorts.
Zufahrt: In Wendershausen rechts nach Dippach abbiegen und der Landstraße durch Unterweid Richtung Kaltenwestheim weiter folgen. Ca. 1,5 km hinter Unterweid rechts nach Oberweid abbiegen. Der CP liegt dann gleich links.

Ein ordentlicher Platz für Individualisten mit dem Wunsch nach familiären Anschluss, die wie wir, eigentlich lieber frei stehen, aber ab und zu gern mal unter eine vernünftige Dusche hüpfen möchten.

Wer den Umweg nach Thüringen scheut, es lieber „ganz frei" hat und trotzdem eine ortsnahe Umgebung nicht missen möchte, dem sei in WENDERSHAUSEN der folgende Stellplatz genannt.

(158) WOMO-Stellplatz: Wendershausen, Sportplatz

GPS: N 50°37'54.6" E 10°00'53.7"; Am Sportplatz **max. WOMOs**: 1-2
Ausstattung/Lage: Radweg, direkt an der Ulster/Ortsrand.
Zufahrt: Im Ort ca. 150 m hinter dem Abzweig nach Dippach links bis zum Parkplatz fahren.

Fast übergangslos gelangen wir nach TANN, das uns mit einem Renaissance-Stadttor begrüßt. Die Durchfahrt ist ampelgeregelt, aber für alle WOMOs über 3 m Höhe sollte die beschilderte Ortsumfahrung für Busse und Lkws genutzt werden.

(159) WOMO-Stellplatz: Tann, Am Unsbach

GPS: N 50°38'28.0" E 10°01'07.9"; Am Unsbach **max. WOMOs**: 6
Ausstattung/Lage: V/E, Strom, Gebühr, direkt an der Ulster, Wander- und Radwege, Info-Tafel ca. 200 m entfernt, beleuchtet, in den Ort ca. 500 m Fußweg (bei Dunkelheit ist eine Taschenlampe unbedingt zu empfehlen)/Ortsrand. Keine Wohnwagen!
Zufahrt: Der B278 durch das Stadttor oder der Ortsumgehung und am „Alten Weg" dem WOMO-Piktogramm entweder links bzw. geradeaus ca. 600 m folgen.

Tann

Vom Stellplatz, der einen Blick auf das Tanner Schloss erlaubt, gelangen wir über eine Wiese und den Unsbach rechts hinauf in das zwischen dem Habelberg, dem Engelsberg und dem Roßberg eingebettete hübsche Städtchen. Im 6./7. Jh. sollen hier bereits irische Mönche gesiedelt und dem Ort den Namen „Thonn" gegeben haben. Auch soll der Name der Ulster auf die Mönche zurückzuführen sein, die das Gewässer nach ihrer Heimatprovinz in Nordirland benannt haben. 1197 wird Tann das erste Mal als Stadt urkundlich erwähnt und Mitte des 16. Jh. führte Eberhard von der Tann, ein Freund Martin Luthers, den evangelischen Glauben ein. Er ließ nicht nur eine evangelische Kirche bauen, sondern umzog die Stadt mit einer Befestigung, zu der auch das noch heute erhaltene

Stadttor gehörte. Den Äbten in Fulda gefiel der Glaubenswechsel natürlich gar nicht und so entbrannte ein hundertjähriger Krieg, der erst 1629 durch Kaiser Ferdinand beendet wurde. Seit dieser Zeit blieb Tann ungehindert evangelisch. Der Werbeslogan „tann:rhön … grenzenlos schön!" kommt nicht von ungefähr, denn jahrhundertelang waren die Besitzungen Tanns Spielball u. a. der mächtigen Äbte von Fulda, der hessischen Landgrafen

Am Schlossbrunnen

und der Herzöge von Sachsen. Später wurde es bayerisch, dann preußisch und seit 1945 hessisch. Die Nähe zur ehemaligen Zonengrenze brachte einige wirtschaftliche Nachteile mit sich, doch heute liegt Tann ohne Grenze in der Mitte Deutschlands. Für eine Vertiefung der jüngsten „Grenzgeschichten" bietet sich ein Besuch im **Tanner Grenzmuseum** an (April - Okt. Fr 10.30 Uhr, Am Kalkofen 6). Wir sind mittlerweile am intimen Marktplatz gelandet, um den sich viel Sehenswertes gruppiert. Erwähnenswert sind u. a. das Denkmal des Generals Ludwig von und zu der Tann-Rathsamhausen und das älteste Gebäude der Stadt, das **Elf-Apostel-Hau**s von 1500 mit einem Holz-Flachrelief. Im **Natur-**

museum können wir in ausgestopfter Version den Tieren der Rhön nahekommen und es werden 21 Dioramen verschiedener Landschaften der Rhön gezeigt. Das Freilichtmuseum **Rhöner Museumsdorf** besteht aus drei historischen Höfen plus Nebengebäuden und vermittelt heimische Tradition und Baukunst. Sämtliche Gebäude sind mit Hausrat, Gerätschaften und Möbeln ausgestattet. Direkt neben dem Eingang zum Museumsdorf befindet sich der **Sagenkeller**, in dem eine Ausstellung Bilder alte Tanner Sagen aus eingefärbten Holzspänen zeigt (alle Museen: April - Okt. Di - So 10 - 17 Uhr, Eintritt). Am Marktplatz befindet sich auch die **Tourist-Info** (Mo - Fr 9 - 11.30 Uhr, Mo - Mi 13 - 16 Uhr, Do 13.30 - 17 Uhr, Fr 13 - 15 Uhr, April - Sept. Sa 10 - 12 Uhr, Telefon 06682/961111, www.tann-rhoen.de). Hier trifft man sich zu **kostenfreien Stadtführungen** (April - Okt. Mi 10.30 Uhr) oder es können, wenn's mal etwas anderes sein soll, Segways gemietet werden. Voraussetzung ist hierfür ein kostenpflichtiges, 1-stündiges Fahrsicherheitstraining und schon kann Tann rollend besichtigt werden. Abschließend müssen wir natürlich noch einen kulinarischen Tipp los werden. Richtig gut aufgehoben fühlen wir uns bei jedem unserer Besuche im **Gasthof Zur Krone** mit eigener Metzgerei. Beim letzten Aufenthalt trafen wir dort unsere Stellplatznachbarn, die genau wie wir vom "Chateaubriand für zwei" zu einem unschlagbaren Preis begeistert waren.

Die B278 führt uns weiter durch das Ulstertal nach GÜNTHERS. Kurz hinter dem Ort erinnert, wie auch bei unserem Abstecher nach Oberweid, ein großes Schild daran, dass hier mit der Weiterfahrt über viele Jahren Schluss war. Am 8. Dezember 1989 um 14 Uhr öffnete sich an dieser Stelle die innerdeutsche Grenze wieder und heute fahren wir wie selbstverständlich von Hessen nach Thüringen. Hinter SCHLEID fällt ein heller Berg voraus auf, der so gar nicht zu den übrigen grünen Hügeln passen will. Im Verlauf unserer Reise werden wir ihm sehr viel näher kommen und das Rätsel um die weißen Berge lösen. Zuvor notieren wir in GEISA erst einmal einen netten WOMO-Stellplatz an der mittlerweile recht breiten Ulster.

(160) WOMO-Stellplatz: Geisa, Freizeit- u. Sportanlage

GPS: N 50°42'25.9" E 9°56'59.8"; Schleider Straße   **max. WOMOs**: 8

Ausstattung/Lage: V/E, Strom gegen Gebühr (Wasser März - Okt.) ansonsten kostenfrei, Wander- und Radwege, ca. 800 m Fußweg in den Ort, direkt an der Ulster/Ortsrand. Keine Wohnwagen!
Zufahrt: Von der B278 links Richtung Spahl/Geismar abbiegen. Nach dem Überqueren der Ulster gleich rechts dem WOMO-Piktogramm bis zum Stellplatz fahren.

Jahrzehntelang lag Geisa sehr abgeschieden in der 5-km-Sperrzone der DDR. Für Auswärtige war der Besuch nur mit Sondergenehmigung möglich, und grenznahe Gebäude wurden dem Erdboden gleichgemacht. Seit der Grenzöffnung erblüht das kleine Städtchen zusehends und ein Bummel entlang der in weiten Teilen erhaltenen Stadtmauer und zum Schlossberg ist erfreulich. Der Marktplatz bildet das Zentrum und im Bürgerbüro im Rathaus (Di 10 - 19 Uhr, Do 10 - 16 Uhr, Fr 8 - 12 Uhr, www.stadt-geisa.org) können Stadt- Kirchen- und Turmführungen gebucht werden. Dem **Carillon**, das sich im Turm der Stadtkirche befindet, kann man jedoch auch ohne Führung lauschen (tägl. 11, 15, 19 Uhr). Die Besonderheit des großen Glockenspiels liegt in der Bespielbarkeit mittels einer Hebelklaviatur durch einen Spieler, der die 49 Bronzeglocken zum Klingen bringt. Zusätzlich ist im Geisaer Carillon eine automatische Spieleinrichtung eingebaut. Wer Lust auf eine Wanderung verspürt, dem sei der **Point-Alpha-Weg** (Markierung „rotes P auf weißem Grund", ca. 15 km, Höhenunterschied 400 m) empfohlen, der vom Schlossplatz aus nicht nur die landschaftlichen Schönheiten Geisas ins rechte Bild setzt,

Blick auf Geisa vom Point-Alpha-Weg

sondern auch zu einem der heißesten Punkte im Kalten Krieg führt. Wir nähern uns diesem Brennpunkt mit dem WOMO, indem wir der B278 ein kleines Stück nach Geisa hinein folgen und uns dort links Richtung RASDORF/POINT ALPHA wenden. Die Straße windet sich den Rasdorfer Berg hinauf und auf der Höhe legen wir den ersten Stopp am **Platz der Deutschen Einheit** ein [N 50°43'11.2" E 9°55'45.8", An der L1026]. Um die folgenden Zusammenhänge nicht zu unterbrechen, nennen wir auch gleich den in der Nähe befindlichen Park- und Übernachtungsplatz an der Gedenkstätte.

(161) WOMO-Stellplatz: Rasdorf, Gedenkstätte Point Alpha

GPS: N 50°43'26.0" E 9°56'00.8"
max. WOMOs: 2-3
Ausstattung/Lage: Wanderwege, Aussicht, Bänke, Mülleimer/außerorts, nachts einsam.
Zufahrt: Ca. 750 m hinter dem Haus auf der Grenze rechts ca. 1,5 km dem Hinweis zum Point Alpha folgen.

Gedenkstätte Point Alpha und das Haus auf der Grenze

Wir befinden uns an einem Punkt in Deutschland, wo bis 1989 jederzeit der Einmarsch der Truppen des Warschauer Pakts und somit der Dritte Weltkrieg erwartet wurde … je weiter man von hier entfernt war, desto unfassbarer wurde diese Vorstellung für viele Menschen, sie wurde verdrängt oder schlicht nicht wahrgenommen. Auch heute, in einer Zeit, in der wir uns in der relativen Sicherheit des Friedens wähnen, fehlt uns Nachkriegskindern (glücklicherweise) oft die Gabe, sich die Folgen dieses „Ernstfalls" vor Augen zu führen. Der Gesamtkomplex der Gedenkstätte ist ein Zeugnis aus der Zeit des Kalten Krieges und dem Machtkampf zweier politischer Systeme. Sie soll dazu beitragen, aus der Geschichte zu lernen und sie in der hier dargestellten Form und ihrer möglichen Folgen nicht wiederholbar zu machen.

Nach dem Ende des Zweiten Weltkriegs, der Blockade Berlins und des Koreakrieges waren die USA davon überzeugt, dass ihre Verbündeten und andere nicht-kommunistische Staaten vor der Bedrohung der UdSSR zu schützen seien. Aus diesem Grund wurde oberhalb von Geisa, der einst am weitesten westlich gelegenen Stadt des Ostblocks, ein US-Beobachtungsstützpunkt im direktem Gegenüber der Grenztruppen der DDR eingerichtet. Im sog. „Fulda Gap" (Fulda-Lücke oder Senke) wurde jederzeit damit gerechnet, dass der Kalte Krieg heiß werden würde. Fulda selbst spielte keine große Rolle, aber die Verkehrswege drum herum hätten

Haus auf der Grenze

den vorrückenden Streitkräften aus dem Osten einen schnellen, leichten Vormarsch ins wichtige Frankfurt und zum Rhein ermöglicht. Die Szenerie sah einen Einsatz nuklearer Waffen auf beiden Seiten vor … Was dies bedeutet hätte, stellen wir uns in diesem harmlosen kleinen WOMO-Reiseführer mal lieber nicht weiter vor! Kurz und gut, Point Alpha war der wichtigste Vorposten der NATO, der nach dem Zusammenbruch der UdSSR und der Wiedervereinigung Deutschlands seinen Sinn verloren hat. Auf dem ehemaligen Kolonnenweg zwischen dem ehemaligen Beobachtungsposten im Hessischen und dem **Haus auf der Grenze** im Thüringischen können wir anhand der erhaltenen bzw. zum Teil rekonstruierten Grenzanlagen der DDR nachvollziehen, wie sich das Gesicht der Grenze im Laufe der Jahre veränderte. Erst wurde sie immer unüberbrückbarer, der Todesstreifen entstand mit seiner ganzen Schrecklichkeit, Fluchtversuche scheiterten teils für immer und schließlich entwickelte sich ein „grünes Band", auf dem wir zwar bewegt und nachdenklich, aber völlig sorglos und vor allen Dingen frei von West nach Ost schlendern können. Die Dauerausstellung im „Haus auf der Grenze" zeigt sehr eindrücklich das Grenzregime der DDR und das Leben der Bevölkerung im Sperrgebiet (April - Okt. 9 - 18 Uhr, Nov. - März 10 - 17 Uhr, Dez. - So 10 - 16 Uhr, Weihnachten/Silvester gelten besondere Zeiten, Eintritt. www.pointalpha.com).

Nach diesem äußerst beeindruckenden Rundgang genießen wir unseren kleinen Spaziergang rund um das Denkmal der deutschen Teilung und Wiedervereinigung ganz besonders und der Begriff von „Freiheit" bekommt eine neue, viel tiefere Bedeutung.

Fast wie zum Trotz zur eben beschriebenen Vergangenheit haben wir bei der Weiterfahrt nach RASDORF eine weite, offene Landschaft vor uns liegen – das **Hessische Kegelspiel** heißt uns mit seiner ganzen Schönheit willkommen. Im nordwestlichen, flachsten Teil der Rhön sollen der Sage nach die Riesen eine Kegelbahn betrieben haben. Der Stoppelsberg fungierte als die Kugel, während die kegelförmigen markanten Basaltkuppen (Sois-, Stall-, Appels-, Rückers-, Klein-, Wissels-, Hübels-, Mors- und Lichtberg) die neun Kegel darstellten. Auffal-

lend ist auch der Gehilfersberg, der seit dem 18. Jh. einer der bedeutendsten Wallfahrtsorte im Fuldaer Land ist. Die kleine **Wallfahrtskapelle** ist den 14 Nothelfern geweiht und neugierig, wie wir sind, werden wir dem Berg noch näher kommen. Zunächst sei aber erwähnt, dass die Ferienregion des Kegelspiels eine ganze Menge abwechslungsreiche Natur bietet, in der bestens ausgeschilderte Rad- und Wanderwege verlaufen. Von Rasdorf aus kann man z. B. über den 15 km langen **Via Regia-Radweg** nach Hünfeld radeln und, kombiniert mit dem 27 km langen **Kegelspiel-Radweg**, eine abwechslungsreiche Runde drehen. Die Strecke enthält keine größeren Steigungen, sodass die beschaulichen Dörfer und duftenden Wiesen genussvoll wahrgenommen werden können. Passionierte Wanderer finden bestimmt Spaß an der **Extratour Kegelspiel-Wanderweg**. Wir sind ihn noch nicht abgewandert, gehen aber davon aus, dass die als leichte bis mittelschwere, 18 km lange Wandertour (Markierung rotes K auf weißem Grund) wieder einmal ein Schmankerl sein wird. Den Einstieg in die Wanderung findet man am Stellplatz **(164)**, während die Radtour am besten am folgenden Stellplatz **(162)** begonnen wird.

(162) WOMO-Stellplatz: Rasdorf, Sport und Freizeitzentrum

GPS: N 50°42'52.4" E 9°54'11.5"; Setzelbacher Straße   **max. WOMOs**: 4
Ausstattung/Lage: V/E, Strom, Gebühr, Fußweg zur Ortsmitte ca. 600 m/ Ortsrand. Keine Wohnwagen!
Zufahrt: In Rasdorf von der B84 links dem WOMO-Piktogramm Richtung Setzelbach/Haselstein folgen.

(163) WOMO-Stellplatz: Rasdorf, Naherholungsgebiet Bornmühle

GPS: N 50°43'36.4" E 9°53'59.8"
max. WOMOs: 1-2
Ausstattung/Lage: Radweg/ Mülleimer/außerorts.
Zufahrt: In Rasdorf von der B84 rechts Richtung Infozentrum Hess. Kegelspiel fahren und an einer Gabelung rechts dem Hinweis ca. 800 m zum Naherholungsgebiet folgen.

(164) WOMO-Wanderparkplatz: Rasdorf, Gehilfersberg

GPS: N 50°43'28.1" E 9°53'12.5"   **max. WOMOs**: 1-2
Ausstattung/Lage: Infotafel, Wanderwege (Extratour Kegelspiel), Tisch und Bänke, tolle Aussicht/außerorts. **Nur für WOMOs bis 6,50 m Länge!**
Zufahrt: Wie zu **(163)**, jedoch an der Gabelung links und dann rechts dem Hinweis „Gehilfersberg" ca. 1,5 km bergauf folgen.

In Rasdorf bietet das **Landschaftsinformationszentrum Hessisches Kegelspiel** im restaurierten Stiftsherrenhaus Informationen über die Geologie, die Vor- und Frühgeschichte, die Landschaft und die Ökologie des Kegelsspiels (April - Sept. 10 - 12/14 - 17 Uhr, jeden 2. Sa 10 - 12 Uhr, Okt. - März Mo - Fr 10 - 12/14 -16 Uhr). Auffallend ist der **größte Dorfanger Hessens**, der mit einer Ausdehnung von 170 x 75 m als Umspann- und Handelsplatz an der

Stellplatz **(164)**

Via Regia, der alten Handelsstraße zwischen Frankfurt und Leipzig, und als Lagerplatz für Wallfahrer zum Gehilfersberg diente. Neben der frühgotischen **Stiftskirche** ist noch die gut erhaltene mittelalterliche Anlage des **Wehrfriedhofs** zu nennen. Mit einer hohen Mauer und vier Wehrtürmen und S c h i e ß s c h a r t e n versehen, bot er in

Kapelle und Kreuzweg-Station auf dem Gehilfersberg

kriegerischen Zeiten Schutz für die Rasdorfer Bevölkerung. Wir verabschieden uns von Rasdorf und fahren auf der B84 HÜNFELD entgegen. Bald verlassen wir die Bundesstraße links Richtung ZENTRUM und rollen auf der Rasdorfer Straße in den Ort hinein.

(165) WOMO-Stellplatz: Hünfeld, Hessisches Kegelspiel
GPS: N 50°40'34.8" E 9°46'35.8"; Landernauallee   **max. WOMOs**: <10
Ausstattung/Lage: V/E, Strom, Gebühr, Infotafel, Wander- und Radwege, Fußweg zur Innenstadt ca 500 m, Freibad in der Nähe, Mülleimer/Ortsrand. Keine Wohnwagen!
Zufahrt: In Hünfeld dem WOMO-Piktogramm bis zum Stellplatz folgen.

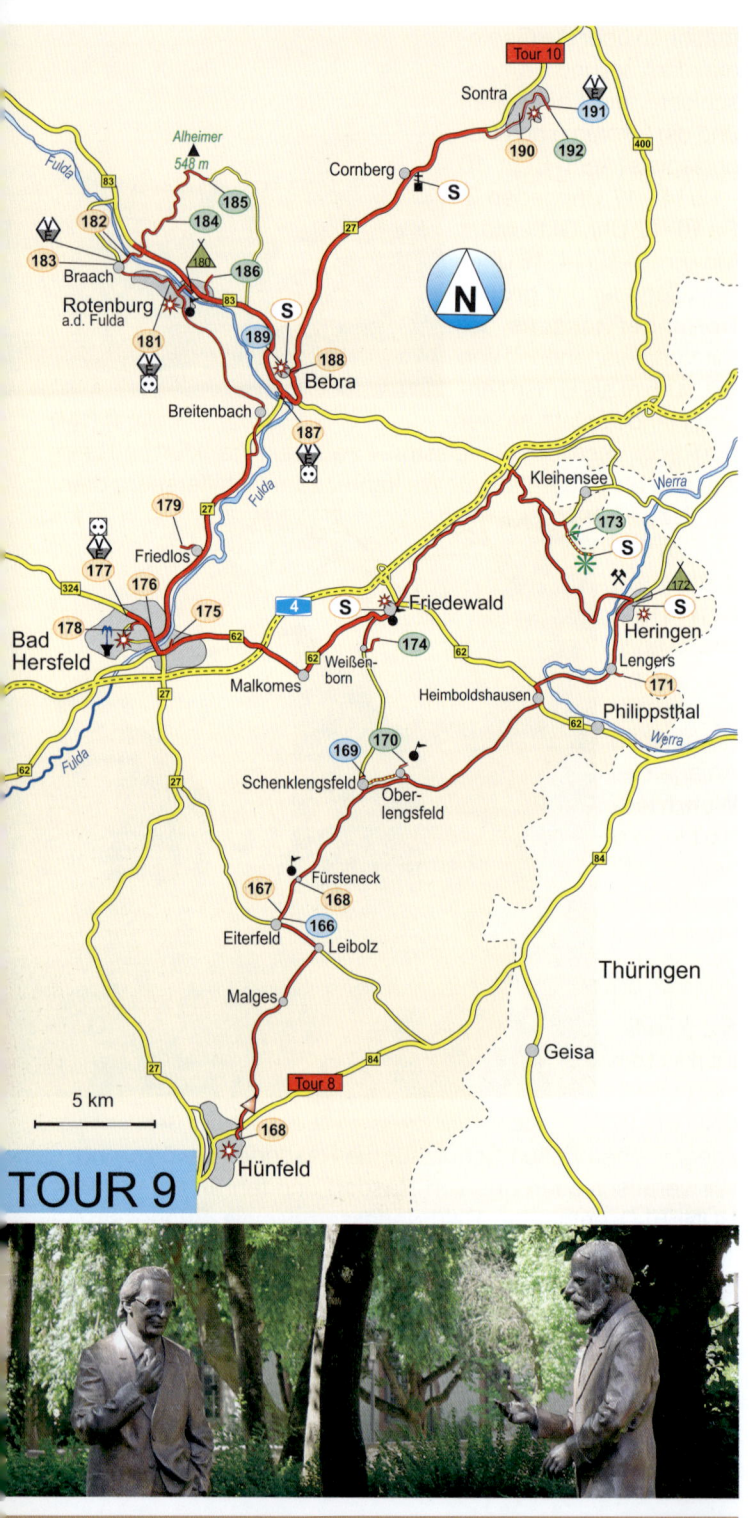

Tour 10

Sontra
191
190 192
400

Cornberg
S

Alheimer
548 m

Fulda
83

185
182 184
180
183 186
Braach
83
Rotenburg
a.d. Fulda
S
181 189
188
Bebra
Breitenbach
187

179
27 Fulda

Kleinensee
Werra

173
S

177
Friedlos
176
324 175
4 S Friedewald
Bad 178 62
Hersfeld 62 Weißen- 174 62
Malkomes born
27 Heimboldshausen

172
S
Heringen
Lengers
171
Philippsthal
62 Werra

62 Fulda 27

169 170
Schenklengsfeld Ober-
lengsfeld

84

167 Fürsteneck
168
166
Eiterfeld Leibolz

Thüringen

Malges
Geisa

5 km 27 84
Tour 8

168
Hünfeld

N

TOUR 9

Hünfeld - Eiterfeld - Heringen - Friedewald - Bad Hersfeld - Rotenburg a.d. Fulda - Bebra - Sontra

Stellplätze:	Eiterfeld, Fürsteneck, Oberlengsfeld, Lengers, Kleinenseen, Weißenborn, Bad Hersfeld, Friedlos, Rotenburg, Braach, Bebra, Sontra.
Campingplätze:	Heringen *Werratal Camping,* Rotenburg *Fulda-Camp.*
Ver-/Entsorgung:	Bad Hersfeld, Rotenburg, Braach, Bebra, Sontra.
Besichtigen:	Hünfeld *Konrad-Zuse-Museum, Offenes Buch,* Heringen *Kalibergbaumuseum, Monte Kali,* Friedewald *Wasserburg mit Heimatmuseum,* Bad Hersfeld *Stadtbild mit Stiftsruine, Erlebniswelt wortreich,* Rotenburg *Stadtbild, Kreisheimatmuseum, Jüdisches Museum,* Bebra *Eisenbahnmuseum,* Cornberg *Sandsteinmuseum,* Sontra *Bergbaumuseum.*
Baden:	Eiterfeld, Schenklengsfeld, Bad Hersfeld, Bebra, Sontra.
Essen:	Schenklengsfeld *Zur Linde,* Bad Hersfeld *Zum Stern.*

Gegenüber des Stellplatzes **(165)** führt ein Fußweg durch das Grün des Bürgerparks in die Innenstadt.

Hünfeld

Die in der Vorderrhön gelegene Stadt Hünfeld wurde erstmals 781 urkundlich erwähnt und lag an der Heer- und Handelsstraße Via Regia. Dies führte zu einem wirtschaftlichen Aufschwung, der allerdings durch Kriege über die Jahrhunderte empfindlich gestört wurde. Ende des 19. Jh. verwüstete eine Brandkatastrophe das mittelalterliche Stadtbild. Viele der beim Wiederaufbau entstandenen Bauten aus der Gründer- und Jugendstilzeit blieben, genau wie das neuromanische Rathaus und das Bonifatiuskloster, bis heute erhalten. Wir schlagen sofort den Weg zum **Konrad-Zuse-Museum** ein, das den Namen nicht von ungefähr trägt. Der Computer-Erfinder lebte von 1957 bis zu seinem Tod 1995 in Hünfeld und ein Schwerpunkt der Ausstellung ist daher seinem Leben und Werk gewidmet. Fasziniert stehen wir vor dem einzig existierenden Funktionsnachbau des während des Zweiten Weltkriegs zer-

Rechenmaschine Z22

störten ersten programmgesteuerten Computers der Welt, dem Z3. Ohne die erfinderischen Entwicklungen Zuses wäre unser Büchlein in der vorliegenden Form wohl kaum denkbar. Weitere Ausstellungsbereiche beschäftigen sich mit der Stadt- und Regionalgeschichte Hünfelds. Eine der Abteilungen ist der Vor- und Frühgeschichte gewidmet, wobei ein

die frage
nach dem
sinn
ist sinn
der frage

Schwerpunkt auf dem in einem Hügelgrab bestatteten „Mädchen von Molzbach" aus der Bronzezeit liegt (Di, Mi, Fr - So 15 - 17 Uhr, Eintritt. Kirchplatz 4 - 6, www.zuse-museum-huenfeld.de). Beim Bummel durch die Stadt fallen uns immer wieder Schriftzeilen an den Hauswänden auf, die zusammengenommen das **Offene Buch** Hünfelds darstellen. Die Idee von „Konkreter Poesie" stammt von einem Künstler, der sie gemeinsam mit dem **Museum Modern Art Hünfeld** realisierte. Das Museum ist wegen Sanierungs- und Erweiterungsarbeiten bis 2014 geschlossen. Was hinter den teils geheimnisvollen Sprüchen des offenen Poesiebuches steckt, kann bei einer Führung der **Tourist-Info** in Erfahrung gebracht werden (April - Okt. Mo - Fr 10 - 12/14 - 17 Uhr, Sa 10 - 12 Uhr, Nov. - März Mo - Fr 10 - 12/14 - 16 Uhr, Am Anger 2, Telefon 06652/180195, www.hessischeskegelspiel.de oder www.huenfeld.de).

In der Nähe des Stellplatzes können in der **Freizeitanlage Haselsee** auf dem See Tret- und Ruderboote gefahren werden oder der Nachwuchs macht den Kinderspielplatz unsicher. Außerdem weist uns „Grimms Märchen-Rundweg" mit fünf lebensgroßen Figuren darauf hin, dass unsere Weiterreise nun wieder Richtung Nordhessen gehen wird.

Auf gleichem Weg, also kurzzeitig Richtung RASDORF, fahren wir aus Hünfeld hinaus und steuern MALGES und LEIBOLZ an, um von dort fast übergangslos links EITERFELD anzusteuern. Im Ort, dessen Name sich vom Bach Eitra ableitet, biegen wir an der Kirche rechts Richtung SCHENKLENGSFELD ab und notieren am **Freibad** sowie kurz danach zwei zweckdienliche Parkplätze, die zur Not auch zur Übernachtung herhalten können.

(166) WOMO-Badeplatz: Eiterfeld, Schwimmbad

GPS: N 50°46'00.1" E 9°48'08.7"; Am Badepark
max. WOMOs 2-3
Ausstattung/Lage: Freibad mit großer Wasserrutsche, Mülleimer/Ortsrand. Im unteren Parkplatzbereich steht man etwas von der Straße entfernt.
Zufahrt: Ca. 700 m hinter dem Abzweig nach Schenklengsfeld auf der rechten Straßenseite.

(167) WOMO-Stellplatz: Eiterfeld, Sportanlagen

GPS: N 50°46'09.3" E 9°48'14.4"
max. WOMOs: 2-3
Ausstattung/Lage: Durch Bäume von der Straße getrennt/ außerorts. Lkw verboten!
Zufahrt: Ca. 300 m hinter Stellplatz **(166)** auf der linken Straßenseite.

Bei der Weiterfahrt durch ein Waldstück übersehen wir rechter Hand fast einen Stein, der an ein Ereignis aus dem Jahr 1813 erinnert. Damals befand sich die napoleonische Armee nach ihrem missglückten Russlandfeldzug in völliger Auflösung und flüchtete durch Deutschland zurück nach Frankreich. Von Hunger und Müdigkeit geplagt, fanden einige der Soldaten in der Burg Fürsteneck Aufnahme. Im ersten Moment wurden sie nicht als Franzosen erkannt, und erst als sie durch ihre Muttersprache auffielen, hatte ihr letztes Stündlein geschlagen. Auf der Flucht wurden sie erschlagen und an jener Stelle beigesetzt, die wir fast übersahen und die als Franzosengrab bekannt ist. Nur ein Stückchen weiter erreichen wir **Burg Fürsteneck** auf der Kuppe des Hausbergs, die einst Eigentum der Abtei Fulda war und heute eine Akademie für berufliche und musisch-kulturelle Weiterbildung beheimatet. Immerhin kann der rechtsliegende Parkplatz für einen kleinen Stopover genutzt werden, um von hier das unscheinbare Franzosengrab zu besuchen [**168:** N 50°46'30.5" E 9°48'30.2"]. Wir werfen noch einmal einen Blick auf die Ausläufer der Kuppenrhön und fahren weiter nach SCHENKLENGSFELD. In dem um 800 erstmals urkundlich erwähnten Ort liegt der **Historische Friedhof**, auf dem 263 handwerklich kunstvoll gestaltete Grabsteine aus dem 17. - 19. Jahrhundert anzuschauen sind. Darüber hinaus steht mitten im Ort die vermutlich älteste Linde Deutschlands. Die Krone des im Jahr 760 gepflanzten Baumes hat einen Durchmesser von 25 m und auch der Umfang des Stammes

von 18 m ist rekordverdächtig. Im Schatten des mächtigen Baums lädt ein Gasthof ein, der, wenn wundert's, den Namen **Zur Linde** trägt. Wir sind natürlich mal wieder voller Tatendrang mit dem WOMO direkt vorgefahren und haben tatsächlich einen Parkplatz ergattert. Mit WOMOs, die größer als das unsrige sind, sollte man diesen Versuch allerdings unterlassen. Auch erscheint uns der Erfolg der Parkplatzsuche fraglich, sodass wir zum Übernachten an das Freibad ausweichen müssten.

(169) WOMO-Badeplatz: Schenklengsfeld, Freibad
GPS: N 50°49'30.6" E 9°50'38.9"; Am Schwimmbad   **max. WOMOs**: 2-3
Ausstattung/Lage: Schwimmbad, Fußweg in den Ort ca. 800 m/Ortsrand, Häuser in der Nähe.
Zufahrt: In Schenklengsfeld auf der Landecker Straße bis zum Abzweig nach Friedewald fahren. Dort bis zum Ortsende fahren und links (Eisenacher Straße) dem Hinweis zum Schwimmbad folgen.

Besser gefällt es uns im Ortsteil OBERLENGSFELD, das wir von Schenklengsfeld oder direkt von der Landstraße aus anfahren können.

(170) WOMO-Wander-parkplatz: Oberlengsfeld, Sportplatz
GPS: N 50°49'19.7" E 9°51'56.8" Burgstraße   **max. WOMOs**: 2-3
Ausstattung/Lage: Wanderweg, Fußweg nach Schenklengsfeld ca. 1,5 km/außerorts. Häuser in der Nähe.
Zufahrt: 1. In Schenklengsfeld bis in den Ortsteil Oberlengsfeld der Landecker Straße folgen. **2.** Von der Landstraße nach Oberlengsfeld abbiegen, bis zur Landecker Straße und dort rechts fahren. Beide Zufahrten führen an eine Gabelung, an der man links in die Burgstraße bis zum Sportplatz abzweigt. Zum einen ist direkt am Vereinshaus ein Parkplatz zu finden. Wer die Übernachtung unter einem Sendemast nicht scheut, wird weitere 100 m später mit einem weiteren Stellplatz mit Aussicht belohnt.

Wir sind von der Landstraße direkt nach Oberlengsfeld gefahren, haben uns an der abknickenden Vorfahrtsstraße rechts und an der folgenden Gabelung links gehalten. Hier ist auch der Hinweis zur **Burgruine Landeck** zu finden. Die Ruine liegt oberhalb des Ortes auf dem Landecker Berg, den wir am Morgen auf einem ausgeschilderten Waldpfad erreichen. Das hätten wir auch sein lassen können, denn der schöne Blick auf den Soisberg mit einem Aussichtsturm war vom Stellplatz am Sendemast viel besser. Wer diesen Platz aufsucht, kann sich zudem gewiss sein, dass er bei einem Fußballspiel in Oberlengsfeld in der ersten Reihe sitzt. Auf der Landstraße lassen wir das WOMO Richtung HERINGEN rauschen und nähern uns dem „Land der weißen Berge". Bereits vor Geisa sahen wir einen dieser Giganten, und bevor wir die B62 erreichen, kommt schon die erste Erklärung mit dem Schacht „Hera" in Sicht. Doch

bevor wir der Sache weiter auf den Grund gehen, wenden wir uns an der Bundesstraße kurz links Richtung HERINGEN/BAD HERSFELD/FRIEDEWALD und in PHILIPSTHAL-HEIMBOLDS-HAUSEN gleich rechts über die Werra Richtung HERINGEN. Das weite, wenig spektakuläre Flusstal begleitet uns bis LENGERS, wo es einen abgelegenen Stellplatz zu vermelden gibt.

(171) WOMO-Stellplatz: Lengers, Sportplatz

GPS: N 50°51'41.0" E 10°00'24.1"; Lautenmach **max. WOMOs**: 2-3 **Ausstattung/Lage:** Aussicht/außerorts.
Zufahrt: Im Ort rechts (Petersstraße) ca. 800 m dem Hinweis zum Sportplatz folgen. An einer Gabelung rechts.

Während wir auf den nächsten „weißen Riesen" zufahren, gelangen wir nach HERIN-GEN und dort wenig später zum **Werra-Kalibergbau-Museum** [N 50°53'12.6" E 10°00'22.0"; Dickesstraße]. Der Parkplatz hinter dem Museum ist eng und gegebenenfalls sollte das WOMO während des Besuchs am Straßenrand abgestellt werden.

Heringen und der Kalibergbau

Erste Erwähnungen Heringens fallen in das Jahr 1153 und bis weit ins 19. Jh. blieb der Marktflecken ein großes Dorf. Anderenorts begann der industrielle Aufschwung, der jedoch in dieser Ecke des Werratals mangels eines Eisenbahnanschlusses ausblieb. Im Jahr 1893 schlug dann die große Stunde für Heringen, als kalihaltige Salze in der Erde gefunden wurden und an der hessisch-thüringischen Grenze ein bis heute aktives Bergbaurevier entstand. Die wirtschaftliche Situation änderte sich grundlegend und die Einwohnerzahl nahm schlagartig zu. Der 1945 entstandene Eiserne Vorhang drängte den Ort wieder in eine Randlage und viele Faktoren des Deutschen Wirtschaftswunders blieben aufgrund der ungünstigen Infrastruktur irgendwo anders hängen. Doch der weiter betriebene Kalibergbau sicherte etwa 70% der Bevölkerung trotzdem den Lebensunterhalt. Im Schatten der Grenze konnte sich Heringen sogar vergrößern und erhielt nach der Eingemeindung weiterer Ortschaften 1977 die Stadtrechte. Im heute wichtigsten Kalisalzabbaugebiet der Welt werden pro Jahr etwa 20 Millionen Tonnen Rohsalz gefördert und vor allen Dingen zu Düngemittel verarbeitet. In einem Haus befinden sich die **Tourist-Info** und das **Kalibergbau-Museum**. Dieses dokumentiert neben wechselnden Ausstellungen die technische Entwicklung unter und über Tage und stellt die Geologie der Salzlagerstätte und die Auswirkungen der Industrialisierung auf die sozialen und kulturellen Veränderungen im Revier dar. Der Ablauf der Kaligewinnung, vom Rohsalz bis zum Dünger, wird sehr anschaulich wiedergegeben und ist an „Mitmach-Stationen" auch für Kinder nachvollziehbar (März - Okt. Di - Fr 14 - 18 Uhr, Sa/So 13 - 18 Uhr, Nov. - Feb. Di - Fr 14 - 17 Uhr, einige Tage im Dez./Jan. geschlossen, Eintritt. www.kalimuseum.heringen.de/ www.heringen.de). In Verbindung mit dem Museumsbesuch kann eine ungewöhnliche Bergtour auf den „Hausberg" Heringens angegangen werden. Die Besichtigung des **Monte Kali** ist nur im Rahmen einer Führung möglich, die im Museum zu vereinbaren und zu bezahlen ist (Einzelbesucher: Mi/So/Fr 15 Uhr, von Mai - Aug. auch Sa). Wir sind nicht zum richtigen Zeitpunkt in Heringen und so bleibt uns nichts anderes übrig, als lediglich die Fakten zu nennen, und damit das Rätsel um einen der ungewöhnlichsten Berge in Deutschland zu lösen. Auf die Halde werden die Anteile der geförderten Rohsalze transportiert, die im Kaliwerk unter Tage mit abgebaut werden, sich aber nicht zu verkaufsfähigen Produkten veredeln lassen. So sind in den vergangenen Jahren über 150 Millionen Tonnen Salz aufgeschüttet worden und täglich werden es mehr. Bei guten Wetterverhältnissen gehört der künstliche Salzberg zu einer der besten Aussichtspunkte Nordhessens.

Für einen längeren Aufenthalt im Waldhessischen Werratal mit Wiesen und Obstbäumen stellt sich der kleine Campingplatz in Heringen zur Disposition.

(172) WOMO-Campingplatztipp: Heringen, Werratal Camping

GPS: N 50°32'02.8" E 10°01'13.9"; Am Steinberg 7
Telefon: 06624/542022, www.werratalcamping.de
Öffnungszeiten: Ganzjährig.
Ausstattung/Lage: Wander- und Radwege, Minigolfanlage, Schwimmbad in der Nähe/außerorts.
Zufahrt: Auf der Durchgangsstraße durch den Ort weiterfahren und dann rechts den Hinweisen zum Campingplatz folgen.

Den **Monte Kali** und seine „Kollegen" haben wir als weithin sichtbare Landmarken bereits zur Kenntnis genommen und die Anfahrt erweist sich als „kleine Weltreise". Gegenüber des Museums halten wir uns zunächst Richtung BEBRA/FRIEDEWALD und folgen dem Hinweis MONTE KALI/MAHNMAL BODESRUH etwas später nach rechts. Bergauf durchfahren wir ein lang gezogenes Tal, um nochmals rechts abzubiegen.

(173) WOMO-Wanderparkplatz: Kleinensee, Mahnmal Bodesruh

GPS: N 50°55'04.1" E 9°57'24.9"   **max. WOMOs**: 1

Ausstattung/Lage: Aussichtsturm, Bank, Gaststätte in der Nähe, Mülleimer/außerorts. **Vorsicht, enge Zufahrt!**
Zufahrt: Ca. 1 km hinter dem letzten Abzweig auf dem Weg zum Monte Kali.

Der als Mahnmal zur deutschen Teilung erbaute Aussichtsturm ermöglicht einen weiten Blick über das Gerstunger Becken und das Werratal bis zum Thüringer Wald, während sich der Parkplatz als kleiner, abgelegener Übernachtungsplatz anbietet. Auf einem Privatweg ginge es von hier weiter zum **Monte Kali** [N 50°54'05.8" E 9°58'53.9"].

Wie bereits erwähnt, sind wir zum falschen Zeitpunkt in der Gegend und wenden uns nach dem Abstecher wieder zurück zur Landstraße, der wir rechts Richtung OBERSUHL folgen. Vor der Autobahn schwenken wir anschließend links Richtung BAD HERSFELD und gelangen durch einen Mischwald, in dem wir eine alte Zollstätte an der mittelalterlichen Grenze zwischen Hessen und Thüringen passieren, nach FRIEDE-WALD. Im Ortszentrum befinden sich die **Wasserburg und das Schloss**. Für den Besuch parkt man das WOMO am besten am Straßenrand, denn der vorhandene Parkraum ist sehr begrenzt [N 50°52'50.5" E 9°51'21.1"; Motzfelder Straße]. Unter Leitung des Festungsbaumeisters Hans Jakob von Ettlingen, der auch für den Bau der Burg Herzberg nahe Als-

feld verantwortlich war, begann im Jahr 1480 im Auftrag des Landgrafen Heinrich III. die Errichtung der mit Wassergräben umgebenen Burg mit vier Eckrundtürmen. Sie wurde als Jagdschloss genutzt und im Siebenjährigen Krieg teilweise zerstört und ist heute eine eindrucksvolle Ruine. Westlich der ehemaligen Kernburg erstreckt sich der vorgelagerte Schlosshof mit einem prächtigen Drei-Schalen-Brunnen. Im Südflügel befindet sich das **Heimatmuseum**, dass sich den Themen der Landwirtschaft, dem Wohnen und den Bräuchen in früherer Zeit sowie dem Abbau von Kalisalzen und deren Weiterverarbeitung widmet (April - Okt. Mi - So 13 - 17 Uhr, Eintritt. www. museum-friedewald.de). Die West- und Nordflügel sowie ein Neubau werden von einem Hotel genutzt.

Bei der Suche nach einem Übernachtungsplatz folgen wir der Straße vorbei an der Wasserburg und Richtung SCHENK-LENGSFELD/MOTZFELD. Der erste ausgewiesene Wanderparkplatz erweist sich als untauglich, aber hinter WEISSENBORN werden wir fündig.

(174) WOMO-Wanderparkplatz: Weißenborn, Dreienberg

GPS: N 50°51'51.0" E 9°51'21.7"
max. WOMOs: 1-2
Ausstattung/Lage: Infotafel, Wanderweg/außerorts.
Zufahrt: Ca. 500 m hinter Weißenborn links dem Hinweis zum Wanderparkplatz folgen und weitere 700 m auf einem Schotterweg bis zum Parkplatz fahren.

Von hier ist der Dreienberg mit der Ruine der Dreienburg auf dem ca. 11 km langen **Panoramaweg** zu erwandern. Wir sind heute jedoch mehr in Festspiellaune und fahren zurück nach Friedewald, um uns von dort auf der B62 auf direktem Weg nach BAD HERSFELD leiten zu lassen. Die Kur- und Festspielstadt hat gleich mehrere Stellplatzmöglichkeiten zu bieten, von denen zwei für uns wie gerufen kommen.

(175) WOMO-Stellplatz: Bad Hersfeld, Freizeitbad Aqua Fit

GPS: N 50°52'04.0" E 9°43'45.5"; Kolpingstraße   **max. WOMOs:** 5
Ausstattung/Lage: Ausgewiesener Teil eines Großparkplatzes, Hundeauslauf in den nahen Fuldaauen, gebührenfrei/außerorts.
Zufahrt: Von der B62 rechts Richtung Freizeitbad/Hohe Luft abbiegen und gleich wieder links dem Hinweis zum Bad folgen.

(176) WOMO-Stellplatz: Bad Hersfeld, Schildepark/Wortreich

GPS: N 50°52'15.7" E 9°42'41.1"; Seilerweg   **max. WOMOs:** 4
Ausstattung/Lage: Ausgewiesener Teil eines Großparkplatzes, gebührenfrei, Ortszentrum ca. 700 m entfernt/im Ort. Geräusche durch Straße möglich.
Zufahrt: Der B62 und dann rechts der B324 Richtung Stadtmitte folgen. Bei Erreichen des Schilde-Parks (Reichs-/Dippelstraße) geradeaus dem Seilerweg folgen. Die WOMO-Stellplätze sind nach ca. 150 m auf dem hinteren Teil eines Parkplatzes ausgewiesen.

(177) WOMO-Stellplatz: Bad Hersfeld, Freibad Geistal

GPS: N 50°52'28.7" E 9°42'00.5"; Am Schwimmbad   **max. WOMOs:** 10
Ausstattung/Lage: V/E, Strom, Gebühr, WC, Infotafel, ausgewiesener Teil eines Großparkplatzes, Innenstadt ca. 800 m entfernt, Gaststätten/im Ort.
Im Oktober ist der Stellplatz nur beschränkt nutzbar!
Zufahrt: Der B62, dann rechts der B324 Richtung Stadtmitte und den WOMO-Piktogrammen bis zum Stellplatz folgen.

(178) WOMO-Stellplatz: Bad Hersfeld, Marktplatz

GPS: N 50°52'06.0" E 9°42'15.9"; Marktplatz   **max. WOMOs:** 3
Ausstattung/Lage: Ausgewiesene Parkbuchten unterschiedlicher Länge bis ca. 7 m am Rand eines Großparkplatzes, Mo - Sa tagsüber Gebühr/Ortsmitte. **Leider oft von Pkw zugeparkt!**
Zufahrt: Der B62, dann rechts der B324 Richtung Stadtmitte und dem Hinweis zum Marktplatz folgen.

Bad Hersfeld

Der spätere Bischof Lullus, ein Schüler von Bonifatius, gründete in einer Senke am Zusammenfluss von Fulda und Haune im Jahr 769 ein Benediktinerkloster. Um die Abtei herum entstand eine Siedlung, 1142 wurde Hersfeld als Marktort und 1170 als Stadt erwähnt. An die Gründung der Stadt erinnert das alljährlich stattfindende **Lullusfest**, das immer in der Woche um den 16. Oktober, dem Todestag des Heiligen Lullus,

stattfindet und das älteste Volksfest Deutschlands ist (www.lullusfest.de). Mit der 1518 erstmals erwähnten Lullusquelle begann die Entwicklung der Stadt zum Kurbad und seit 1949 darf sich Hersfeld „Heilbad" bzw. ab 1963 sogar Staatsbad nennen. Einen internationalen Namen hat sich Bad Hersfeld seit 1952 als Festspielstadt gemacht. Auch wir sind diesmal wegen der in den Sommermonaten stattfindenden Festspiele in die Stadt gekommen und sehen in der Stiftsruine einem unvergesslichen Theatererlebnis entgegen. Die Eintrittskarten haben wir lange im Voraus bestellt, denn im Allgemeinen sind die Tickets für die verschiedenen Vorstellungen sehr schnell vergriffen (www.badhersfelder-festspiele.de). Am Marktplatz **(178)** parken wir das WOMO und absolvieren zunächst unser Besichtigungsprogramm. Nur wenige Minuten entfernt liegt die **Stiftsruine**, mit deren Bau 831 begonnen wurde und die 1761 durch ein Feuer zerstört wurde. Sie gilt als größte romanische Basilika nördlich der Alpen und ist heute die größte Kirchenruine der Welt (Öffnungszeiten bei der Tourist-Info zu erfragen). Östlich der Stiftsruine steht der **Katharinenturm**. Der freistehende Glockenturm wurde vermutlich um die Mitte des 12. Jh. erbaut und an hohen Feiertagen und zum Beginn des Lullusfestes erschallt Deutschlands älteste gegossene Glo-

cke, die Lullusglocke aus dem Jahr 1038. Im kleinen Park davor stehen die Skulpturen zweier, wie ins Gespräch vertiefter Wissenschaftler (Foto Seite 230). Der eine, Konrad Duden, wurde 1876 Direktor des königlichen Gymnasiums zu Hersfeld und veröffentlichte hier sein wichtigstes Werk, das vollständige Orthographische Wörterbuch der Deutschen Sprache. Der andere, Konrad Zuse, schrieb, wie wir bereits wissen, Forschungsgeschichte als Computerhersteller. Im erhaltenen Ostflügel des ehemaligen Klosters befindet sich das **Stadtmuseum**, das die Stadt- und Stiftsgeschichte sowie eine volkskundliche Sammlung präsentiert (Di - Sa 10 - 12/15 - 17 Uhr, So/Feiertage 11 - 17 Uhr, Eintritt). Wir bummeln weiter durch die Altstadt mit ihren vielen Fachwerkhäusern und stoßen am Kirchplatz auf das Küsterhaus, welches das älteste Haus der Stadt ist und aus dem Jahr 1452 stammt. Über den Dächern erhebt sich die

Stadtkirche, deren Bau um 1300 begann und von deren Turm man einen hervorragenden Blick über die Stadt werfen kann (jeden 2. u. 4. Mi im Monat 15 Uhr). Von hier oben ist auch das **Rathaus** auszumachen, das ursprünglich im gotischen Stil erbaut wurde und seit 1612 im Stil der Weserrenaissance mit fünf imposanten

Zwerchgiebeln glänzt. Wir schauen uns das **Mückenstürmerdenkmal** an, welches über den Spitznamen der Hersfelder Auskunft gibt: Als die Bürger im Sommer 1674 am Kirchturm eine Rauchwolke sahen, stürmten sie mit Wassereimern auf den Turm, um das vermeintliche Feuer zu löschen. Zu ihrer großen Erleichterung sahen sie aber, dass lediglich ein großer Mückenschwarm um den Turm kreiste und der Name „Mückenstürmer" blieb bis heute erhalten. Am Neumarkt vermerken wir das **Konrad-Duden-Museum**, in dem natürlich über das Leben und Wirken von Konrad Duden informiert würde, wenn es denn wegen eines Wasserschadens nicht geschlossen wäre. Uns kommt das heute gerade recht, denn so bleibt uns genügend Zeit, um uns im **Restaurant Zum Stern** (Linggplatz 11) bei einem hervorragenden, wenn auch nicht gerade güns-

tigen Menü auf die Abendvorstellung in der Stiftsruine einzustimmen. Wir schließen uns der immer wieder beeindruckenden Menschenkarawane an, die vom Marktplatz zur Stiftsruine zieht, um sich dort von den Klassikern wie Schiller und Skakespeare oder einer fetzigen Musicaldarbietung unterhalten zu lassen. Eine Zeltüberdachung schützt bei ungünstigen Wetterverhältnissen die Zuschauer, während die Schauspieler auf der Bühne im wahrsten Sinne des Wortes im Regen stehen müssen. Heute haben wir jedoch Glück, das „Verdeck" bleibt geöffnet und der laue Sommerabend in der unnachahmlichen Kulisse begeistert alle. Nach der gelunge-

nen Musical-Darbietung parken wir das WOMO auf den Stellplatz **(176)** um, damit wir am nächsten Morgen gleich an Ort und Stelle sind. Unter der **Erlebniswelt wortreich** können wir uns zunächst gar nichts vorstellen. Die Fantasiefigur Konrad, die Namensgleichheit mit seinen beiden Vorbildern Duden und Zuse ist natürlich nicht zufällig gewählt, begleitet uns auf eine ungewöhnliche und wirklich spannende Reise durch die Welt der Spra-

che und Kommunikation. In der Ausstellung, die wir, einem Buch gleich in elf Kapiteln durchlaufen, entdecken wir an rund 90 Mitmach-Stationen die deutsche Sprache, machen Theater, sprechen mit unserem Körper, erwecken Worte zum Leben und experimentieren mit unseren Stimmen. Kniffelige Wissenstests stehen genauso auf dem Programm wie spannende Spiele, die uns teilweise ganz schön aus der Reserve locken und richtig Spaß machen. Ein Erlebnis, das Kindern das außerschulische Lernen erleichtert und bei uns die „grauen Zellen" erfreulich anregt. Wenn man zusätzlich weiß, dass für die Ausstellung Jahreseintrittskarten zu erwerben sind, dann wird klar, dass das Museum im positiven Sinn den Nerv und die Bedürfnisse seiner Besucher getroffen hat (Mo - Fr 9 - 17 Uhr, Sa/So/Feiertage 11 - 18 Uhr, Eintritt. www.wortreich.de)! Im gleichen Gebäude befindet sich auch die **Tourist-Info**. Hier können verschiedene Stadtführungen gebucht und natürlich Vorschläge für ausgearbeitete Rad- und Wandertouren abgerufen werden (Benno-Schilde-Platz 1 oder im Kartenhaus am Markt, www.bad-hersfeld.de).

Der Stadtring bzw. die B324 führt uns auf gleichem Weg aus Bad Hersfeld heraus und bei Erreichen der B27 biegen wir links ab Richtung BEBRA/ROTENBURG. Wir kommen nach FRIEDLOS, um oberhalb des Ortes einen Stellplatz mit Blick ins Fuldatal zu notieren.

(179) WOMO-Stellplatz: Friedlos, Schützenhaus

GPS: N 50°53'58.2" E 9°44'13.6"   **max. WOMOs**: 2

Ausstattung/Lage: Schöner Blick/außerorts.

Zufahrt: Im Ort an einem Parkplatz links dem Hinweis zur Giegenberghütte folgen (Reiloser Straße). An der Wehneberger Straße nochmals links und dann rechts aus dem Ort heraus zur Schutzhütte abbiegen. Nach insgesamt ca. 1 km liegt der kleine Parkplatz am Feldrand rechts.

Die B27 führt uns an der Fulda entlang weiter bis BLANKEN-HEIM, wo wir die Bundesstraße verlassen und BREITENBACH erreichen. Auf der Weiterfahrt nach LÜDERSDORF sehen wir rechter Hand die Breitenbacher Seen und Bebra liegen, denen wir später unsere Aufmerksamkeit schenken werden. Doch zunächst fahren wir ROTENBURG a. d. Fulda an. In der ansonsten sehr wohnmobilfreundlichen Stadt haben wir eines gelernt: Man sollte es unbedingt vermeiden, das WOMO auf einem für Pkw ausgewiesenen Parkplatz zu parken! Wir haben das frecherweise getan und wurden prompt mit einem „Knöllchen belohnt" – unser Fehler! Aber keine Sorge, zusätzlich zu einem Campingplatz gibt es weitere Stellplatzmöglichkeiten zur Genüge!

(180) WOMO-Campingplatztipp: Rotenburg, Fulda-Camp-Rotenburg

GPS: N 50°59'38.6" E 9°44'30.6"; Campingweg 4

Telefon: 06623/5556, www.fulda-camp-rotenburg.de

Öffnungszeiten: Vorbehaltlich der Wetterlage Ende März - Okt.

Ausstattung/Lage: Wander- und Radwege, Waschmaschine, Wäschetrockner, Boots- u. Fahrradverleih, Kinderspielplatz, Kiosk, Biergarten, direkt an der Fulda, ca. 500 m Fußweg zur Innenstadt/Ortsrand.

Zufahrt: Auf der Durchgangsstraße bis zu einer Ampelkreuzung, rechts über die Fuldabrücke Richtung B83 und den Hinweisen zum Campingplatz folgen.

(181) WOMO-Stellplatz: Rotenburg, Am Wittich

GPS: N 51°00'00.6" E 9°43'11.9"   **max. WOMOs**: <10

Ausstattung/Lage: V/E, Strom, Gebühr, Infotafel, Supermarkt und Radweg in unmittelbarer Nähe, ca. 500 m Fußweg zur Innenstadt/Ortsrand.

Zufahrt: Der Durchgangsstraße durch den Ort Richtung Braach der Braacher Straße und vor dem Tegut-Markt rechts Richtung Sportplatz abbiegen. Dann dem WOMO-Piktogramm folgen.

(182) WOMO-Stellplatz: Rotenburg-Braach, Am Angelteich

GPS: N 51°00'20.0" E 9°41'37.7"; Vor der Gasse   **max. WOMOs**: 10

Ausstattung/Lage: V/E ca. 200 m entfernt, Infotafel, Radweg, Bänke, Mülleimer, Gaststätte in der Nähe, Radweg ca. 2,5 km zur Innenstadt, gebührenfrei/außerorts. Keine Wohnwagen!

Zufahrt: Wie **(181)** und weiter nach Braach fahren. Im Ort rechts auf der Straße „Vor der Gasse" geradeaus fahren. Der Parkplatz liegt links vor der Fuldabrücke.

(183) WOMO-Stellplatz: Rotenburg-Braach, Am Schindleich

GPS: N 51°00'14.2" E 9°41'41.3"; Am Schindleich **max. WOMOs:** 5
Ausstattung/Lage: V/E in unmittelbarer Nähe, Tisch und Bänke, Gaststätte in der Nähe, Radweg ca. 2,5 km zur Innenstadt, gebührenfrei/ Ortsrand.
Zufahrt: Wie **(182)**, jedoch die Straße „Vor der Gasse" nach ca. 120m links verlassen. Vorbei an der V/E-Station ca. 150 m bis zum Parkplatz fahren.

Rotenburg an der Fulda

Der Luftkurort wurde vermutlich von den Landgrafen von Thüringen im 11. Jh. an der engsten Stelle im Fuldatal gegründet, die heutige Altstadt 1248 erstmals als Stadt erwähnt. Ende des 13. Jh., mittlerweile gehörte Rotenburg den hessischen Landgrafen, wurde die Stadtbefestigung erneuert und einige Jahrzehnte später entstand die Neustadt am anderen Fuldaufer, die erst 1607 mit der Altstadt vereint wurde. Aus dem Jahr 1407 stammt das zeitweise von den Landgrafen bewohnte Schloss. Von 1627 - 1834 residierten die sog. Quartfürsten im Landgrafenschloss, während 1840 der Niedergang der Leineweberei dazu führte, dass viele Bewohner der Stadt und der umliegenden Dörfer ihre Existenzgrundlage verloren und auswanderten. Mittelpunkt Rotenburgs ist damals wie heute der Marktplatz mit dem Rathaus, das 1597/98 errichtet wurde, und nach den Beschädigungen im Dreißigjährigen Krieg im Jahr 1656 neu errichtet wurde. Hier ist die Tourist-Info zu finden (April - Okt. Mo - Fr 8.30 - 17 Uhr, Sa 10 - 13 Uhr, Nov. - März Mo - Do 8.30 - 17 Uhr, Fr 8.30 - 13

Uhr, Telefon: 06623/5555, www.rotenburg. de). Das Angebot reicht von themenbezogenen, gebührenpflichtigen Stadtführungen für Gruppen über öffentliche, **kostenfreie Stadtführungen** für Einzelreisende (Mai - Sept. 1. u. 3. Fr im Monat) bis zu vielen anderen nützlichen Informationen zur Urlaubsgestaltung. Wir bummeln durch die kleinen Gassen und Sträßchen der historischen Altstadt beiderseits des Flusses mit den zahlreichen Fachwerkhäusern. Das vermutlich älteste Gebäude steht in der Breitenstraße 39, während das Steinerne Haus an der Brücke ursprünglich wahrscheinlich zur Sicherung des Fuldaübergangs diente. Später war es Wohnsitz der Kanoniker des Rotenburger Stifts und wurde im Zuge der Reformation an einen Bediensteten des Landgrafen verkauft. Das Heim seines Arbeitgebers wurde ursprünglich als vierflügelige Renaissanceanlage mit einem quadratischen

Die zwei Knaben

Innenhof erbaut. Erhalten geblieben sind nur noch drei Flügel, die nun von der Finanzschule des Landes Hessen genutzt werden. Der dahinter liegende Schlosspark ist öffentlich zugänglich und in einem Fachwerkbau des späten 18. Jh. im südlichen Vorhofbereichs des Schlosses befindet sich das **Kreisheimatmuseum** (Mi/Fr/So 14 - 17 Uhr, Eintritt). An das jüdische Leben in Rotenburg erinnert das **Jüdische Museum** mit den freigelegten Resten der Mikwe, einem rituellen Tauchbad (Mai - Okt. 1. So im Monat 15 - 16 Uhr) und in den Straßen der Stadt machen Stolpersteine auf die Mitbewohner aufmerksam, die während der Nazidiktatur ihr Leben verloren. An Plätzen und Straßen schauen uns außerdem Bronzefiguren über die Schulter oder geben ein hübsches Fotomotiv ab. Sie gehören zum **Skulpturenpfad** und stellen den Alltag Rotenburger Bürger dar. Bei einem längeren Aufenthalt erschließt sich auf den Höhen beiderseits der Fulda ein gut markiertes **Wandernetz** auf meist schmalen Wegen und Pfaden. Auf dem **Fuldasteig** bieten sich, z. B. am Marktplatz beginnend, verschieden lange

Touren an, um den Schönheiten der Natur und den Sehenswürdigkeiten an der Strecke auf die Spur zu kommen. Entlang des Steigs sind aber auch Trials für **Mountainbiker** ausgeschildert. Durch Rotenburg führen zusätzlich die **Fernradwege** R1 und R5 und der **Kletterwald** in Braach ist für Kinder ab acht Jahre zu erklettern (April - Okt. Mi/Sa/So 12 - 19 Uhr, in den hess. Sommerferien auch Fr, Eintritt. www.teamkletterwald.de).

Wir übernachten anschließend auf dem Stellplatz **(182)**, der sich genau wie der Stellplatz **(183)** besonders anbietet, um an den jeweils letzten Wochenenden von Mai bis Oktober auf ganz kurzem Weg den **Kuckucksmarkt** in Braach zu besuchen. Auf dem Kunst- Handwerks- und Bauernmarkt findet sich so ziemlich alles, was die Selbstvermarkter der Region anzubieten haben und erfreut sich großer Beliebtheit (www.kuckucksmarkt.info). Auf einer schmalen, aber gut zu befahrenden Brücke überqueren wir die Fulda und sind im Nu an der B83. Wem es nach einem noch einsameren Übernachtungsplätzchen zumute ist, der fährt geradeaus über die Bundesstraße Richtung ALHEIMER. Irgendjemand in Rotenburg muss ein besonderes Herz für die Bedürfnisse von Wohnmobilisten haben, denn auch hier, mitten im Wald, befindet sich ein ausgewiesener WOMO-Stellplatz.

(184) WOMO-Wander-parkplatz: Rotenburg, Guttelsbachtal
GPS: N 51°01'14.7" E 9°43'03.8"
max. WOMOs: 2
Ausstattung/Lage: Infotafel, Wanderwege, Gasthof in unmittelbarer Nähe (10 - 18 Uhr), gebührenfrei/außerorts.
Zufahrt: Ca. 2 km von der B83 entfernt.

Wir wollen noch ein wenig höher hinaus und erreichen nach weiteren 3,5 km die bewirtschaftete **Alheimerhütte** mit einem Wanderparkplatz an der Straße [**185:** N 51°02'05.6" E 9°44'22.1"]. Die Straße ist jedoch von November bis Mitte März gesperrt, sodass zu dieser Zeit der Fußmarsch zur Hütte angesagt ist (Mai - Okt. Fr ab 12.30 Uhr, ganzjährig Sa ab 12.30 Uhr, So/Feiertage ab 10 Uhr). Weiter bergauf ist der Aussichtsturm auf dem 549 m ü. NN hohen **Alheimer** auf einem ca. 1,5 km langen Wanderweg erreicht.

Schnell sind wir wieder den Berg durch das Tal des Guttelsbachs hinabgerollt und fahren auf der B83 wieder nach ROTENBURG. Diesmal befinden wir uns jedoch auf der rechten Seite der Fulda und erreichen bald einen Kreisverkehr, an dem es links zum **Waldschwimmbad** und zum **Wildgehege** geht. Auch hier erwarten uns zwei ausgewiesene Stellplätze, von denen wir den sehr ruhig gelegenen oberen Wanderparkplatz bevorzugen würden.

(186) WOMO-Wander-parkplatz: Rotenburg, Im Heienbachtal
GPS: N 51°00'21.6" E 9°44'45.6"
max. WOMOs: 5
Ausstattung/Lage: Infotafel, Wanderwege, Tisch und Bänke, Mülleimer, Schwimmbad in der Nähe, gebührenfrei/außerorts.
Zufahrt: Von der B83 am Kreisverkehr den Hinweisen zum Schwimmbad/Wildgehege ca. 1,4 km folgen.

Auf der B83 geht es jetzt nach BEBRA, das wir vor unserem Besuch in Rotenburg bereits aus der Entfernung gesehen haben. Wenn auch unterhalb einer Straße gelegen, ist der Stellplatz an den **Breitenbacher Seen** sicher die erste Wahl, wenn man hier einen Aufenthalt plant. Die Umgebung der durch Auskiesung entstandenen Seen mit einer Wasserfläche von 17 Hektar sind für Radfahrer, Wanderer, Läufer und Inline-Skater attraktiv. Nach Absprache mit dem örtlichen Segelclub finden auch Segler und Surfer genug Abwechslung auf der größten Seefläche Waldhessens. Der Vollständigkeit halber erwähnen wir zwei weitere Stellplätze.

(187) WOMO-Stellplatz: Bebra, Breitenbacher See

GPS: N 50°57'33.7" E 9°47'17.6"
max. WOMOs: <10
Ausstattung/Lage: V/E, Strom, Gebühr, Tisch und Bänke, Mülleimer, direkt an den Seen, Badestelle, ca. 2 km zur Innenstadt, Supermarkt und Gaststätte in der Nähe/außerorts. **Bei hohem Wasserstand ist der Platz ggf. gesperrt!**
Zufahrt: Von der B83 rechts auf die B27 Richtung Bad Hersfeld und 2 km später Richtung Breitenbach abbiegen und dem WOMO-Piktogramm folgen.

(188) WOMO-Stellplatz: Bebra, Mehrzweckplatz

GPS: N 50°58'08.5" E 9°47'23.8"; An der Laupfütze   **max. WOMOs**: 10
Ausstattung/Lage: Ausgewiesener Teil eines Großparkplatzes, Mülleimer/im Ort.
Zufahrt: Im Ort den Hinweisen zum Parkplatz Innenstadt folgen.

(189) WOMO-Stellplatz: Bebra, Freibad

GPS: N 50°58'28.2" E 9°47'53.3"; Annastraße   **max. WOMOs**: 4
Ausstattung/Lage: Ausgewiesener Teil eines Parkplatzes/im Ort.
Zufahrt: Im Ort Richtung Nentershausen fahren und dann den WOMO-Piktogrammen folgen.

Während Bebra heute vor allem mit seiner waldreichen und sanften Landschaft punktet, war es früher hauptsächlich als Eisenbahnknotenpunkt bekannt. Aus dieser Zeit stammt der **Wasserturm**, der oberhalb der Stadt als deren Wahrzeichen auf dem Solzberg zu finden ist. Einst war der kugelförmige Behälter mit 550 m³ Wasser gefüllt, das für den Betrieb der aufwendigen Dampflokomotiven benötigt wurde. In seinem Inneren kann sich über seine historische Nutzung informiert werden und im **Eisenbahnmuseum** (April - Sept. jeden ersten So im Monat) spürt man der vergangenen Bedeutung des Knotenpunkts nach. Während der Öffnungszeiten verkehrt eine Feldeisenbahn mit 600 mm Spurweite auf einer Strecke um das Museum

Wasserturm in Bebra

und zum 900 m entfernten Haltepunkt Weiterode West [N 50°57'54.2" E 9°48'10.1"; Am Wasserturm 1]. Von Bebra aus setzen wir uns auf die B27 Richtung SONTRA und erreichen nach einigen Kilometern CORNBERG, die kleinste Gemeinde des Landkreises, die durch den früheren Abbau von Sandstein und den hierbei gefundenen Saurierfährten bekannt ist [N 51°02'36.2" E 9°51'49.4"]. Das 1296 erstmals erwähnte **Kloster Cornberg** wurde im Zuge der Reformation 1526 aufgelöst. Die Klostergebäude, soweit sie noch erhalten sind, bilden ein Viereck um einen Hof. Die ehemalige Nonnenempore der gotischen Kirche wird heute als Kulturbühne genutzt. Im Westflügel der Anlage befindet sich das **Sandsteinmuseum**, das sich mit der Ortsgeschichte sowie den Bearbeitungs- und Verwendungsmöglichkeiten des örtlichen Sandsteins beschäftigt. Des Weiteren wird in der geologischen und paläontologischen Abteilung auf die fossilen Funde sowie die Fährten von Kleinsauriern eingegangen, welche im nahen Sandsteinbruch gefunden wurden (März - Nov. So 13 - 17 Uhr). Als Nächstes gelangen wir von der B27 rechts abbiegend nach SONTRA, das im Tal des gleichnamigen Flusses liegt. Im Zentrum gibt es noch viele, mittlerweile denkmalgeschützte Fachwerkhäuser. Einst wurde um Sontra Kupferschiefer ab-

Kloster Cornberg

gebaut und im Gewölbekeller des Rathauses befindet sich im **Bergbaumuseum** ein Stollennachbau. Ferner sind alte Werkzeuge und Geleuchte der Bergwerkswelt zu sehen (jeden 1. Sa im Monat 13 - 15 Uhr). Für den Museumsbesuch parkt man das WOMO am besten am folgenden Stellplatz, während sich zur Ver- und Entsorgung oder für eine Badeeinlage der übernächste Stopp anbietet.

(190) WOMO-Stellplatz: Sontra, Breitwiese

GPS: N 51°04'17.6" E 9°55'58.8"; Burhaver Straße   **max. WOMOs**: 5
Ausstattung/Lage: Supermarkt, Gaststätten in der Nähe/Ortsrand.
Zufahrt: Der Durchgangsstraße durch den Ort und dann dem WOMO-Piktogramm links folgen.

(191) WOMO-Stellplatz: Sontra, Sport- und Erlebnisbad

GPS: N 51°04'20.7" E 9°56'46.7"; Jahnstraße   **max. WOMOs**: 10
Ausstattung/Lage: V/E, Strom, Freibad/außerorts.
Zufahrt: Der Durchgangsstraße weiter durch den Ort folgen und links dem Hinweis zum Sport- und Erlebnisbad sowie dem WOMO-Piktogramm folgen.

Unseren Standplatz für die Nacht finden wir noch ein Stück weiter der Jahnstraße folgend auf einem ruhigen und einsam gelegenen Wanderparkplatz.

(192) WOMO-Wanderparkplatz: Sontra, Ameisenbach

GPS: N 51°04'08.1" E 9°56'54.2"
max. WOMOs: 1-2
Ausstattung/Lage: Wanderwege, Mountainbike-Touren, Infotafel ca. 100 m entfernt, Mülleimer/außerorts.
Zufahrt: Wie **(191)**, jedoch der Straße weitere 400 m folgen.

Großburschla - Schnellmannshausen - Altenburschla - Wanfried - Eschwege - Reichensachsen - Germerode - Abterode - Frankershausen - Meißner - Großalmerode - Weißenbach

Stellplätze:	Großburschla, Schnellmannshausen, Altenburschla, Wanfried, Eschwege, Reichensachsen, Germerode, Vockerode, Abterode, Frankershausen, Frankenhain, Großalmerode, Trubenhausen, Weißenbach.
Campingplätze:	Altenburschla *Campingplatz Altenburschla*, Eschwege *Knaus Campingpark*.
Ver-/Entsorgung:	Wanfried, Eschwege, Reichensachsen, Frankershausen, Großalmerode.
Besichtigen:	Wanfried *Stadtbild, Dokumentationszentrum*, Eschwege *Stadtbild, Stadtmuseum, Zinnfigurenkabinett*, Abterode *Besucherbergwerk Grube Gustav*, Großalmerode *Glas- und Keramikmuseum*.
Wandern:	Heldrastein, Altenburschla, Frankershausen, Meißner, Großalmerode, Weißenbach.
Radfahren:	Werratal-Radweg, Großalmerode.
Baden:	Werratalsee, Großalmerode.
Essen:	Altenburschla *Gemeindeschänke*, Wanfried *Zum Schwan*, *Historischer Hafen*, Meißner *Berggasthof*, Weißenbach *Jausenstation*.

Nachdem wir Sontra auf der B27 Richtung ESCHWEGE verlassen haben, streifen wir WICHMANNSHAUSEN und biegen hinter dem Ort rechts auf die B7 nach DATTERODE ab. Im Tal der Netra fahren wir durch einen Teil des Ringgaus im Grenzgebiet von Hessen und Thüringen. Landwirtschaftlich geprägt liegt er zwischen Meißner und Thüringer Wald. Vor RÖHRDA biegen wir links nach WEISSENBORN ab und peilen von hier GROSSBURSCHLA an. Die Fahrt hinab ins Werratal gestaltet sich für uns angenehm und ohne Schwierigkeiten. Es ist kaum noch vorstellbar, dass sich hier und entlang des insgesamt 270 km langen Todesstreifens zwischen Hessen und Thüringen manch grausame Szene abgespielt hat. Point Alpha zeigte uns bereits die Auswirkungen aus Sicht der Großmächte. Großburschla und die umliegenden Dörfer sind hingegen ein Beispiel für die einschneidenden Veränderungen innerhalb der Bevölkerung. Nach der deutschen Teilung wurde das thüringische Großburschla dreiseitig, einer topografischen Ausbuchtung von wenigen Kilometern gleich, von Hessen umschlossen und lag damit komplett im Sperrgebiet der ehemaligen DDR, das nur mit besonderer Genehmigung betreten werden durfte. Nicht genug, dass die Verkehrswege ins nahe Hessen unterbrochen wurden, die zu bewirtschaftenden Flächen durften von den Bauern jetzt nur noch mit Passierschein bestellt werden bzw. fielen später ganz weg und Zwangsumsiedlungen nicht Regimetreuer begannen. Der Kontakt zwischen Ost und West, zwischen Familien und Freunden, bestand lange Jahre lediglich aus einem Winken über den Zaun. Der nahe **Heldrastein**, für viele Menschen der umliegenden Dörfer vor dem Krieg ein beliebtes Ausflugsziel, lag nun mitten im militärischen Sperrgebiet und war für niemanden mehr erreichbar. Auf dem 503 m ü. NN hohen, zur Werra steil abfallenden Berg wurde ein Horchposten der Stasi eingerichtet.

Von diesem Leben voll restriktiver Maßnahmen spüren wir glücklicherweise bei unserer Reise nichts mehr und können uns in Großburschla ohne Vorbehalte rechts Richtung SCHNELL-MANNSHAUSEN bewegen. Wir befinden uns nicht nur im ehemaligen Grenzgebiet, sondern auch kurzzeitig auf den Spuren unserer Verleger. Im **Band 9 der WOMO-Bücher** von Waltraud und Reinhard Schulz findet sich z. B. von hier ein Einstieg zum wohnmobilen Urlaub in Thüringen. Sie erwähnen in ihrem Buch einen schön gelegenen **Picknickplatz** im Wald, den auch wir nicht unerwähnt lassen möchten [N 51°07'15.8" E 10°10'44.2"]. Auf der sehr ruckeligen Straße schrauben wir uns höher durch den Wald und parken auf einem Parkplatz, der direkt auf dem ehemaligen Kolonnenweg unweit der ehemaligen Grenze liegt.

(193) WOMO-Wanderparkplatz: Heldrastein, Auf der Trift
GPS: N 51°06'43.2" E 10°11'56.5"   **max. WOMOs**: 1-2
Ausstattung/Lage: Infotafel, Wanderwege (Premiumwanderweg P6), Tisch und Bänke, Mülleimer/außerorts, nachts ruhig.
Zufahrt: Knapp 5 km hinter dem Abzweig in Großenburschla nach Schnell-

mannshausen und ca. 1,1 km hinter dem vorgenannten Picknickplatz.

WOMO-Wandertipp: Zum König des Werratals

Wanderung von ca. 3 km Länge, die wir wegen des Höhenunterschieds als mittelschwer einstufen.

Auf der gegenüberliegenden Straßenseite des Parkplatzes führt der Barbarossa-Treppenweg in mehreren

Serpentinen steil ansteigend zu einem Forstweg. Nur wenige hundert Meter nach links geht es zur Hüneburg mit einem Aussichtspunkt und einer Hütte mit Informationen zur innerdeutschen Grenze. Über den Hauptweg gelangen wir zum **Heldrastein**, jenem Ausflugsziel, das über viele Jahrzehnte unerreichbar war. Bei dieser Vorstellung relativiert sich unser schweißtreibender Anstieg über etwa 300 Treppenstufen plus weitere Turmstufen sofort und wir genießen den überwältigenden Rundblick über eine ungeteilte Region in doppelter Hinsicht. Der Aussichtsturm ist immer zugänglich, während die Florian-Henning-Hütte mit Imbissbude nur saisonal geöffnet hat (Mai - Okt. So/Feiertage 10 - 17 Uhr). Vom Werratal bietet der mächtige Kalksteilfels des Heldrasteins einen majestätischen Anblick und wird deshalb auch als König des Werratals bezeichnet. Nach der Wende war des Königs (Abhör-)Turm ein Zankapfel und sollte abgerissen werden. Einer Bürgerinitiative ist es zu verdanken, dass der Turm der deutschen Einheit für Einheimische und Wanderer wieder zu besteigen ist. Wie zum Trotz wird heute eine Hälfte der Ex-Abhör-Radarkuppel von „Horch und Guck" als Musikpavillion auf dem Festplatz von Großburschla genutzt und dient ausschließlich friedlichen Zwecken! Für den Rückweg zum WOMO benötigen wir keine viertel Stunde und haben noch genug Mumm, um uns am Ende des Treppenwegs an einer Schautafel über die Geologie des Heldrasteins zu informieren.

Von SCHNELLMANNSHAUSEN führt ein anderer, etwa in einer halben Stunde zu bewältigender und steigungsarmer Wanderweg durch einen schönen Buchenwald zum Heldrastein.

(194) WOMO-Wanderparkplatz: Schnellmannshausen, Pfarrhölzchen

GPS: N 51°06'12.2" E 10°12'12.0" **max. WOMOs**: 1-2
Ausstattung/Lage: Wanderweg, Mülleimer/außerorts, schräg.
Zufahrt: Hinter dem Ortseingang im spitzen Winkel rechts ca. 1,5 km bis zum kleinen Wanderparkplatz unter Bäumen fahren.

Auf gleichem Weg gelangen wir zurück nach GROSSBURSCHLA und halten uns im Ort rechts zur Werra. Direkt vor der Werrabrücke bietet sich rechter Hand eine Übernachtungsmöglichkeit oberhalb des Flusses. Wer von hier den „König des Werratals" erwandern möchte und kräftige Anstiege nicht scheut, kann den durchgängig gut markierten und 12 km langen **Wanderweg P6** dazu nutzen.

Wir überqueren die Werra und sind nach wenigen Metern wieder in Hessen gelandet. Den Ort HELDRA ereilte während der Zeit der deutsch-deutschen Teilung ein ähnliches Schicksal wie

Großburschla – fast gänzlich vom Staatsgebiet der DDR umschlossen, blieb den Bewohnern jedoch wenigstens eine Zufahrt ins hessische und damit in die westliche Freiheit erhalten. Bei Erreichen der B250 schlagen wir links den Weg Richtung WANFRIED ein und rüsten uns kurz vor ALTENBUR-SCHLA zu einer weiteren Wanderung, die uns in die waldreiche Gegend des schönen Werratals führt. Die ehemalige Grenzführung hat, wenn man es salopp ausdrücken möchte, auch etwas Positives. Mehrere deutsche Bundesländer haben sich dem Naturschutzprojekt **Grünes Band Deutschland** angeschlossen und entlang des insgesamt fast 1400 km langen Grenzstreifens durch Deutschland gemäß dem Motto „Grenzen trennen. Natur verbindet!" einen wertvollen Lebensraum voller seltener Tiere und Pflanzen geschaffen. Ein wahres Naturerlebnis, in das wir zu einem kleinen Teil jetzt eintauchen wollen.

WOMO-Wandertipp: Agentenschleuse und Mainzer Köpfe

Mittelschwere Wanderung von ca. 10 km Länge mit einem kräftigen Anstieg und herrlichen Weitblicken.
Der Premiumwanderweg ist durchgängig mit der Markierung gelbes P12 auf grünem Grund versehen. Manchmal müssen wir ein wenig aufpassen, da sich mehrere Wanderwege kreuzen und mit dem unsrigen zu einer 20

km langen Wanderung verbinden lassen (z. B. P5, Start vom Stellplatz **202**). Bei 28° Grad im Schatten ist uns das definitiv zu weit, und nachdem der P12-Weg vom Parkplatz erst recht sacht beginnt, bestätigt der folgende starke Anstieg unsere Weigerung. Bald verlassen wir den Wald, es geht an einer Kirschplantage vorbei und anschließend werden wir mit einem herrlichen Blick ins Tal belohnt. Eine kleine Weile führt der Weg wieder durch den Wald und nach insgesamt etwa 1,5 km schwenken wir rechts, um auf ein Relikt aus vergangenen DDR-Zeiten zu stoßen. Die Agentenschleuse wurde Anfang der 1980er Jahre offiziell als Wasserdurchlass gebaut. Die hierfür überdimensionierte Röhre diente viel-

mehr dem heimlichen Grenzübertritt bzw. für den Transport von Funkgeräten oder Druckerzeugnissen. Wir können uns kaum vorstellen, wie Agenten oder Kuriere hin- und herkrochen und dabei unentdeckt blieben. Neben einem Teil des wieder aufgebauten Grenzzauns fantasieren wir filmreif von dunkel vermummten Personen mit Köfferchen und vergessen fast, welch ernsten Hintergrund die ganze Angelegenheit hatte. Wieder im Wald marschieren wir auf schmalem Pfad direkt auf der hessisch-thüringischen Landesgrenze weiter den Berg hoch. Rechts zweigt die P12-Markierung ab und vorbei am Rastplatz „Willes Ruh" stellen wir fest, dass wir von der Agentenschleuse aus auch auf dem Kolonnenweg und auf einem mittlerweile schönen Grünstreifen den Berg hätten erklimmen können, um anschließend hinter einem Picknickplatz links durch eine mit Orchideen besäumte Wiese an den Waldpfad auf der Landesgrenze zu gelangen. Dann wären uns jedoch einige der alten Grenzsteine entgangen, die auf den historischen Grenzverlauf lange vor der deutsch-deutschen Teilung hinweisen. Für welchen Weg man sich auch immer entschieden hat, hier oben stehen wir auf den Höhenzügen der „Mainzer Köpfe", die

Aussicht von Kimm's Ruh

dem Wanderweg ihren Namen geben. Eine Reihe von weiteren Steinen mit dem eingemeißelten „Mainzer Rad" markieren den Grenzverlauf des Kurfürstentums Mainz und begleiten uns weiter durch den Wald bis zu einer Infotafel, die über das Erzbistum Mainz und die vergangenen Zeiten Auskunft gibt. Hier folgen wir dem Abstecher zu „Kimm's Ruh" nach links und legen eine wohlverdiente Rast ein. Der grandiose Ausblick über das Werratal ist ein Genuss und das „Gipfelbuch" verlangt nach einem Eintrag. Durch den Wald, später am Waldrand und entlang einer Wiese führt der Weg nun langsam, aber stetig hinab ins Tal und zu unserem Ausgangspunkt zurück. Ein schöner Wanderweg, der uns durch die Aussichten, die Geschichte und die Artenvielfalt der Pflanzen begeistert hat.

Viel weiter schaffen wir es heute nicht, denn der sonnige und warme Tag ist einfach zu verlockend, als ihn fahrend im WOMO zu verbringen. Gönnen wir uns also eine Auszeit und quartieren uns auf einem kleinen, aber feinen Campingplatz ein.

(197) WOMO-Camping-platztipp: Altenburschla, Camping Altenburschla
GPS: N 51°09'01.8" E 10°10'23.2"; Am Rasen
Telefon: 0152/38767045; www.123website.nl/Camping-Altenburschla/
Öffnungszeiten: Febr. - Nov.
Ausstattung/Lage: Wander- u. Radwege, Steganlage, direkt an der Werra, Gaststätte in der Nähe/Ortsrand.
Zufahrt: Von der B250 an der zweiten Zufahrt links in den Ort abbiegen und den Piktogrammen zum Campingplatz folgen.

Kaum sind wir auf den einfachen Wiesenplatz gefahren, werden wir auch schon von Frits, einem freundlichen Holländer begrüßt. Am Ufer der Werra verbringen wir den Rest des Tages, schauen den Schwänen und Paddlern zu und spazieren am Abend in den kleinen gepflegten Ort. Am Dorfanger zwischen einer hübschen Fachwerkkulisse sitzen wir anschließend unter den Linden des **Landhotel Gemeindeschänke** (Mo, außer Feiertage Ruhetag) und genießen die gute nordhessische Küche. Am Morgen reisen wir nach WANFRIED und damit in die kleinste historische Fachwerkstadt des Werra-Meißner-Kreises. Zum einen bietet sich das Schwimmbad am Ortsrand für einen abkühlenden Badeaufenthalt an [**198**: N 51°11'16.2" E 10°10'40.3"; Schwimmbad]. Zum anderen werden Wanderfreunde und „Alleinsteher" den folgenden Wanderparkplatz sehr zu schätzen wissen. Die Zufahrtsbedingungen sind allerdings für ausgewachsene WOMOs problematisch und können zu unschönen Kratzern an den Außenwänden führen!

(199) WOMO-Wanderparkplatz: Wanfried, Freizeitzentrum Plesse

GPS: N 51°11'16.2" E 10°11'27.0"
max. WOMOs: 2
Ausstattung/Lage: Infotafel, Wanderwege (Premiumwanderweg P5, 9 km), Tisch und Bänke, Tischtennisplatte, Grill, Mülleimer, Wassertretbecken, tolle Aussicht/außerorts.
Zufahrt: Im Ort Richtung Stadtmitte fahren. Kurz vor Stellplatz **(200)** rechts Richtung Schwimmbad der Plouscatstraße folgen. Nach Überqueren der B249 rechts und dann links auf engem Schottersträßchen zur

Freizeitanlage fahren. **Achtung: Das Sträßchen ist wirklich sehr eng!**

(200) WOMO-Stellplatz: Wanfried, In der Werraaue

GPS: N 51°11'12.0" E 10°10'02.5"; Eschweger Straße   **max. WOMOs**: 12
Ausstattung/Lage: Infos zur V/E an der Kläranlage am Stellplatz, Strom, Gebühr, Wander- und Radwege, Tisch und Bänke, Mülleimer, Supermarkt/Bäcker gleich nebenan (evtl. Geräuschbelästigung durch frühmorgendlichen Anlieferverkehr), Gaststätten ca. 500 m im Ort/Ortsrand. Keine Wohnwagen!
Zufahrt: Im Ort Richtung Stadtmitte und dem WOMO-Piktogramm folgen.

Wanfried

Wer durch die über 400 Jahre alte Stadt Wanfried (der Nordhesse sagt liebevoll „Wannfried") auf der Deutschen Fachwerkstraße fährt, merkt schnell, dass diese Lage nicht von ungefähr kommt. **Prächtige Fachwerkhäuser** künden noch immer von der Blütezeit als bedeutender Umschlagplatz für Waren von und nach Südosteuropa. Mitten im Binnenland befand sich einst der **Hafen**, die Schlagd, an dem heute nachgebaute Schuten vor Anker liegen und vom ehemaligen Treiben der Werraschifffahrt erzählen. Landgraf Moritz ließ Werra abwärts in Eschwege und Allendorf Schleusen

bauen, sodass große Schiffe bis nach Wanfried fahren konnten. Heute erinnern nur noch zwei „Schlagdhäuser" von 1670 und kleine Lagerhäuser an diese Zeit. Unser kleiner Stadtspaziergang offenbart aber weitere kunstvoll verzierte Häuser mit wunderschönen Flachschnitzereien. So z. B.

das Harmes'sche Haus (Schlagd 6), das 1673 im Barockstil gebaut wurde und zusätzlich mit eingeschnittenen Köpfen mit herausgestreckten Zungen, hervorgehobenen Mannesfiguren und Kuhfüßen beeindruckt. Zusätzlich besticht es mit nixenähnlichen Figuren, die auf die Nähe zur Werra hinweisen. Auch an anderen Häusern sind Symbole der Schifffahrt auszumachen und geschnitzte Sonnenräder und Diamanten sollten den Bewohnern Stärke und Kraft verleihen. Bei einer **öffentlichen Stadtführung** (Mai - Okt. Sa 14.30 Uhr, Treffpunkt Rathaus, Marktstraße 18, Gebühr) oder speziellen Erlebnisführungen werden natürlich weitere Besonderheiten der Fachwerkhäuser herausgestellt oder man kann sich einer märchenhaften Wanderung zum Wasserfall im Elfengrund anschließen (www.werratal-tourismus.de). Das Leben an der deutsch-deutschen Grenze veranschaulicht das **Dokumentationszentrum** im Keudell'schen Schloss und gewährt gleichzeitig Einblicke in die Stadtgeschichte und die Werra-Weser-Schifffahrt (März - Okt. Sa 15 - 17 Uhr, So 10 - 12 Uhr, Eintritt, Marktstraße 2). Neben dem Mitte des 17. Jh. als Handelshof erbauten Rathaus in der Marktstraße steht ein um 1655 errichtetes schmuckes Fachwerkhaus, in dem wir im **Restaurant Zum Schwan** einkehren. Auch im **Restaurant Historischer Hafen** sind wir bei einer unserer Aufenthalte aufs Beste verköstigt worden. Die alte Schlagdscheune wird von einer Holländerin bewirtschaftet und nach der Bekanntschaft mit dem Campingplatzbetreiber Frits wundern wir uns über die Präsenz unserer holländischen Nachbarn in Wanfried. Die interessante Erklärung hierfür liegt in der ökonomischen Abgeschiedenheit der Stadt in einem der östlichsten Zipfel Hessens, die sich auch nach dem Fall des Eisernen Vorhangs nicht wesentlich änderte. Viele Einwohner verließen die ansonsten so reizvolle Umgebung und die dadurch leer stehenden alten Fachwerkhäuser wurden dem langsamen Verfall preisgegeben. Wanfrieds Bürgermeister hatte die rettende Idee und bewarb die Gebäude auf einer niederländischen Internetplattform. Da Immobilien in den Niederlanden kaum erschwinglich sind, orientierten sich die ersten „Oranje" ins schöne Werratal und zu den heimeligen Fachwerkhäusern, die sie günstig kauften und anschließend sanierten. Mittlerweile hat sich eine kleine holländische Gemeinde gebildet, die neben den „Ureinwohnern" dafür sorgt, dass die feinen Fachwerkhäuser erhalten bleiben und die sich am Ufer der Werra offensichtlich wohlfühlt – eine Win-Win-Situation für alle Seiten. Auch für uns, denn so können wir bestimmt noch längere Zeit zwischen den teils malerischen Fachwerkhäusern entlang bummeln (www.wanfried.de).

Vom Stellplatz **(200)** bietet sich eine Tour auf dem **Werratal-Radweg** an (www.werratal.de/radweg). Die insgesamt gut 300 km lange Strecke führt von den Werraquellen am Rennsteig im Thüringer Wald bis nach Hann. Münden. Die Kurzetappe von Wanfried ins wenige Kilometer entfernte Eschwege ist bequem zu erradeln und kann am Werratalsee z. B. mit einem Badeausflug kombiniert werden.

Wir legen die Strecke mit dem WOMO zurück und erreichen den See zügig über die B249 Richtung ESCHWEGE.

---

(201) WOMO-Badeplatz: Eschwege, Werratalsee-Ost

GPS: N 51°11'35.6" E 10°05'52.7"; Am Stadtweg   **max. WOMOs**: 5
Ausstattung/Lage: Radweg, Badestrand, Gebühr 9 - 19 Uhr, Gaststätte an der B249 ca. 300 m entfernt/Ortsrand.
Zufahrt: Am Ortsausgang von Schwebda von der B249 links zum Werratalsee Ostufer abbiegen.

Der 100 ha große **Werratalsee** entstand aus einer ehemaligen Kiesgrube und ist mittlerweile eine Oase für Erholungssuchen-

de und ein Eldorado für Wassersportler, auf dem alljährlich die Hessischen Rudermeisterschaften stattfinden. Angeln ist mit Fischereischein erlaubt und eine Wander- oder Radrunde von 7 km Länge um den See lässt sich entspannt angehen.

Äußerst beliebt ist auch die Fahrt auf dem Elektro-Ausflugsschiff **Werranixe**, von der die umliegende Landschaft aus einer anderen Perspektive wahrgenommen werden kann (April - Okt., Abfahrt Ost- und Südufer, www.werranixe.de). Wir fahren noch ein Stück auf der B249 weiter und wenden uns links Richtung ESCHWEGE STADTMITTE. Eigentlich ist die Kreisstadt Eschwege für eine Stippvisite viel zu schade und der Aufenthalt auf dem Campingplatz am südlichen Ende des Werratalsees bietet sich geradezu für einen längeren Besuch an.

---

(202) WOMO-Campingplatztipp: Eschwege, Knaus Campingpark Am Werratalsee

GPS: N 51°11'30.2" E 10°04'03.7"; Am Werratalsee 2
Telefon: 05651/338883; www.knauscamp.de/Camp_Eschwege.html
Öffnungszeiten: Ganzjährig.
Ausstattung/Lage: Separate WOMO-Stellplätze mit Strom vor der Schranke

---

vorhanden, Kinderspielplatz, Tennis, Badestrand, Bootsanleger „Werranixe", Waschmaschine, Trockner, Fahrrad- u. Bootsvermietung, Imbiss, SB-Markt, W-Lan-Anschluss, ca. 1 km Fußweg ins Stadtzentrum/Ortsrand.
Zufahrt: Von der B249 Richtung Stadtmitte abbiegen und den Piktogrammen zum Campingplatz folgen.

Wir suchen diesmal nur einen Parkplatz fürs WOMO und fahren weiter in die Stadt hinein, überqueren einen Arm der Werra und biegen vor der zweiten Werrabrücke links zum ausgeschilderten Parkplatz „City Parken" ab [N 51°11'22.1" E 10°03'31.6"; Mangelgasse]. Obwohl wir auch hier wieder mit einem Lkw-Verbotsschild konfrontiert werden, können wir laut Auskunft der Tourist-Info und des Straßenverkehrsamtes unbesorgt unser „schweres" WOMO tagsüber zum Parken abstellen. Das ist ein feiner Service der Stadt, denn von diesem Parkplatz haben wir einen kurzen Weg in den mit mehr als 1000 Fachwerkhäusern geschlossenen historischen Stadtkern.

Eschwege

Vom Parkplatz überqueren wir die Werra auf der Fußgängerbrücke und sind sofort in der „Siedlung bei den Eschen am langsam fließenden Wasser". So bezeichneten wohl die Chatten und Thüringer vor langer Zeit den Ort in der weitläufigen Flussniederung am Fuß der Leuchtberge. Später wurde daraus das germanische „Eskiniwach", das von Kaiser Otto II. erstmals 974 urkundlich erwähnt und seiner byzantinischen Ehefrau als Altersvorsorge vermacht wurde. Nach deren Tod gründete die Tochter Sophia um das Jahr 1000 ein Kanonissenstift, unter deren jeweiliger

Äbtissin die Siedlung erst das Marktrecht und vor 1236 das Stadtrecht erhielt. Die Grundlage für die Stadt als wichtigen Handelsplatz legte die gut florierende Tuch- und Ledererzeugung, die allerdings auch dafür sorgte, dass Eschwege häufig zwischen geistlichen und weltlichen Besitzern wechselte. 1433 fiel der Ort endgültig an Hessen und war nach Kassel der wichtigste in der Landgrafenschaft und wurde zeitweilig auch als Residenz genutzt. Hiervon zeugen das sog. **Hochzeitshaus** aus dem Jahr 1578 und das **Landgrafenschloss**. Das Schloss wurde auf den Resten einer Burg von 1386 im Renaissancestil erbaut. Die meisten der anderen Fachwerkhäuser stammen aus der Zeit nach einem großen Brand im

Jahr 1637. Mehr über diese bewegten Zeiten ist im **Stadtmuseum** zu erfahren, dass wir als Erstes ansteuern, nachdem wir in den mittelalterlichen Stadtkern von Eschwege eintauchen. (April - Okt. Di/Sa/So 14 - 17 Uhr, Eintritt). Durch die Kirchgasse, vorbei an der **Marktkirche St. Dionys** gelangen wir an den **Marktplatz**. Die Fachwerkbaukunst rund um den Platz und in den Nebenstraßen ist beeindruckend. Von Zerstörungen nach dem großen Brand verschont, bieten die Fachwerk-Ensembles mit figürlichen Verzierungen und Flachschnitzereien einen schönen Rahmen zum Bummeln zwischen kleinen Geschäften und Verweilen in einem der zahlreichen Straßencafés. An der Schmalseite des Marktplatzes liegt das **Alte Rathaus** aus dem Jahr 1660 und daneben das angebaute **Neue Rathaus** von 1845. Zwischen beiden bringt das Glockenspiel täglich verschiedene Melodien zu Gehör. Wir können uns kaum sattsehen an den zähnefletschenden Fabeltieren, den Fächerrosetten sowie den Basilisken und Pilastern, die Häuser und Portale so schön verzieren und alles Böse von den Bewohnern abhalten bzw. das Glück ins Haus bringen sollten. Noch mehr über die Fachwerkkonstruktionen oder die Stadtgeschichte ist bei einer öffentlichen Stadtführung (Mai - Okt. Di/So 10 Uhr, Gebühr) zu erfahren. Der Treffpunkt ist an der **Tourist-Info** (Mai - Sept. Mo - Fr 9 - 18 Uhr, Sa 10 - 13 Uhr, Okt. - April Mo - Fr 9 - 16.30 Uhr, Hospitalplatz 16, Telefon 05651/331985, www.werratal-tourismus.de). Selbstverständlich werden auch Themen- und

Erlebnisführungen angeboten und weitere wertvolle Tipps für den Aufenthalt im gesamten Werratal-Bereich gegeben. Nur wenig entfernt besuchen wir das **Eschweger Zinnfigurenkabinett** in der Kemenate, dem letzten erhaltenen profanen Steinbau der Stadt. Auf mehreren Etagen verfolgen wir

die Weltgeschichte mit Hilfe von rund 15.000 Zinnfiguren und über 250 Dioramen. Wir stehen Königen, Pharaonen und einfachen Bauern „Auge in Auge" gegenüber, betrachten den kleinen Schlingel, der durch ein Astloch des Bretterverschlags der Flussbadeanstalt ein hübsches Mädchen beobachtet, und verfolgen die Eschweger Stadtgeschichte en miniature. Da galoppieren Indianer über die Prärie und 1,2 mm große Matrosen haben auf Segelschiffen angeheuert. Unglaublich! Eine bunte, sorgfältig zusammengestellte Wunderwelt, die Alt und Jung gleichermaßen begeistert und unbedingt ins Besuchsprogramm von Eschwege gehören sollte (Mi/Sa/So 14 - 17 Uhr, Eintritt). Zum Abschluss unseres Rundgangs gelangen wir wieder zum Stadtmuseum und besuchen einen ganz besonderen Ort der Ruhe. Hinter einer alten Sandsteinwand liegt der nach der Stiftsgründerin benannte **Sophiengarten** verborgen. Der obere Teil

des Gartens mit kleinen eingefassten Kräuterbeeten und einer Wasserstelle zeigt den mittelalterlichen Klostergarten, während die duftenden Rosenbögen neben anderen Blumen und Sträuchern den Bürgergarten darstellen. Ein Gartenhaus, Bänke und eine Sitzecke vervollkommnen das Bild einer friedlichen Idylle. Der Garten ist freizugänglich und ist für unseren Geschmack das „Sahnehäubchen" eines Eschwege-Besuchs.

Für Wasserwanderer oder solche, die es werden wollen, ist die Werra ein hervorragendes Revier. Wer ein Kanu sein Eigen nennt, wird das sowieso schon bemerkt haben, wer jedoch erstmal auf Tuchfühlung gehen möchte, kann das bei einer **Kanuschnuppertour** tun. Per Shuttleservice geht es von Eschwege nach Wanfried an die Schlagd und nach einer Sicherheits- und Streckeneinweisung kann das 1,5 - 2-stündige Kanuabenteuer flussabwärts, also immer schön mit der Strömung, zurück nach Eschwege angegangen werden. Weiterführende Informationen gibt es bei der Tourist-Info.

Wen es eher nach **Wanderungen** dürstet, dem sei der Wanderparkplatz auf dem Leuchtbergsattel empfohlen.

(203) WOMO-Wanderparkplatz: Eschwege, Leuchtbergsattel

GPS: N 51°10'57.0" E 10°04'52.8"
max. WOMOs: 1-2
Ausstattung/Lage: Infotafel, Wanderwege, Tisch und Bänke, Mülleimer, Gaststätte 250 m entfernt (Mo Ruhetag)/außerorts.
Zufahrt: Von der B249 kommend, hinter der Werrabrücke rechts. An der nächsten Ampel links Richtung Weißenborn/Völkershausen. Kurz vor dem Stadtausgang nochmals links Richtung Stadthalle/Jugendherberge. Am folgenden Kreisverkehr

rechts Richtung Jugendherberge und nach etwa 100 m rechts ca. 1,2 km zum ausgeschilderten Wanderparkplatz fahren.

Von hier erfreuen **kürzere Rundwanderwege** ab 5,3 km Länge oder eine 21 km lange Rundtour über das Naturschutzgebiet der Blauen Kuppe mit dem Basaltschlot eines erkalteten Vulkans zu den Leuchtbergen das Wanderherz. Der gut markierte **Premiumwanderweg P3** führt über offene Felder und grüne Wiesen, durch den Wald und über einen Kammweg mit fast alpinem Charakter zu einem der vielen Bismarcktürme Deutschlands. Vom hiesigen eröffnet sich ein herrlicher Weitblick ins Werratal, in die Hessische Schweiz und bis zum Hohen Meißner.

Auf der B452 verlassen wir Eschwege Richtung KASSEL und sind nach kurzer Zeit in REICHENSACHSEN. Im Ort wenden wir uns rechts Richtung GERMERODE/VIERBACH und streifen einen WOMO-Stellplatz, der nachts durch den nahen Eisenbahn- und Straßenverkehr keine wirkliche Ruhe, aber eine gebührenpflichtige **V/E-Station/Strom** bietet **[204: N 51°9'10.3" E 9°59'22.8" Bahnhofstraße]**. Bei der Weiterfahrt erreichen wir die B27, die wir überqueren. Nachdem wir bereits dem „König des Werratals" unsere Aufwartung gemacht haben, ist jetzt die Audienz beim „König der nordhessischen Mittelgebirge" angesagt. Besondere Vorbereitungen sind dafür nicht nötig, außer dass wir auf gar keinen Fall die Wanderschuhe vergessen dürfen.

Naturpark Meißner-Kaufunger Wald

Wir befinden uns bereits im drittgrößten Naturpark Hessens, zu dem neben dem Meißner und dem Kaufunger Wald auch die Söhre und große Teile des Werratals gehören. Mittendrin erhebt sich ein 754 m ü. NN hoher Tafelberg, eben jener König nordhessischer Mittelgebirge, der Hohe Meißner. Mischwälder und blumenreiche Bergwiesen bieten einer Vielzahl von seltenen Tieren und Pflanzen ein Refugium und die Wacholderheiden und Kalkmagerrasen verlocken zum **Wandern** durch wilde und unberührte Natur. Seltene Orchideenarten und Heilkräuter säumen die Wege, die an Basaltblockmeere führen, geheimnisvolle Höhlen erreichen und hervorragende Ausblicke bis nach Niedersachsen, Thüringen und na-

türlich über Hessen bieten. Der Hohe Meißner ist aber auch der Berg der „Frau Holle", der die Brüder Grimm in ihrem Märchen zu Weltruhm verhalfen. Vielfältig sind ihre Erscheinungsformen. Mal ist sie gütig und belohnend, mal strafend und wild. Manchmal wird sie als langnasige Alte mit großen Zähnen beschrieben und dann ist sie wieder eine venusgleiche junge Frau. Als solche wird sie am Frau-Holle-Teich dargestellt, an dem sich jede Menge Frösche tummeln … müssen sie auch, denn als Lieblingsspeise der Storche sind sie unerlässlich. Diese holen wiederum die kleinen Kinder aus dem Teich … Stopp, wir gleiten schon wieder in Legenden und Sagen ab! Aber wo wir gerade von Frau Holle sprechen: Der Meißner bietet auch ein umfangreiches **Wintersportprogramm**. Besonders Skilangläufer kommen auf ihre Kosten, aber auch Abfahrer und Rodler werden ihren Spaß haben. Was es sonst noch so zu entdecken gibt, werden wir auf den nächsten Kilometern unter die Lupe nehmen (www.naturpark-mkw.de).

Wie nicht anders zu erwarten, führt die Straße bergauf und nach GERMERODE. Mitte des 12. Jh. wurde hier ein Kloster gegründet, das im Zuge der Reformation 1527 wieder aufgelöst wurde. Die Klosterkirche, eine dreischiffige Pfeilerbasilika, besitzt eine vierschiffige Krypta, die einzigartig in Deutschland, nicht in der Längsachse der Kirche ausgerichtet ist, sondern quer den Raum des Chores und der Seitenschiffe aufnimmt (April - Okt. 9 - 18.30 Uhr).

(205) WOMO-Stellplatz: Germerode, Festplatz

GPS: N51°11'30.1" E9°54'04.9", Klosterfreiheit **max. WOMOs**: 4
Ausstattung/Lage: Parkplatz auf zwei Ebenen, Strom, Tisch und Bänke, Grillmöglichkeit/ Ortsrand.
Zufahrt: Im Ort links den Hinweisen zum Kloster und zum Wildpark folgen. Am Ortsrand, gegenüber der Klosterkirche links zum ausgeschilderten Parkplatz fahren.

Wir folgen der Straße weiter zum ausgeschilderten BERG-WILDPARK und notieren unterhalb des eigentlichen Parkplatzes einen Picknickplatz. Möglicherweise wird das Parken auch direkt am Wildpark auf Nachfrage geduldet.

(206) WOMO-Picknickplatz: Germerode, Wildpark

GPS: N 51°11'31.3" E 9°53'31.3"
max. WOMOs: 2-3
Ausstattung/Lage: Tisch und Bänke, schöne Aussicht/außerorts, einsam.
Zufahrt: Im Ort der Beschilderung zum Wildpark folgen. Nach dem Abzweig von der Landstraße geradeaus in eine kleine Allee fahren.

Im **Bergwildpark** sind fast alle heimischen Wildtiere zu sehen. Steinböcke und Wildschweine sind genauso vertreten wie Waschbären und Frettchen. Fische und die verschiedensten Vögel schwimmen und schwirren in Teichen und großzügig angelegten Volieren, während sich Rot-, Reh- und Dammwild neben Mufflons frei im Park bewegen kann. Ein Abenteuerspielplatz sorgt für zusätzliche Abwechslung und im „Waldwichtelhaus" wird viel Wissenswertes zum Hohen Meißner und der Waldwirtschaft gezeigt. Die Falknerei bietet Flugvorführungen verschiedener Greifvogel- und Eulenarten (Jan. - März/Nov. Sa/So 10 - 17 Uhr, April - Okt. Di - So 10 - 18 Uhr, Hess.

Schulferien außer Winterferien Mo - So 10 - 18 Uhr. Flugvorführungen: April Okt. Di So 11/15 Uhr, Eintritt).

Die Mohnfelder von Germerode

Germerode bietet witterungsabhängig zwischen Mitte Juni und Mitte Juli jedoch noch etwas ganz anderes. Dann pilgern mehrere Tausend Menschen hierher, um sich völlig legal am Schlafmohn zu berauschen! Die morphinarmen Mohnsorten dürfen mit Genehmigung in Deutschland angebaut werden und die Anbaufläche am Meißner erstreckt sich momentan über 9 ha, Tendenz steigend. Die einzigen Schlafmohnfelder in Nord- und Mittelhessen haben sich zu einem außergewöhnlichen Besuchermagnet entwickelt und während der Blütezeit erwartet uns **ein Meer von vielen Millionen rosavioletten Mohnblüten**. Wunderschön und ein Erlebnis für die Augen. Ein ca. 2,5 km langer, relativ leicht zu gehender Rundwanderweg führt durch die Mohnfelder und eröffnet zusätzlich herrliche Weitblicke.

Auf Stroh wandern wir mitten durch die Blütenpracht und der Anblick ist tatsächlich berauschend. Wer nicht so gut zu Fuß ist, kann sich mit einem Planwagen zum Mohnfeld-Café fahren lassen und sich dort an Mohnkuchen, Mohn-Bratwurst oder Ahler Wurscht mit Mohn gütlich tun. Parkflächen sind ausgeschildert, doch der Ansturm der Besucher mit Pkw und Bussen ist groß und wir empfehlen, das WOMO am Festplatz (205) abzustellen. Die exakte Blütezeit ist am Mohntelefon 05602/935617 zu erfragen.

Um der 500 Jahre alten Bergbaugeschichte des Meißnervorlandes auf die Spur zu kommen, fahren wir durch Germerode nach ABTERODE. Dort biegen wir links ab und folgen dem Hinweis zum BESUCHERBERGWERK.

(207) WOMO-Stellplatz: Abterode, Grube Gustav

GPS: N 51°13'25.1" E 9°57'04.3" **max. WOMOs**: 2
Ausstattung/Lage: Infotafel, Wanderwege, Gasthaus in der Nähe (Mo/Di geschlossen)/außerorts.
Zufahrt: Vom Ort ca. 2 km den Hinweisen zum Besucherbergwerk folgen.

Besucherbergwerk Grube Gustav

Vom Parkplatz vor dem ehemaligen Sprengstofflager gelangen wir mit Schutzhelmen ausgerüstet 360 m zu Fuß in den Berg hinein. Ursprünglich suchte man hier nach Silber und Kobald, doch seit dem 16. Jh. wurde Kupferschiefer abgebaut, und die schwere Handarbeit der Bergleute mit Schlägel und Eisen ist in den Stollen beeindruckend nachzuvollziehen. Mit Beginn des 20. Jh. begann mit moderner Bohr- und Sprengtechnik der Abbau von Schwerspat. Neben bergmännischem Gerät und Mineralien erinnert ein Rettungsschlitten an die geglückte Rettung zweier verschütteter Bergleute im Jahr 1957. Seitdem das Bergwerk 1968 stillgelegt wurde, ist der Besuch in der 10°C kühlen Grube möglich. (Mitte März - Okt. Di - So/Feiertage 13 - 16 Uhr, Eintritt. Führungen finden in der Regel zur vollen Stunde statt. Sollte die Mindestteilnehmerzahl von 6 Personen nicht erreicht werden, muss ggf. ein wenig länger gewartet werden. www.naturpark-mkw.de/besucherbergwerk-grube-gustav).

Wen der Besuch im Bergwerk nicht reizt und wer direkt den Hohen Meißner ansteuern möchte, der kann von Germerode über VOCKERODE auf den Berg fahren. Vielleicht freuen sich die Füße, besonders Kinderfüße, wenn ihnen unterwegs auf dem **Barfußpfad** ein wenig Freiheit gegönnt wird (April - Okt.). Sollten die Kapazitäten der beiden dazugehörigen Parkplätze erschöpft sein, bietet sich der bereits vorher zu passierende Picknickplatz an.

(208) WOMO-Picknickplatz: Vockerode, Vockeroder Lindengruppe

GPS: N 51°12'53.2" E 9°53'51.6"
max. WOMOs: 1-2
Ausstattung/Lage: Tisch und Bänke, Spielplatz, ca 2 km zum Barfußpfad/außerorts.
Zufahrt: Ca. 800 m hinter dem Ortsausgang links der Straße gelegen.

Wir fahren jedoch von der Grube Gustav zurück nach ABTERODE und von dort nach WOLFTERODE. Damit keiner neidisch zum vorgenannten Picknickplatz schielen muss, notieren wir auch an dieser Strecke einen Rastplatz.

(209) WOMO-Picknickplatz: Wolfterode, Krösselberg

GPS: N 51°12'51.0" E 9°55'39.5" **max. WOMOs**: 1
Ausstattung/Lage: Tisch und Bänke, Wanderwege, schöne Aussicht, Mülleimer/außerorts.
Zufahrt: Ca. 900 m hinter Abterode an der K40 nach Wolfterode an der rechten Straßenseite.

Durch das Meißnervorland erreichen wir FRANKERSHAUSEN, das von einer etwas erhöht liegenden Wehrkirche geprägt ist. Am Ende der Straße halten wir uns links Richtung FRANKENHAIN und stoßen auf ein WOMO-Piktogramm. Für uns ist der Stellplatz ein guter Ausgangspunkt in das bedeutendste Erdfallgebiet Nordhessens.

(210) WOMO-Stellplatz: Frankershausen, Hie- und Kripplöcher

GPS: N 51°14'15.6" E 9°54'54.1"; Am Sportplatz **max. WOMOs:** 3
Ausstattung/Lage: Infotafel, Wanderwege (auch Premium-wanderweg P2/22km), Tisch und Bänke, Gaststätte im Ort, Ortsrand.
Zufahrt: Im Ort den WOMO-Piktogrammen folgen.

WOMO-Wandertipp: Zu den Hie- und Kripplöchern

Leichter Rundweg von 2 bis 4,8 km Länge.

Auf dem Lehrpfad bewegen wir uns in einer Wacholderlandschaft, die traditionell seit Jahrhunderten durch Schafbeweidung erhalten bleibt. Die besondere Geologie der Karstlandschaft macht unseren Rundgang so außergewöhnlich, denn wir wandern über den uralten Boden des Zechsteinmeeres, das vor vielen Millionen Jahren im Zeitalter des Erdaltertums entstand. Die vorherrschenden Minerale sind Dolomit und Gips. Der Dolomit enthält verschiedene Bestandteile, die durch Wasser ausgewaschen werden, sodass nur noch ein Kalkgerippe übrig bleibt, das durch den Druck darüberliegender Erdschichten einstürzen kann und zu sog. Erdfällen führt. Ähnlich verhält es sich mit den Gipslagern. Manchmal drängt sich der Kalk jedoch auch zusammen und es entstehen Felsen, Steilrücken und Klippen. Diese Prozesse halten immer noch an und einige Teile des Naturschutzgebietes dürfen deshalb nur unter der Leitung eines Naturparkführers betreten werden. Jetzt wird uns auch die Bedeutung der Worte „Hie" und „Kripp" deutlich, die nichts anderes als „Höhle" bzw. „Vertiefung" heißen. 1958 erlebte ein Bauer auf unerfreuliche Weise, was es mit den „Hie- und Kripplöchern" auf sich hat, als unter seinem von Kühen gezogenes Gespann plötzlich die Erde nachgab. Glücklicherweise

konnte er die Tiere gerade noch ausschirren, bevor der Wagen auf nimmer Wiedersehen in einem der Löcher verschwand. Spätere Untersuchungen ergaben, dass die ab diesem Zeitpunkt als „Kuhloch" bezeichnete Tiefe rund 30 m maß. Wir

halten uns also lieber an die vorgegebenen Wege und erleben eine seltene Kultur- landschaft mit Dachs- und Fuchsbau, selte- nen Schmetterlingen, Wildkräutern und Or- chideen. Manchmal, sagt man uns, kann man auch der großen Schafherde der Hüte- schäferei begegnen, die das Biotop bewei- det (Termine für Füh-

Blutströpfchen

rungen können beim Naturparkzentrum Meißner-Kaufunger Wald in Fran- kershausen, Wolfteroder Straße, Telefon 05651/952125 erfragt werden.).

Nach dieser interessanten Unterbrechung geht es nun wei- ter nach FRANKENHAIN. Wir durchfahren den Ort, nehmen schwungvoll die folgende 15%-Steigung in Angriff und verzeich- nen wenig später ein hübsches Plätzchen am Wegesrand. Al- lerdings handelt es sich hier um einen „Schönwetterplatz". Bei Regen macht die weitere steile Zufahrt dem Vorderradantrieb unseres Duc keinen Spaß und der von Bäumen geschützte Übernachtungsplatz liegt zudem auf einer Wiese.

(211)
WOMO-Picknickplatz:
Frankenhain, Grillplatz
GPS: N 51°14'51.1" E 9°53'36.3"
max. WOMOs: 1-2
Ausstattung/Lage: Tisch und Bänke, schöne Sicht auf das Dorf und das Meißnervorland, Müllei- mer/außerorts. **Nur für WOMOs bis 6,50 m Länge!**
Zufahrt: Ca. 500 m hinter Fran- kenhain an der L3242 links der steilen Zufahrt zum Grillplatz folgen.

Am Ende der Straße wenden wir uns links Richtung HAUSEN und halten uns an der nächsten Kreuzung geradeaus zum aus- geschilderten NATURPARK MEISSNER. Auf der alten Koh- lenstraße, die an den Braunkohlebergbau am Meißner erin- nert, erreichen wir eine kleine Parkbucht am **Friedrichstollen** [N 51°13'36.5" E 9°52'29.2"]. Viel zu sehen gibt's hier allerdings nicht und wir besuchen bei der Weiterreise zunächst erst ein- mal den **Frau-Holle-Teich** und hören den gefühlten Tausend

Fröschen bei ihrem Konzert zu [N 51°13'08.7" E 9°52'15.2"]. Ohne wieder Sagen und Legenden zu bemühen, aber wenn Nebelschleier über das Wasser wabern und plötzlich die 3,50 m große hölzerne Frauenfigur scheinbar schwerelos aus ihnen auftaucht, dann hat der Ort schon irgendwie etwas Mystisches. Handfester und vor allen Dingen unangenehmer ist der Geruch, den wir bei der Fahrt hinauf zum **Schwalbenthal** bald wahrnehmen können. Vom Wanderparkplatz wollen wir der Sache zumindest ein wenig auf den Grund gehen [N 51°12'33.1" E 9°52'19.3"].

WOMO-Wandertipp: Knappenpfad und Stinksteinwand

Auf dem 1,9 km langen Knappenpfad erleben wir im Zeitraffer den historischen Braunkohlebergbau an der Ostseite des Meißners. Nachdem in den Quellen des Berges kleine angespülte Kohlestückchen gefunden wurden, begann seit 1578 die Braunkohleförderung, die immerhin bis in die 1920er Jahre unter Tage weitergeführt wurde. Nach dem Zweiten Weltkrieg ging es über Tage weiter, bis auch diese Fördermethode im Jahr

Friedrichstollen

1974 aus wirtschaftlichen Gründen eingestellt wurde. Der Lehrpfad startet an der Wiege des Meißnerbergbaus, am einstigen Bergbaudörfchen Schwalbentahl, von dem nur noch das alte Bergamt erhalten blieb. Er führt uns zu alten Stolleneingängen, ähnlich dem Portal des Friedrichstollens und zur historischen Schütthalde. Viel spannender wird der Spaziergang, wenn er in Begleitung eines sachkundigen Naturparkführers erfolgt. Dann wird die Tour erweitert, beinhaltet einen Anstieg und kann zwei oder drei Stunden dauern. Sie hat den Vorteil, dass man nicht nur viel Interessantes zum Bergbau erfährt, sondern dem zeitweiligen penetranten Gestank von Schwefel und Phosphor auf die Schliche kommt. Nach Beendigung des Kohleabbaus blieben die Kohleflöze erhalten, und da Braunkohle bei

Trocknungsprozessen zur Selbstentzündung neigt, schwelt es seit 400 Jahren an der sog. **Stinksteinwand**. Die heiße Abluft ist es also, die unsere empfindlichen Nasen so reizt. Der Besuch der Stinksteinwand ist nicht ganz ungefährlich und deshalb nur bei einer geführten Wanderung möglich (Naturpark Meißner-Kaufunger Wald, Telefon 05651/952125).

Nach diesem „Schnupperkurs" setzen wir unseren Weg Richtung HAUSEN bergauf weiter fort. Die zahlreichen Parkplätze in 713 m ü. NN Höhe weisen darauf hin, dass der Meißner im Winter ein gut besuchtes Paradies für **Schneesportler** ist. Am folgenden Parkplatz beginnt z. B. die 9 km lange Frau-Holle-Loipe, während am Berggasthof und am Naturfreundehaus unterschiedlich lange Abfahrten mit Liften zur Verfügung stehen. Rodler haben die besten Voraussetzungen an der Wiese beim Naturfreundehaus. Am Schneetelefon können unter der Nummer 05601/935617 die aktuellen Schneehöhen abgefragt werden. Damit sich Wanderer und Langläufer nicht in den Weg kommen, gibt es einen knapp 4 km langen Winterwanderweg, der am Berggasthof startet.

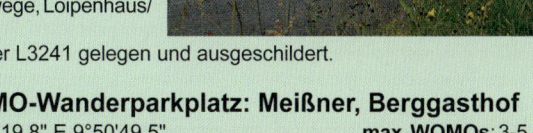

(212) WOMO-Wanderparkplatz: Meißner, Loipenparkplatz
GPS: N 51°12'32.3" E 9°51'19.5"
max. WOMOs: 5
Ausstattung/Lage: Loipeneinstieg, Wanderwege, Loipenhaus/außerorts
Zufahrt: An der L3241 gelegen und ausgeschildert.

(213) WOMO-Wanderparkplatz: Meißner, Berggasthof
GPS: N 51°12'19.8" E 9°50'49.5"   **max. WOMOs**: 3-5
Ausstattung/Lage: Infotafeln, Wanderwege, Gasthof in unmittelbarer Nähe (Nov. - März Sa/So/Feiertage ab 11 Uhr, April - Okt. Di - So ab 11 Uhr)/

außerorts. Auch wenn es sich um einen öffentlichen Parkplatz handelt, ist bei einer Übernachtung die Einkehr im Gasthof erwünscht!

Zufahrt: Ca. 600 m hinter **(212)** links dem Hinweis zum Berggasthof folgen.

(214) WOMO-Wander-parkplatz: Meißner, Naturfreundehaus

GPS: N 51°12'25.1" E 9°50'36.3"; Regina-Fahrenbach-Straße

max. WOMOs: 2-3

Ausstattung/Lage: Infotafeln, Wanderwege, Tisch und Bänke, Spielplatz, Haus in der Nähe/außerorts. Auf dem hinteren Parkplatz steht es sich weniger exponiert und geschützter!

Zufahrt: Ca. 500 m hinter **(213)** links den Hinweisen zum Naturfreundehaus folgen.

Die mangelnde Stromversorgung an den Stellplätzen stört uns nicht, denn wir sind im Sommer unterwegs und freuen uns auf eine Wanderung, die uns zu den schönsten Stellen des Hohen Meißners führt.

WOMO-Wandertipp: Königstour auf dem Hohen Meißner

Mittelschwere Wanderung von ca. 15 km Länge mit einigen An- und Abstiegen, herrlichen Weitblicken und vielen Info-Tafeln.

Der Premiumwanderweg ist durchgängig mit einem gelben P1 auf grünem Grund markiert und wir folgen ihm vom Stellplatz **(214)**. Nur wenige Meter sind es bis zum **Denkmal des Freideutschen Jugendtages**

vom 12.10.1913. Seit diesem Ereignis (einem „hohen" Fest) trägt der Meißner den Zusatz „Hoher Meißner". Leicht bergauf geht es weiter zum Berggasthof und wir folgen dort dem asphaltierten Wirtschaftsweg kurz nach rechts. Über einen Wiesenpfad gelangen wir in den Wald, in dem sich der Weg serpentinenartig steil abwärts windet und zu den **Seesteinen** führt. Hierbei handelt es sich um eine beeindruckende Waldparkanlage, die um 1880 durch Waldarbeiter, Bergleute und Naturliebhaber geschaffen wurde. Der namensgebende See existiert nicht mehr, aber eine Schautafel zeigt, wie es hier um 1900 ausgesehen haben könnte. Verwunschen ist es und die deutschen Romantiker hätten sich hier bestimmt wohlgefühlt. Über einen schmalen Pfad steigen wir nun zwischen Felsen kletternd nach oben, um anschließend bergab zu einer Wegkreuzung zu wandern. Hier wenden wir uns links und nähern uns dem Schwalbenthal sowie dem „Haus Halde", von dem der Abstecher zum zuvor beschriebenen **Knappenpfad** abgeht. Dem Hauptwanderweg folgend erreichen wir ansteigend den Parkplatz **Schwalbenthal** und genießen vom Aussichtspunkt den fantastischen Weitblick über das

Meißnervorland. Vorbei am ehemaligen Bergamt (mit saisonabhängiger Außengastronomie) müssen wir einige Schritte auf der Landstraße gehen, um dann links einen Pfad parallel zur Straße zu betreten. Geradeaus führt der Weg zur **Stinkstein-wand**, während wir links getreulich auf unserem P1er-Weg bleiben. Jetzt geht es wieder bergan und durch den Wald gelangen wir zu einem markanten Felsplateau hoch über dem **Kalbe-see**, der durch den Tagebau entstand. Ein Abstecher zur Basaltkuppe der 721 m ü. NN hohen **Kalbe** lohnt sich wegen der grandiosen Aussicht, die bei klarem Wetter bis zum Brocken reicht. Dem Hauptweg folgend erreichen wir den Abzweig zum **Frau-Holle-Teich**, an dem wir bereits waren und uns daher den steilen Ab- und wieder Anstieg über den Eulensteig sparen. Mit P1 passieren wir das Naturschutzgebiet „Weiberhemd" und sind wenig später unterhalb der 748 m ü. NN hohen **Kasseler Kuppe** angekommen. Ein weiterer Abstecher führt hinauf zu ei-

Kitzkammer

ner kleinen Schutzhütte und zum höchsten Punkt des Meißners (754 m ü. NN) etwas abseits der Kuppe. Allmählich wandern wir mit P1 bergab und ein Wiesenweg führt an der Viehhauswiese vorbei und zum Viehhaus-Parkplatz. Wir kreuzen nochmals die Landstraße, tauchen in den Laubwald ein und folgen dem Hinweis zur **Kitzkammer**. Steil bergab gehend erreichen wir die hoch aufragende Gesteinswand. Ein kleiner Pfad führt hinauf zur kammerartigen Höhle, die vor 5 Millionen Jahren aus zu Basalt erstarrter dünnflüssiger Lava entstand. Typisch sind die fünf- oder mehreckigen Basaltsäulen, die der schnellen Abkühlung des Gesteins zugeschrieben werden. Natürlich ranken sich auch um die Kitzkammer Geschichten und wir lesen auf der Schautafel u. a., dass Frau Holle manch zänkisches Mädchen in eine Katze verwandelte und sie dann in der Kammer einsperrte. Also nichts wie weiter abwärts bis zu einem Bachlauf, den wir queren und wenig später bis zu einem Wegekreuz. Hier halten wir uns links den Berg hinauf, passieren mit einigem Abstand den Ort Hausen und wenden uns, vorbei an einem Sportplatz, der letzten Steigung durch die blühenden Meißner Wiesen zum Naturfreundehaus zu. Der Ausgangspunkt un-

Ziest

serer tollen, informativen und aussichtsreichen Wanderung ist erreicht.

Schnell sind aus dem WOMO die Kaffeebecher geholt und mit einem duftenden Getränk in der Hand lassen wir uns auf einer der Sitzbänke am Rand der Wiese nieder. Spätestens jetzt verstehen wir, dass wir auf dem „König der nordhessischen Berge" sind. Wir können uns kaum von der erhabenen und schönen

Aussicht lösen, aber ein Stück wollen wir heute noch weiter. Zurück an der Landstraße rollen wir am Wanderparkplatz Viehhaus vorbei den Berg hinab. HAUSEN, das höchstgelegene Dorf Kurhessens, wird links liegen gelassen und schon ist VELMEDEN erreicht. Am Ende wenden wir uns kurz rechts, um 250 m später links nach ROMMERODE abzubiegen und von dort GROSSALMERODE anzusteuern. In der idyllischen Landschaft des Gelstertals prägen neben dem Waldreichtum auch Ton, Sand und Kohle die kleine Stadt.

Bei Erreichen der B451 biegen wir links Richtung HELSA ab und notieren zwei Parkplätze, von denen Wandersleute einen perfekten Einstieg in einen weiteren **Premiumwanderweg** erhalten. Diesmal startet die 10,5 km-Rundtour mit der gelben P14 Markierung auf grünem Grund in den Kaufunger Wald und zu seiner höchsten Erhebung, dem 641 m hohen Bilstein. Die mittelschwere Wanderung verläuft auf schmalen Pfaden und neben dem Ausblick vom Bilstein-Turm wird über das Glaserbe der Gegend informiert.

(215) WOMO-Wanderparkplatz: Großalmerode, Am Schmelzhof

GPS: N 51°15'44.1" E 9°45'38.4"
max. WOMOs: 2-3
Ausstattung/Lage: Infotafel, Wanderwege (diverse Rundwege ab 4 km Länge u. Einstieg P14), Tisch und Bänke/außerorts, schräg.
Zufahrt: Im Ort bei Erreichen der B451 links Richtung Helsa fahren.

Nach ca. 1,8 km rechts dem Hinweis zum Bilstein folgen und nach ca. 200 m links abbiegen und zum ausgeschilderten Parkplatz weitere 200 m fahren.

(216) WOMO-Wanderparkplatz: Großalmerode, Bilstein

GPS: N 51°16'01.5" E 9°46'36.0"
max. WOMOs: 5
Ausstattung/Lage: Infotafeln, Wanderwege (Rundwege u. Einstieg P14), ca. 2,6 km zum Bilstein mit Turm und Berggaststätte April - Okt. Di - So/Nov. - März Sa/So 11 - 18 Uhr, Tisch und Bänke/außerorts, schräg.
Zufahrt: Wie **(215)**, jedoch nach dem Abbiegen von der B451 ca. 1,7 km bis zum Parkplatz fahren.

Auch wenn das Wetter nicht zum Aufenthalt im **Panoramabad** einlädt, so taugt der nahe Parkplatz in 500 m Höhe auf jeden Fall zum Übernachten. Außerdem schlägt hier die Stunde der **Mountainbiker**, die auf schwerer Strecke einen Teil des Bilstein-Bike-Marathon (57,8 km) abfahren oder sich lieber doch für eine leichte Route (25,8 km) entscheiden können.

(217) WOMO-Badeplatz: Großalmerode, Freibad

GPS: N 51°15'56.7" E 9°47'03.3"; Heinrich-Koch-Straße
max. WOMOs: 5
Ausstattung/Lage: Infotafel, Mountainbikepark/außerorts.
Zufahrt: Wie **(216)**, jedoch bereits ca. 1,3 km nach dem Abbiegen von der B451 rechts Richtung Sportzentrum/Schwimmbad ca. 1 km folgen. Die Zufahrt ist auch aus dem Ort Richtung Panoramabad möglich. Die Straße ist jedoch wegen eines sehr steilen Anstiegs vermutlich zeitweise gesperrt.

Großalmerode, die „Stadt des guten Tons", kann auf eine 800-jährige Tradition in der Ton- und Glasverarbeitung zurückblicken. Der verarbeitete Ton stammt vom nahen Hirschberg, der bis heute auch ein großes Vorkommen an Braunkohle aufweist. Die **Tourist-Info** (Mo - Sa 10 - 12 Uhr, Di/Mi/Fr auch 14 - 15.30 Uhr, Do auch 14 - 17 Uhr Uhr, Marktplatz 18, www. grossalmerode.de) organisiert eine Stadtführung, bei der man mehr über die Töpfer und Waldgläsner erfahren kann. Das **Glas- und Keramikmuseum** vermittelt ebenfalls einen Einblick in die Arbeitsprozesse zur Gewinnung und Verarbeitung des Tons. Dies geschieht u. a. mit nachgebauten Werkstatträumen und der Foto-Installation eines Brennofens sehr gut. Weiterhin widmen sich andere Abteilungen dem Glasmachergewerbe, das sich ab dem 16. Jh. entwickelte, und dem Heimatmaler Heinrich Pforr (April - Okt. So 14 - 17 Uhr, Eintritt. www.glas- undkeramikmuseum.de). Fußläufig sind das Museum und der Ort gut vom folgenden Stellplatz zu erreichen.

(218) WOMO-Stellplatz: Großalmerode

GPS: N 51°15'31.9" E 9°47'35.7"; Oststraße **max. WOMOs:** 5
Ausstattung/Lage: V/E, Strom, Infotafel, Bank, Mülleimer, Bistro ca. 200 m 10 min Fußweg in den Ort/Ortsrand, nachts ruhig.
Zufahrt: Bei Erreichen der B451 rechts Richtung Witzenhausen. Nach ca. 750 m links und nochmals links abbiegen.

Auf der B451 Richtung WITZENHAUSEN fahren wir weiter ins Tal und gelangen nach TRUBENHAUSEN, um von dort rechts über den Gelsterbach Richtung BAD SOODEN-ALLENDORF/ WEISSENBACH wieder auf den Meißner zu fahren. Bevor es wieder stetig bergauf geht, vermerken wir kurz hinter dem Ort einen kleinen Wanderparkplatz, von dem ein 3 km langer Rundweg für Bewegung sorgen kann.

(219) WOMO-Wanderparkplatz: Trubenhausen, Elsbeere-Eibenpfad

GPS: N 51°16'01.0" E 9°50'41.5"
max. WOMOs: 1-2
Ausstattung/Lage: Infotafel, Wanderwege, Tisch und Bänke/ außerorts. **Enge Zufahrt, nur für WOMOs bis 6,50 m Länge!**
Zufahrt: Ca. 400 m hinter dem Ort links abbiegen und nochmals links zum Parkplatz fahren.

Ganz schnell gewinnen wir weiter an Höhe und erreichen WEIS-SENBACH und damit ein wahrhaft aussichtsreiches Plätzchen.

(220) WOMO-Picknickplatz: Weißenbach, Dornbergpass

GPS: N 51°15'05.4" E 9°50'45.5"; An der K42 **max. WOMOs:** 1-2
Ausstattung/Lage: Tisch und Bänke, Infotafel, Wanderwege (Premiumweg P8) , schöne Aussicht, 1 km bis Jausenstation/außerorts.
Zufahrt: Hinter dem Ort 2x rechts Richtung Naturpark Meißner. Der Parkplatz liegt gleich rechts.

Nach einer kurzen Pause drehen wir das WOMO, fahren die paar Meter zurück zur Kreuzung, um uns rechts nochmals dem Naturpark zuzuwenden.

(221) WOMO-Wanderparkplatz: Weißenbach, Bühlchen

GPS: N51°14'33.0" E9°51'03.8"
max. WOMOs: 2-3
Ausstattung/Lage: Infotafel, Wanderwege (Rundwege ab 5,5 km Länge), Tisch und Bänke/außerorts. Hinter dem eigentlichen Parkplatz steht man geschützter!
Zufahrt: Von vorgenannter Kreuzung ca. 1 km weiterfahren. Der ausgeschilderte Parkplatz liegt links der Straße.

Ein letztes Mal erkunden wir auf einem mit gelben P8 auf grünem Grund bestens markierten **Premiumwanderweg** den Meißner. Diesmal führt eine kurze Wanderung (7 km) abwechslungsreich um den 583 m ü. NN hohen Heiligenberg. Da wir uns bereits auf über 450 m Höhe befinden, ein eher leichtes Unterfangen. Der Wechsel zwischen offener Landschaft mit Magerrasen sowie Wacholderheiden und dichtem Wald, macht den Marsch so reizvoll. Zugegeben, einige kleine Anstiege sind zu bewältigen, aber da wir in Weißenbach zwischendurch eingekehrt sind, fallen sie fast gar nicht auf. Von der dortigen **Jausenstation** eröffnet sich nicht nur ein traumhafter Blick über die Wiesen ins Land, sondern mit den hauseigenen Produkten können wir Nordhessen mal wieder so richtig bodenständig „schmecken" (Mi - So ab 12 Uhr, www.jausenstation.de). Aus dem Hofladen „wandern" einige der Köstlichkeiten gleich mit weiter und begleiten uns auf unserer Weiterreise, die uns wieder ins Werratal führen wird.

Blick von Stellplatz **(220)**

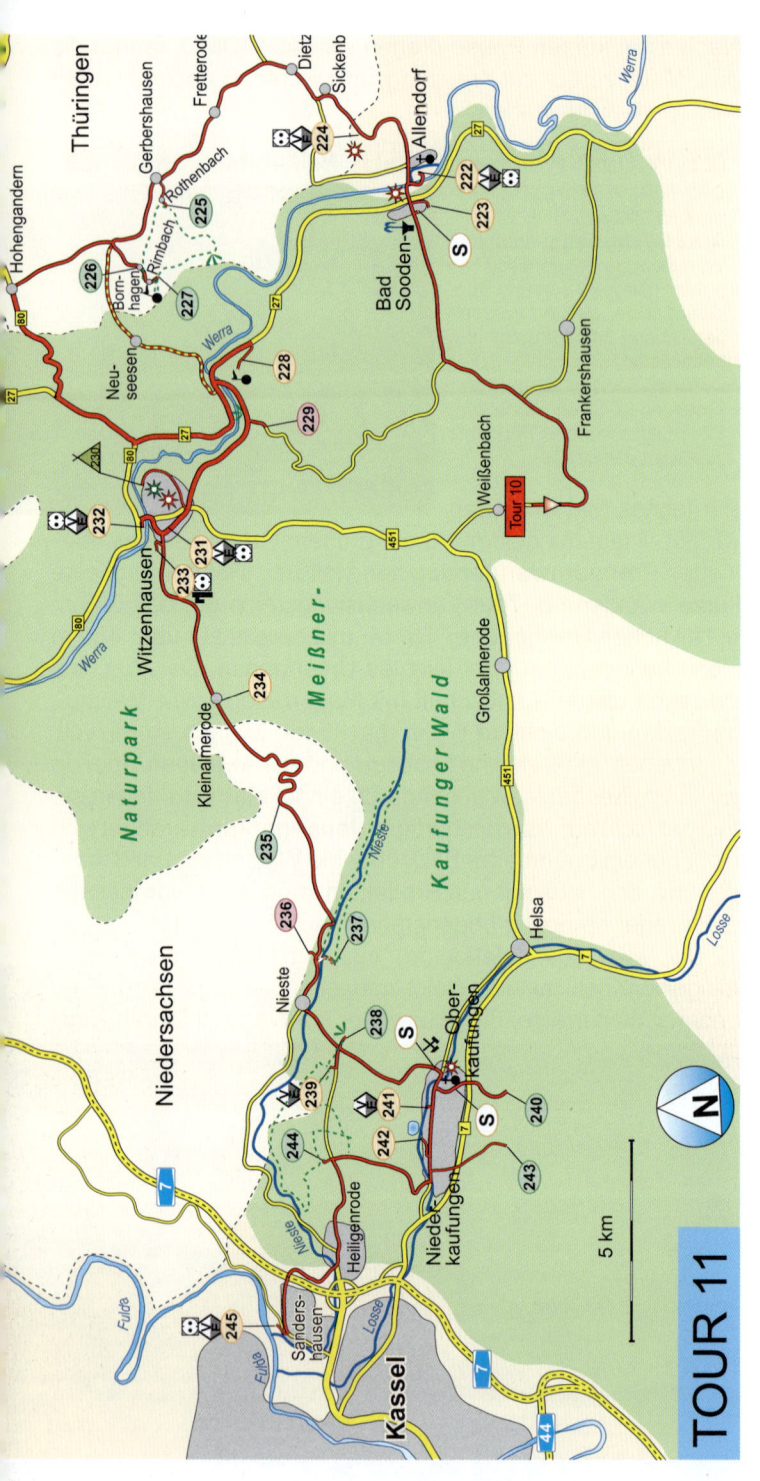

TOUR 11

Bad Sooden-Allendorf - Bornhagen - Witzenhausen - Nieste - Kaufungen - Sandershausen

Stellplätze:	Bad Sooden-Allendorf, Rothenbach, Bornhagen, Rimbach, Oberrieden, Wendershausen, Witzenhausen, Kleinalmerode, Nieste, Oberkaufungen, Niederkaufungen, Sandershausen.
Campingplätze:	Witzenhausen *Campingplatz Werratal*.
Ver-/Entsorgung:	Bad Sooden-Allendorf, Witzenhausen, Oberkaufungen, Sandershausen.
Besichtigen:	Bad Sooden-Allendorf *Salzmuseum, Grenzmuseum*, Rimbach *Burg Hanstein*, Witzenhausen *Völkerkundliches Museum, Tropengewächshaus, Tabakmuseum*, Kaufungen *Ziegeleimuseum, SinnesGänge, Stiftsbereich, Regionalmuseum Alte Schule und Bergwerksmuseum*.
Wandern:	Rothenbach, Nieste.
Radfahren:	Werratal-Radweg.
Baden:	Bad Sooden-Allendorf.
Essen:	Bad Sooden-Allendorf *Restaurant Pelikan*, Witzenhausen *Hof Kindervatter*, Nieste *Königsalm*.

Vom Naturschutzgebiet Bühlchen folgen wir der Kreisstraße weiter und rollen bergab durch den Wald schon bald an die Kreuzung, an der wir unsere ausgiebige Runde um den Hohen Meißner begonnen haben. Wir halten uns links Richtung KAMMERBACH/BAD SOODEN-ALLENDORF und wie zum Abschied, breitet sich ein letztes Mal das Meißnervorland vor uns aus. Der Weg ins Werratal und in die beiderseits des Flusses gelegene alte Salz- und jetzige Kurstadt BAD SOODEN-ALLENDORF ist nicht zu verfehlen. Vom Meißner kommend

Gradierwerk im Kurpark in Bad Sooden

erreichen wir zunächst im Stadtteil Bad Sooden die **Werratal-Therme**, die sich mit 28 - 32 °C Solewasser zu einem Publikumsmagnet entwickelt hat. Neben dem Innen- und Freiluftbereich der **Bade- und Saunalandschaft** lockt die **Salzgrotte**, die mit den gelösten Salzen des Toten Meeres zum wohltuenden Durchatmen lockt [N 51°16'18.6" E 9°57'57.0"; Am Gradierwerk].

Erster Anlaufpunkt für Wohnmobilisten ist der offizielle Stellplatz der Stadt. Dieser ist am 3. Wochenende im August wegen des Erntedank- und Heimatfestes geschlossen, doch ein Ausweichplatz ist dann gegenüber vorhanden. Sollte dieser, was sehr unwahrscheinlich ist, auch belegt sein, dann haben wir einen einfachen Parkplatz etwas weiter entfernt ausmachen können.

(222) WOMO-Stellplatz:
Bad Sooden-Allendorf, Franzrasen

GPS: N 51°16'17.4" E 9°58'19.5"; Franzrasen   **max. WOMOs**: 20
Ausstattung/Lage: V/E, Strom, Gebühr, beide Ortskerne sind fußläufig erreichbar (Allendorf ca. 300 m, Sooden ca. 600 m)/im Ort auf einer Werrainsel.
Zufahrt: Von der Werratal-Therme kommend Richtung Göttingen fahren und dann dem WOMO-Piktogramm folgen.

(223) WOMO-Stellplatz:
Bad Sooden-Allendorf, Am Bruch

GPS: N 51°15'38.0" E 9°57'59.6", Balzerbornweg   **max. WOMOs**: 2-3
Ausstattung/Lage: Wassertretbecken, Bolzplatz, Mülleimer, Bushaltestelle/Ortsrand von Bad Sooden
Zufahrt: Von der Werratal-Therme kommend kurzzeitig Richtung Eschwege, jedoch nicht auf die B27, sondern geradeaus Richtung Bahnhof fahren. Dann rechts Richtung Kultur- u. Kongresszentrum (Hilberlachstraße) und die Bahnstrecke unterqueren und dem Hinweis zum Wanderparkplatz folgen.

Söder Tor in Bad Sooden

Bad Sooden-Allendorf

Seit Jahrhunderten bestimmen Salz und Sole die Geschicke der Stadt, deren Geschichte bis in die Zeit Karl des Großen zurückreicht. Im 8. Jh. soll der Frankenkönig dem Kloster Fulda die Salzquellen geschenkt und verfügt haben, dass der Klerus wöchentlich ein Karren Salz zu schenken sei. In Sooden, in der Nähe des heutigen **Kurparks**, standen bis Ende des 19. Jh. Siedehäuser, in denen das Salz aus der Sole gewonnen wurde. Zuvor wurde die Sole auf die **Gradierwerke** gepumpt und durch das Herunterrieseln über Stroh, später Schwarzdorn verdunstete ein Teil des Wassers. Anschließend wurde das Konzentrat in großen Siedepfannen erhitzt, das Salz extrahiert. Im nahen Salzamt mit der **Pfennigstube** wurde das „Weiße Gold" gewogen und abgerechnet, brachte großen Reichtum und machte die Stadt zu einem bedeutenden Handelsplatz. Nachdem im 19. Jh. preiswertere Steinsalze die Gewinnung von Siedesalzen unrentabel gemacht hatten, wurde 1906 das letzte Salz in Sooden gesiedet. Bereits einige Jahrzehnte vorher hatte man glücklicherweise die heilende Wirkung der Sole erkannt und nun wurde der Kurbetrieb ausgebaut. Ehemals war das 1705 erbaute Söder Tor der einzige Zugang zur Saline, in dem sich die Wachstube mit Gefängnis befand. Heute ist hier das **Salzmuseum** untergebracht, das über die frühere Salzgewinnung und die Geschichte des

Pfennigstube

Kurbades umfassend berichtet (April - Okt. Mi/Sa/So 14 - 17 Uhr, Nov. - März Mi geschlossen, Eintritt). Die abgeschiedene Lage im ehemaligen Zonenrandgebiet und die folgenden Einschnitte im Gesundheitswesen machten es dem Kurbetrieb in Bad Sooden-Allendorf nicht immer einfach. Doch das schöne, von repräsentativen Fachwerkhäusern geprägte Stadtbild rund um den Kurpark mit dem Gradierwerk im Ortsteil Bad Sooden und die für Touristen interessante Infrastruktur machen den Aufenthalt lohnenswert. Die **Tourist-Info** (Mo - Fr 9 - 17 Uhr, Sa 14 - 12 Uhr, So 14 - 17 Uhr Auskunft im Salzmuseum, Landgraf-Philipp-Platz, Telefon 05652/95870, www.bad-sooden-allendorf.de) bietet neben aus-

Fachwerk in Allendorf

führlichen Informationen u. a. für Rad-, Wander- und Kanutouren auch eine **kostenfreie Stadtführung** an (Mo 15 Uhr, Treffpunkt Söder Tor). Nach unserem Ausflug in die Welt der Saline schlendern wir über die Werrabrücke zurück in den Ortsteil Allendorf mit seinem **mittelalterlich geprägten Fachwerkstadtbild**. Das malerische Viertel **Fischerstad** mit dicht gedrängten Fachwerkhäuschen macht uns genauso viel Freude, wie die Straßen um den Marktplatz. Prächtige Patrizierhäuser wie das im Volksmund genannte „Löwe" an der Ecke Kirch-/Bahnhofstraße begleiten unseren Weg zum Rathaus oder zum **Diebesturm**, der in die weitestge-

hend erhaltene Stadtmauer integriert ist und bestiegen werden kann. Vor dem südlichen Stadttor finden wir den **„Brunnen vor dem Tore"**, der in der vertonten Fassung von Franz Schubert zum Volkslied wurde. Während die Straßen beim **Ernte- und Heimatfest** (3. Augustwochenende) mit unzähligen Fähnchen und wunderschönen Erntekronen geschmückt sind und es vor Menschen nur so wimmelt, finden wir im **Kirch- und Bibelgarten** ein herrlich ruhiges Fleck-chen Erde. Hinter der St. Crucius-Kirche mit ihrem trutzigen Turm entstand im ehemaligen Küstergarten ein kleines Paradies aus Bäumen, Büschen, Blumen und Gewürz- und Heilkräutern. Wer auf biblischen Spuren wandeln oder einfach nur den wunderschönen Garten erleben möchte, ist hier genau richtig. Zum Abschluss unseres Aufenthaltes in Bad Sooden-Allendorf kehren wir zum Allendorfer Marktplatz zurück und verbringen im dortigen **Restaurant Pelikan** einen angenehmen Abend.

Noch einmal müssen wir auf die deutsch-deutsche Grenze eingehen, die über Jahrzehnte das nordöstliche Hessen und seine Bewohner geprägt hat. Wie nah der Todesstreifen Bad Sooden-Allendorf war, wird deutlich, als wir durch Allendorf den Hinweisen zum GRENZMUSEUM folgen. Auf einem schmalen Sträßchen mit wenig Ausweichmöglichkeiten erreichen wir einen Höhenzug in der schwungvollen Landschaft, auf dem wir in früheren Jahren von DDR-Grenzsoldaten misstrauisch mit dem Fernglas beobachtet wurden. Diesmal geschieht selbstverständlich nichts dergleichen – im Gegenteil, hier oben finden Wohnmobilisten sogar einen Stellplatz.

(224) WOMO-Stellplatz: Bad Sooden-Allendorf, Grenzmuseum

GPS: N 51°17'03.1" E 9°59'45.6"   **max. WOMOs:** 4
Ausstattung/Lage: Wasser, Strom, Kasettenentleerung während der Öffnungszeiten möglich/außerorts, nachts einsam.
Zufahrt: In Bad Sooden-Allendorf den Hinweisen zum Grenzmuseum folgen.

Gedenkstätte Grenzmuseum Schifflersgrund

Hier, wo die ehemalige innerdeutsche Grenze direkt zwischen Hessen und Thüringen verlief, wurde das Grenzmuseum Schifflersgrund als

Erstes seiner Art bereits 1991 eröffnet. Das Ausstellungsgebäude mutet eher klein an, doch auf dem Gelände um den Ex-Beobachtungsturm erstreckt sich das längste, noch erhaltene Teilstück des Grenzstreifens, das zur Erinnerung an die innerdeutsche Teilung erhalten wird. In Großburschla war es unsere Vorstellungskraft, die uns beim Gedanken an die Teilung schaudern ließ, hier sind es der noch existierende Doppelzaun aus der 1960er Jahren und Teilstücke des Kraftfahrzeugsperrgrabens sowie des Spurensicherungsstreifens. Zusätzlich wird im Ausstellungsgebäude durch viele Dokumente und anderes Anschauungsmaterial belegt, wie sich die Veränderungen nach dem Zweiten Weltkrieg auf die Region auswirkten. Wie verzweifelt müssen die Menschen gewesen sein, die mit teils ausgefeilten und findigen Methoden versuchten, die ehemalige DDR zu verlassen und die Selbstschussanlagen zu überwinden. Stellvertretend für weitere Opfer, die ihren Fluchtversuch mit dem Tod bezahlten, wird das Schicksal von Heinz-Josef Große dokumentiert. Große versuchte im März 1982 ganz in der Nähe den Grenzzaun mit einem Frontlader zu überwinden, schei-

terte jedoch und verblutete nach neun Gewehrschüssen auf DDR-Territorium. Außerdem können Erdbeobachtungsbunker, Militärfahrzeuge und Hubschrauber besichtigt werden.

Wer vor der Wende die Grenze nicht sehen konnte, die innerdeutsche Teilung samt Schießbefehl nur aus Filmen oder Berichten kennt, dem wird in diesem Museum deutlich, vielleicht sogar schockierend dargestellt, wie es hoffentlich nie wieder sein wird (tägl. 10 - 17 Uhr, Heiligabend/Silvester geschlossen, Eintritt. www.grenzmuseum.de)!

Wir bleiben noch ein wenig in Thüringen und fahren nach SI-CKENBERG weiter, wo wir links Richtung DIETZENRODE abbiegen. Am Ende der Straße kann man links wieder zurück nach Bad Sooden-Allendorf und anschließend über die B27 nach WITZENHAUSEN fahren. Wir wenden uns jedoch rechts, später nach links der BURG HANSTEIN zu und erreichen nach etwa 7 km über FRETTERODE den Ort GERBERSHAUSEN. Jahrelang konnten wir „den Hanstein" nur von westdeutscher Seite aus der Ferne sehen, doch heute können und wollen wir ihn durch einen Teil des landschaftlich attraktiven Eichsfeldes erwandern. In Gerbershausen biegen wir links nach ROTHEN-

BACH/TEUFELSKANZEL ab und parken das WOMO.

(225) WOMO-Wander-parkplatz: Rothenbach, Teufelskanzel

GPS: N 51°19'55.0" E 9°58'16.1"
max. WOMOs: 2-3
Ausstattung/Lage: Infotafel, Wanderwege, Berggaststätte ca. 20 min Fußweg bergauf, schöne Aussicht/außerorts, schräg.
Zufahrt: Von Gerbershausen den Hinweisen zum Wander-parkplatz ca. 1,2 km folgen.

WOMO-Wandertipp: Burg Hanstein und Teufelskanzel

Leichte Wanderung von ca. 8 km Länge mit einem heftigen Anstieg. Vom Parkplatz gehen wir hinunter nach Rothenbach und links hinaus aus dem Dorf. Durch die Wiesen mit einem schönen Blick auf die umliegen-

de Landschaft erreichen wir die Landstraße und wenden uns links nach Bornhagen. Die Wegweiser zur Burg Hanstein sind nicht zu übersehen und bald erreichen wir den **Klausenhof**, eine beliebte Ausflugsgaststätte. Das Eichsfeld ist für seine luftgetrocknete Wurst bekannt und im **Wurstmuseum** des alten Wirtshauses kann man einiges über die Herstellung der schmackhaften Wurstspezialitäten erfahren (Gaststätte: Mi - So vom frühen Morgen bis zum späten Abend, das Museum ist von 11 - 18 Uhr geöffnet). Neben der Kirche geht es nun ziemlich steil zum Plateau im Ortsteil Rimbach hinauf. Dort wenden wir uns rechts und gelangen zur Ruine der **Burg Hanstein** (März - Okt. 10 - 18 Uhr, Nov. 10 - 16 Uhr, Dez. - Feb. Sa/So/Feiertage 10 - 16 Uhr, Eintritt). Jetzt ist noch einmal klettern angesagt, denn die im 11. Jh. erstmals erwähnte Burg liegt auf Felsgestein hoch über dem Werratal. Zu Beginn des 14. Jh. kamen die Brüder Hanstein in den Besitz der Burg und etwa 100 Jahre später sollen ihre Nachfahren zum Raubrittertum übergegangen sein und Landgraf Ludwig I. musste die **Burg Ludwigstein** errichten, um die Bevölkerung und Händler im Werratal vor den Raubzügen zu schützen. Auf jenen Ludwigstein, die umliegenden Wälder und die Werra haben wir nun einen atemberaubenden Blick, den keiner verpassen sollte. Zurück in Rimbach wenden wir uns rechts, gehen über den großen Parkplatz und nehmen die ausgeschilderte Route über den Kammweg zur **Teufelskanzel**, einen etwa 452

m ü. NN hohen Sandsteinfelsblock. Der Sage nach wollte der Teufel den Hexen vom Brocken im Harz einmal seine Stärke beweisen und auf ihr Geheiß hin einen gewaltigen Felsbrocken von dort, ohne ihn abzusetzen zum Meißner schaffen. Unterwegs wurde er jedoch müde und ließ sich an dieser Stelle nieder. Die

Hexen ertappten ihn und er ließ verschämt den Fels liegen, wo er war. Erbost soll er dann mit dem Fuß auf die Erde aufgestampft sein … aha, deshalb also die hufeisenförmige Schleife der tief unter uns mäandernden Werra. Genug von Sagen und Pferdefüßen! Nachdem wir uns von der schönen Aussicht losgerissen haben, machen wir Pause in der **Berghütte** (April - Okt. tägl. 11 - 18 Uhr, Nov. - März Sa/So/Feiertage 11 - 17 Uhr), um anschließend hinter der Gaststätte links weiter zu gehen. Nachdem wir uns ein weiteres Mal links gewendet haben, führt uns die einzig eintönige Strecke dieser Wanderung nach ca. 1,2 km auf geschottertem Weg bergab zum Ausgangspunkt und zum WOMO zurück.

Auch ohne eine Wanderung kommt man natürlich zur **Burg Hanstein**. Von Gerbershausen folgen wir einfach den Hinweisen und gelangen in BORNHAGEN und in RIMBACH an die während unseres Marsches bereits erspähten Parkplätze.

(226) WOMO-Wanderparkplatz: Bornhagen, Burg Hanstein I

GPS: N 51°20'35.1" E 9°56'34.8"; Friedensstraße   **max. WOMOs**: 1-2
Ausstattung/Lage: Wanderwege, Gaststätte in unmittelbarer Nähe, Gebühr 8-23 Uhr/im Ort.
Zufahrt: Im Ort den Hinweisen zur Burg folgen. Vor dem Klausenhof rechts zum öffentlichen Parkplatz fahren.

(227) WOMO-Wanderparkplatz: Rimbach, Burg Hanstein II

GPS: N 51°20'16.6" E 9°56'43.0"; Hansteinstraße
max. WOMOs: 2-3
Ausstattung/Lage: Infotafeln, Wanderwege, schöne Aussicht, Gaststätte in der Nähe, Mülleimer/Ortsrand.
Zufahrt: Im Ort den Hinweisen zu Burg folgen. Bei Erreichen der Höhe links bis zum Parkplatz fahren.

Bei der Weiterfahrt trennen sich die Wege der unterschiedlich schweren WOMOs einmal mehr. Bis 3,5 t Gesamtgewicht ist die Strecke von Bornhagen über NEUSEESEN auf der schmalen Straße mit einer Engstelle hinab zur B27 gestattet. Alle anderen sollten uns besser zurück zur Landstraße und dort links nach HOHENGANDERN folgen. Wir lassen die ehemalige deutsch-deutsche Grenze endgültig hinter uns und erreichen, vorbei am alten Schloss Arnstein die B80. Nach dem Linksabbiegen nähern wir uns mit einem wunderschönen Blick über das Hessische Bergland WITZENHAUSEN. Nach kurzer Zeit kann man auf der B80 rechts direkt in die Kirschenstadt und zum dortigen Stellplatz abzweigen. Wir fahren jedoch noch ein Stück weiter Richtung BAD SOODEN-ALLENDORF/B27, treffen dort auf die WOMOs, die über Neuseesen auf die B27 kommen und erreichen wenig später die Zufahrt zur BURG LUDWIGSTEIN [N 51°19'18.2" E 9°54'37.1"]. Die 1415 erbaute Burg, in der heute eine Jugendbildungsstätte untergebracht ist, liegt hoch über dem Werratal und wir konnten sie bereits von Burg Hanstein sehen. An der Zufahrt zum ehemaligen Landgrafensitz vermerken wir an der Kriegsgräberstätte einen kleinen Stellplatz [**228:** N 51°19'02.5" E 9°54'48.5"], bevor wir nach diesem Miniabstecher auf der B27 zurückfahren. Da wir uns den **Zweiburgenblick** nicht entgehen lassen wollen, biegen wir nach WENDERSHAUSEN/GEWERBEGEBIET ab. Die Aussicht gestaltet sich jedoch wegen mangelnder Parkmöglichkeiten und dem zugewachsenen Werraufer gar nicht so einfach und es bleibt uns nichts anderes übrig, als dem Hinweis zu einem Parkplatz mit dem niedlichen Namen „Öhrchen" nachzugehen.

Schnell sind wir zu Fuß an der Werra zurück und suchen rechter Hand eine Aussicht durch die Bäume auf die Burgen Hanstein und Ludwigstein zu erhaschen … und dann eröffnet sich ein Bild wie auf der vorherigen Buchseite zu sehen. Einfach schön! Über WENDERSHAUSEN gelangen wir recht flott nach WITZENHAUSEN, das gleich drei Übernachtungsmöglichkeiten für den wohnmobilen Urlauber bietet. Empfehlenswert ist der Campingplatz, der zwischen Wiesen schön an der Werra gelegen ist

und sich auf **Kanutouren** spezialisiert hat. Neben verschiedenen Touren wird auch ein Transportservice für Mensch und Boot angeboten, sodass ein unvergessliches Wasserwandererlebnis gewährleistet ist.

(230) WOMO-Campingplatztipp: Witzenhausen, Campingplatz Werratal

GPS: N 51°20'49.9" E 9°52'08.4"; Am Sande 11
Telefon: 05542/1465; www.campingplatz-werratal.de
Öffnungszeiten: Ganzjährig.
Ausstattung/Lage: Kinderspielplatz, Gasverkauf, Camping- und Wohnmobilzubehör, Schwimmbad in der Nähe, Boots- und Fahrradverleih, kleiner Supermarkt, Waschmaschine, Trockner, ca. 700 m zum Ortszentrum, direkt an der Werra/Ortsrand.
Zufahrt: Im Ort den Hinweisen zum Campingplatz folgen.

(231) WOMO-Stellplatz: Witzenhausen, Oberburgstraße
GPS: N 51°20'27.8" E 9°51'14.3"   **max. WOMOs**: 4
Ausstattung/Lage: V/E, Strom, Gebühr, ausgewiesener Teil eines Parkplatzes/im Ort.
Zufahrt: Im Ort dem WOMO-Piktogramm folgen.

(232) WOMO-Stellplatz: Witzenhausen, Joseph-Pott-Platz
GPS: N 51°20'42.2" E 9°51'13.2"; Laubenweg/Hinter dem Deich
max. WOMOs: 10
Ausstattung/Lage: V/E/, Strom, Gebühr, Tisch und Bänke, Supermarkt/ Bäcker in der Nähe, Ortszentrum ca. 500 m Fußweg, Mülleimer/Ortsrand.
Während des Ernte- und Heimatfestes Mitte/Ende August gesperrt!
Zufahrt: Im Ort bzw. von der B80 dem WOMO-Piktogramm folgen.

Witzenhausen

Am schönsten ist es in der kleinsten Universitätsstadt Deutschlands im Frühjahr, wenn mehr als 150.000 Kirschbäume die Flächen und Hänge

um Witzenhausen in ein weißes Blütenmeer verwandeln. Besonders nah kommen wir dem Naturschauspiel auf dem Kirschenerlebnispfad, der auf einer Stadt- und Landschaftsroute verläuft (gesamt 4,5 km Länge). Es ist schon erstaunlich, wie unterschiedlich man einen Kirschbaum betrachten kann und wie viele Kirschsorten hier wachsen. Kinder können in die Krone eines Baumes klettern und auch wir haben beim Kirschsteinspucken einen Mordsspaß. Ansonsten führt ein Altstadtrundgang – wie nicht anders zu erwarten, mit auf dem Boden aufgemalten Kirschen markiert – vorbei an **150 Fachwerkkostbarkeiten** rund um den Marktplatz und vorbei an der **Tourist Info** (Mo 10 - 16 Uhr, Di - Fr 9 - 17 Uhr, Ermschwerder Straße, www.kirschenland.de). Gleich zweimal können wir in dem nordhessischen Städtchen in die Tropen „reisen". Zuerst besuchen wir das **Völkerkundliche Museum**, dessen Sammlung von Absolventen der ehemaligen Deutschen Kolonialschule und seiner Nachfolgeeinrichtungen seit etwa 1900 zusammengetragen wurde. Die Ausstellung zeigt anhand von verschiedenen Gebrauchsgegenständen, z. B. Kleidung, Waffen, Schmuck und Werkzeugen, wie sich diese auf die Lebens- und Wirtschaftsformen der jeweiligen Kulturen bis heute

ausgewirkt haben. Es werden z. B. die Lebensweisen der Oasenbauern in Ägypten, der afrikanischen Hirtennomaden und der Wildbeuter dargestellt. Neben der Kolonialgeschichte sind es Masken, Skulpturen und Trachten, die uns besonders faszinieren. Manchmal fällt es uns schwer, zwischen Gegenständen und Geräten des alltäglichen Gebrauchs und Kunstwerken zu unterscheiden. Zu schön sind die Verzierungen und Symbole (April - Okt. Mi/So15 - 17 Uhr, Eintritt). Ganz in der Nähe wartet das **Gewächshaus für tropische Nutzpflanzen**, dessen Gründung ebenfalls mit der Geschichte der Deutschen Kolonialschule verbunden ist. Zur Ausbildung zum Tropenlandwirt gehörten auch Kenntnisse über tropische Nutzpflanzen, die in einem ersten Gewächshaus kultiviert wurden. Heute ist das Gewächshaus dem Fachgebiet Ökologischer Pflanzenbau und Agrarökosystemforschung in den Tropen und Subtropen der Universität Kassel zugeordnet. Etwa 450 verschiedene Pflanzenarten blühen und fruchten unter Glas und ermöglichen einen Einblick in die Welt der Nutzpflanzen und die Landwirtschaft

der tropischen und subtropischen Länder. Auf 1200 m² durchstreifen wir drei verschiedene Klimazonen und gelangen von den „Subtropen" über das „Tropische Hochland" bis ins „Tropische Tiefland" – sozusagen ein „Shortbreak" zum Äquator. In der immer feucht-wärmer werdenden Luft stehen wir staunend vor Erdnuss-, Baumwoll-, Tee- und Kaffeesowie Bananenpflanzen und lernen viel über deren Anbau und Nutzung (Mi/Fr/Sa/So/Feiertage 14 - 16 Uhr, öffentliche Führung Sa 14 Uhr, Eintritt. www. tropengewaechshaus). Eine ganz andere Welt eröffnet sich im **Tabakmuseum**, das zu Deutschlands letzter noch produzierender

Kautabak-Manufaktur gehört und in eine fast vergangene Zeit der bei Seeleuten und Bergmännern beliebten Prieme führt. Außerdem kann dem Zigarrenmacher über die Schulter geschaut werden (Do/Fr 10 - 12 Uhr, Eintritt. www.krusekautabak.de).

Vom Stellplatz **(232)** fahren wir zunächst Richtung Innenstadt, um dann rechts nach KLEINALMERODE abzubiegen. Am Orts-ausgang von Witzenhausen befindet sich rechts der ausge-schilderte **Hof Kindervatter**, an dem ein gebührenpflichtiger WOMO-Stellplatz mit Wasser- und Stromanschluss in ruhiger Lage zu finden ist [**233:** N 51°20'41.9" E 9°50'10.0"; An der ro-ten Leithe 1, www.hof-kindervatter.de]. Der dazugehörige Hof-laden bietet neben einer bunten Palette saisonaler Produkte auch die Frühstücksmarmelade und weitere hausgemachte Spezialitäten. Wem der Sinn nach noch mehr steht, kann bei Hoffesten mitfeiern oder findet in der hauseigenen Gastrono-mie (Mi - So 12 - 21 Uhr) etwas Passendes.

Den Meißner als Teil des Naturparks Meißner-Kaufunger Wald haben wir bereits ausführlich erkundet. Nun lenken wir das WOMO durch KLEINALMERODE mit einem unscheinbaren, aber ausgewiesenen WOMO-Stellplatz links der Straße [**234:** N 51°19'46.0" E 9°46'52.6"; Kasseler Straße] in den Kaufun-ger Wald. Mehrere Wanderparkplätze weisen darauf hin, dass wir uns in einem weiteren Wandergebiet bewegen. Durch den schönen Mischwald kurven wir ein wenig rauf und runter, durch kleine Bachtäler und haben am sog. **Umschwang** ei-ne 448 m ü. NN hohe Passhöhe erreicht. Der ungewöhnliche Name stammt noch aus der Zeit, als die Kaufleute auf dem beschwerlichen Weg vom Werra- ins Fuldatal hier ihre Pfer-de ausgeschirrt haben, bevor es nach einer Pause ins jeweils andere Tal weiterging. Wir notieren etwas weiter erstmal einen Wanderparkplatz [**235:** N 51°18'57.2" E 9°44'50.9"], bevor wir langsam den Wald hinter uns lassen und am nächsten Park-platz dann auch pausieren.

(236)
WOMO-Picknickplatz:
Nieste, Wassertretstelle
GPS: N 51°18'37.9" E 9°41'18.3"
max. WOMOs: 2
Ausstattung/Lage: Tisch und Bänke, Infotafel, Natur-Wasser-stretstelle/außerorts, Haus in der Nähe.
Zufahrt: Beim Verlassen des Waldes, kurz vor der End-schlagsiedlung an einem einzel-nen Haus rechts zu der mit einem braunen Holzschild ausgewiese-nen Wassertretstelle abbiegen.

An einem kleinen Bächlein und einer Wiese lässt es sich hübsch verweilen, bevor wir weiterziehen. Das ist allerdings nur von kurzer Dauer, denn bereits wenig später wollen wir bei einem Ausflug etwas über die Glasherstellung des 16. Jh. erfahren. Der Kaufunger Wald gehörte zu dieser Zeit zu den wichtigsten deutschen Gebieten für die Waldglasherstellung.

Die Zufahrt zum folgenden Wanderparkplatz ist jedoch so schwierig mit dem WOMO zu bewältigen, sodass wir nach NIESTE hineinrollen, unser Fahrzeug bei nächster Gelegenheit wenden und von dort den Parkplatz anvisieren.

(237) WOMO-Wanderparkplatz: Nieste, Gläsnertal

GPS: N 51°18'27.2" E 9°41'09.6"
max. WOMOs: 2
Ausstattung/Lage: Infotafeln, Wanderwege, Tisch und Bänke, Häuser in der Nähe/außerorts.
Zufahrt: Ca. 350 hinter Stellplatz **(236)** befindet sich an der linken Straßenseite die Zufahrt im spitzen Winkel zum ausgeschilderten Wanderparkplatz. Am besten ca. 600 m weiter im Ort wenden und zurückfahren.

WOMO-Wandertipp: Eco-Pfad Gläsnertal

Leichte Wanderung von ca. 10 km Länge.

Der mit einer gelben 7 markierte Rundweg ist nicht zu verfehlen. Er führt am Rand eines Naturschutzgebietes im Tal der Nieste leicht ansteigend durch eines der landschaftlich schönsten Gebiete des Kaufunger Waldes und auf der anderen Seite des Tales zurück. Von den einstigen Glashütten und Schmelzöfen sehen wir heute außer ein paar grasbewachsenen Hügeln nicht mehr viel, aber fünf Infotafeln ermöglichen uns einen Einblick in einen Bereich der vorindustriellen Industrie- und Technikgeschichte. Der wichtigste Rohstoff zur Glasherstellung war Sand, der bei hohen Temperaturen zum Schmelzen gebracht wurde und sich unter der Zugabe von Eichen- und Buchenasche grünlich färbte. Um das Glas zu härten, wurde zusätzlich Kreide oder Kalk hinzugefügt. Nach drei Tagen nahmen die Gläser das zähflüssige Glasgemisch aus dem Schmelzgefäß und erhielten durch Blasen, Wälzen und Drehen die gewünschten Formen, bevor diese in einem Kühlofen langsam abkühlen mussten. Für diese Vorgänge benötigten die Glasmacher Unmengen von Holz – heute spricht man von bis zu 20 ha Wald, einer Fläche von etwa 500 Fußballfeldern. Kein Wunder, dass Landgraf Moritz Angst um seinen Wildbestand bekam und die Stilllegung der Glashütten befahl.

Nach dieser netten und informativen Wanderung geht es weiter nach NIESTE, um dort links Richtung OBERKAUFUNGEN zu manövrieren und nach den Tropen in Witzenhausen ein Stückchen Bayern in Nordhessen anzusteuern. An der nächsten Kreuzung liegt linker Hand der Wanderparkplatz Niester Riesen, der auch von Alm-Besuchern genutzt wird [**238:** N 51°18'20.0" E 9°39'06.9"]. Zusammen mit einem herrlichen Talblick bedient das Wirtshaus **Königsalm** nördlich des Weißwurst-Äquators sehr erfolgreich den Wunsch nach zünftigem Hüttenzauber (11 - 23 Uhr). Aber nicht nur Liebhaber von Brez'n und deftiger Wirtshausküche zieht es auf den Berg, sondern auch Wanderer. Startet hier doch der **Premiumwanderweg Niester Riesen**, der auf gemütlichen 5,5 km durch abwechslungsreichen Wald und offene Felder mit herrlichen Ausblicken führt. Sehr schnell sind die Namensgeber dieser Tour erreicht, bei denen es sich um hochgewachsene Mammutbäume handelt und die gut 200 Jahre auf dem Buckel haben.

Wer den Rummel an der Königsalm lieber meidet und zudem einen ruhigeren Übernachtungsplatz bevorzugt, der peilt an der Straßenkreuzung direkt gegenüber die Jugendburg und Sportstätte SENSENSTEIN mit einem gebührenpflichtigen WOMO-Stellplatz samt V/E an [**239:** N 51°18'33.2" E 9°38'36.2"; vorherige telefonische Anmeldung unter 05605/94490 erwünscht, Hunde nicht erlaubt]. Von diesem und auch vom nur 500 m entfernten vorgenannten Stellplatz startet schon die nächste Wanderung.

WOMO-Wandertipp: Eco-Pfad Sensenstein

Leichte Wanderung von ca. 15 km Länge ohne nennenswerte Anstiege. Diesmal führt uns der Weg mit Panoramablicken in das Losse- und Niestetal und vermittelt mangels erkennbarer Spuren Kulturgeschichtliches von der Bronzezeit über das Mittelalter bis zur Romantik auf Informationstafeln. Wir erfahren Geschichtliches über die Burg Sensenstein, zwei mittelalterliche Eisenbergwerke und das bronzezeitliche Hügelgrab am Mühlenberg. Besonders schön ist es am barocken Schloss Windhausen mit einem romantischen Landschaftsgarten. Dort befindet sich das Mausoleum des Herrn von Schlieffen, der es bereits 51 Jahre vor seinem Tod erbauen ließ und auch seiner geliebten an Tollwut verstorbenen Affenherde ein Denkmal widmete.

Nach gut drei Stunden dieser erfreulichen Zeitreise setzen wir unsere Fahrt nach OBERKAUFUNGEN fort. Rechts eröffnet sich der weite Blick ins Kasseler Becken, das vom Herkules am Rand des Habichtswalds dominiert wird, bevor wir in den Ortsteil der im Tal der Losse von Wiesen und Wäldern umgebenen Gemeinde Kaufungen einfahren.

Oberkaufungen I

Kurz hinter dem Ortseingang sehen wir schon den hohen Schornstein des Industriedenkmals Ziegelei, in dem das **Hessische Ziegeleimuseum** untergebracht ist [N 51°17'13.4" E 9°38'16.9"; Niester Straße]. Wir gehen durch die Fabrikgebäude, in denen 111 Jahre lang bis 1981 Dachziegel

und Mauersteine hergestellt wurden. Es scheint fast so, als ob sich die Arbeiter gerade zur Mittagspause verabschiedet hätten, um anschließend wieder am großen Zickzackofen und den anderen Maschinen weiterzuarbeiten. Anhand von Infotafeln sind die einzelnen Produktionsschritte vom Beladen der Loren über das Mischen, Formen, Trocknen und Brennen der Ziegeln gut nachzuvollziehen. In den Gebäuden sind auch die **SinnesGänge** zu finden, in denen an 40 Stationen die eigenen Sinne aktiv entdeckt und erlebt werden können (Mai - Mitte Okt. Sa 13 - 18 Uhr, So/Feiertage 11 - 18 Uhr, Eintritt. www.hessisches-ziegeleimuseum.de und www.sinnesgaenge.de).

Bei der Weiterfahrt in den hübschen Ort mit vielen gepflegten Fachwerkbauten halten wir uns rechts Richtung KASSEL und biegen in einer Linkskurve links zum REGIONALMUSEUM und zur STIFTSKIRCHE ab. Das WOMO parken wir am Straßenrand bzw. ab 14 Uhr auf einem Schulparkplatz [N 51°16'50.7" E 9°37'55.9"; Schulstraße/Pfalzstraße].

Oberkaufungen II

Kaufungen wurde erstmals im Jahr 1011 als Königshof „coufunga" urkundlich erwähnt, in dessen Bereich Kaiser Heinrich II. und seine Gemahlin Kunigunde ein Benediktinerinnenkloster gründeten. Nachdem der Kaiser

1024 starb, ließ Kunigunde die mächtige **Stiftskirche** zum Heiligen Kreuz erbauen, um sie ein Jahr später am Todestag ihres Mannes weihen zu lassen und gleichzeitig als Nonne dem Kloster beizutreten. Sie starb im Jahr 1033 und fand ihre Grabstätte an der Seite Heinrichs im Bamberger Dom. Viele Legenden ranken sich um das Leben und Wirken Kunigundes. Sicher ist, dass sie im Jahr 1200 heiliggesprochen wurde. Die äußerlich schmucklose Stiftskirche gilt als das bedeutendste spätottonische Bauwerk in Nordhessen, das im Inneren sehenswerte Fresken an Wänden und Pfeilern aus dem 15. Jh. aufweist. Führungen durch den his-

torischen Stiftsbereich und die Ortsteile Kaufungens, die mit ihren malerischen Gassen und Winkeln einen besonderen Charme versprühen, vermittelt die **Tourist-Info** (Mi/Do/Sa 14 - 17 Uhr, So 10 - 17 Uhr, Telefon 05605/8020, Schulstraße. www.kaufungen.eu). Im gleichen Gebäude, der ehemaligen Dorfschule Oberkaufungens, befindet sich das **Regionalmuseum**, das vielfältige Einblicke in die Entwicklung der Dörfer im 19. und 20. Jh. bietet. Die zusammengetragenen Gebrauchsgegenstände erzählen vom arbeits- und entbehrungsreichen Alltag der Menschen und in den verschiedenen Räumlichkeiten vom Kolonialwarenladen über die dörfliche Küche bis zum Schulzimmer scheint das Leben einfach nur stillzustehen. Wer nun denkt, das war's, irrt gewaltig, denn im Unterge-

schoss wartet ein von ehemaligen Bergleuten, scheinbar mit viel Herzblut, authentisch nachgebautes Bergwerk. Zusammengenommen ein richtig gut und interessant aufbereitetes Museum, für dessen Besuch man sich viel Zeit nehmen sollte (Öffnungszeiten s. o., Eintritt). Hier finden wir auch das Modell des Pferdegöpels, mit dem zwischen 1823 und 1880 die Braunkohle des nahen Bergwerk Rossgang aus der Tiefe gefördert wurde. Das **Bergwerksmuseum** veranschaulicht die mehr als 400-jährige Bergbaugeschichte von Kaufungen und liegt oberhalb des weiter oben erwähnten Ziegeleimuseums (April - Okt. So 14 - 16 Uhr).

Ganz in der Nähe bietet sich noch einmal die Gelegenheit zum Wandern in der schönen Umgebung des Kaufunger Waldes und wir folgen der Schulstraße vorbei am Regionalmuseum weiter.

Auf der Durchgangsstraße gelangen wir von Oberkaufungen nach Niederkaufungen und vermerken zwischen den beiden Ortsteilen am Kreisverkehr den offiziellen Stellplatz mit **V/E [241: N 51°17'09.6" E 9°37'11.3"; Am Stechkopf]**. Die Wasserversorgung erfolgt mittels Wertmarken, die im Büro des Bürgerservice (Adressen/Öffnungszeiten vor Ort, Telefon 05605/8020) zu erstehen sind. Laut Auskunft der Gemeindeverwaltung ist ab Ende 2014 eine Veränderung möglich. Das Bindeglied zwischen Ober- und Niederkaufungen ist der Erholungspark rund um den **Steinertsee**. Im einstigen Bergbaugelände gibt es angelegte Spazier- und Wanderwege, Spielflächen für Kinder, Vogelschutzgebiete sowie Feuchtbiotope und die **Steinertseebahn**. Die Miniaturbahn lädt zum Mitfahren ein und verspricht Spaß für Groß und Klein (Ostern - Okt. So/Feiertage 13 - 17 Uhr).

Langsam schließt sich der Kreis unserer Reise durch Nordhessen. Während wir bald das WOMO vor der Haustür abstellen können, haben Sie, liebe Leserin, lieber Leser, vermutlich noch etliche Kilometer der Heimreise vor sich. Vielleicht möchte sich der eine oder andere zuvor noch einmal die Füße vertreten oder sucht einfach nur einen ruhigen Platz für die Nacht. Für diese Fälle haben wir folgende Vorschläge im Angebot.

Stellplatz **(243)**

Von der Durchgangsstraße in Niederkaufungen zweigen wir rechts Richtung NIESTETAL/NIESTE ab. Bergauf fahrend werfen wir rechts einen letzten Blick auf den Kaufunger Wald, bevor wir das in der vorhergehenden Wanderung erwähnte GUT

WINDHAUSEN passieren. An der nächsten Kreuzung notieren wir schräg rechts die Zufahrt zu einem weiteren Wanderparkplatz [**244:** N 51°18'41.9" E 9°36'54.5"]. Wir wenden uns jedoch links Richtung KASSEL und nach HEILIGENRODE, wo wir uns an einem Minikreisverkehr links und gleich wieder rechts nach SANDERSHAUSEN orientieren. Vor der Autobahn halten wir uns rechts und erreichen bald einen Kreisverkehr, biegen links ab und überqueren die Autobahn. Am Ende schwenken wir links Richtung KASSEL und auf den direkten Weg zur Autobahn A7 … doch halt, noch ist es nicht ganz vollbracht – einen haben wir noch! Am Ortsrand von Sandershausen befindet sich in der Nähe der Marina am Ufer der Fulda ein ruhiger Stellplatz.

In der Hoffnung, dass es Ihnen mit uns gefallen hat, wünschen wir Ihnen an dieser Stelle eine gute Weiterreise. „Auf ein Wiedersehen" in Hessen oder wie es bei uns heißt:

„Komm bahle widder!"

Allgemeines

Wenn Sie sich bis hierher durch unser Buch gelesen haben, werden Sie vielleicht verstehen, warum wir unsere Heimat so lieben und wir von Hessen als Reiseland begeistert sind!

Die Bezeichnung Nordhessen ist keine historische Landesbezeichnung und auch nicht ganz klar abgegrenzt. Vielleicht wollen wir Nordhessen uns hiermit auch nur deutlich von Südhessen abgrenzen, in dessen Schatten wir uns lange fühlten. Zu Unrecht, denn unsere Reise zeigt, dass der Landstrich so viel Schönes besitzt, um sein Selbstbewusstsein ordentlich aufmöbeln zu können. Der nördliche Teil Hessens umreißt ein Gebiet, dessen wirtschaftlicher Mittelpunkt die Region Kassel ist und deren südliche Abgrenzung etwa an der Linie Marburg/Alsfeld/Hünfeld liegt. Mittelhessen, nicht weniger attraktiv, hingegen ist ein Verwaltungsgebilde, dessen Bewohner sich an alten, seit Jahrhunderten bestehender Zugehörigkeit, sei es sprachlicher oder verwaltungstechnischer Natur, orientieren. So kann man sagen, dass sich der Kreis Marburg-Biedenkopf eher dem Regierungsbezirk Gießen zuwendet. Ähnlich verhält es sich mit dem Vogelsbergkreis, der aber in seinem nordöstlichen Teil eine enge Anbindung an den Raum Fulda hat. Dieser kann mit dem Kreis Hersfeld-Rotenburg wiederum Osthessen zugeordnet werden, das jedoch ebenfalls keiner offiziellen Regionsbezeichnung entspricht, aber touristisch ebenfalls eine Menge zu bieten hat. Überall ist Tradition sowie Geschichte spürbar und dass Hessen, bezogen auf seine gesamte Fläche, das waldreichste Bundesland Deutschlands ist, ist auf unserer Reise unschwer zu merken.

in diesem Zusammenhang kommen wir auf Theodor Heuss zurück, den wir ganz am Anfang dieses Buches zitieren. Der Sinn des Reisens mit dem WOMO ist natürlich nicht das Ziel - wir setzen vielmehr auf das Erleben und Erfahren eines Landstrichs und seiner Menschen, genießen das Anhalten und Verweilen an schönen Orten! In den manchmal unendlich erscheinenden Wäldern Hessens, auf den Hochplateaus, auf hohen Bergrücken und zwischen blühenden Wiesen versteht man jedoch den Sinn des Wanderns, wenn man unterwegs der Natur nahe kommt und Ruhe vom Alltag findet!

Markt in Fritzlar

Die Straßenverhältnisse sind in unserem Reisegebiet im Allgemeinen als gut zu bezeichnen und falls es auf Seitenstraßen für größere WOMOs einmal eng werden könnte, dann weisen wir im Text gezielt darauf hin.

An dieser Stelle möchten wir uns bei allen Museumsleitern sowie verantwortlichen Personen der von uns besuchten Sehenswürdigkeiten und bei den Mitarbeitern der Touristinformationen herzlich bedanken. Sie widmeten uns bei Führungen durch Ausstellungen und persönlichen Gesprächen viel ihrer wertvollen Zeit und gestatteten uns Fotoaufnahmen. Ein besonderer Dank gehört unserem Freund und Fotografenkollegen **Uwe Zucchi**, der uns die Bilder auf den Seiten 45 und 271/oben zur Verfügung stellte, der **Gedenkstätte Trutzhain** für das Foto auf Seite 166 und **Andreas Reed** für das Foto der Kinderakademie Fulda auf Seite 206.

Ein Teil des von uns erstellten und veröffentlichten Bildmaterials entstand mit freundlicher Genehmigung der **Museumlandschaft Hessen Kassel.**

Es ist uns unmöglich, im Rahmen dieses Buches auf die ungeheuere Fülle von Freizeitmöglichkeiten oder auf alle Sehenswürdigkeiten, Museen usw. einzugehen. Weiterführenden Informationen sind in der von uns erstellten Linkliste zu finden (s.u.).

Baden/Wassersport

Auf unseren Touren bieten sich viele und abwechslungsreiche Möglichkeiten an, um ins kühle Nass zu springen. Ob kleine Natursen wie der Silbersee bei Frielendorf oder die großen Erholungs- und Freizeitanlagen am Edersee oder am Werratal- und Niddastausee, sowie die zahlreichen Frei- und Hallenbäder und Badestellen an den Flüssen - überall kann man im Wasser nach Herzenslust planschen. In den Thermal- und Solebädern u.a. in Bad Sooden-Allendorf und Herbstein können müde und angeschlagene Knochen wieder in Schwung gebracht werden. Wer sich lieber auf dem Wasser bewegt, wird auf den kleineren Seen oder auf der Weser, der Fulda, der Werra und ihren Nebenflüssen bei Boots- und Kanutouren oder sogar auf dem Floß dazu Gelegenheit haben.

Besichtigungen

Dieser WOMO-Reiseführer bringt Sie zu einer Vielzahl von Sehenswürdigkeiten, deren Besichtigungen angeraten sind. Damit bei einer intensiven Besichtigungstour der Geldbeutel nicht zu sehr belastet wird, bieten verschiedene Organisationen mehrtägig gültige Touristen-Karten an. Diese berechtigen zum freien oder ermäßigten Eintritt der verschiedensten Attraktionen bzw. zur Nutzung des ÖPNV und/oder anderer Vergünstigungen zu einem Pauschalpreis. Verkaufsstellen sind u.a. den Adressen unser Linksammlung zu entnehmen. Besonders interessant erscheint uns die kostenlose „MeineCard plus", die einen großen Teil unseres Reisegebietes abdeckt und die sogar freien Eintritt zu zahlreichen Sehenswürdigkeiten und die freie Nutzung des ÖPNV ermöglicht (www.meinecardplus.nordhessen.de).

Campingplätze

In unseren Beschreibungen haben wir mindestens einen Campingplatz pro Tour verzeichnet. Die Aufstellung erhebt keinen Anspruch auf Vollständigkeit. Die in ihrer Qualität sehr unterschiedlichen Plätze eignen sich für einen längeren Aufenthalt in den jeweiligen Regionen und halten teilweise viele Freizeitangebote bereit. Oft verfügen sie über separate Stellplätze für Reisemobile, immer aber über eine Ver- und Entsorgungsmöglichkeit, die z. T. nur mit der Nutzung des Campingplatzes verbunden ist. Auf unsere Nachfrage gestatten einige Plätze das Ver- und Entsorgen gegen Gebühr auch ohne Übernachtung. Wir weisen in den Karten mit Symbolen und im Text gesondert darauf hin.

Freies Übernachten

Wir haben uns, wie wir finden, erfolgreich darum bemüht, freie Stell- und Übernachtungsplätze zu finden. Lassen Sie sich nicht von der Nähe einiger unserer Plätze zu den Straßen abschrecken! Meist ruht der Straßenverkehr nachts völlig und wir haben dort störungsfreie Nächte verbringen können. Sollte eine Geräuschbelästigung nicht auszuschließen sein, dann weisen wir im Text gesondert darauf hin. Da wir uns in der freien Natur aufhalten, sollten Unterlegkeile zum Ausgleich von Bodenunebenheiten immer dabei sein!

Das einmalige Übernachten im WOMO auf Straßen und Parkplätzen ist in Deutschland zur Wiederherstellung der Fahrtüchtigkeit erlaubt. Natürlich sind

örtliche Einschränkungen zu beachten und ein campingähnliches Verhalten zu unterlassen. Für längere Aufenthalte empfehlen wir die offiziellen Stell- und Campingplätze. Wir haben uns auf „unseren" Plätzen fast immer allein befunden und bei der Angabe von max. WOMOs stets die Anzahl angegeben, die wir für verträglich halten, um niemanden durch eine zu große Ansammlung von Reisemobilen zu

Stellplatz **(134)**

verärgern oder zu stören. Auch haben wir die Plätze im Allgemeinen sauber und ordentlich vorgefunden und diese auch so wieder verlassen. Es wäre schön, wenn das so bleiben würde, und bitten deshalb alle Leser und vor allen Dingen die Nutzer der Stellplätze ganz herzlich sich so zu verhalten, dass niemand uns Wohnmobilisten zürnen kann! Es wäre schade, wenn WOMOs in Zukunft in Hessen nicht mehr gern gesehen würden.

GPS/Navigation/Geocaching

Inzwischen gehört die Navigation per GPS-Gerät zum Alltag und wird nahezu in jedem WOMO genutzt. Auf unseren Recherchetouren haben uns die TomTom-Navigationsgeräte sicher zu unseren Zielen geführt. Bei der Daten-Erfassung verwendeten wir zusätzlich ein Garmin Oregon. Mit dem entsprechenden Kartenmaterial werden diese Geräte zu zuverlässigen Begleitern bei Wanderungen mit Höhenangaben und Trackaufzeichnung. Wir empfehlen trotz aller Technik, bei der gelegentlich Ungenauigkeiten einkalkuliert werden müssen, die Mitnahme einer Straßenkarte und ggf. einer Wanderkarte. Die GPS-Koordinaten nahezu aller Plätze haben wir notiert und in der Schreibweise Grad° Minuten' und Sekunden'', z. B. N 50°36'38.2'' E 10°07'55.6'' angegeben. Diese können manuell in ein Navigationsgerät eingegeben werden oder bequem mithilfe der im WOMO-Verlag erhältlichen „GPS-CD zum Buch" übertragen werden. Eine sehr gute Hilfe zu diesem Thema bietet auch das Buch „Multimedia im Wohnmobil" unseres Autoren-Kollegen Andreas Kalmbach aus dem WOMO-Verlag.

Wenn Sie ein Leser der WOMO-Bücher sind, wissen Sie, dass einige unserer Autoren-Kollegen auf ihren Touren „Schätze" versteckt haben. Um diese zu finden, sind GPS-Daten angegeben und Sie begeben sich bei einer Wanderung auf die Suche nach einer Plastikdose. Zum Beweis Ihrer erfolgreichen Schatzsuche tragen Sie sich in ein Heftchen ein. Das alles macht eine Menge Laune und mag in einer dünn besiedelten Region sehr gut funktionieren. Wir betreiben dieses Hobby seit einigen Jahren intensiver und haben uns kostenfrei bei **www.geochaching.com** registriert, um an den schönsten Orten, in Städten und bei Wanderungen immer auf Schatzsuche gehen zu können. Wir haben darauf verzichtet, einen WOMO-Cache auszulegen, da wir eine regelmäßige Pflege und Wartung nicht gewährleisten können. Es wäre doch schade, wenn sich ein WOMO-Cacher auf Suche begibt und ein leeres Versteck vorfindet. Bei unseren Recherche-Touren haben wir festgestellt, dass Geocacher entlang unserer Routen voll auf Ihre Kosten kommen. In diesem Sinne: Happy Caching!

Kartenmaterial/Lektüre

Unsere den Touren vorangestellten Karten ersetzen keine Straßen- und Wanderkarten und sollen lediglich bei der Orientierung helfen!
Für die detaillierte Planung Ihrer Reise empfehlen wir Ihnen folgende Karten und Lektüren:
- Freytag & Berndt: Hessen 1:200.000 (gibt's bei WOMO)
- Hess. Landesamt für Bodenmanagement u. Geoinformation: Verschiedene Topografische Wander-/Freizeitkarten 1 : 50.000
- Bergverlag Rother: Wanderführer Kurhessen (gibt's bei WOMO)
- Jahreszeiten Verlag: MERIAN Hessen und Kassel
- Peter Meyer Verlag: Grimmheimat Nordhessen mit Kindern
Für Märchenliebhaber sind natürlich die Kinder- und Hausmärchen der Brüder Grimm unverzichtbar.
In den Tourist-Informationen gibt es zusätzlich eine Fülle von Broschüren, Prospekten und Vorschlägen für die Freizeitgestaltung, die wir wärmstens empfehlen können. Beim Stöbern in örtlichen Buchhandlungen stößt man auf Mundartgedichte, Geschichten und Krimis aus der Region. Also genügend Lesestoff gegen Langeweile und für unterhaltsame Lesestunden!

Linksammlung

Interessante Informationen finden sich z.B. unter folgenden Internetpräsenzen:
www.documenta.de
www.eco-pfade.de
www.ederbergland-touristik.de
www.edersee.com
www.erlebnisberg-hoherodskopf.de
www.extratouren-vogelsberg.de
www.hessen-tourismus.de
www.hessischeskegelspiel.de
www.kirschenland.de
www.knuelltouristik.de
www.museum-kassel.de
www.nationalparkzentrum-kellerwald.de
www.nationalpark-kellerwald-edersee.de
www.naturpark-diemelsee.de
www.naturpark-mkw.de
www.nordhessen.de
www.nordhessen-geschmackvoll.com
www.radroutenplaner.hessen.de
www.rhoen.de
www.rotkaeppchenland.de
www.schwalm-touristik.de
www.traumhaftes-wandermaerchen.de
www.vogelsberg-touristik.de
www.werratal-tourismus.de

Nordhessisches Geschnuddel

Den reinen hessischen Dialekt gibt es nicht!
Vielmehr ist die Mundart niederhessisch, osthessisch oder hessisch-nieder-
deutsch geprägt und von den geografischen Gegebenheiten beeinflusst.
So klingt im Waldecker Land und im Upland schon das Westfälische durch,
während in der Rhön thüringische und fränkische Akzente zu hören sind.
Auffallend ist, dass Endungen gerne „verschluckt" werden und aus den
Buchstaben „k", „t" und „p" schnell ein „g", „d" und „b" wird. Daher wird bei uns
nicht geschwätzt, sondern geschnuddeld und die Leute sind nicht unbeholfen,
sondern dabbich. Wenn der ortsfremde Wohnmobilist höflich nach dem Weg
fragt, kann ihm schon einmal ein „Wo widd dann hinne?" (Wo möchten Sie
denn hin?) entgegnet werden. Wenn die Antwort lautet „als zus gradeuss",
dann dürfte klar sein, dass es immer geradeaus geht. Un nu schigged's mid
den Dialegden!

Öffnungszeiten

Bei den von uns genannten Museen und Sehenswürdigkeiten haben wir die jeweiligen Öffnungszeiten
notiert. Trotzdem kann es sein, dass sich die Zeiten
verändern oder dass einzelne Abteilungen oder gleich
ganze Museen vorübergehend wegen Sanierungs-
oder Renovierungsarbeiten geschlossen sind.
Da wir nicht nur Hessen bereisen, sondern auch
in Niedersachsen und Thüringen unterwegs sind,
möchten wir darauf hinweisen, dass Fronleichnam ein
Feiertag in Hessen, aber nicht in Niedersachsen ist.
In Thüringen ist der Reformationstag am 31. Oktober
Feiertag und Fronleichnam kann in Gemeinden mit
vorwiegend katholischer Bevölkerung als solcher
festgelegt werden.

Reisezeit/Klima

Zu allen Jahreszeiten sind die beschriebenen Regionen in Hessen eine Reise
wert. Trockene, heiße Sommer sind möglich, genauso wie niederschlagsreiche
Monate in Frühjahr und Herbst und schneereiche Winter. Im Reisegepäck
sollten Bade- und Regenbekleidung, aber auch ein warmer Pullover nie fehlen.
Im Frühjahr lockt die überall erwachende Natur. Im Sommer laden die Seen
zu einem Bad oder einer Schiffstour und vielen anderen Aktivitäten in freier
Natur ein. Der Herbst bietet einen besonderen Reiz, wenn in den Wäldern das
herbstlich gefärbte Laub den hessischen Indian Summer einläutet. Im Winter
bietet sich ein Ausflug zum Ettelsberg in Willingen und zur Wasserkuppe in
der Rhön sowie zum Meißner oder auf den Hoherodskopf im Vogelsberg an.
Skifahrer, ob Langlauf oder Abfahrt, und Rodler kommen bei entsprechenden
Witterungsverhältnissen auf ihre Kosten. Eine besonders beschauliche Weih-
nachtsatmosphäre findet sich im Advent in vielen Orten auf Weihnachtsmärkten.

Ver- und Entsorgung/Gas/Tankstellen

Wir waren bei den Recherchen darauf bedacht, dass entlang unserer Touren
möglichst viele Entsorgungsmöglichkeiten vorhanden sind, und haben diese
im Text und in den Tourenkarten angegeben. Die Benutzung öffentlicher To-
iletten zum Zweck der Kassettenentleerung ist nach unserer Meinung nicht
erforderlich. Sollte dies jedoch einmal zwingend notwendig sein, ist diese Art
der Entsorgung nur ohne den Einsatz von Toilettenchemie zu empfehlen. Wir

verzichten seit Jahren auf diese Zusätze und nutzen ein Toilettenentlüftungssystem, mit dem wir nur positive Erfahrung gemacht haben.

Analog zur „Toilettenentsorgung" haben wir darauf geachtet, dass ausreichend Möglichkeiten zur Ver- und Entsorgung von Wasser vorzufinden sind. Lediglich im Winter kann es schwieriger werden, da Versorgungsstationen wegen Frostgefahr möglicherweise geschlossen sind. Beim Betanken seines Fahrzeuges mit Kraftstoff kann man gegen einen Obolus im Notfall sicher auch an Tankstellen Frischwasser erhalten.

Gastankstellen sind mittlerweile in Deutschland fast flächendeckend vorhanden, sodass Sie Ihre Gastankflasche bei der richtigen Verankerung im WOMO überall befüllen können. Für den Gasflaschentausch bieten sich die in den Touren angegebenen WOMO-Händler mit Zubehörläden an.

Wandern/Radwandern/Wintersport

Hessen ist ein wahres Paradies für Wanderer! Das ist schon allein an den vielen von uns genannten Wanderparkplätzen zu erkennen, von denen man zu beliebig langen Touren mit den verschiedensten Schwierigkeitsgraden aufbrechen kann. Wir haben versucht, vom kleinen Spaziergang bis zur Ganztageswanderung in der jeweils typischen Landschaft eine kleine Kostprobe zu präsentieren. Bei unserer Auswahl von Wandertipps haben wir bewusst Rundwanderungen ausgewählt, die am WOMO starten und nach einem erlebnisreichen Marsch dort enden. Zusätzliche Angebote bei den Touristinformationen, bei Wanderportalen und den Aushängen an den Parkplätzen sind schier grenzenlos. In der letzten Zeit entstanden viele Premium- und Themenwanderwege, die das Wandern zu einer erholsamen Freizeitbeschäftigung werden lassen.

Auch diejenigen, die lieber mit dem Rad unterwegs sind, haben die Möglichkeit für ausgedehnte Touren. Zahlreiche Strecken führen an Flüssen oder auf stillgelegten Bahntrassen entlang. Wer ohne Zweirad unterwegs ist, findet viele Verleihstationen für herkömmliche Fahrräder als auch für E-Bikes.

Im Winter laden kilometerlange Loipen und gut präparierte Pisten zum Rodeln, Langlauf, Snowboarden oder zur Abfahrt ein. Während eine geruhsame Pferdeschlittenfahrt oder Winterwanderungen durch eine verschneite Traumwelt zusätzliche Abwechslung bieten.

Aussicht vom Vogelsberggarten in Ulrichstein

Stichwortverzeichnis

Der WOMO®-Pfannenknecht

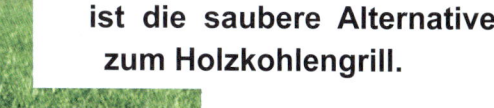

ist die saubere Alternative zum Holzkohlengrill.

* Kein tropfendes Fett,
* Holz statt Holzkohle,
* vielfältige Benutzung –
* vom Kartoffelpuffer bis zur Gemüsepfanne.

Massive Kunstschmiedearbeit, campinggerecht zerlegbar, Qualitäts-Eisenpfanne von Rösle, bequeme Handhabung im Freien, einfachste Reinigung.

Nur 49,90 € – und nur bei WOMO!

Der WOMO®-Aufkleber

* passt mit 14 cm Breite auch auf Ihr Wohnmobil.
* ist das weit sichtbare Symbol für alle WOMO-Freunde.

Ab 0,00 € – und nur bei WOMO!

Der WOMO®-Knackerschreck

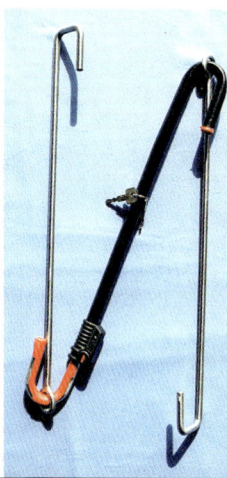

* ist die universelle und **sofort sichtbare Einbruchssperre**.
* Wird einfach in die beiden Türarmlehnen eingehängt, zusammengeschoben und abgeschlossen. (tagsüber unter Einbeziehung des Lenkrades, nachts direkt, somit ist Notstart möglich).
* Passend für Ducato, Peugeot, MB Sprinter sowie VW (LT & T4).
* Krallen aus 10 mm starkem (Edel-) stahl, d. h. nahezu unverwüstlich.

Ab 44,90 € – und nur bei WOMO!

Info-Blatt für das WOMO-Buch: Hessen (N+O) '14

(komplett ausgefüllt erhalte ich 10% Info-Honorar auf Bestellungen direkt beim Verlag)

Lokalität: **Seite:**   **Datum:**
(Stellplatz, Campingplatz, Wandertour, Gaststätte, usw.)

○ unverändert   ○ gesperrt/geschlossen   ○ folgende Änderungen:

Lokalität: **Seite:**   **Datum:**
(Stellplatz, Campingplatz, Wandertour, Gaststätte, usw.)

○ unverändert   ○ gesperrt/geschlossen   ○ folgende Änderungen:

Lokalität: **Seite:**   **Datum:**
(Stellplatz, Campingplatz, Wandertour, Gaststätte, usw.)

○ unverändert   ○ gesperrt/geschlossen   ○ folgende Änderungen:

Lokalität: **Seite:**   **Datum:**
(Stellplatz, Campingplatz, Wandertour, Gaststätte, usw.)

○ unverändert   ○ gesperrt/geschlossen   ○ folgende Änderungen:

Lokalität: **Seite:**   **Datum:**
(Stellplatz, Campingplatz, Wandertour, Gaststätte, usw.)

○ unverändert   ○ gesperrt/geschlossen   ○ folgende Änderungen:

Lokalität: **Seite:**   **Datum:**
(Stellplatz, Campingplatz, Wandertour, Gaststätte, usw.)

○ unverändert   ○ gesperrt/geschlossen   ○ folgende Änderungen:

Meine Adresse und Tel.-Nummer:

(nur komplett ausgefüllte, zeitnah eingesandte Infoblätter können berücksichtigt werden)

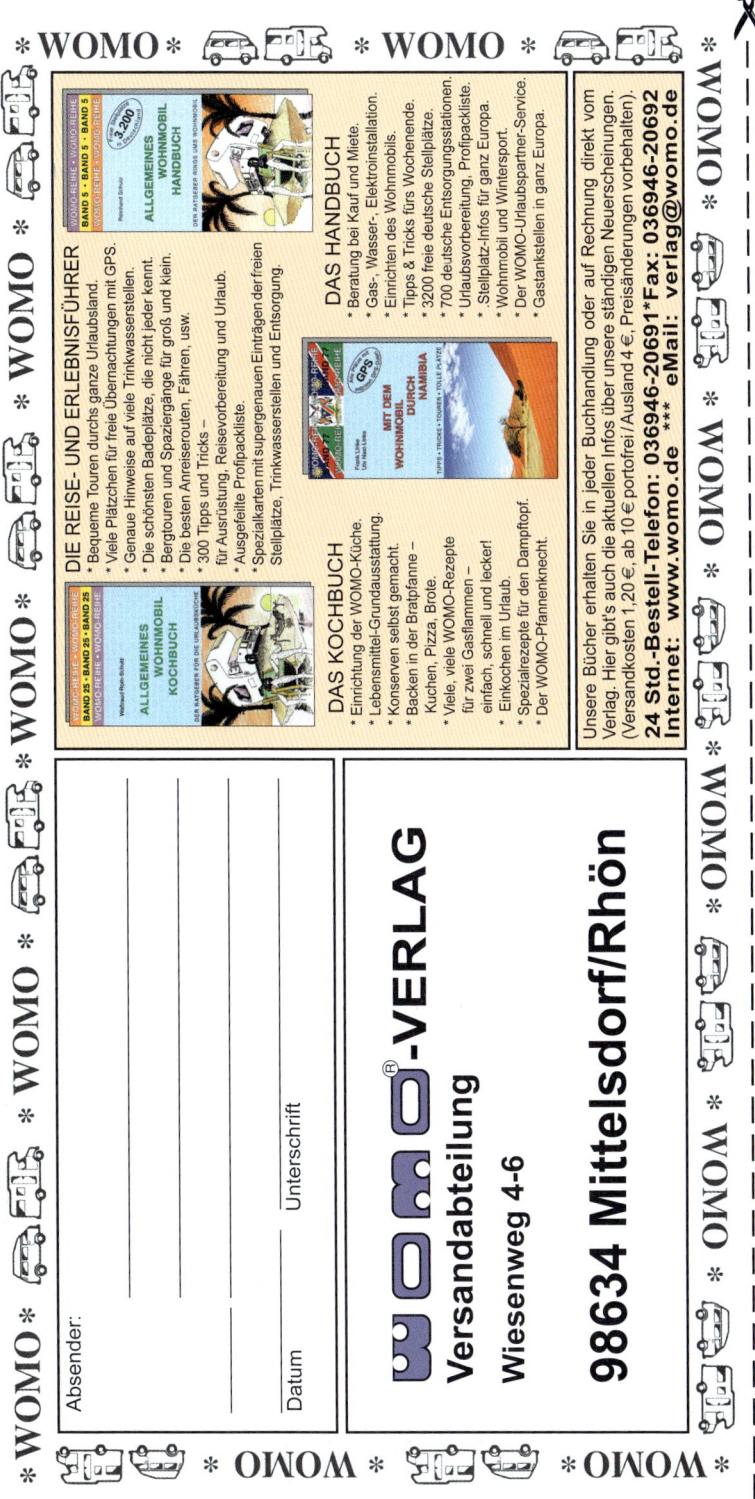

Wir bestellen zur sofortigen Lieferung: (Alle Preise in € [D], Preisänderungen vorbehalten)

☐ Wohnmobil Handbuch	19,90 €	☐ Ligurien	17,90 €	☐ Schleswig-Holstein	19,90 €
☐ Wohnmobil Kochbuch	12,90 €	☐ Loire-Tal/Paris	17,90 €	☐ Schottland	18,90 €
☐ Heitere WOMO-Geschichten	6,90 €	☐ Languedoc/Roussillon	19,90 €	☐ Schwabenländle	17,90 €
☐ Multimedia im Wohnmobil	9,90 €	☐ Marokko	18,90 €	☐ Schwarzwald	17,90 €
☐ Gordische Lüge – WOMO-Krimi	9,90 €	☐ Namibia	19,90 €	☐ Schweden (Nord)	18,90 €
☐ Albanien	19,90 €	☐ Neuseeland	19,90 €	☐ Schweden (Süd)	19,90 €
☐ Allgäu	17,90 €	☐ Niederlande	19,90 €	☐ Schweiz (Ost)	19,90 €
☐ Auvergne	17,90 €	☐ Nord-Frankreich	18,90 €	☐ Schweiz (West)	18,90 €
☐ Bayern (Nordost)	19,90 €	☐ Normandie	17,90 €	☐ Sizilien	17,90 €
☐ Belgien & Luxemburg	18,90 €	☐ Norwegen (Nord)	19,90 €	☐ Slowenien	17,90 €
☐ Bretagne	18,90 €	☐ Norwegen (Süd)	19,90 €	☐ Spanien (Nord/Atlantik)	19,90 €
☐ Burgund	17,90 €	☐ Österreich (Ost)	19,90 €	☐ Spanien (Ost/Katalonien)	17,90 €
☐ Dänemark	17,90 €	☐ Österreich (West)	18,90 €	☐ Spanien (Süd/Andalusien)	17,90 €
☐ Elsass	18,90 €	☐ Ostfriesland	19,90 €	☐ Süditalien (Osthälfte)	19,90 €
☐ England	18,90 €	☐ Peloponnes	18,90 €	☐ Süditalien (Westhälfte)	17,90 €
☐ Finnland	18,90 €	☐ Pfalz	17,90 €	☐ Süd-Tirol	18,90 €
☐ Franz. Atlantikküste (Nord)	17,90 €	☐ Piemont/Aosta-Tal	19,90 €	☐ Thüringen	19,90 €
☐ Franz. Atlantikküste (Süd)	17,90 €	☐ Polen (Nord/Masuren)	17,90 €	☐ Toskana & Elba	19,90 €
☐ Griechenland	19,90 €	☐ Polen (Süd/Schlesien)	19,90 €	☐ Trentino/Gardasee	17,90 €
☐ Hessen (Norden + Osten)	19,90 €	☐ Portugal	19,90 €	☐ Tschechien	18,90 €
☐ Hunsrück/Mosel/Eifel	19,90 €	☐ Provence & Côte d'Azur (Ost)	18,90 €	☐ Tunesien	17,90 €
☐ Irland	18,90 €	☐ Provence & Côte d'Azur (West)	18,90 €	☐ Türkei (West)	18,90 €
☐ Korsika	17,90 €	☐ Rumänien	19,90 €	☐ Türkei (Mitte-Kappadokien)	17,90 €
☐ Kreta	14,90 €	☐ Pyrenäen	17,90 €	☐ Umbrien & Marken mit Adria	17,90 €
☐ Kroatien (Dalmatien)	17,90 €	☐ Sachsen	19,90 €	☐ Ungarn	17,90 €
☐ Latium/Rom/Abruzzen	18,90 €	☐ Sardinien	19,90 €	☐ Venetien/Friaul	19,90 €